作 者 简 介

马幼蓝

浙江绍兴人,律所合伙人、专职律师,从事律师工作二十四年,曾获"浙江省省直优秀女律师"称号。主要研究领域包括民商法、破产法、公司股权、个人财富传承等。兼任浙江大学学生职业导师、杭州市大学生创业导师。

刘效权

河南杞县人,律所合伙人、专职律师,主要研究领域包括公司法、安全生产法、劳动法等。浙江大学管理学院MBA课程教授、浙江省劳动人事争议仲裁委员会兼职仲裁员、杭州市应急管理局专家组成员、杭州市大学生创业导师、九三学社杭州法律服务顾问团副团长。

连逸夫

浙江乐清人,经济法学硕士,专职律师,浙江工商大学财税法学研究中心研究人员,主要研究领域包括财税法、破产法、公司法等。兼任浙江省法学会工程建设法学研究会理事。公开发表《破产程序中税收债权优先性的省察与再造》等论文。

破产案件办理程序概要

马幼蓝　刘效权　连逸夫 编著

浙江工商大学出版社
ZHEJIANG GONGSHANG UNIVERSITY PRESS
·杭州·

图书在版编目(CIP)数据

破产案件办理程序概要 / 马幼蓝,刘效权,连逸夫
编著. — 杭州:浙江工商大学出版社,2023.8
ISBN 978-7-5178-5592-7

Ⅰ. ①破… Ⅱ. ①马… ②刘… ③连… Ⅲ. ①破产法
－案件－审理－程序－中国 Ⅳ. ①D922.291.92

中国国家版本馆 CIP 数据核字(2023)第 138178 号

破产案件办理程序概要
POCHAN ANJIAN BANLI CHENGXU GAIYAO

马幼蓝 刘效权 连逸夫 编著

策划编辑	周敏燕	
责任编辑	童江霞	
责任校对	夏湘娣	
封面设计	朱嘉怡	
责任印制	包建辉	
出版发行	浙江工商大学出版社	
	(杭州市教工路 198 号 邮政编码 310012)	
	(E-mail:zjgsupress@163.com)	
	(网址:http://www.zjgsupress.com)	
	电话:0571－88904980,88831806(传真)	
排　　版	杭州朝曦图文设计有限公司	
印　　刷	杭州钱江彩色印务有限公司	
开　　本	710mm×1000mm 1/16	
印　　张	26.75	
字　　数	438 千	
版 印 次	2023 年 8 月第 1 版 2023 年 8 月第 1 次印刷	
书　　号	ISBN 978-7-5178-5592-7	
定　　价	118.00 元	

前 言

　　本书缘起于偶然，但成书于必然。或是出于对公司业务及个人财富传承业务的延伸，或是出于对企业危机处置的思考，笔者团队前几年开始从事破产案件的办理工作。为规范破产清算案件的业务，我们回顾已完结案件，形成内部的统一指引；诘问新的难题，形成相应的处理思维。为实现这一业务的流程化、统一化，我们制定了较多的内部规范，以此作为我们的操作要求。

　　2020年5月11日，《中共中央 国务院关于新时代加快完善社会主义市场经济体制的意见》印发，其中特别提及"健全破产制度，改革完善企业破产法律制度，推动个人破产立法，建立健全金融机构市场化退出法规，实现市场主体有序退出"。

　　随着深化供给侧结构性改革及优化法治化营商环境工作的推进，各地都在加快"僵尸企业"出清、化解产能过剩、推动资源再配置，作为经济领域法律法规体系的重要组成部分，破产法律制度也越来越为人们所重视。但法律的稳定性和适应性是矛盾对立统一关系的具化。在市场经济优胜劣汰的规律中，《中华人民共和国企业破产法》(简称《企业破产法》)在为企业的退出、重生提供明确规则的同时，也因环境的变化和需求的增加而在实践中逐渐出现了盲区。正是在这样的背景下，将内部指引和规则整理出版的想法应运而生。

　　为加强本书的针对性和实务性，除援引《企业破产法》及相关司法解释外，我们还考究了对同一问题的不同观点。"利益平衡是法的任务"，这一理念在破产法律制度中体现得尤为明显。因此，本书结合司法实践的裁判案例，展示破产清算案件办理过程中可能面临的问题、困难和解决范式,以期通过从规则到经验的路径,寻找"逻辑规则"与"经验规则"的契合点。笔者在破产清算案件业务方面具有相当的实践经验,同时具备民商法、劳动法、财税法等多个领域法律知识背景及实践基础,我们相信本书所述问题能够较为现实地反映破产实践中各方的利益诉求,进而为破产法律制度价值的实现提供不同的思考角度。

但囿于笔者的经验及认知,加之本书成稿时间仓促,许多观点或表述尚有欠周之处,希望读者能够对本书中存在的各种问题提出批评和指正意见。

在此,我们要特别感谢为本书的检索、整理工作辛苦付出的陈瑜、黄伊欣、胡涵清、王逸、贺君、任家慷、鲍子敬等同志,以及本书的编校、排版人员。

马幼蓝、刘效权、连逸夫

于钱塘江畔

2023 年 6 月 19 日

目　录

管理人文书样式 **341**

第一章　破产程序的启动及指定管理人

第一节　破产程序的启动

一、破产程序的启动主体

(一)一般主体

破产程序的启动主体一般包括债权人、债务人、依法负有清算责任的人和国务院金融监督管理机构。银行、保险、信托等特殊行业的破产程序启动,除要符合《企业破产法》的一般规定外,还需遵循《中华人民共和国商业银行法》(简称《商业银行法》)、《中华人民共和国保险法》(简称《保险法》)的特殊规定,一般要求在法院正式受理破产申请前征得国务院银行业监督管理机构、国务院保险监督管理机构等部门的同意。

例如,根据北京市第一中级人民法院公布的(2020)京 01 破申 672 号民事裁定书,虽然申请人为包商银行股份有限公司,但根据《商业银行法》对商业银行破产前置程序的要求,其破产申请必须经过国务院银行业监督管理机构同意,为此,中国银保监会作出同意包商银行股份有限公司破产的批复(见图 1-1)是包商银行股份有限公司进入破产程序的必备条件。因为商业银行、保险公司属于特殊行业领域,其破产的社会影响较大,所以设定破产前置程序实际上也是限制单个债权人、债务人申请该类企业破产。就我国目前已有实践来看,政府对商业银行的破产采取十分审慎的态度,截至 2022 年,我国仅有 4 家商业银行破产。

2020 年 11 月 12 日,中国银保监会作出银保监复[2020]776号《关于包商银行股份有限公司破产的批复》,同意包商银行进入破产程序。

图 1-1　中国银保监会作出同意包商银行破产的批复

再如,2022 年 7 月 6 日,重庆市第五中级人民法院公布(2022)渝 05 破申 458 号民事裁定书,裁定受理新华信托股份有限公司的破产清算申请。在进入破产清算前,新华信托股份有限公司需要事先得到中国银保监会同意其进入破产程序的批准,如图 1-2 所示。

中国银行保险监督管理委员会

银保监复〔2022〕393号

中国银保监会关于新华信托股份有限公司破产的批复

新华信托股份有限公司:

《新华信托股份有限公司关于破产清算的请示》（新信发〔2022〕14号）收悉。经研究,现批复如下:

一、同意你公司依法进入破产程序。

二、你公司应严格按照有关法律法规要求开展后续工作,如遇重大情况,及时向银保监会报告。

中国银保监会

2022年6月16日

图 1-2　中国银保监会关于新华信托股份有限公司破产的批复

>>> **延伸问题 1:债权未到期的债权人能否提请企业破产?**

解答:不能。《企业破产法》第七条明确了债权人申请破产清算的前提是债务人不能清偿到期债务,实际上债权未到期的债权人无法直接向企业(债务人)主张逾期权利。债务履行期是债务人的期限权益,无法定或约定事由不得限制或剥夺,债权未到期的债权人申请债务人破产的,法院应不予受理。

>>> **延伸问题 2:清算组能否提请法院进入破产清算程序?**

解答:实务中,经常在强制清算程序中,发现企业处于资不抵债的情形,此时,对于清算组而言是申请法院宣告破产还是提请法院进入破产清算程序,存在一定的争议。依据《中华人民共和国公司法》(简称《公司法》)第一百八十七条的规定,清算组在发现公司财产不足清偿债务时,应当依法向人民法院申请宣告破产。但事实上,就法院而言,因未曾进入破产程序,不存在相关的破产案号,难以直接出具裁定;而且,强制清算程序与破产程序对企业的资产追收力度并不能相提并论。在我们办理的相关案件中,我们依据《企业破产法》第七条以及最高人民法院《关于审理公司强制清算案件工作座谈会纪要》第32条的规定,清算组管理人可以向指定法院申请对清算企业进入破产清算程序。

◆ 【参考案例】

杭州市临平区人民法院(2021)浙 0113 强清 1 号裁定书(节选)

本院认为:盛通公司清算组在清算过程中发现盛通公司资产不足以清偿债务,具备破产原因,本院对该申请依法予以准许。据此,依照《中华人民共和国企业破产法》第七条第三款,最高人民法院《关于审理公司强制清算案件工作座谈会纪要》第32条之规定,裁定如下:

一、受理浙江盛通汽车租赁服务有限公司清算组对浙江盛通汽车租赁服务有限公司的破产清算申请;

二、终结浙江盛通汽车租赁服务有限公司强制清算程序。

◆ 【法规链接】

《企业破产法》

第七条　债务人有本法第二条规定的情形,可以向人民法院提出重整、和解或者破产清算申请。

债务人不能清偿到期债务,债权人可以向人民法院提出对债务人进行重整或者破产清算的申请。

企业法人已解散但未清算或者未清算完毕,资产不足以清偿债务的,依法负有清算责任的人应当向人民法院申请破产清算。

《公司法》

第一百八十七条　清算组在清理公司财产、编制资产负债表和财产清单后,发现公司财产不足清偿债务的,应当依法向人民法院申请宣告破产。

公司经人民法院裁定宣告破产后,清算组应当将清算事务移交给人民法院。

《商业银行法》

第七十一条　商业银行不能支付到期债务,经国务院银行业监督管理机构同意,由人民法院依法宣告其破产。商业银行被宣告破产的,由人民法院组织国务院银行业监督管理机构等有关部门和有关人员成立清算组,进行清算。

商业银行破产清算时,在支付清算费用、所欠职工工资和劳动保险费用后,应当优先支付个人储蓄存款的本金和利息。

《保险法》

第九十条　保险公司有《中华人民共和国企业破产法》第二条规定情形的,经国务院保险监督管理机构同意,保险公司或者其债权人可以依法向人民法院申请重整、和解或者破产清算;国务院保险监督管理机构也可以依法向人民法院申请对该保险公司进行重整或者破产清算。

《信托公司管理办法》

第十四条　信托公司不能清偿到期债务,且资产不足以清偿债务或明显缺乏清偿能力的,经中国银行业监督管理委员会①同意,可向人民法院提出破产申请。

中国银行业监督管理委员会可以向人民法院直接提出对该信托公司进行重整或破产清算的申请。

(二)特殊主体

各地的破产规范中,明确了除《企业破产法》规定的一般主体外,享有公法之债的公权力机关也可申请企业破产。浙江温州在2015年开启了税务机关申请企业破产的先例。

江苏省高级人民法院民事审判第二庭《破产案件审理指南(修订版)》在"申请主体"中明确,破产申请人包括债权人、债务人、负有清算责任的人和国务院金融监督管理机构。债权人通常为与债务人存在债权债务关系的平等民事主体,但也存在一些特殊情形。如债务人欠缴税款、社会保险费用或者法定住房公积金的,税务部门、劳动保障部门或者住房公积金管理部门可

---

①　该委员会已于2018年3月撤销。

以向人民法院申请债务人破产。同样,《北京市高级人民法院企业破产案件审理规程》在"债权人申请人资格审查"中也明确,债务人出现《企业破产法》第二条规定的情形,欠缴税款、企业应缴部分社会保险费用(不包括滞纳金、罚款)的,税务机关、社会保险费用管理部门可以向人民法院申请债务人破产清算。

公权力机关能否申请破产在学界争议较大。2016年《中国税务报》刊载的《维护国家税收权益　温州国税主动向法院提起企业破产清算》一文,表明税务机关行使破产申请权已经得到了司法实践的认可,但对这客观存在的事实实务界和理论界有着泾渭分明的立场。事实上,暂且不论理论的症结,允许公权力机关提起破产申请,并没有违背《企业破产法》对于破产企业进入破产程序条件的规定。同时,从"持续深化'放管服'改革,优化营商环境,更大激发市场活力,增强发展内生动力"的角度看,这是优化营商环境的另一举措。目前,业内相关人士及司法实践中一般都认可税务机关作为债权人申请破产的适格地位。但也有部分学者和法院认为税务机关仅具有申请破产清算的资格,并无申请重整的资格,理由在于税务机关依据法律规定不能在重整程序中主动作出债权减免的让步,因为无助于企业的挽救再生。

◈ 【参考案例】

浙江省衢州市中级人民法院

民事裁定书

(2017)浙08破申1号

申请人:衢州市地方税务局直属分局,住所地衢州市劳动路93号。

法定代表人:陈××,局长。

被申请人:衢州金德塑胶管业有限公司,住所地衢州市经济开发区东港二路48号××幢。

法定代表人:张××。

2017年3月19日,申请人衢州市地方税务局直属分局以被申请人衢州金德塑胶管业有限公司欠缴税费数额巨大且相关资产均已抵押给银行为由,向本院申请进行破产清算。本院依法通知被申请人,被申请人提出异议,认为其整体资产大于负债,未明显缺乏清偿债务能力,不符合破产清算条件。

本院查明:被申请人衢州金德塑胶管业有限公司于2006年6月7日在衢

州市市场监督管理局登记设立,营业期限 2006 年 6 月 7 日至 2056 年 6 月 6 日止,统一社会信用代码 91330800789664436C,现登记住所地为衢州经济开发区××幢,法定代表人张××,注册资本 9000 万元。公司经营范围为塑料管材、管件制造、销售;货物进出口(法律、法规限制的除外,应当取得许可证的凭许可证经营);仓储服务(不含危险品)。被申请人于 2006 年 6 月 8 日办理税务登记,自 2009 年 6 月起开始欠缴税费款。截至 2016 年 6 月 14 日,被申请人共欠缴各项地方税费 3166445.64 元,滞纳金 1739595.59 元,合计 4906041.23 元。2016 年 6 月 15 日,申请人依法向被申请人送达了《责令限期改正通知书》(衢地税直责改〔2016〕3821 号),责令被申请人于 2016 年 6 月 24 日前缴清欠缴的税费款。被申请人至今仍未缴纳。另经在浙江法院执行管理系统中查询,涉及被申请人未有效执结的案件共 6 件,共计标的额 2342 万余元。

本院认为:被申请人衢州金德塑胶管业有限公司系经衢州市市场监督管理局登记设立的企业法人,本院对本案具有管辖权。被申请人长期欠缴税款,且对债权人负有到期债务不能清偿,可见其明显缺乏清偿能力,故可以认定被申请人衢州金德塑胶管业有限公司已经不能清偿到期债务且明显缺乏清偿能力,具备破产原因。申请人衢州市地方税务局直属分局提出的破产清算申请,符合法律规定。依照《中华人民共和国企业破产法》第二条第一款、第三条、第七条第二款、第十三条及《最高人民法院关于适用〈中华人民共和国企业破产法〉若干问题的规定(一)》第一条第一款第(二)项、第二条之规定,裁定如下:

一、受理申请人衢州市地方税务局直属分局提起的对被申请人衢州金德塑胶管业有限公司的破产清算申请。

二、指定浙江××律师事务所担任衢州金德塑胶管业有限公司管理人。

本裁定自即日起生效。

审判长:胡××

审判员:程××

审判员:王××

二〇一七年四月十二日

书记员:毛××

二、破产程序的启动条件

(一)申请需具备的条件

一是不能清偿到期债务,并且资产不足以清偿全部债务。

二是不能清偿到期债务,并且明显缺乏清偿能力。

需要说明的是,多数情况下,债权人申请债务人破产多是出现了不能清偿到期债务的情形,但此时并不意味着债务人必然符合可以宣告破产的条件,因为最终是否宣告破产需要先确定债权和债务情况。不能清偿到期债务的一般构成要件是:

(1)当下客观情况导致的无法清偿债务;

(2)债务人不能清偿的是到期债权;

(3)债务不限于以货币支付为标的;

(4)债务人因清偿能力丧失而在较长时间内持续不能清偿。[①] 注意,"持续不能抵债"强调的是资不抵债状态的延续性,如果仅出现不能清偿到期债务尚无法确定企业是否已经进入完全不能清偿债务的状态。

◆◆ 【法规链接】

《企业破产法》

第二条　企业法人不能清偿到期债务,并且资产不足以清偿全部债务或者明显缺乏清偿能力的,依照本法规定清理债务。

企业法人有前款规定情形,或者有明显丧失清偿能力可能的,可以依照本法规定进行重整。

(二)执行程序转破产程序

《最高人民法院关于适用〈中华人民共和国民事诉讼法〉的解释》(简称《民诉法司法解释》)第五百一十一条至第五百一十四条规定了执行程序转破产程序的原则性规定,但由于规定的模糊性致使实务操作中仍然存在很多问题,为

[①]　王欣新,《破产法(第四版)》,中国人民大学出版社 2019 年版,第 42 页。

此又发布了《最高人民法院关于执行案件移送破产审查若干问题的指导意见》（简称《执转破指导意见》），进一步对《民诉法司法解释》进行了细化。

1.执行转破产的申请条件

（1）被执行人为企业法人；

（2）被执行人或者有关被执行人所涉任一执行案件的申请执行人书面同意将执行案件移送破产；

（3）被执行人不能清偿到期债务，并且资产不足以清偿全部债务或者明显缺乏清偿能力。

应当明确，《执转破指导意见》是在《企业破产法》的基础上进行的程序设置，是与《企业破产法》一脉相承的。

2.执行转破产与直接申请破产的区别

（1）相较于直接申请破产程序，执行转破产的优势在于如果执行案件移送破产审查，那么一定程度上效率更高，对于申请人而言更为便捷。

（2）若由执行法院移送破产审查，则受理破产后执行程序的中止及保全措施的解除相对较为便利，原则上此时无须管理人另行告知。

但若执行法院不属于具有破产管辖权的法院，一定程度上也可能加重申请人的程序负担。若执行法院拟进行执转破程序，那么最终受理破产申请的法院一般应当是企业住所地法院。

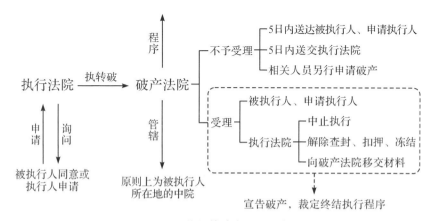

图1-3 执行转破产流程示意

◆◆ 【法规链接】

《民诉法司法解释》

第五百一十一条　在执行中,作为被执行人的企业法人符合企业破产法第二条第一款规定情形的,执行法院经申请执行人之一或者被执行人同意,应当裁定中止对该被执行人的执行,将执行案件相关材料移送被执行人住所地人民法院。

第五百一十二条　被执行人住所地人民法院应当自收到执行案件相关材料之日起三十日内,将是否受理破产案件的裁定告知执行法院。不予受理的,应当将相关案件材料退回执行法院。

第五百一十三条　被执行人住所地人民法院裁定受理破产案件的,执行法院应当解除对被执行人财产的保全措施。被执行人住所地人民法院裁定宣告被执行人破产的,执行法院应当裁定终结对该被执行人的执行。

被执行人住所地人民法院不受理破产案件的,执行法院应当恢复执行。

第五百一十四条　当事人不同意移送破产或者被执行人住所地人民法院不受理破产案件的,执行法院就执行变价所得财产,在扣除执行费用及清偿优先受偿的债权后,对于普通债权,按照财产保全和执行中查封、扣押、冻结财产的先后顺序清偿。

◆◆ 【法规阅读】

最高人民法院关于执行案件移送破产审查若干问题的指导意见

推进执行案件移送破产审查工作,有利于健全市场主体救治和退出机制,有利于完善司法工作机制,有利于化解执行积案,是人民法院贯彻中央供给侧结构性改革部署的重要举措,是当前和今后一段时期人民法院服务经济社会发展大局的重要任务。为促进和规范执行案件移送破产审查工作,保障执行程序与破产程序的有序衔接,根据《中华人民共和国企业破产法》《中华人民共和国民事诉讼法》《最高人民法院关于适用〈中华人民共和国民事诉讼法〉的解释》等规定,现对执行案件移送破产审查的若干问题提出以下意见。

一、执行案件移送破产审查的工作原则、条件与管辖

1.执行案件移送破产审查工作,涉及执行程序与破产程序之间的转换衔

接,不同法院之间,同一法院内部执行部门、立案部门、破产审判部门之间,应坚持依法有序、协调配合、高效便捷的工作原则,防止推诿扯皮,影响司法效率,损害当事人合法权益。

2.执行案件移送破产审查,应同时符合下列条件:

(1)被执行人为企业法人;

(2)被执行人或者有关被执行人的任何一个执行案件的申请执行人书面同意将执行案件移送破产审查;

(3)被执行人不能清偿到期债务,并且资产不足以清偿全部债务或者明显缺乏清偿能力。

3.执行案件移送破产审查,由被执行人住所地人民法院管辖。在级别管辖上,为适应破产审判专业化建设的要求,合理分配审判任务,实行以中级人民法院管辖为原则、基层人民法院管辖为例外的管辖制度。中级人民法院经高级人民法院批准,也可以将案件交由具备审理条件的基层人民法院审理。

二、执行法院的征询、决定程序

4.执行法院在执行程序中应加强对执行案件移送破产审查有关事宜的告知和征询工作。执行法院采取财产调查措施后,发现作为被执行人的企业法人符合《企业破产法》第二条规定的,应当及时询问申请执行人、被执行人是否同意将案件移送破产审查。申请执行人、被执行人均不同意移送且无人申请破产的,执行法院应当按照《最高人民法院关于适用〈中华人民共和国民事诉讼法〉的解释》第五百一十六条的规定处理,企业法人的其他已经取得执行依据的债权人申请参与分配的,人民法院不予支持。

5.执行部门应严格遵守执行案件移送破产审查的内部决定程序。承办人认为执行案件符合移送破产审查条件的,应提出审查意见,经合议庭评议同意后,由执行法院院长签署移送决定。

6.为减少异地法院之间移送的随意性,基层人民法院拟将执行案件移送异地中级人民法院进行破产审查的,在作出移送决定前,应先报请其所在地中级人民法院执行部门审核同意。

7.执行法院作出移送决定后,应当于五日内送达申请执行人和被执行人。申请执行人或被执行人对决定有异议的,可以在受移送法院破产审查期间提出,由受移送法院一并处理。

8.执行法院作出移送决定后,应当书面通知所有已知执行法院,执行法院均应中止对被执行人的执行程序。但是,对被执行人的季节性商品、鲜活、易腐烂变质以及其他不宜长期保存的物品,执行法院应当及时变价处置,处置的价款不作分配。受移送法院裁定受理破产案件的,执行法院应当在收到裁定书之日起七日内,将该价款移交受理破产案件的法院。

案件符合终结本次执行程序条件的,执行法院可以同时裁定终结本次执行程序。

9.确保对被执行人财产的查封、扣押、冻结措施的连续性,执行法院决定移送后、受移送法院裁定受理破产案件之前,对被执行人的查封、扣押、冻结措施不解除。查封、扣押、冻结期限在破产审查期间届满的,申请执行人可以向执行法院申请延长期限,由执行法院负责办理。

三、移送材料及受移送法院的接收义务

10.执行法院作出移送决定后,应当向受移送法院移送下列材料:

(1)执行案件移送破产审查决定书;

(2)申请执行人或被执行人同意移送的书面材料;

(3)执行法院采取财产调查措施查明的被执行人的财产状况,已查封、扣押、冻结财产清单及相关材料;

(4)执行法院已分配财产清单及相关材料;

(5)被执行人债务清单;

(6)其他应当移送的材料。

11.移送的材料不完备或内容错误,影响受移送法院认定破产原因是否具备的,受移送法院可以要求执行法院补齐、补正,执行法院应于十日内补齐、补正。该期间不计入受移送法院破产审查的期间。

受移送法院需要查阅执行程序中的其他案件材料,或者依法委托执行法院办理财产处置等事项的,执行法院应予协助配合。

12.执行法院移送破产审查的材料,由受移送法院立案部门负责接收。受移送法院不得以材料不完备等为由拒绝接收。立案部门经审核认为移送材料完备的,应以"破申"作为案件类型代字编制案号登记立案,并及时将案件移送破产审判部门进行破产审查。破产审判部门在审查过程中发现本院对案件不具有管辖权的,应当按照《中华人民共和国民事诉讼法》第三十六条的规定处理。

四、受移送法院破产审查与受理

13.受移送法院的破产审判部门应当自收到移送的材料之日起三十日内

作出是否受理的裁定。受移送法院作出裁定后,应当在五日内送达申请执行人、被执行人,并送交执行法院。

14.申请执行人申请或同意移送破产审查的,裁定书中以该申请执行人为申请人,被执行人为被申请人;被执行人申请或同意移送破产审查的,裁定书中以该被执行人为申请人;申请执行人、被执行人均同意移送破产审查的,双方均为申请人。

15.受移送法院裁定受理破产案件的,在此前的执行程序中产生的评估费、公告费、保管费等执行费用,可以参照破产费用的规定,从债务人财产中随时清偿。

16.执行法院收到受移送法院受理裁定后,应当于七日内将已经扣划到账的银行存款、实际扣押的动产、有价证券等被执行人财产移交给受理破产案件的法院或管理人。

17.执行法院收到受移送法院受理裁定时,已通过拍卖程序处置且成交裁定已送达买受人的拍卖财产,通过以物抵债偿还债务且抵债裁定已送达债权人的抵债财产,已完成转账、汇款、现金交付的执行款,因财产所有权已经发生变动,不属于被执行人的财产,不再移交。

五、受移送法院不予受理或驳回申请的处理

18.受移送法院作出不予受理或驳回申请裁定的,应当在裁定生效后七日内将接收的材料、被执行人的财产退回执行法院,执行法院应当恢复对被执行人的执行。

19.受移送法院作出不予受理或驳回申请的裁定后,人民法院不得重复启动执行案件移送破产审查程序。申请执行人或被执行人以有新证据足以证明被执行人已经具备了破产原因为由,再次要求将执行案件移送破产审查的,人民法院不予支持。但是,申请执行人或被执行人可以直接向具有管辖权的法院提出破产申请。

20.受移送法院裁定宣告被执行人破产或裁定终止和解程序、重整程序的,应当自裁定作出之日起五日内送交执行法院,执行法院应当裁定终结对被执行人的执行。

六、执行案件移送破产审查的监督

21.受移送法院拒绝接收移送的材料,或者收到移送的材料后不按规定的期限作出是否受理裁定的,执行法院可函请受移送法院的上一级法院进行监督。上一级法院收到函件后应当指令受移送法院在十日内接收材料或作出是否受理的裁定。

受移送法院收到上级法院的通知后，十日内仍不接收材料或不作出是否受理裁定的，上一级法院可以径行对移送破产审查的案件行使管辖权。上一级法院裁定受理破产案件的，可以指令受移送法院审理。

三、破产案件的管辖法院

作为民事特别程序，破产程序的案件管辖同样需要遵循《民事诉讼法》的原则性规定，但作为特别法的《企业破产法》如已经明确，应当优先适用《企业破产法》。

（一）地域管辖

《企业破产法》已经明确破产案件应当由债务人住所地人民法院管辖，根据《民事诉讼法》及相关司法解释，法人的住所地是指法人的主要办事机构所在地。当主要办事机构所在地不能确定时，则注册地或者登记地为住所地。

可见，判断法人的住所地以"主要办事机构所在地"为判断原则，当不能确定时才以注册地或登记地为判断依据。但实务中，对于主要办事机构的判断远不及注册或登记地容易识别。为此有学者就"主要办事机构所在地"提供了以下判断标准：

（1）主要办事机构所在地应当是指企业对外办理主要事务的机构的地点，而不能变更解释为是其内部进行"经营管理决策"的地点；

（2）主要办事机构在所在地应当有对外明示的标志；

（3）主要办事机构所在地应当是企业实际办理各项主要对外事务的所在地，以及在办理事务时自认的住所所在地。[①]

（二）级别管辖

《企业破产法》未对破产案件的级别管辖直接作出规定，而是将空间留给了实务的具体操作。根据《最高人民法院关于审理企业破产案件若干问题的

[①]　王欣新，《破产案件地域管辖的确定》，《人民法院报》2021年4月15日第7版。

规定》第二条的规定,破产案件的级别管辖一般依债务人的工商登记情况确定。基层人民法院一般管辖县、县级市或者区的工商行政管理机关核准登记企业的破产案件;中级人民法院一般管辖地区、地级市(含本级)以上的工商行政管理机关核准登记企业的破产案件;纳入国家计划调整的企业破产案件(政策性破产案件),由中级人民法院管辖。

同时根据《中华人民共和国民事诉讼法》(简称《民事诉讼法》)第三十八条的规定,上级人民法院有权审理下级人民法院管辖的第一审民事案件。这也意味着本应由下级法院审理的破产案件,可以由上级法院直接审理。在实务中,企业在区县一级行政机关进行企业登记,但中级人民法院有其执行案件的,中级人民法院可以选择自行审理。

【法规链接】

《企业破产法》

第三条　破产案件由债务人住所地人民法院管辖。

《民诉法司法解释》

第三条　公民的住所地是指公民的户籍所在地,法人或者其他组织的住所地是指法人或者其他组织的主要办事机构所在地。法人或者其他组织的主要办事机构所在地不能确定的,法人或者其他组织的注册地或者登记地为住所地。

《民事诉讼法》

第三十八条　上级人民法院有权审理下级人民法院管辖的第一审民事案件;确有必要将本院管辖的第一审民事案件交下级人民法院审理的,应当报请其上级人民法院批准。

下级人民法院对它所管辖的第一审民事案件,认为需要由上级人民法院审理的,可以报请上级人民法院审理。

《最高人民法院关于适用〈中华人民共和国企业破产法〉若干问题的规定(二)》

第四十七条　人民法院受理破产申请后,当事人提起的有关债务人的民事诉讼案件,应当依据企业破产法第二十一条的规定,由受理破产申请的人民法院管辖。

受理破产申请的人民法院管辖的有关债务人的第一审民事案件,可以依据民事诉讼法第三十八条的规定,由上级人民法院提审,或者报请上级人民法院批准后交下级人民法院审理。

受理破产申请的人民法院，如对有关债务人的海事纠纷、专利纠纷、证券市场因虚假陈述引发的民事赔偿纠纷等案件不能行使管辖权的，可以依据民事诉讼法第三十七条的规定，由上级人民法院指定管辖。

《最高人民法院关于审理企业破产案件若干问题的规定》

第一条 企业破产案件由债务人住所地人民法院管辖。债务人住所地指债务人的主要办事机构所在地。债务人无办事机构的，由其注册地人民法院管辖。

第二条 基层人民法院一般管辖县、县级市或者区的工商行政管理机关核准登记企业的破产案件；

中级人民法院一般管辖地区、地级市（含本级）以上的工商行政管理机关核准登记企业的破产案件；

纳入国家计划调整的企业破产案件，由中级人民法院管辖。

第三条 上级人民法院审理下级人民法院管辖的企业破产案件，或者将本院管辖的企业破产案件移交下级人民法院审理，以及下级人民法院需要将自己管辖的企业破产案件交由上级人民法院审理的，依照民事诉讼法第三十九条的规定办理；省、自治区、直辖市范围内因特殊情况需对个别企业破产案件的地域管辖作调整的，须经共同上级人民法院批准。

四、破产程序的撤回问题

（一）申请撤回的条件

1.法院裁定受理破产前

《企业破产法》第九条及《最高人民法院关于审理企业破产案件若干问题的规定》第十一条明确指出，破产申请人可以在法院受理破产前撤回破产申请。因为此时法院尚未形成生效裁判，申请人申请撤回属于在法律规定的范围内处分自己的实体权利和程序权利，应当被认可。同时也可知，现行的法定破产撤回应当符合的条件是，在法院受理破产前作出申请，并被法院认可。

2.是否损害国家、社会公共、他人的合法权益

事实上，就已有案例显示，司法机关在准许申请人撤回破产申请时，一定程度上会对撤回原因进行审查，如在上诉人上海鸣业工程机械有限公司被上

诉人山西天瑞泰达电力工程有限公司申请破产清算破产强制清算与破产案中,法院认为,"上诉人上海鸣业工程机械有限公司在本案审理期间提出撤回破产清算申请,不损害国家利益、社会公共利益、他人合法权益,本院予以准许",而非仅就当事人的自治权利作出判断。

上述两个标准涉及申请撤回时的审查范围,即形式审查还是实质审查的问题,现行《企业破产法》并未对实质审查做要求,但《民事诉讼法》第一百一十五条规定,当事人之间恶意串通,企图通过诉讼、调解等方式侵害他人合法权益的,人民法院应当驳回其请求。从《民事诉讼法》的原则性规定看,破产程序显然不能成为当事人恶意串通损害他人合法权益的缺口,故我们认为在撤回破产程序的同时也应当做实质性审查。

(二)申请人撤回申请的争议

实务中存在的难点是法院受理破产后申请人能否撤回申请的问题。对此,业界观点尚未统一。有观点认为,一旦进入破产程序,申请人便不得撤回其破产申请。也有观点认为,对于《企业破产法》未涉及部分应当参照《民事诉讼法》规定执行,所以受理破产后的撤回申请应当被准许。

究其原因,主要在于相关法律规定不够明确。《企业破产法》明确了"人民法院受理破产申请前,申请人可以请求撤回申请",但是未明确人民法院受理破产申请后的操作,因此导致各方对该问题看法不一,争议较大。

目前,业界认为不应准许申请人撤回申请的观点主要如下:

(1)《企业破产法》既然明确规定破产申请受理前,申请人可以撤回申请,则自然可以推理得出,破产申请受理后,申请人不可以撤回申请的结论。

(2)《企业破产法》规定了包括和解、重整等在内的各种程序,法院在作出受理破产申请裁定前应当细致地分析、冷静地判断,对于不符合破产申请条件的,应当不予受理。法院裁定受理的,即视为该企业确实符合破产申请条件,如后续发生其他情况的,应当考虑根据《企业破产法》规定的其他程序妥善处理。

如果从营商环境角度考虑,准许在受理破产申请后申请人撤回破产申请也是化解纠纷的重要方式之一。理由主要如下:

(1)虽然《企业破产法》未明确规定破产申请受理后,申请人可以撤回申请,但是同样也未禁止申请人在法院受理破产申请后撤回申请,并不能理所应当地得出申请人不可以撤回申请的结论。

（2）在所有债权人均认可应当撤回破产申请的情况下，若法院继续拒绝申请人撤回申请的要求，必然导致该破产程序的继续推进将违背所有债权人的意愿，这不仅有悖于《企业破产法》的立法本意，不能保证保护所有债权人的合法权益，也会使破产程序的推进受到层层阻碍，难以继续。

（3）理论上来说，破产程序的启动，可能要求单个的债权人利益让位于全体债权。实际上，允许单个债权人撤回申请并不会损害集体利益，原因在于其撤回申请后并不妨碍其他债权人的申请。同时，个别清偿行为本身就受制于《企业破产法》的规制，单个债权人想全额清偿也并非绝对的。

不过，考虑到实际成本的产生，是否允许撤回，应当综合考量此时破产费用的产生、债权人申报数量以及此时破产程序所处的阶段等诸多因素。

根据《九民纪要》108条的规定，人民法院裁定受理破产申请系对债务人具有破产原因的初步认可，破产申请受理后，申请人请求撤回破产申请的，人民法院不予准许。但若存在《企业破产法》第十二条第二款规定的情形，人民法院不得裁定驳回破产申请。即一般而言，对于破产申请受理后撤回的，除非债务人不存在资不抵债情形，否则法院一般不予准许。

◆◆ 【法规链接】

《企业破产法》

第四条 破产案件审理程序，本法没有规定的，适用民事诉讼法的有关规定。

第九条 人民法院受理破产申请前，申请人可以请求撤回申请。

《最高人民法院关于审理企业破产案件若干问题的规定》

第十一条 在人民法院决定受理企业破产案件前，破产申请人可以请求撤回破产申请。

人民法院准许申请人撤回破产申请的，在撤回破产申请之前已经支出的费用由破产申请人承担。

《民事诉讼法》

第一百一十五条 当事人之间恶意串通，企图通过诉讼、调解等方式侵害他人合法权益的，人民法院应当驳回其请求，并根据情节轻重予以罚款、拘留；构成犯罪的，依法追究刑事责任。

第二节 管理人选任

管理人是破产程序中负责破产财产管理处分、业务经营以及破产方案拟定和执行的专门机构或个人。管理人制度的运行状况关系到破产程序能否公正高效运作。基于管理人的职能定位，其必须独立于各利害关系人，保持中立性，受人民法院、债权人委员会等监督。

一、管理人选任方式

(一)选任主体

依据《企业破产法》及《最高人民法院关于审理企业破产案件指定管理人的规定》，管理人由受理破产案件的法院予以指定确认。同时根据《企业破产法》第二十二条第 1 款和第 2 款的规定，我国破产管理人的选任方式是以法院为主，以债权人为辅的双轨制模式。

◆◆◆ 【法规链接】

《企业破产法》

第二十二条 管理人由人民法院指定。

债权人会议认为管理人不能依法、公正执行职务或者有其他不能胜任职务情形的，可以申请人民法院予以更换。

指定管理人和确定管理人报酬的办法，由最高人民法院规定。

(二)选任方式

《最高人民法院关于审理企业破产案件指定管理人的规定》第二十条规定，人民法院一般应当按照管理人名册所列名单采取轮候、抽签、摇号等随机方式公开指定管理人。

因最高人民法院在选任管理人上采用了开放式的态度，各地在实践操作中也并不一致，如《浙江省高级人民法院关于规范企业破产案件管理人工作若干问题的意见》基于实务中利益平衡的考虑,提出了选任管理人的几种"推荐"模式。

(1)随机方式产生管理人。

适用随机方式产生管理人的,应从中级人民法院的辖区管理人名册中产生管理人。实务中,多数破产清算案件是采取随机方式产生管理人。为保证公平性,摇号方式也多由中级人民法院统一进行确定。

(2)竞争方式产生管理人。

适用竞争方式产生管理人的,由中级人民法院相关领导召集司法鉴定处、审判业务庭、监察室人员组成不少于7人的评审委员会(基层人民法院受理的企业破产案件,评审委员会应包括1至2名基层人民法院的院领导),在中级人民法院辖区及省级管理人名册中通过竞争方式产生管理人。参与竞争的社会中介机构不得少于5家。

中级人民法院制定以竞争方式产生管理人的具体工作方案,实施前需报省高级人民法院备案。

(3)临时管理人的指定。

因情况紧急,办理指定管理人手续可能影响企业破产案件依法及时受理的,且债务人企业已经组成符合《最高人民法院〈关于审理企业破产案件指定管理人的规定〉》第十八条、第十九条规定的清算组的,受理企业破产案件的人民法院可以指定该清算组为临时管理人,承担人民法院指定范围内的管理人职责。

(4)推荐指定管理人。

目前,选任管理人方式的控制权掌握在法院手中,一定程度上无法体现债权人的意志。破产清算程序中管理人履职的根本目的在于维护债权人利益,选任管理人应当体现债权人的意志。在实务中,已经出现了债权人推荐管理人的相关规则,如2022年4月22日发布的《北京破产法庭接受债权人推荐指定管理人的工作办法(试行)》。根据该试行办法,在符合条件的情况下,主要债权人协商一致后,可以向法院推荐破产案件的管理人。具体而言,符合下列情形之一的破产案件受理前,债务人的主要债权人协商一致,可以以一家或者多家债权人的名义,在北京市企业破产案件管理人名册中向法院推荐一家中介机构或者两家中介机构联合担任该破产案件的管理人:

①债务人经过庭外重组或者预重整的;

②关联企业合并破产的；

③已经依照有关规定成立金融机构债权人委员会的；

④涉及利害关系人人数众多,在本地有重大影响的。

债权人按照前款规定向法院推荐重整管理人或者预重整临时管理人的,还应当与债务人协商一致。

债权人向法院推荐管理人后、法院作出指定决定前,其他债权人亦可按照本条第一款的规定另行推荐,是否接受推荐亦由法院决定。

同时,该试行办法也注意到,在没有正式进入破产程序前,无法完全确认企业对外债务情况,因此在确定前述的"主要债权人"时设定了一个标准,此处的主要债权人指债权人向法院推荐管理人时,按照债务人财务会计报告、债务清册、财产状况说明等文书资料,以及生效法律文书等有效债权凭证,合计代表的债权额占已知总债权额二分之一以上的债权人。这在一定程度上意味着,在正式指定管理人前,法院应当对企业的债务情况做主要梳理。

>>> **延伸问题:管理人由机构还是个人担任?**

解答:在现行《企业破产法》起草过程中,就能否由个人担任管理人存在过较大争议。双方主要观点如下:

(1)可以由个人担任管理人,其依据的理由是:①《企业破产法》在管理人制度上借鉴了域外的丰富经验,且对于市场经济活动发达的国家,由个人担任管理人是常态。个人担任管理人不仅在信用、专业资质上有更强的契合性,而且更容易接受监管。②破产事务的处理是依托于具体的个人,而不是一个机构。机构的业务能力并不代表参与个案的工作人员有相应的能力。因此,确定个人作为管理人实际上对业务能力的判断有更为明确的标准。

(2)应当由机构担任管理人,其主张的理由是:①在个人信用制度尚没有成熟的情况下,选个人担任管理人实际上存在一定的执业风险。②相较于个人,机构的责任承担能力对于破产业务的推进更有保障,特别是在涉及管理人责任承担时,选择机构担任管理人对于债权人也是尽到了最大程度的保障。

《企业破产法》第二十四条第一款和第四款明确了我国现行管理人制度允许个人和机构担任管理人,但是个人担任管理人时应当参加执业责任保险。各地的管理人名单,也是明确了个人的管理人资质。

二、管理人的撤换

(一)被动撤换管理人

1.申请撤换主体

要求更换管理人的主体应当为债权人会议,单个的债权人无权提起该项请求。例如,新疆维吾尔自治区乌鲁木齐市中级人民法院在(2018)新 01 民初 299 号民事裁定书中,认为《企业破产法》第二十二条赋予了债权人通过债权人会议对破产管理人职务行为予以监督的权利,若债权人会议认为破产管理人不能依法、公正执行职务或者有其他不能胜任职务情形的,可以申请人民法院予以更换。但债权人个人无权直接干涉破产管理人行使职务行为[1]。同样地,安徽省六安市中级人民法院在(2019)皖 15 民终 1125 号民事裁定书中,也认为《企业破产法》以及相关的司法解释在立法上对管理人的监督、管理和更换的程序和方式进行了规定,法律没有赋予债权人起诉管理人的身份和行使职权行为异议的诉讼权利。

根据《最高人民法院关于适用〈中华人民共和国企业破产法〉若干问题的规定(二)》[简称《破产法司法解释(二)》],即使单个的债权人认为管理人无正当理由未去追收债务人财产的,也应当通过债权人会议或债权人委员会的形式向管理人提出。

2.更换情形

当管理人出现了不能依法、公正执行职务或者有其他不能胜任职务情形时,《企业破产法》第二十二条规定的债权人会议可以要求更换管理人的情形,实际上采用了相较于管理人责任纠纷更加宽泛的规定。"其他不能胜任职务"的情形究竟包括哪些,需要结合管理人履职情况,以及其对破产清算案件的推

---

[1]　该案因原审法院法律关系认定错误,被新疆维吾尔自治区高级人民法院(2019)新民终 9 号民事裁定书撤销并指令原审法院重新审理。

进作用进行综合考量。实务中存在债权人无法理解管理人工作,两者在一定程度上存在意见分歧的情形,如果此时要求原管理人继续履职,可能影响破产清算工作的正常推进。为此,债权人会议形成要求更换债权人的决议在实务中也时有发生,较为典型的案例可参见陕西省西安市中级人民法院(2020)陕01破23号之九民事裁定书。

3.受理机关

《企业破产法》第二十二条明确指出,管理人由人民法院指定,其更换也属于人民法院的职权范围。破产管理人多为中介机构,以律师事务所、会计师事务所、资产管理公司为主。实务中,常有一些债权人认为管理人不能依法履职而向司法行政机关投诉。例如,诚丰房地产开发(福清)有限公司破产清算一案中,林某认为管理人存在违反职责违法处分破产财产、怠于履行法定工作职责的情形,便向相关司法局投诉。司法局在收到投诉后向其作出《信访事项受理情况告知单》,告知林某根据《企业破产法》的有关规定,其投诉的事项属于人民法院职权管辖范围,应依法向受理破产申请的人民法院反映。

◆◆◆ **【法规链接】**

《破产法司法解释(二)》

第二十三条第二款 债权人通过债权人会议或者债权人委员会,要求管理人依法向次债务人、债务人的出资人等追收债务人财产,管理人无正当理由拒绝追收,债权人会议依据《企业破产法》第二十二条的规定,申请人民法院更换管理人的,人民法院应予支持。

(二)管理人主动申请更换

《最高人民法院关于审理企业破产案件指定管理人的规定》中已经明确,当社会中介机构管理人出现下列情形时可以更换管理人:①执业许可证或者营业执照被吊销或者注销;②出现解散、破产事由或者丧失承担执业责任风险的能力;③与本案有利害关系;④履行职务时,因故意或者重大过失导致债权人利益受到损害;⑤有本规定第二十六条规定的情形。当发生以上情形时,作为管理人,应当主动向法院提出更换申请。

但在实务中,可能出现各种情形,其中可能包括法律未曾预设的情形,例如：

①中介机构的管理人团队全部离开该中介机构。

②指定后发现管理人与破产案件申请人存在利害关系。

③存在损害债权人利益的情形。

④管理人已不在管理人名册中。

⑤其他不宜再担任管理人的情形。

事实上，以上情形可总结为管理人已经无法中立地处理破产事务。对于管理人利害关系的判断，现行《企业破产法》并没有给出一个明确的标准，多数情况下需要凭借基本经验的判断。例如，在我们办理的一个破产案件中，法院通知指定担任管理人时，第一步工作就是利益冲突的检索，检索后发现，该案件的管理人接受了该企业前任股东的委托起诉该企业的现任股东，虽诉争事实与破产企业本身无关，但由于涉及企业的两任股东且立场明显冲突，因此我们向法院申请了更换管理人。

管理人并不等同于律师、会计师，在破产清算程序中，破产管理人实质上也并不完全代表债权人的利益，而是接受法院的"委托"，中立、客观地处理破产企业的债权、债务。因此，对于管理人是否存在利害关系，其核心判断标准在于管理人能否中立、客观地履行管理人职务。当发现管理人可能无法中立、客观地履行管理人职务时，应当向法院主动提出更换申请。

◈ 【法规阅读】

最高人民法院关于审理企业破产案件指定管理人的规定

为公平、公正审理企业破产案件，保证破产审判工作依法顺利进行，促进管理人制度的完善和发展，根据《中华人民共和国企业破产法》的规定，制定本规定。

一、管理人名册的编制

第一条　人民法院审理企业破产案件应当指定管理人。除企业破产法和本规定另有规定外，管理人应当从管理人名册中指定。

第二条　高级人民法院应当根据本辖区律师事务所、会计师事务所、破产清算事务所等社会中介机构及专职从业人员数量和企业破产案件数量，确定由本院或者所辖中级人民法院编制管理人名册。

人民法院应当分别编制社会中介机构管理人名册和个人管理人名册。由直辖市以外的高级人民法院编制的管理人名册中,应当注明社会中介机构和个人所属中级人民法院辖区。

第三条　符合企业破产法规定条件的社会中介机构及其具备相关专业知识并取得执业资格的人员,均可申请编入管理人名册。已被编入机构管理人名册的社会中介机构中,具备相关专业知识并取得执业资格的人员,可以申请编入个人管理人名册。

第四条　社会中介机构及个人申请编入管理人名册的,应当向所在地区编制管理人名册的人民法院提出,由该人民法院予以审定。

人民法院不受理异地申请,但异地社会中介机构在本辖区内设立的分支机构提出申请的除外。

第五条　人民法院应当通过本辖区有影响的媒体就编制管理人名册的有关事项进行公告。公告应当包括以下内容:

(一)管理人申报条件;

(二)应当提交的材料;

(三)评定标准、程序;

(四)管理人的职责以及相应的法律责任;

(五)提交申报材料的截止时间;

(六)人民法院认为应当公告的其他事项。

第六条　律师事务所、会计师事务所申请编入管理人名册的,应当提供下列材料:

(一)执业证书、依法批准设立文件或者营业执照;

(二)章程;

(三)本单位专职从业人员名单及其执业资格证书复印件;

(四)业务和业绩材料;

(五)行业自律组织对所提供材料真实性以及有无被行政处罚或者纪律处分情况的证明;

(六)人民法院要求的其他材料。

第七条　破产清算事务所申请编入管理人名册的,应当提供以下材料:

(一)营业执照或者依法批准设立的文件;

(二)本单位专职从业人员的法律或者注册会计师资格证书,或者经营管理经历的证明材料;

（三）业务和业绩材料；

（四）能够独立承担民事责任的证明材料；

（五）行业自律组织对所提供材料真实性以及有无被行政处罚或者纪律处分情况的证明，或者申请人就上述情况所作的真实性声明；

（六）人民法院要求的其他材料。

第八条　个人申请编入管理人名册的，应当提供下列材料：

（一）律师或者注册会计师执业证书复印件以及执业年限证明；

（二）所在社会中介机构同意其担任管理人的函件；

（三）业务专长及相关业绩材料；

（四）执业责任保险证明；

（五）行业自律组织对所提供材料真实性以及有无被行政处罚或者纪律处分情况的证明；

（六）人民法院要求的其他材料。

第九条　社会中介机构及个人具有下列情形之一的，人民法院可以适用企业破产法第二十四条第三款第四项的规定：

（一）因执业、经营中故意或者重大过失行为，受到行政机关、监管机构或者行业自律组织行政处罚或者纪律处分之日起未逾三年；

（二）因涉嫌违法行为正被相关部门调查；

（三）因不适当履行职务或者拒绝接受人民法院指定等原因，被人民法院从管理人名册除名之日起未逾三年；

（四）缺乏担任管理人所应具备的专业能力；

（五）缺乏承担民事责任的能力；

（六）人民法院认为可能影响履行管理人职责的其他情形。

第十条　编制管理人名册的人民法院应当组成专门的评审委员会，决定编入管理人名册的社会中介机构和个人名单。评审委员会成员应不少于七人。

人民法院应当根据本辖区社会中介机构以及社会中介机构中个人的实际情况，结合其执业业绩、能力、专业水准、社会中介机构的规模、办理企业破产案件的经验等因素制定管理人评定标准，由评审委员会根据申报人的具体情况评定其综合分数。

人民法院根据评审委员会评审结果，确定管理人初审名册。

第十一条　人民法院应当将管理人初审名册通过本辖区有影响的媒体进行公示,公示期为十日。

对于针对编入初审名册的社会中介机构和个人提出的异议,人民法院应当进行审查。异议成立、申请人确不宜担任管理人的,人民法院应将该社会中介机构或者个人从管理人初审名册中删除。

第十二条　公示期满后,人民法院应审定管理人名册,并通过全国有影响的媒体公布,同时逐级报最高人民法院备案。

第十三条　人民法院可以根据本辖区的实际情况,分批确定编入管理人名册的社会中介机构及个人。

编制管理人名册的全部资料应当建立档案备查。

第十四条　人民法院可以根据企业破产案件受理情况、管理人履行职务以及管理人资格变化等因素,对管理人名册适时进行调整。新编入管理人名册的社会中介机构和个人应当按照本规定的程序办理。

人民法院发现社会中介机构或者个人有企业破产法第二十四条第三款规定情形的,应当将其从管理人名册中除名。

二、管理人的指定

第十五条　受理企业破产案件的人民法院指定管理人,一般应从本地管理人名册中指定。

对于商业银行、证券公司、保险公司等金融机构以及在全国范围内有重大影响、法律关系复杂、债务人财产分散的企业破产案件,人民法院可以从所在地区高级人民法院编制的管理人名册列明的其他地区管理人或者异地人民法院编制的管理人名册中指定管理人。

第十六条　受理企业破产案件的人民法院,一般应指定管理人名册中的社会中介机构担任管理人。

第十七条　对于事实清楚、债权债务关系简单、债务人财产相对集中的企业破产案件,人民法院可以指定管理人名册中的个人为管理人。

第十八条　企业破产案件有下列情形之一的,人民法院可以指定清算组为管理人:

(一)破产申请受理前,根据有关规定已经成立清算组,人民法院认为符合本规定第十九条的规定;

(二)审理企业破产法第一百三十三条规定的案件;

（三）有关法律规定企业破产时成立清算组；

（四）人民法院认为可以指定清算组为管理人的其他情形。

第十九条　清算组为管理人的，人民法院可以从政府有关部门、编入管理人名册的社会中介机构、金融资产管理公司中指定清算组成员，人民银行及金融监督管理机构可以按照有关法律和行政法规的规定派人参加清算组。

第二十条　人民法院一般应当按照管理人名册所列名单采取轮候、抽签、摇号等随机方式公开指定管理人。

第二十一条　对于商业银行、证券公司、保险公司等金融机构或者在全国范围有重大影响、法律关系复杂、债务人财产分散的企业破产案件，人民法院可以采取公告的方式，邀请编入各地人民法院管理人名册中的社会中介机构参与竞争，从参与竞争的社会中介机构中指定管理人。参与竞争的社会中介机构不得少于三家。

采取竞争方式指定管理人的，人民法院应当组成专门的评审委员会。

评审委员会应当结合案件的特点，综合考量社会中介机构的专业水准、经验、机构规模、初步报价等因素，从参与竞争的社会中介机构中择优指定管理人。被指定为管理人的社会中介机构应经评审委员会成员二分之一以上通过。

采取竞争方式指定管理人的，人民法院应当确定一至两名备选社会中介机构，作为需要更换管理人时的接替人选。

第二十二条　对于经过行政清理、清算的商业银行、证券公司、保险公司等金融机构的破产案件，人民法院除可以按照本规定第十八条第一项的规定指定管理人外，也可以在金融监督管理机构推荐的已编入管理人名册的社会中介机构中指定管理人。

第二十三条　社会中介机构、清算组成员有下列情形之一，可能影响其忠实履行管理人职责的，人民法院可以认定为企业破产法第二十四条第三款第三项规定的利害关系：

（一）与债务人、债权人有未了结的债权债务关系；

（二）在人民法院受理破产申请前三年内，曾为债务人提供相对固定的中介服务；

（三）现在是或者在人民法院受理破产申请前三年内曾经是债务人、债权人的控股股东或者实际控制人；

（四）现在担任或者在人民法院受理破产申请前三年内曾经担任债务人、

债权人的财务顾问、法律顾问;

(五)人民法院认为可能影响其忠实履行管理人职责的其他情形。

第二十四条 清算组成员的派出人员、社会中介机构的派出人员、个人管理人有下列情形之一,可能影响其忠实履行管理人职责的,可以认定为企业破产法第二十四条第三款第三项规定的利害关系:

(一)具有本规定第二十三条规定情形;

(二)现在担任或者在人民法院受理破产申请前三年内曾经担任债务人、债权人的董事、监事、高级管理人员;

(三)与债权人或者债务人的控股股东、董事、监事、高级管理人员存在夫妻、直系血亲、三代以内旁系血亲或者近姻亲关系;

(四)人民法院认为可能影响其公正履行管理人职责的其他情形。

第二十五条 在进入指定管理人程序后,社会中介机构或者个人发现与本案有利害关系的,应主动申请回避并向人民法院书面说明情况。人民法院认为社会中介机构或者个人与本案有利害关系的,不应指定该社会中介机构或者个人为本案管理人。

第二十六条 社会中介机构或者个人有重大债务纠纷或者因涉嫌违法行为正被相关部门调查的,人民法院不应指定该社会中介机构或者个人为本案管理人。

第二十七条 人民法院指定管理人应当制作决定书,并向被指定为管理人的社会中介机构或者个人、破产申请人、债务人、债务人的企业登记机关送达。决定书应与受理破产申请的民事裁定书一并公告。

第二十八条 管理人无正当理由,不得拒绝人民法院的指定。

管理人一经指定,不得以任何形式将管理人应当履行的职责全部或者部分转给其他社会中介机构或者个人。

第二十九条 管理人凭指定管理人决定书按照国家有关规定刻制管理人印章,并交人民法院封样备案后启用。

管理人印章只能用于所涉破产事务。管理人根据企业破产法第一百二十二条规定终止执行职务后,应当将管理人印章交公安机关销毁,并将销毁的证明送交人民法院。

第三十条 受理企业破产案件的人民法院应当将指定管理人过程中形成的材料存入企业破产案件卷宗,债权人会议或者债权人委员会有权查阅。

三、管理人的更换

第三十一条　债权人会议根据企业破产法第二十二条第二款的规定申请更换管理人的,应由债权人会议作出决议并向人民法院提出书面申请。

人民法院在收到债权人会议的申请后,应当通知管理人在两日内作出书面说明。

第三十二条　人民法院认为申请理由不成立的,应当自收到管理人书面说明之日起十日内作出驳回申请的决定。

人民法院认为申请更换管理人的理由成立的,应当自收到管理人书面说明之日起十日内作出更换管理人的决定。

第三十三条　社会中介机构管理人有下列情形之一的,人民法院可以根据债权人会议的申请或者依职权径行决定更换管理人:

(一)执业许可证或者营业执照被吊销或者注销;

(二)出现解散、破产事由或者丧失承担执业责任风险的能力;

(三)与本案有利害关系;

(四)履行职务时,因故意或者重大过失导致债权人利益受到损害;

(五)有本规定第二十六条规定的情形。

清算组成员参照适用前款规定。

第三十四条　个人管理人有下列情形之一的,人民法院可以根据债权人会议的申请或者依职权径行决定更换管理人:

(一)执业资格被取消、吊销;

(二)与本案有利害关系;

(三)履行职务时,因故意或者重大过失导致债权人利益受到损害;

(四)失踪、死亡或者丧失民事行为能力;

(五)因健康原因无法履行职务;

(六)执业责任保险失效;

(七)有本规定第二十六条规定的情形。

清算组成员的派出人员、社会中介机构的派出人员参照适用前款规定。

第三十五条　管理人无正当理由申请辞去职务的,人民法院不予许可。正当理由的认定,可参照适用本规定第三十三条、第三十四条规定的情形。

第三十六条　人民法院对管理人申请辞去职务未予许可,管理人仍坚持辞去职务并不再履行管理人职责的,人民法院应当决定更换管理人。

第三十七条　人民法院决定更换管理人的,原管理人应当自收到决定书之次日起,在人民法院监督下向新任管理人移交全部资料、财产、营业事务及管理人印章,并及时向新任管理人书面说明工作进展情况。原管理人不能履行上述职责的,新任管理人可以直接接管相关事务。

在破产程序终结前,原管理人应当随时接受新任管理人、债权人会议、人民法院关于其履行管理人职责情况的询问。

第三十八条　人民法院决定更换管理人的,应将决定书送达原管理人、新任管理人、破产申请人、债务人以及债务人的企业登记机关,并予公告。

第三十九条　管理人申请辞去职务未获人民法院许可,但仍坚持辞职并不再履行管理人职责,或者人民法院决定更换管理人后,原管理人拒不向新任管理人移交相关事务,人民法院可以根据企业破产法第一百三十条的规定和具体情况,决定对管理人罚款。对社会中介机构为管理人的罚款5万元至20万元人民币,对个人为管理人的罚款1万元至5万元人民币。

管理人有前款规定行为或者无正当理由拒绝人民法院指定的,编制管理人名册的人民法院可以决定停止其担任管理人一年至三年,或者将其从管理人名册中除名。

第四十条　管理人不服罚款决定的,可以向上一级人民法院申请复议,上级人民法院应在收到复议申请后五日内作出决定,并将复议结果通知下级人民法院和当事人。

三、管理人的职责

破产管理人作为管理、处分破产财产的法定机构,其职责为在破产程序中独立完成破产财产的接管、保管、清理、估价、处分、分配等事务,向法院负责并报告工作,受债权人会议的监督。管理人不仅应具备基础知识技能,还要有综合知识技能;不仅要懂法律,还要有财务、税务,甚至经营方面的知识。根据管理人履行职责的内容及职责行使程度,可将管理人在破产清算中的职责划分为一般性职责与特殊性职责。

(一)一般性职责

1.接管企业

指定管理人后,管理人应当完成对破产企业的接管。接管企业是管理人工作开展的起始,对于管理人的接管工作需要说明两点:一是《企业破产法》第二十五条规定管理人需要接管债务人的财产、印章和账簿、文书等资料。但事实上,管理人的接管应当是全方位的接管,而非仅接管列举的几个方面。对企业的资产、经营过程中形成的资料,管理人都有义务接管。

二是《企业破产法》并未明确接管的时间,但在实践中,部分企业被裁定进入破产清算程序后,处于无人看管的状态,如不能及时接管,可能对债权人利益造成损失,因此在各地方的操作规范中,有些会对接管时间作出明确要求。例如,《杭州市中级人民法院关于破产案件简化审理的意见(试行)》要求,"管理人应当在接到法院通知之日起三个工作日内接收破产案件材料,并在接受指定之日起七个工作日内接管债务人财产、印章和账簿、文书等资料,接管之日起五个工作日内向人民法院报告接管情况和工作计划"。(对于管理人接管的具体要求,详见本书第二章)

2.调查财产

调查财产状况是管理人接管企业后的重要工作。对于债权人而言,债权的实现程度是依靠破产财产的多少来确定的,因此明确破产企业的财产情况实际上是其最为关心的问题。调查财产需要说明以下两点:(1)管理人对破产企业财产情况的调查不仅是以管理人接管的情况进行确认的。事实上,部分债务人对管理人接管可能存在抗拒心理,管理人能够接管到的财产信息或线索十分有限,因此企业财产情况还需要管理人通过第三方渠道获取(详见本书第二章尽职调查部分)。(2)财产调查工作应当尽早开始,在正式接管企业前,管理人即可以通过国家企业信用信息公示系统、中国裁判文书网等网络平台调查企业的注册资本、对外债权情况,以便在接管前对债务人有较为清楚的了解。这样也可以避免接管工作受制于债务人的有关人员,从而掌握主动权。

3.管理事务

一般而言,破产管理人接管企业后应管理的事务具体包括以下几个方面。

(1)待履行合同的决定权。管理人对破产申请受理前成立且债务人和对方当事人均未履行完毕的合同有权决定解除或者继续履行。《企业破产法》直接授权管理人对均未履行完毕的合同享有决定权,不需要经过债权人会议或法院的同意,当然从维护债权人的利益角度及法院的监督角色来看,管理人行使该决定权时理应报告全体债权人及法院。

（2）继续经营的决定权。虽然《企业破产法》第二十五条使用了"决定"这一表述，但又在第二十六条明确，对企业的继续经营在第一次债权人会议前应当经过法院的许可，同时在第六十一条明确，债权人会议的职权之一便是"决定继续或者停止债务人的营业"。由此可见，进入破产程序的企业能否继续经营取决于债权人会议或法院。

（3）追收属于债务人的财产。追收债务人财产属于管理债务人财产的重要内容，《企业破产法》将其单独列出的原因在于，实务中，管理人对于债务人财产的追收一直是难点，接管企业财产并不能排斥第三人对个别财产的合法占有，管理人在接管企业后应当重点关注债务人财产线索的调取，尽可能早地启动追收相关财产的程序。

（4）决定债务人的日常开支和其他必要开支。特别是对于还在继续经营的企业，涉及日常营业活动中存在的大量日常开支和其他必要开支，对于这些支出，管理人均应当审核、监管。

（5）办理债务人相关的正常税务申报。债务人进入破产程序后，相关的税务申报应当由管理人继续办理，债务人被依法宣告破产后，相关的资产管理与处置所涉及的纳税义务，管理人也应当如实向税务机关申报缴纳（政策减免的除外）。

4. 通知、审查债权申报

调查进入破产清算程序后企业的负债状况是判断企业是否符合宣告破产条件的前置性要求，而其中最重要的工作在于通知、审查债权。为此本书专设第三章，详细讲解管理人通知、接收、审查债权的基本要求。

5. 代表债务人参加诉讼、仲裁或其他法律程序

《企业破产法》第二十条明确规定，人民法院受理破产申请后，已经开始而尚未终结的有关债务人的民事诉讼或者仲裁应当中止。故在被指定为破产企业管理人后，对于尚在审理的诉讼或仲裁案件，管理人应当向法院或仲裁委员会申请中止审理，待管理人接管债务人的财产后，诉讼或者仲裁方可继续进行。而此时进入破产程序未决的或新发生的诉讼或仲裁一般由管理人作为破产企业的代表参加相关程序。实务中存在债务人不配合管理人工作，拒绝接管，并在进入破产程序后以自身的意志发起新的诉讼的情况。杭州市中级人民法院在(2021)浙01民初540号之一民事裁定书中，认为债务人进入破产程序后，应当由管理人履行代表债务人参加诉讼、仲裁或其他法律程序的职责。

因此,在法院指定管理人后,且管理人明确表示对起诉行为不予认可时,债务人的自行起诉行为不符合民事诉讼的受理条件,依法予以驳回。

(二)特殊性职责

根据《企业破产法》及相关司法解释,管理人在破产程序中除上述必然会承担的职责外,还存在一些特殊职责,具体如下:

①行使破产撤销权;

②审核破产抵销权;

③对取回权的同意;

④拟定财产管理和变价方案;

⑤拟定破产财产分配方案;

⑥提请法院宣告破产、提请终结破产程序。

相较于一般职责,这些特殊职责在管理人履行破产清算职责时并非必然要承担,只有在特定情形出现时才可能需要承担。当然,对于第④、第⑤项,虽然管理人接管时可能不存在任何资产,但出于程序性需求,一般会在第一次债权人会议时设置较为原则性的财产管理和变价方案以及破产财产分配方案。

◈ **【法规链接】**

《企业破产法》

第二十五条　管理人履行下列职责:

(一)接管债务人的财产、印章和账簿、文书等资料;

(二)调查债务人财产状况,制作财产状况报告;

(三)决定债务人的内部管理事务;

(四)决定债务人的日常开支和其他必要开支;

(五)在第一次债权人会议召开之前,决定继续或者停止债务人的营业;

(六)管理和处分债务人的财产;

(七)代表债务人参加诉讼、仲裁或者其他法律程序;

(八)提议召开债权人会议;

(九)人民法院认为管理人应当履行的其他职责。

本法对管理人的职责另有规定的,适用其规定。

四、管理人的报酬

管理人报酬是管理人为管理破产企业,推进破产程序的有序进行而付出劳务的对价,合理的管理人报酬制度一定程度上能够提升管理人办理破产案件的积极性。

(一)管理人报酬的范围

1.依据

《企业破产法》第四十一条和《最高人民法院关于审理企业破产案件确定管理人报酬的规定》第一条。

2.范围

仅指管理人依据其专业性为破产案件所付出的劳动对价。需说明的是,下列情形不属于管理人报酬范围:①聘用工作人员的费用;②执行职务发生的费用。

(二)管理人报酬的确定主体

管理人报酬的确定权在法院,债权人会议有异议权。《企业破产法》第二十八条规定:"管理人经人民法院许可,可以聘用必要的工作人员。管理人的报酬由人民法院确定。债权人会议对管理人的报酬有异议的,有权向人民法院提出。"

(三)管理人报酬的确定标准

管理人报酬是依据债务人最终清偿的财产价值总额按比例分段确定的,且不包括担保债权人优先受偿的部分,具体如下:

①不超过一百万元(含本数,下同)的,在12%以下确定;

②超过一百万元至五百万元的部分,在10%以下确定;

③超过五百万元至一千万元的部分,在8%以下确定;

④超过一千万元至五千万元的部分,在6%以下确定;

⑤超过五千万元至一亿元的部分,在3%以下确定;

⑥超过一亿元至五亿元的部分,在1%以下确定;

⑦超过五亿元的部分,在0.5%以下确定。

高级人民法院认为有必要的,可以参照上述比例在30%的浮动范围内制定符合当地实际情况的管理人报酬比例限制范围。

例如,《浙江省高级人民法院破产案件管理人指定工作规程》第二十七条第二款规定:"被更换的管理人前期所开展的工作,根据最高人民法院《关于审理企业破产案件确定管理人报酬的规定》,结合其履职业绩合理确定报酬。"

一般来说,上述报酬方案一般不予调整,但债权人会议同意或异议成立的除外。

(四)确定管理人报酬需要考虑的因素

1.破产案件的复杂性

这是从破产企业经营时间、规模、行业、资产情况、债权情况等多方位综合考虑破产案件本身的难易程度。例如,相较于轻资产企业,房地产、制造业、工贸业企业的资产情况、处置情况可能更为复杂。

2.管理人的勤勉程度

勤勉程度虽然没有统一标准,但是在破产程序中,结合办理时间、清偿率、追收债权方式等客观表现也可作出较为直观的判断。

3.管理人为重整、和解工作作出的实际贡献

若能进行重整或和解,对于拯救破产企业价值、化解社会矛盾是更为有利的。

4.管理人承担的风险和责任

破产管理人面对不同的企业,在破产清算过程中所面临的风险和责任是不同的。例如,在我们办理的案件中,企业进入破产清算程序时仍有数百名职工,职工债权更是高达上千万元,这对管理人的社会维稳工作提出了重大挑战。因此,破产案件中管理人承担风险和责任的大小,应作为考虑管理人报酬的关键因素。

5.债务人住所地居民可支配收入及物价水平

由于各地的收入情况和物价水平不同,加之破产清算本就具有时间上的不确定性,债务人所在地的收入情况及物价水平也是影响管理人报酬的重要因素。

6.其他影响管理人报酬的因素

给付管理人报酬的本意在于激发管理人的履职积极性,实践中,影响管理人积极性的因素会随着破产清算案件的情况而变动,因此,需要全方位地考虑可能对管理人报酬产生影响的其他因素。

(五)管理人报酬的确定程序

法院受理企业破产申请后,应当对债务人可供清偿的财产价值和管理人的工作量作出预测,初步确定管理人报酬方案。管理人报酬方案应当包括管理人报酬比例和收取时间。实践中,由于管理人报酬方案形成时无法对债务人实际可供清偿的财产进行准确预测,因此提交债权人会议的报告也仅是原则性的。一般而言,管理人报酬的确定程序需要经过以下几个步骤:

(1)接管企业后对企业的现有资产进行梳理,提出管理人报酬确定的原则或方案。

(2)第一次债权人会议前将形成的报酬方案提交法院作初步确认。

(3)在第一次债权人会议上报告,经债权人会议审核(无须表决)。如债权人会议对管理人的报酬有异议的,有权向人民法院提出。

(4)在进行正式分配前,依据第一次债权人会议确定的原则或方案提出具体的包括管理人报酬在内的正式方案,此时的方案应当确定管理人报酬的具体数据。

(六)管理人报酬调整

实践中,管理人报酬可以根据破产案件的具体情况以及管理人履职情况进行调整。例如,实务中经常出现在分配完毕后即将提请终结破产程序时,管理人又发现了可追回的资产或其他破产财产。此时,因为可供分配财产增加,管理人报酬也可以申请一定比例的调整。

(七)管理人报酬支付

1.管理人报酬的支付方式

常见的支付方式包括分期支付和一次性支付。对于多数小规模破产清算程序,一次性支付为常态。但对于周期长、分配次数多的破产清算案件,考虑到管理人履职时的人力、物力成本支出,也可以采取分期支付的方式。

2.管理人报酬的清偿顺序

《企业破产法》明确指出,管理人报酬属于破产费用的组成部分,故应当依据《企业破产法》的规定随时清偿。

3.无产可破案件的管理人报酬

随着营商环境的优化和市场淘汰机制的逐渐成熟,无产可破企业大量出现。为此,各地纷纷成立破产管理人专项资金基金,为企业有序退出市场提供资金支持。例如,2017年12月6日,浙江省出台《浙江省人民政府办公厅关于加快处置"僵尸企业"的若干意见》;2020年2月12日,重庆市出台《重庆市高级人民法院企业破产费用援助资金使用办法》;2021年4月22日,湖南省高级人民法院联合湖南省财政厅印发《关于建立企业破产援助资金制度的指导意见》。为加快营商环境的建设,保障企业的有序退出,各地纷纷建立了较为成熟的管理人报酬援助机制。除上述财政资金的支持外,还有行业资金的支持。例如,在浙江省范围内,《杭州市破产管理人协会破产管理人互助资金管理和使用办法》《衢州市市级工业企业破产管理人专项资金管理和使用办法(试行)》《台州市市级企业破产援助资金管理和使用暂行办法》均大力保障了管理人工作的开展。

(八)管理人互助基金(以杭州市为例)

1.基金来源

(1)从已终结破产案件的管理人报酬中按一定比例提取的资金。

(2)社会机构或个人自愿捐助的资金。

(3)利息。

2.提取标准

提取互助资金采取超额累进方式,具体为:

(1)对管理人报酬50万元以下(含50万元)部分不提取互助资金;(富阳区人民法院30万元以下不打折扣)

(2)对管理人报酬超过50万元,且在100万元以下(含100万元)部分提取5%;

(3)对管理人报酬超过100万元,且在300万元以下(含300万元)部分提取8%;

(4)对管理人报酬超过300万元部分提取10%。

3.提取方式

破产案件终结时,对预缴纳的资金进行最终结算,多退少补。破产管理人分期获得破产管理人报酬的,原则上在收到每期报酬时,按实际收到部分金额的8%预缴,在最终核算结束后进行汇总,并按《杭州市破产管理人协会破产管理人互动资金管理和使用办法》第十一条计算缴纳,对实际预缴的总金额多退少补。

4.申领基金的条件

(1)承办的破产案件为杭州市中级人民法院及其下辖各区、县、市人民法院受理的破产案件。

(2)管理人从单个破产案件中最终收到的破产费用(包括法院确定的报酬、抵押物处置等的工作报酬)不足20万元,且无法覆盖管理人工作人员在从事该破产案件的基本报酬、费用的。

(3)管理人依法全面履行破产管理人职责,且获取人民法院合格履职评价的。

(4)未获取其他破产费用或者获取费用补助后仍具备前述条件的。

基本报酬:管理人人员基本报酬,是指管理人承办具体破产案件的过程中,所投入的全部人员的工作量依据上一年度杭州市在岗职工平均工资计算所得。该等成本应当有相应的明细工作记录作为依据。

费用:这里规定的管理人从事破产案件的费用包括为破产案件工作所需要租赁的办公场所费用、通知债权人的邮寄费用、通信费用、办公用品费用、档案保管费用等。该等费用,应当有明细及有效凭证作为依据。

5.申领基金标准

每件破产管理人承办的案件(合并破产按一件计算)的补助额度一般不超过10万元。对于案情特别复杂的案件,根据管理人的履职情况,前述标准明显过低的,可适当提高补助标准,但最高总报酬不得超过30万元。

6.申领方式

补助申请应当在破产程序终结后的3个月内以书面形式向管理委员会提出,并提交以下材料:

(1)申请书,包括申请的事实和理由;

(2)破产宣告裁定书;

(3)破产程序终结裁定书;

（4）管理人履职报告；

（5）管理人工作记录、费用清单和账目明细；

（6）破产费用支出凭证；

（7）法院批准管理人申请企业破产保障项目经费的相关文件。

◆ 【法规阅读】

最高人民法院关于审理企业破产案件确定管理人报酬的规定

为公正、高效审理企业破产案件，规范人民法院确定管理人报酬工作，根据《中华人民共和国企业破产法》的规定，制定本规定。

第一条　管理人履行企业破产法第二十五条规定的职责，有权获得相应报酬。

管理人报酬由审理企业破产案件的人民法院依据本规定确定。

第二条　人民法院应根据债务人最终清偿的财产价值总额，在以下比例限制范围内分段确定管理人报酬：

（一）不超过一百万元（含本数，下同）的，在12%以下确定；

（二）超过一百万元至五百万元的部分，在10%以下确定；

（三）超过五百万元至一千万元的部分，在8%以下确定；

（四）超过一千万元至五千万元的部分，在6%以下确定；

（五）超过五千万元至一亿元的部分，在3%以下确定；

（六）超过一亿元至五亿元的部分，在1%以下确定；

（七）超过五亿元的部分，在0.5%以下确定。

担保权人优先受偿的担保物价值，不计入前款规定的财产价值总额。

高级人民法院认为有必要的，可以参照上述比例在30%的浮动范围内制定符合当地实际情况的管理人报酬比例限制范围，并通过当地有影响的媒体公告，同时报最高人民法院备案。

第三条　人民法院可以根据破产案件的实际情况，确定管理人分期或者最后一次性收取报酬。

第四条　人民法院受理企业破产申请后，应当对债务人可供清偿的财产价值和管理人的工作量作出预测，初步确定管理人报酬方案。管理人报酬方案应当包括管理人报酬比例和收取时间。

第五条　人民法院采取公开竞争方式指定管理人的，可以根据社会中介机构提出的报价确定管理人报酬方案,但报酬比例不得超出本规定第二条规定的限制范围。

上述报酬方案一般不予调整,但债权人会议异议成立的除外。

第六条　人民法院应当自确定管理人报酬方案之日起三日内,书面通知管理人。

管理人应当在第一次债权人会议上报告管理人报酬方案内容。

第七条　管理人、债权人会议对管理人报酬方案有意见的,可以进行协商。双方就调整管理人报酬方案内容协商一致的,管理人应向人民法院书面提出具体的请求和理由,并附相应的债权人会议决议。

人民法院经审查认为上述请求和理由不违反法律和行政法规强制性规定,且不损害他人合法权益的,应当按照双方协商的结果调整管理人报酬方案。

第八条　人民法院确定管理人报酬方案后,可以根据破产案件和管理人履行职责的实际情况进行调整。

人民法院应当自调整管理人报酬方案之日起三日内,书面通知管理人。管理人应当自收到上述通知之日起三日内,向债权人委员会或者债权人会议主席报告管理人报酬方案调整内容。

第九条　人民法院确定或者调整管理人报酬方案时,应当考虑以下因素:

(一)破产案件的复杂性;

(二)管理人的勤勉程度;

(三)管理人为重整、和解工作作出的实际贡献;

(四)管理人承担的风险和责任;

(五)债务人住所地居民可支配收入及物价水平;

(六)其他影响管理人报酬的情况。

第十条　最终确定的管理人报酬及收取情况,应列入破产财产分配方案。在和解、重整程序中,管理人报酬方案内容应列入和解协议草案或重整计划草案。

第十一条　管理人收取报酬,应当向人民法院提出书面申请。申请书应当包括以下内容:

(一)可供支付报酬的债务人财产情况;

(二)申请收取报酬的时间和数额;

（三）管理人履行职责的情况。

人民法院应当自收到上述申请书之日起十日内，确定支付管理人的报酬数额。

第十二条　管理人报酬从债务人财产中优先支付。

债务人财产不足以支付管理人报酬和管理人执行职务费用的，管理人应当提请人民法院终结破产程序。但债权人、管理人、债务人的出资人或者其他利害关系人愿意垫付上述报酬和费用的，破产程序可以继续进行。

上述垫付款项作为破产费用从债务人财产中向垫付人随时清偿。

第十三条　管理人对担保物的维护、变现、交付等管理工作付出合理劳动的，有权向担保权人收取适当的报酬。管理人与担保权人就上述报酬数额不能协商一致的，人民法院应当参照本规定第二条规定的方法确定，但报酬比例不得超出该条规定限制范围的10%。

第十四条　律师事务所、会计师事务所通过聘请本专业的其他社会中介机构或者人员协助履行管理人职责的，所需费用从其报酬中支付。

破产清算事务所通过聘请其他社会中介机构或者人员协助履行管理人职责的，所需费用从其报酬中支付。

第十五条　清算组中有关政府部门派出的工作人员参与工作的不收取报酬。其他机构或人员的报酬根据其履行职责的情况确定。

第十六条　管理人发生更换的，人民法院应当分别确定更换前后的管理人报酬。其报酬比例总和不得超出本规定第二条规定的限制范围。

第十七条　债权人会议对管理人报酬有异议的，应当向人民法院书面提出具体的请求和理由。异议书应当附有相应的债权人会议决议。

第十八条　人民法院应当自收到债权人会议异议书之日起三日内通知管理人。管理人应当自收到通知之日起三日内作出书面说明。

人民法院认为有必要的，可以举行听证会，听取当事人意见。

人民法院应当自收到债权人会议异议书之日起十日内，就是否调整管理人报酬问题书面通知管理人、债权人委员会或者债权人会议主席。

第二章　管理人对破产企业的接管与尽调流程

人民法院受理破产申请后,应立即指定管理人。管理人在收到法院的指定决定书后,应及时到法院接收案件材料。本章我们将介绍管理人从法院接收案件材料后,进行接管和尽调期间的相关工作。

第一节　管理人工作制度及内部管理

管理人接受指定后,在正式接管债务人前应当立即组建管理人团队,从法院处接收相应资料,并拟定管理人工作制度提交法院备案。

一、组建管理人团队,交接相关材料

破产案件的办理效率影响着债权人利益的实现,实务中,各地对于破产案件的相关流程有较为明确的时间限制,如《杭州市中级人民法院破产清算案件管理人工作规范(试行)》要求管理人自收到通知之日起三个工作日内到法院接收案件相关材料。同时应将团队负责人、联系人以及其他组成人员名单附执业资格证明或者身份证明材料报人民法院备案。

二、建立管理人工作制度

没有制度不成方圆,管理人应依照《企业破产法》及相关司法解释,结合行业协会制定的管理人工作指引规范,制定履职的规范要求和具体企业破产案件中的相关制度,根据这些内部管理制度规范管理人的行为,指导管理人正确履职。

管理人工作制度一般应包括《破产企业破产清算期间会议议事规则和例会制度》《破产企业破产清算期间财务收支管理制度》《破产企业破产清算期间

证照和印章管理制度(债务人证照和印章)《破产企业破产清算期间印章管理和使用办法(管理人印章)》《破产企业破产清算期间档案管理制度》《破产企业破产清算期间保密制度》等。此外,管理人还应当根据案件需要制定相关的突发事件应急预案。

三、制订工作计划和报告

管理人应在接管后及时制订工作计划,并向法院报告。管理人应将相关工作向法院报告,不同的法院在实务中有不同的报告要求,具体有每周报告、每月报告、阶段性报告、重大事项报告等。

管理人工作制度报法院备案的时限要求如表2-1所示:

表 2-1 管理人工作制度报法院备案的时限要求

序号	报法院时限	单位	文件依据
1	收到指定起十个工作日内	杭州市中级人民法院	《杭州市中级人民法院破产清算案件管理人工作规范(试行)》2018年1月10日
2	收到指定起七日内	北京破产法庭	《北京破产法庭破产案件管理人工作指引(试行)》2020年4月22日
3	收到指定起五日内	上海市破产管理人协会	《上海市破产管理人协会破产案件管理人工作指引(试行)》2021年1月20日
4	收到指定起十日内	深圳市中级人民法院	《深圳市中级人民法院破产案件管理人工作规范》2015年2月5日

因案件疑难复杂等特殊情况无法完成的,管理人应及时请求人民法院另行指定期限。管理人应当按照工作计划、工作制度开展破产管理人工作。

四、刻制管理人公章

管理人作为一个独立的临时机构,在法院的监督下以自己的名义对外开展破产清算活动。管理人在履职过程中,经常会用到管理人公章。因此,中介机构受指定后应当第一时间刻制管理人公章,以便依法履职。例如,《深圳市中级人民法院破产案件管理人工作规范》中明确要求管理人应当在收到指定管理人决定书之日起十个工作日内,持受理破产申请裁定书、指定管理人决定书、刻制印章函等法律文书到公安机关刻制管理人印章。

刻制管理人公章应当根据各地要求准备相应材料,一般而言应当包括以下材料:

(1)法院受理破产案件的裁定书;

(2)法院指定管理人的决定书;

(3)法院关于同意刻制管理人公章的复函或刻制管理人公章函;

(4)律师事务所或会计师事务所执业许可证正副本复印件;

(5)管理人负责人及经办人身份证复印件;

(6)授权办理刻制事宜的《授权委托书》、律师事务所或会计师事务所的介绍信。

管理人在正式启用管理人公章前应当将管理人公章样式提交法院备案,然后才可以对外正式使用管理人公章。由于管理人公章对外即代表了管理人的意思表示,一般而言,管理人公章、财务章、负责人名章的使用应当遵循严格的管理制度,如建立使用公章的登记制度及台账。

第二节　管理人接管流程及注意事项

《企业破产法》第二十五条规定的管理人的第一项职责,就是"接管债务人的财产、印章和账簿、文书等资料"。接管破产企业是破产程序开展的重要一环,管理人在接受法院指定后,应及时开展接管工作。

实务当中,管理人在接管时,债务人的有关人员配合与否、管理人的接管程度、债务人财产的状况、管理人接管得是否顺利等,皆关系到管理人的后续工作。本节我们将就接管的相关内容做具体介绍。

一、相关人员的配合义务及责任

债务人的有关人员,包括债务人的法定代表人、财务管理人员、其他经营管理人员。管理人应在从法院接收案件材料后及时通知债务人的有关人员,如《杭州市中级人民法院破产清算案件管理人工作规范(试行)》要求管理人应在接收案件材料后三个工作日内通知债务人的有关人员,确定接管时间。如果发现因为债务人及债务人的有关人员下落不明无法接管或无法及时接管的,管理人应当及时向法院报告情况。

（一）债务人有关人员的义务

按照《企业破产法》第十五条的规定，债务人的有关人员承担下列义务：

（1）妥善保管其占有和管理的财产、印章和账簿、文书等资料；

（2）根据人民法院、管理人的要求进行工作，并如实回答询问；

（3）列席债权人会议并如实回答债权人的询问；

（4）未经人民法院许可，不得离开住所地；

（5）不得新任其他企业的董事、监事、高级管理人员。

这里所称有关人员，是指企业的法定代表人；经人民法院决定，可以包括企业的财务管理人员和其他经营管理人员。

因此，债务人的有关人员应按管理人要求，向管理人移交债务人的财产、印章和账簿、文书等资料。

（二）债务人拒不移交时的处置

债务人的有关人员在接到管理人通知后，故意拖延、回避交接的，管理人应及时将该情况向法院报告。人民法院可以根据管理人的申请或者依职权对直接责任人员处以罚款，并可以就债务人应当移交的内容和期限作出裁定。债务人不履行裁定确定的义务的，人民法院可以依照《民事诉讼法》执行程序的有关规定采取搜查、强制交付等必要措施予以强制执行。如《企业破产法》明确规定："债务人违反本法规定，拒不向管理人移交财产、印章和账簿、文书等资料的，或者伪造、销毁有关财产证据材料而使财产状况不明的，人民法院可以对直接责任人员依法处以罚款。""债务人的有关人员违反本法规定，擅自离开住所地的，人民法院可以予以训诫、拘留，可以依法并处罚款。"

（三）债务人下落不明的处置

管理人联系债务人的有关人员有困难的，可以通过工商登记信息、税务部门查找公司法定代表人、财务管理人员的信息。依旧联系不上或者暂时无法移交的，管理人可以及时登报声明公章、证照作废。

（四）债务人有关人员不配合接管的责任

债务人的有关人员不配合接管的，需承担以下责任：

（1）民事责任。债务人有关人员的行为导致无法清算或者造成损失的，有关权利人可以起诉请求由其承担相应民事责任。

（2）罚款。依据《企业破产法》第一百二十七条第二款的规定,债务人违反本法规定,拒不向管理人移交财产、印章和账簿、文书等资料的,或者伪造、销毁有关财产证据材料而使财产状况不明的,人民法院可以对直接责任人员依法处以罚款。

（3）妨害清算罪。依据《中华人民共和国刑法》(简称《刑法》)第一百六十二条的规定,公司、企业进行清算时,隐匿财产,对资产负债表或者财产清单作虚伪记载或者在未清偿债务前分配公司、企业财产,严重损害债权人或者其他人利益的,对其直接负责的主管人员和其他直接责任人员,处五年以下有期徒刑或者拘役,并处或者单处二万元以上二十万元以下罚金。

（4）隐匿、故意销毁会计凭证、会计账簿、财务会计报告罪。依据《刑法》第一百六十二条之一的规定,隐匿或者故意销毁依法应当保存的会计凭证、会计账簿、财务会计报告,情节严重的,处五年以下有期徒刑或者拘役,并处或者单处二万元以上二十万元以下罚金。单位犯前款罪的,对单位判处罚金,并对其直接负责的主管人员和其他直接责任人员,依照前款的规定处罚。

（5）虚假破产罪。依据《刑法》第一百六十二条之二的规定,公司、企业通过隐匿财产、承担虚构的债务或者以其他方法转移、处分财产,实施虚假破产,严重损害债权人或者其他人利益的,对其直接负责的主管人员和其他直接责任人员,处五年以下有期徒刑或者拘役,并处或者单处二万元以上二十万元以下罚金。

二、管理人应当接管的材料

进入破产程序后,管理人实际上是接管整个破产企业,原则上归属于企业的一切材料均应当接管过来。不过需要说明的是,管理人接管并不意味着一切材料必须在管理人的掌控下,事实上,对于还在继续经营的企业来说,涉及的相关资料可能仍掌控在聘用的企业职工手上,但管理人应当确保对这些材料具有操控权。一般来说,管理人应当接管的债务人财产、印章和账簿、文书等资料包括:

（1）企业证照:法人营业执照、税务登记证书、各类资质证书、银行开户许可证、知识产权证书、车辆行驶证等。

（2）企业印鉴:公章、财务专用章、合同专用章、发票专用章、海关报关章、职能部门章、各分支机构章、电子印章、法定代表人名章等印章。

（3）财务会计资料：总账、明细账、台账、日记账等账簿及全部会计凭证，重要空白凭证、电子账套、电子税务局账号及密码、企业政务网账号、评估、审计报告等。

（4）企业资产：现金、银行存款、有价证券、债权债务清册、固定资产、存货、流动资产、在建工程、对外投资、无形资产等财产及相关凭证，银行U盾。

（5）企业文件：设立批准文件、章程、管理制度、股东会决议、董事会决议、劳动合同、对外交易合同、会议记录、人事档案、电子文档、管理系统授权密码等资料。

（6）涉诉资料：有关债务人的诉讼、仲裁、执行案件的材料。

（7）债务人的其他重要资料。

对于债务人占有和管理的其他人的财产，应当一并接管。债务人的有关人员确因客观原因无法交出应当交接的财产、印章、账册、文书等资料的，管理人应当要求其作出书面说明或者提供有关证据、线索。

管理人在接管时，应当制作接管笔录和接管清单，明确已接管的资料情况，并由接管人和交接人分别签字确认。

三、接管后的注意事项

管理人在接管后，应当及时对所接管材料进行梳理，特别是注意及时开展下列工作：

（一）保全及执行的解除、中止

《企业破产法》第十九至第二十一条明确规定，人民法院受理破产申请后，有关债务人财产的保全措施应当解除，执行程序应当中止。人民法院受理破产申请后，已经开始而尚未终结的有关债务人的民事诉讼或者仲裁应当中止；在管理人接管债务人的财产后，代表债务人继续进行该诉讼或者仲裁。人民法院受理破产申请后，有关债务人的民事诉讼，只能向受理破产申请的人民法院提起。

但在实务中，由于信息不畅通等客观原因，无法保证各法院之间能够第一时间了解企业破产的情况。因此，管理人在接管过程中发现债务人财产被采取保全措施的，应及时与相关法院联系，做好书面通知工作，解除保全措施，接管相应财产。如果解除保全措施有难度的,应及时与受理破产法院联系并报告。根据案件的具体情况,如果利益相关方的行为或者其他因素,可能影响破产案件进程的,管理人应及时申请受理破产法院对债务人全部或部分财产采取保全措施。

人民法院受理破产案件后,执行程序应当中止。管理人应及时向执行法院发送《中止执行告知函》,告知其企业进入破产程序的情况,避免因执行程序产生的"个别清偿"。

(二)他人财产的取回

接管过程中,对于债务人占有的不属于债务人的财产,该财产的权利人可以依据《企业破产法》第三十八条的规定通过管理人主张取回。管理人不予认可的,权利人可以向破产案件受理法院提起诉讼请求行使取回权。

(三)决定继续履行或停止履行

管理人在接受法院指定担任管理人后,应及时向债务人了解涉诉情况,以及诉讼委托代理情况和代理合同。对于未委托代理人的涉诉案件,管理人应及时通知法院中止审理,在第一次债权人会议后,由管理人指派律师担任代理人代理案件。对债务人已委托了代理人的,则应根据委托代理合同以及律师代理费支付情况,决定解除代理还是继续履行代理合同;管理人决定继续履行代理合同的,应通知该代理人继续代理。代理人需将代理情况向管理人报告,并对管理人负责,包括尽职履行代理工作,及时向管理人提交有关诉讼的裁判文书等。

需要注意的是,对于诉讼案件是否调解或和解,管理人应根据《企业破产法》的规定,及时报告债权人会议决定。

(四)债务人相关负责人的监督工作

管理人应当向债务人的相关负责人告知其应当履行的义务及需要配合的工作,并保证相关负责人通信畅通。依据《企业破产法》第十五条的规定,债务人的有关人员需要履行包括但不限于以下义务:

(1)妥善保管其占有和管理的财产、印章和账簿、文书等资料;

(2)根据人民法院、管理人的要求进行工作,并如实回答询问;

(3)列席债权人会议并如实回答债权人的询问;

（4）未经人民法院许可，不得离开住所地；

（5）不得新任其他企业的董事、监事、高级管理人员。

（五）代表债务人参加诉讼

管理人接管债务人后，应及时告知相关法院或仲裁机构变更相关代理人的情况。因为对于进入破产程序前启动的诉讼，在受理破产后，应中止审理，若管理人接管后未及时告知法院或仲裁机构变更相关代理人，致使诉讼或仲裁继续推进，将违反《企业破产法》的规定。

（六）妥善保管接收的资料

管理人应当妥善保管所接管的财产、印章、账册、文书等资料，防止毁损或遗失。必要时，对于具有财产属性的资料也可以考虑通过财产保险的方式进行管理。

（七）制作接管报告

完成对债务人的接管后，管理人需要向法院做专项的接管报告。对于接管过程中发生的特殊事项，除报告管理人相关工作情况外，必要时还应当提出管理人的处理意见。

（八）临时工作人员的聘用

经法院许可，可以聘用必要的工作人员。聘用人员的劳务报酬根据债务人的实际情况、债务人职工原工资情况、同行业工资水平确定，作为破产费用支付。

（九）保留相关留痕

通知债务人的相关凭证应当留档备查，特别是在债务人的有关人员不配合或下落不明的情况下，判断管理人是否依法履行职务的重要依据便在于其能否提供相应的通知记录。

❖ 【管理人操作指引】

实践中处理债务人拒不履行配合义务的办法：首先，向债务人的有关人员发函，要求其在一定期限内履行相应义务，如经多次催告后仍不配合的，管理人应当根据《企业破产法》的有关规定向法院申请对有关人员处以罚款；如其行为导致无法清算或造成清算损失的,管理人应考虑向人民法院提起有关人员的赔偿之诉;如其行为可能涉刑的,管理人应向法院报告并将相关材料移送公安机关追究其刑事责任。另外,如未接收到债务人法定代表人名章等印章,应及时登报作废。

对企业的接管完整与否可能直接影响管理人后续工作开展的难易程度,如对资产的归集以及后续企业纳税申报、工商年报申报等都可能造成麻烦,加大工作难度。

【法规链接】

《企业破产法》

第十五条　自人民法院受理破产申请的裁定送达债务人之日起至破产程序终结之日,债务人的有关人员承担下列义务:

(一)妥善保管其占有和管理的财产、印章和账簿、文书等资料;

(二)根据人民法院、管理人的要求进行工作,并如实回答询问;

(三)列席债权人会议并如实回答债权人的询问;

(四)未经人民法院许可,不得离开住所地;

(五)不得新任其他企业的董事、监事、高级管理人员。

前款所称有关人员,是指企业的法定代表人;经人民法院决定,可以包括企业的财务管理人员和其他经营管理人员。

第十九条　人民法院受理破产申请后,有关债务人财产的保全措施应当解除,执行程序应当中止。

第二十条　人民法院受理破产申请后,已经开始而尚未终结的有关债务人的民事诉讼或者仲裁应当中止;在管理人接管债务人的财产后,该诉讼或者仲裁继续进行。

第二十一条　人民法院受理破产申请后,有关债务人的民事诉讼,只能向受理破产申请的人民法院提起。

第一百二十六条　有义务列席债权人会议的债务人的有关人员,经人民法院传唤,无正当理由拒不列席债权人会议的,人民法院可以拘传,并依法处以罚款。债务人的有关人员违反本法规定,拒不陈述、回答,或者作虚假陈述、回答的,人民法院可以依法处以罚款。

第一百二十七条　债务人违反本法规定,拒不向人民法院提交或者提交不真实的财产状况说明、债务清册、债权清册、有关财务会计报告以及职工工资的支付情况和社会保险费用的缴纳情况的,人民法院可以对直接责任人员依法处以罚款。

债务人违反本法规定,拒不向管理人移交财产、印章和账簿、文书等资料的,或者伪造、销毁有关财产证据材料而使财产状况不明的,人民法院可以对直接责任人员依法处以罚款。

第一百二十九条　债务人的有关人员违反本法规定,擅自离开住所地的,人民法院可以予以训诫、拘留,可以依法并处罚款。

《最高人民法院关于债权人对人员下落不明或者财产状况不清的债务人申请破产清算案件如何处理的批复》(节选)

债务人的有关人员不履行法定义务,人民法院可依据有关法律规定追究其相应法律责任;其行为导致无法清算或者造成损失,有关权利人起诉请求其承担相应民事责任的,人民法院应依法予以支持。

《中华人民共和国会计法》

第四十四条第一款　隐匿或者故意销毁依法应当保存的会计凭证、会计账簿、财务会计报告,构成犯罪的,依法追究刑事责任。

《刑法》

第一百六十二条　【妨害清算罪】公司、企业进行清算时,隐匿财产,对资产负债表或者财产清单作虚伪记载或者在未清偿债务前分配公司、企业财产,严重损害债权人或者其他人利益的,对其直接负责的主管人员和其他直接责任人员,处五年以下有期徒刑或者拘役,并处或者单处二万元以上二十万元以下罚金。

第一百六十二条之一　【隐匿、故意销毁会计凭证、会计账簿、财务会计报告罪】隐匿或者故意销毁依法应当保存的会计凭证、会计账簿、财务会计报告,情节严重的,处五年以下有期徒刑或者拘役,并处或者单处二万元以上二十万元以下罚金。

单位犯前款罪的,对单位判处罚金,并对其直接负责的主管人员和其他直接责任人员,依照前款的规定处罚。

第一百六十二条之二　【虚假破产罪】公司、企业通过隐匿财产、承担虚构的债务或者以其他方法转移、处分财产,实施虚假破产,严重损害债权人或者其他人利益的,对其直接负责的主管人员和其他直接责任人员,处五年以下有期徒刑或者拘役,并处或者单处二万元以上二十万元以下罚金。

《关于推动和保障管理人在破产程序中依法履职进一步优化营商环境的意见》

（六）支持管理人依法接管破产企业账户。管理人可以凭人民法院破产申请受理裁定书、指定管理人决定书接管破产企业账户,依法办理破产企业账户资金划转,非正常户激活或注销,司法冻结状态等账户信息、交易明细、征信信息查询等业务,金融机构应当予以配合并及时办理。（最高人民法院、人民银行、银保监会、证监会等按职责分工负责）

第三节 对破产企业的尽职调查

一、相关机构的尽职调查

为尽可能地了解债务人的资产及负债情况,除法院、债务人自身移交的资料外,管理人应当向第三方机构全面了解债务人的信息。一般而言,管理人应当向如下机构调取企业相关信息。

1. 市场监督管理局

查询企业的工商内档。对于工商内档,管理人应当特别注意核查债务人的公司章程、验资报告、股东名册、股东会及董事会决议等特殊文件,特别是针对股权转让或代持情况的核查。随着当前数字化建设的推进,不少地区已经退出了线下档案调取的方式,转而通过网络方式线上查询企业工商内档。

2. 自然资源和规划局

查询企业拥有的不动产情况,一般而言主要是指土地及房产情况。

（1）对于土地:需要特别注意核查全部土地登记档案,包括债务人自有的、使用的或占用的所有土地的情况,并确认权属、位置、数量、面积、取得方式、土地对价款、用途、使用年限、账面价值、地上房屋（标明房产证号）以及抵押、查封等情况。如果债务人是以出让方式取得土地使用权的,需要确认相关国有土地使用权证书（或不动产权登记证书）、土地使用权出让合同、地价款及相关契税的缴付证明;如果债务人是以转让方式取得土地使用权的,需要核查相关国有土地使用权证书（或不动产权登记证书）、土地使用权转让合同、转让对价及相关契税的缴付证明;如果债务人是以划拨方式取得土地使用权的,需要核查相关国有土地使用权证书和有关批准文件等。对于涉及查封或租赁的,还需要特别注意查封情况及租赁情况(租赁合同、租金收支情况等)。

(2)对于房产:需要特别注意房产登记档案,列出债务人自有的、使用的或占用的所有房产的清单,并注明权属、位置、数量、面积、取得方式、房产对价款、用途、使用年限、账面价值、占用土地(标明土地证号)以及抵押、查封等情况。具体来说,应查明以下内容:房产所有权证书或其他权属证明文件,若房产因历史问题仅具有房屋所有权证书而不具有国有土地使用权证书的,则需要在房产所有权证书复印件上注明相关情况;房产抵押的协议(包括但不限于贷款协议和抵押合同等)及房产抵押登记文件或他项权证;房产查封相关材料(如相关判决书、裁定书、查封通知书等司法文书材料);若存在公司对外出租房产情形的,则需要审阅房产租赁合同,并核查承租方交付租金的履行情况;若存在公司承租使用房产情形的,需要核查租赁合同及相关所有权证。

需要特别说明的是,债务人拥有的在建工程因尚未形成备案及产权证书,需要管理人通过向债务人的有关人员了解、账面审计等方式确认。

3.车管所

查询企业名下拥有的车辆信息。调查企业车辆信息时应当注意,除名下的车牌、车辆情况外,确定有车辆的还应当明确车辆是否处于查封、扣押的状态,是否有未处理的违章。因为后续涉及债务人财产处置时,这些情况应当向买受人告知。实务中,如果企业原先有车辆,后来处理掉了,在车管所查询时一般需要获得相应车牌号,否则可能无法查询转让信息。对于车牌号,可以通过向相关人员询问、查询财务账册中的报销发票等方式来确认。

4.税务局

《国税地税征管体制改革方案》明确指出,从2019年1月1日起,将基本养老保险费、基本医疗保险费、失业保险费、工伤保险费、生育保险费等各项社会保险费交由税务部门统一征收。此后,企业的涉税及社保费用信息查询均可以通过向税务机关申请进行查询。管理人除查询企业欠缴税费、滞纳金外,还应当特别注意企业是否存在违反行政法规的行为。一般来说,进入破产前,企业往往处于"失控状态",存在未能按期报税或有失控发票的情况,后续涉及税务注销时可能因为行政罚款导致无法第一时间注销。虽然行政罚款属于劣后债权,但就程序角度而言,并不影响税务机关的申报。

另一个值得关注的问题是,随着近些年国家大力推进减税减负,退税政策也相应出台。管理人应当关注破产企业是否有符合退税的情形。如2021年7月,广州市中级人民法院与国家税务总局广州市税务局持续协同推进广州地区破产办理工作,联合出台了《关于进一步解决破产程序中涉税问题的若干意见(试行)》。其中明确指出,如果破产企业存在可申请退还的多缴、误收、汇算清缴退税款、待退还的出口退税款、待退还的社保费等涉税权益时,税务机关应及时告知管理人向税务机关提出退税(费)申请,切实保障破产企业行使退税权利。

5.人民法院

查询企业诉讼、执行案件信息,并调取相关文书。查询企业涉诉、涉执案件的目的主要是核查企业本身存在的债权、债务情况,进而通知已知债权人进行债权申报,并依据调取的信息核实债权的真实性。同时也是查询企业是否存在应收款等对外债权,进行追收,以实现企业资产的回收。需要注意的是,对于法院案件信息的调取是多方面的,实务中存在部分管理人仅通过裁判文书网查询后即形成定论的情形。这样操作存在一定的风险,因为对于申报的债权人是否已经受偿过无法从公开文书中予以确认,特别是经过执行的案件。因此,管理人在调取案件信息时应关注执行过程中达成的和解笔录及执行分配情况等信息。

另外,破产案件管辖法院并不等于企业涉诉的法院,企业涉诉、涉执行法院可能是同城的其他法院,也可能是异地法院,管理人应当尽可能地实现全部案件的调取。

6.劳动争议仲裁机构

查询企业劳动仲裁相关案件信息。因为《企业破产法》明确规定对于职工债权不需要职工进行申报,而需要管理人主动核查,所以了解企业是否存在劳动争议仲裁案件也成为管理人调查职工债权的重要手段之一。

7.银行等金融机构

管理人应当前往中国人民银行调取企业的信用报告。企业信用报告记载着该企业信贷的基本情况,有助于管理人梳理债务人对外债务情况。同时,管理人应当前往企业的基本户开户银行查询企业名下的账户、银行流水及存款信息。因涉及银行账户后续的划款、注销问题,在调取银行账户信息时,应当了解账户是否处于查封、冻结状态或账户本身是否属于正常户。

8.知识产权局

查询知识产权相关信息。一般而言,企业所有的知识产权信息可以通过国家知识产权局官方网站进行查询检索,不需要特别线下调取。但需注意的是,在涉及专利代理或与专利技术有关行业的企业时,线下材料调取是必不可少的。

9.住房公积金管理中心

依据《住房公积金管理条例》第十五条和第二十条的规定,单位录用职工的,应当自录用之日起 30 日内到住房公积金管理中心办理缴存登记,单位应当按时、足额缴存住房公积金,不得逾期缴存或者少缴。《破产审判纪要》中明确指出,债务人欠缴的住房公积金,按照债务人拖欠的职工工资性质清偿。了解债务人的公积金登记情况也是调查企业职工债权的一个重要方式,因此,住房公积金管理中心也是管理人需要前往进行尽调的部门之一。

10.其他机构

实践中,基于破产企业所在行业的特殊性,可能涉及不同的管理部门,如对于有进出口许可证的企业,可能需要前往海关了解是否存在保管费等相关费用的情况。

◆◆ 【管理人操作指引】

1.管理人在调取上述材料时应当留存相关文书。注意,在实践中,若管理人在交接法院相关文书时,法院采用微法院等电子方式送达,管理人应当继续履行调取相关文书的职责,避免重要信息遗落。

2.随着营商环境的优化推进,各机构之间的协同越来越密切,但由于破产清算涉及的事项相对较多,不同债务人对应的管理机构也不尽相同,有时会出现管理人持裁定书、决定书要求尽调时,相关部门一时难以配合的情况,此时管理人可以向法院申请开具相应的调查令,加快破产进程推进。

3.以上尽职调查应当要求协助查询机构出具相关的查询结果。

表 2-2　协助查询相关机构及方式

查询内容	协助查询机构及方式
基本户信息	中国人民银行(可在各省的分行进行)
企业信用报告	中国人民银行征信中心(可在各省的分中心调取)
企业登记情况	各地市场监督管理局(实务中为方便管理人工作开展,部分地区允许线上调阅企业登记情况,如浙江省企业登记全程电子化平台 http://gswsdj.zjzwfw.gov.cn/)
不动产信息	各地规划和自然资源局
车辆信息	各地公安局交警支队车辆管理所
社保缴费信息	各地人力资源和社会保障局
税费欠费信息	各地税务局
仲裁案件	劳动人事争议仲裁院、商事仲裁委员会
执行案件	各法院
银行账户信息及流水	各开户银行
经营场所	债务人实际经营场所
对外股权投资	各地市场监督管理局(可通过网络调阅相关情况)
知识产权信息	商标:国家知识产权局商标局 http://sbj.cnipa.gov.cn/ 专利:国家专利局 http://pss-system.cnipa.gov.cn/sipopublicsearch/portal/uiIndex.shtml 著作权:中国版权保护中心 http://www.copyright.com.cn/ (网络尽调)
应收账款	网络尽调＋会计账册

注:债务人财产情况尽调需在接受指定之日起三十日内完成。

二、聘请审计机构

(一)破产审计的作用

对破产企业进行审计,可以帮助管理人更加清晰地梳理债务人的资产与负债情况,对存在的"逃废债"行为采取有效措施,保护全体债权人利益,同时还可以化解破产进程中存在的利益矛盾等问题。

1. 为管理人履职提供专业辅助,梳理债务人财产状况

《企业破产法》第二十五条明确规定,管理人应当调查债务人财产状况,制作财产状况报告。制作财产状况报告的目的在于梳理破产企业的资产及负债情况,向债权人报告破产企业整体资产及负债情况。管理人需按照《企业破产法》及相关法律、法规和规范性文件的规定,运用询证、盘点、外调、审阅、询问、核对、审查债权申报等多种方法对债务人的财产状况进行调查。这些工作,单凭管理人自身的能力往往无法完成,需要借助审计手段。其中尤为重要的是对财务资料的梳理,而对于财务资料的梳理及判断除具备法律知识外,往往更依赖财务知识及经验。此时,作为非财务专业人员的律师常因缺乏该方面知识或技能导致破产进程效率较低。为此,借助专业审计机构的力量不仅可以起到还原破产企业资产及债务全貌,还可以加快破产程序的进程。

2. 还原真实交易情况,打击"逃废债"行为,保护全体债权人利益

2019 年起,全国范围内加快"僵尸企业"出清,大量的"僵尸企业"进入破产程序。对于债权人而言,最关心的问题是破产程序的终结是否会导致其债权最终无法得到实现,特别是当债务人股东、实控人通过侵占债务人财产、隐匿财产或财务资料、股权转让等方式,将本应用于清偿的财产进行转移或是将本应承担的责任进行剥离时。此时,管理人如果能借助审计的力量,可以更进一步查明股东是否存在抽逃出资、债务人是否存在转移财产的行为,进而采取有效措施保护全体债权人的利益。

3. 第三方审计报告可以化解多方矛盾

破产案件中涉及法院、管理人、债权人、债务人等几方利益主体,其中债权人与债务人之间的矛盾最为明显且激烈。此时,作为二者之间桥梁的管理人可能面临"信任危机"。相较于管理人单方出具的财产状况报告,由第三方审计机构出具的审计报告更能使债权人信服,一定程度上可以起到化解矛盾的作用,同时可以防止管理人滥用权力,规避管理人风险及责任。

也正因为审计在破产程序中有着以上重要作用,是保障全体债权人利益的重要方式,实务中多有管理人主张应当以开展破产审计为原则,以不开展破产审计为例外。

（二）是否必须聘请审计机构

是否必须开展破产审计实际上是多数管理人较为关心的内容,原因在于随着优化营商环境的推进,大量"僵尸企业"清退,存在许多"无产可破"案件。特别是互联网等非实体企业本身就缺乏固定资产,管理人接管时更是没有任何可供分配的财产,此时若聘用审计机构产生的费用如何支付是管理人面临的较为现实的问题。

《企业破产法》并未设置强制进行破产审计的规定,但其第二十五条明确了"调查债务人财产状况,制作财产状况报告"是管理人的基本职责之一。作为管理人的重要职责,清查债务人的资产情况因涉及梳理企业财务等专业性问题,往往需要借助于会计师事务所等专业审计机构。因此,也可以理解为破产审计是管理人清查债务人财产的重要手段之一。《全国法院破产审判工作会议纪要》(简称《破产审判纪要》)第11条有"管理人确有必要聘请其他社会中介机构或人员处理重大诉讼、仲裁、执行或审计等专业性较强工作"这样的描述,据此可推断对于是否聘请审计机构实际上是由管理人判断的。

现行《企业破产法》及相关法规或文件并未明确要求必须聘用审计机构,且在实务操作中也没有统一的标准,就我们所承办的案件来看,为规避管理人的履职风险,我们赞同"以开展破产审计为原则,不开展破产审计为例外"。具体可以理解如下:

1. 现行破产法律规范并未确定强制审计的要求

《最高人民法院关于审理企业破产案件若干问题的规定》第四十一条、第五十三条分别有"还应当做好以下准备工作……(五)通知审计、评估人员参加会议""清算组对破产财产应当及时登记、清理、审计、评估、变价"的规定。从文义解释的角度来看,上述规定对审计均采用了"应当"的描述,严格来说,这是对审计的强制要求。该规定虽仍有效,但发布于2002年,至今已20余年,文件中的相关内容已有较大调整,其是否还有实践意义仍需进一步讨论。

现行《企业破产法》及相关司法解释均未对审计问题作出明确性规定。《企业破产法》第二十五条仅明确了"调查债务人的财产状况,制作财产状况报告"是管理人的职责之一,对于如何调查财产状况却没有明确的指引。结合该项管理人职责及审计的作用,我们认为聘请审计机构是清查债务人财产状况的重要方式之一。

《破产审判纪要》第 11 条规定："管理人经人民法院许可聘用企业经营管理人员,或者管理人确有必要聘请其他社会中介机构或人员处理重大诉讼、仲裁、执行或审计等专业性较强工作,如所需费用需要列入破产费用的,应当经债权人会议同意。"《全国法院民商事审判工作会议纪要》(简称《九民纪要》)第 116 条对该问题做了进一步叙述："要合理区分人民法院和管理人在委托审计、评估等财产管理工作中的职责。破产程序中确实需要聘请中介机构对债务人财产进行审计、评估的,根据《企业破产法》第 28 条的规定,经人民法院许可后,管理人可以自行公开聘请,但是应当对其聘请的中介机构的相关行为进行监督。上述中介机构因不当履行职责给债务人、债权人或者第三人造成损害的,应当承担赔偿责任。管理人在聘用过程中存在过错的,应当在其过错范围内承担相应的补充赔偿责任。"

结合现行《企业破产法》及相关会议纪要可知,《最高人民法院关于审理企业破产案件若干问题的规定》虽然有效,但就破产实践而言,因大量"僵尸企业"处于"无产可破"状态,均要求进行审计显然不具有可操作性,很可能会增加破产案件的办理成本。就现实而言,该些费用的支出若未能解决显然很难推进审计活动的开展。

2. 区分情形判断是否需要进行审计

就现有规定可知,审计并非破产程序的强制性要求,因此管理人在履职过程中决定是否聘请审计机构需要结合多方面的因素考量。我们认为需要考虑以下因素:

(1)破产企业财务状况的复杂程度。

事实上,财务状况的复杂程度是相对的,当会计师事务所担任破产管理人时,便具有天然优势,而非财务专业人员面对企业财务资料时,则具有一定难度。虽然财务资料的辨识与梳理具有专业性要求,但对于管理人而言,这是一项重要工作内容。对于简单明了的财务状况,管理人能够自行判断的话,便无须聘请审计机构。在我们实际办理的部分案件中,有的破产企业成立时间较短,对外交易较少且无涉税问题,仅有少量的财务资料,此时管理人完全可以自行判断。对于该类企业,如果聘请审计机构,无疑会增加破产费用,一定程度上也不利于债权人利益的保护。

(2)破产企业在进入破产前,近期已进行过资产审计。

破产企业在进入破产程序前,近期形成的审计报告,一定程度上可以帮助管理人了解企业资产情况。但是对于审计报告的信息,管理人应当形成自己的判断,而非绝对以该审计报告为准,尤其是在近期审计报告显示破产企业资产状况良好时应当警惕,毕竟这与企业已进入破产的事实是相互矛盾的。

(3)破产企业的现有资产状况及负债情况。

2019 年 7 月 3 日召开的全国法院民商事审判工作会议强调要依法加快"僵尸企业"市场出清。为解决这些"僵尸企业""无产可破"的局面,各地各部门纷纷设立专项基金,以支持管理人工作的开展。专项基金除管理人报酬外,同时涵盖了破产费用,但现实是破产审计的相关费用可能接近或者超过管理人报酬,如果要求每个破产案件均进行破产审计,会导致出现杯水车薪的局面。特别是当"无产可破"企业还存在分配可能时,若要求审计,债权人最后的利益也将难以保障。

以上因素并非单一的,管理人应当综合考虑后作出判断。毕竟破产审计对了解破产企业的财务状况可以起到十分重要的作用。因为是否进行破产审计可能影响债权人的利益,所以若决定不进行破产审计,应将该事项书面报告人民法院或债权人会议,取得相应的批准。

(三)如何委托审计机构

实务中,委托审计机构存在两种方式,一种是由受理破产案件的法院指定审计机构,另一种则是管理人自行委托。委托审计机构的具体要求如下:

1. 应当经过法院的许可

《九民纪要》已经明确,破产程序中确实需要聘请中介机构对债务人财产进行审计、评估的,管理人自行公开聘请前应当经人民法院许可,同时法院应当对其聘请的中介机构的相关行为进行监督。因此,无论是采取何种委托方式,管理人都应对聘请的中介机构的相关行为进行监督。

2. 向全体债权人报告

由管理人自行委托审计机构时应当注意委托流程要公开、透明及合法。管理人在接管债务人时应当初步判断是否需要委托审计机构对债务人进行破产审计,无论是否需要委托,管理人都应当在第一次债权人会议上向全体债权人进行汇报,并经债权人会议同意。如需进行委托的,管理人应当根据委托审计机构的进程汇报委托流程及结果。

3. 确定委托的审计机构

管理人自行委托审计机构应当通过公开询邀的方式进行,结合费用、从业经验、专业素质、服务质量等方面综合考虑后确定拟委托的审计机构。最后将拟委托的审计机构报告法院。

4. 签订审计业务约定书

一般而言,管理人作为委托方应当与审计机构签订审计业务约定书或委托合同。审计业务约定书除约定审计目的、审计范围、工作要求、审计基准日、审计内容、审计报告和咨询成果使用人等基础事项外,还应考虑到审计机构完成相应工作的时限以及违约责任、产生侵权等问题的责任分担。

5. 相关责任承担

管理人在聘请审计机构对债务人进行审计、评估工作时,若因审计机构不当履行职责给债务人、债权人或者第三人造成损害的,应当由审计机构承担赔偿责任。管理人在聘用过程中存在过错的,应当在过错范围内承担相应的补充赔偿责任。

(四)审计机构费用的确定

聘请审计机构的费用依据《企业破产法》第四十一条的规定属于破产费用,在破产程序中由债务人财产随时清偿。但根据《破产审判纪要》的规定,对该笔费用的确定应该经过债权人会议的同意。

❖ 【法规阅读】

厦门市中级人民法院关于企业破产案件中选定审计、评估、拍卖等中介机构工作规范(试行)(2019 年)

为公平、公正、高效审理企业破产(含破产重整、和解、清算,下同)案件,依法保护债权人、债务人和其他利害关系人的合法权益,确保企业破产案件中从事审计、评估、拍卖等事务中介机构的选定公开、公正,进一步推进我市市场化导向企业破产审判工作,根据《中华人民共和国企业破产法》,结合我市企业破产案件审判实际,制定本规范。

第一条　企业破产案件中因审计、评估、拍卖等事务需要选定中介机构的,必须从厦门市中级人民法院《鉴定人名册及评估拍卖机构工作名单》中选定。

第二条　中介机构存在下列情形的,不得接受委托从事债务人企业破产案件中的审计、评估、拍卖等事务:

(一)与债务人、债权人存在未了结的债权债务关系;

(二)法院受理破产申请前三年内曾为债务人提供中介服务;

(三)现在是或者在法院受理破产申请前三年内曾经是债务人、债权人的控股股东或者实际控制人;

(四)现在担任或者在法院受理破产申请前三年内曾经担任债务人、债权人的财务顾问或相关事务的顾问;

(五)存在可能影响其公正履行中介职责的其他情形。

中介机构的回避由破产案件审判庭决定。

中介机构明知存在回避情形而不提出回避申请的,由法院依照相关规定进行处理,并应赔偿相关损失。

第三条　本院企业破产案件中因审计、评估、拍卖等事务需要选定中介机构的,由管理人向破产案件审判庭(以下简称审判庭)提交书面申请。审判庭审批同意后移送本院司法鉴定部门(以下简称司法鉴定部门)按程序随机选定相应中介机构。机构选定后,司法鉴定部门应在两个工作日内将选定结果告知审判庭,由审判庭通知管理人办理后续委托审计、评估、拍卖等相关事务。审理破产案件的法院(以下简称法院)为基层人民法院的,由基层人民法院报告市中级人民法院审判庭后,按上述规定执行。

管理人确因案件需要对中介机构的资质、收费、时限等作出特殊要求的,可以在提交的书面申请中列明具体条件,审判庭移送后,由司法鉴定部门在通知相关中介机构时一并告知。选定的中介机构必须按相应的条件接受委托。

第四条　司法鉴定部门按第三条第(二)款的规定通知后没有中介机构报名参加选定的,可以由管理人与债权人委员会协商后共同选定中介机构,并报经法院审核批准。没有设立债权人委员会或债权人委员会无法召集会议与管理人进行协商的,可以由管理人与债权人会议主席协商选定,并报经法院审核批准。

企业破产重整案件中,确因节约费用或案件审理需要协商选定的,由管理人与债务人、债权人委员会共同向法院提出申请,经批准后共同协商选定中介机构,并报经法院审核同意。

上述情况下经协商后仍无法选定中介机构的,由管理人、债务人、债权人委员会(未设债权人委员会的,为债权人会议主席)各向法院报送3家以上备选中介机构名单,由法院在上述名单中选定出现次数最多的中介机构。出现次数相同的,由法院在上述备选中介机构名单的范围内按第三条第(一)款的规定随机选定。

第五条 账目复杂、资产规模较大的企业破产案件中,因办案需要选定资质、业务能力较高的审计、评估、拍卖等中介机构的,可以由法院确定在一定范围内采用随机方式选定。

第六条 破产案件中需要依法对破产企业的财产进行公开拍卖的,由管理人向审判庭提出申请,参照法院执行案件财产拍卖的模式进行。

破产企业财产公开拍卖的网络平台及机构由本院司法鉴定部门按执行案件财产拍卖的方式选定。拍卖财产的保留价及起拍价由债权人委员会决定。拍卖程序中的其余职责和程序由审判庭负责。

破产企业的财产经拍卖未能成交的,经债权人会议决议,可以按最后一次拍卖底价向债权人折抵债务。拍卖物价格中超出接受折抵的债权人按清偿比例应受偿的部分,由接受折抵的债权人以现金方式在收到财产或不动产过户后三个工作日内支付管理人,用于向其他债权人进行清偿。

破产企业的知识产权等无形资产,可以经债权人委员会决议、法院同意后与企业其他财产打包公开拍卖、单独出售或直接用于折抵债务。债权人委员会决议直接用于折抵债务的,应当由具备相应资质的评估机构评估后,经债权人会议表决通过,并书面报经法院同意。

按照国家规定不能拍卖或者限制转让的财产,应当按照国家规定的方式处理。

第七条 企业强制清算案件中的有关工作按本规范执行。

第八条 本规范与法律、司法解释存在冲突的,以法律、司法解释为准。法律、司法解释有新的规定的,适用法律、司法解释的规定。

第九条 本规范由厦门市中级人民法院审判委员会负责解释修改。

第十条 本规范自发布之日起施行。

>>> 延伸问题:破产程序中,管理人如何查询、注销债务人银行账户?

解答:实践过程中,破产管理人在向债务人开户银行调取资料,以及注销银行账户时可能受到开户行各类规范的制约,遇到诸多困难。根据我们承办案件的经验,现就如何减少限制,争取顺利办理总结如下:

(一)接管企业后的相关工作

1.向债务人开户银行调取债务人账户信息、债务人银行账户资金流水。

2.注销债务人银行账户。

管理人应当先查询债务人的银行账户信息,随后划转账户内的余额至管理人账户,最终在法院宣告债务人破产后将银行账户注销。

(二)常见问题

1.不同银行所需材料及手续不一样。

印章:债务人三章(公章、财务章、法定代表人名章)、管理人三章(公章、财务章、负责人名章)、律所公章、律所负责人名章或签字。

授权材料:裁定书、决定书;授权委托书、介绍信、调查令。

经办人身份材料:身份证、律师证。

证照:债务人营业执照、律所执业许可证。

2.不同银行流程不一样。

(1)如果有外币账户,要先结汇才能注销;

(2)如果为基本户,需所有一般户注销后才能注销;

(3)以公司名义注销与以管理人名义注销所需材料不同。

(三)管理人销户流程

1.若接管时不知道基本户的,先向中国人民银行查询基本户账户,再从基本户查询债务人名下所有账户。

2.提前与银行工作人员联系,最好能一次问清楚查询债务人银行账户信息、调取债务人银行账户资金流水及注销债务人银行账户所需材料,如果有障碍,至少先问清楚查询所需材料,去银行柜台查询后再咨询注销所需材料,并留取银行工作人员电话,以便联系。

因实际办理可能仍有出入,办理时将材料尽量带齐,遇到问题耐心沟通。

3.不同银行所需材料不一样,为了避免跑空,尽量把材料带齐全。

注销公司基本账户时需要携带的材料:市场监督管理部门出具的准予注销登记确认书,税务局出具的清税证明,银行之前给予的开户许可证、印鉴卡、企业公章、法定代表人名章、财务章、法定代表人身份证,经办人身份证。(以上这些均需要原件)

4.销户时间应当在被宣告破产后。

根据《企业破产法》第二十五条的规定,管理人应当先查询债务人银行账户信息,随后划转账户内的余额至管理人账户,管理人应当在法院裁定宣告债务人破产后的5个工作日内向开户银行提出撤销银行结算账户的申请。经法院裁定宣告债务人破产的,银行应当予以销户,无论账户对应的贷款是否清偿完毕。管理人可以向银行提供上述法律依据,充分沟通以便注销账户。

◆ 【法规链接】

《人民币银行结算账户管理办法》①

第四十九条　有下列情形之一的,存款人应向开户银行提出撤销银行结算账户的申请:

(一)被撤并、解散、宣告破产或关闭的。

(二)注销、被吊销营业执照的。

(三)因迁址需要变更开户银行的。

(四)其他原因需要撤销银行结算账户的。

存款人有本条第一、二项情形的,应于5个工作日内向开户银行提出撤销银行结算账户的申请。

本条所称撤销是指存款人因开户资格或其他原因终止银行结算账户使用的行为。

中国人民银行杭州中心支行、杭州市中级人民法院《关于深化合作共同推进企业破产(重整)工作若干问题的纪要》

第八条　企业进入破产程序后,管理人可凭破产案件受理裁定书、指定管理人决定书向金融机构查询破产企业的全部开户信息。人民法院应督促管理人及时办理破产企业原账户撤销手续。破产企业原账户撤销困难的,由人民法院督促管理人及时向开户银行提交账户撤销申请。人民银行督促开户银行协助办理破产企业原账户撤销手续。

针对重整企业,人民银行督促金融机构依据人民法院批准重整计划草案

---

① 该文件部分失效,但第四十九条仍有效。

裁定书支持重整企业原账户撤销和新账户开立,保障重整后企业的正常经营活动。

北京市高级人民法院等三部门共同发布的《关于破产管理人办理人民币银行结算账户及征信相关业务的联合通知》

第一条 破产管理人依法履行接管债务人,决定债务人内部管理事务,调查、管理、处分、分配债务人财产,清收债务人债权,代表债务人参加法律程序等职责。破产管理人办理查询债务人企业账户信息、划转债务人企业账户资金、撤销债务人企业账户等人民币银行结算账户及征信相关业务的,银行机构应视同债务人企业自行办理。

第三条 银行机构应按规定履行客户身份识别义务,开展尽职调查,及时办理破产管理人临时存款账户开户业务,并在账户有效期届满前通知破产管理人。在确保风险可控前提下,鼓励银行机构简化程序,通过电子渠道或采取上门服务方式,办理账户变更、撤销、展期等业务。

第三章　债权通知、申报及审查

第一节　债权申报通知

一、法定的通知主体

根据《企业破产法》第十四条的规定,通知已知债权人是人民法院的职责。根据《〈中华人民共和国企业破产法〉释义》的解释,通知和公告是法院依照法定程序和方式,向已知债权人、未知债权人以及其他利害关系人送达破产案件文书的司法行为。这进一步将通知与公告解释为一种送达文书的司法行为,更确定了法院法定通知主体的地位。

二、实务中的通知主体

实务中,法院一般仅发布公告通知相关人员,通知具体的已知债权人的任务交由管理人执行。在部分地区的司法实践指引中,虽未变更法院通知主体的地位,但均在不同程度上对此进行了变通。例如,《北京市高级人民法院企业破产案件审理规程》规定,法院委托管理人向已知债权人发出书面受理通知;深圳市中级人民法院《破产案件债权审核认定指引》规定,管理人应当协助法院通知已知债权人申报债权;上海市律师协会业务研究指导委员会制定的《律师代理破产债权的申报与审核业务操作指引(2016)》规定,管理人应该配合法院通知已知债权人。通过检索全国企业破产重整案件信息网发现,时常也有以管理人名义直接发布公告的情形。

第二节　接受债权申报

一、债权申报的变更

《企业破产法》并没有明确规定债权申报变更的规则,但在审判实践中时常遇到。债权申报的变更是指债权人对债权申报的内容增加、减少或重新主张,主要包括增加债权金额、缩减债权金额、放弃优先受偿权等。对于缩减债权金额、放弃优先受偿权的,人民法院应允许其在破产程序终结前随时变更。在申报期内要求增加其债权数额的应当允许;在申报期届满后要求增加其债权数额的,则应视增加金额为补充申报,其权利将受到限制。

二、连带债权的申报

破产实务中,债权人与债务人的法律关系并非完全一一对应的关系,其中最为明显的即连带债权人,《中华人民共和国民法典》(简称《民法典》)第五百一十八条明确规定,债权人为二人以上,部分或者全部债权人均可以请求债务人履行债务的,为连带债权。连带债权中,单一或是全体债权人均可以向债务人主张债权。

对此,《企业破产法》第四十九条和第五十条进行了明确,"申报的债权是连带债权的,应当说明""连带债权人可以由其中一人代表全体连带债权人申报债权,也可以共同申报债权"。可见,连带债权人申报债权的方式有两种:代表申报和共同申报。其中应当明确的是,共同申报的,申报总额不得超过该债权额。

事实上,各地的破产规范中,有关连带债权的申报规则基本一致。例如,《北京市高级人民法院企业破产案件审理规程》中明确指出,连带债权人可以由其中一人代表全体连带债权人申报债权,也可以共同申报债权。共同申报的,申报总额不得超过该债权额。

综上所述,因进入破产程序,连带债权人申报债权的,可以选择由其中一人代表全体连带债权人申报债权,也可以选择共同申报债权,无论采取何种申报方式,债权人都只能按其享有的债权总额参加破产程序。

三、债权申报的撤回

在破产债权申报这一实务中,经常发生已经申报了债权的债权人向管理人主动撤回原先申报的情况。究其原因,可能十分复杂,如有部分债权人认为其利益无法从破产程序中获取,为此选择其他更为高效的途径实现债权,或者基于变更债权的需要对原先申报的债权先作出一个撤回的意思表示。对此,《企业破产法》未有明确的规定,对于该撤回的处理,不同的管理人也是方式各异,但应以书面的方式申请撤回。

(一)撤回债权申报的性质

如将"撤回"视为一种意思表示的作出方式。实际上,《民法典》第一百四十一条明确规定了"行为人可以撤回意思表示。撤回意思表示的通知应当在意思表示到达相对人前或者与意思表示同时到达相对人"。但需要说明的是,作为公法的《企业破产法》能否直接适用私法中的规定显然是两说。而且,《民法典》中撤回的意思表示需要在意思表示到达相对人前或同时到达相对人时到达,这显然也不是我们所谈论的"撤回"的内涵。此处的"撤回"更像是"意思表示的撤销",与《民事诉讼法》中"撤诉"的概念更为接近。

对此,我们认为,《企业破产法》中的债权申报属于债权人的程序性权利,虽有"虚假申报"的对应责任,但是不影响权利人自身权利的放弃,应当将撤回债权申报理解成债权人放弃已进行的债权申报行为,视为不再以债权人身份介入破产程序的行为。

(二)撤回债权申报的后果

如前文所述,撤回债权申报应当是债权人自身放弃破产程序中债权人权利的行为。但是需要注意,债权人撤回债权申报并不等同于其放弃自身实体债权,债权申报本就是债权人参与破产程序的前置程序,属于参与破产活动的程序性权利。虽然放弃后可能致使无法参与破产财产的分配,但债务人对债权人所负的债务仍旧存在,债权人当然享有通过其他途径实现其债权的方式。

需要说明的是,债权人撤回债权申报后再次进行申报的,对于债权人而言,其进行了两次申报,因为《企业破产法》对补充申报明确了破产财产分配及债权人需要负担相应费用的要求。确定申报时间将对债权人的实际利益产生直接的影响。对于债权人而言,若要对其已申报债权进行部分放弃或部分补充,应当以最先申报的时间作为申报时间点,但是撤回债权申报本就是债权人退出破产程序的方式,因此对于撤回债权申报的,如果后续再行申报,应当以后续申报的时间作为债权申报的时间点。

(三)管理人对撤回申报债权的操作流程

实务中常发生债权人撤回已申报债权的情形,由于破产程序的推进中单个债权人的行为均可能影响已经推进的破产程序,管理人不能完全依据债权人的意思表示做确认。具体而言,管理人对于撤回债权申报应当进行一定程度的形式审查。主要审查内容如下:

(1)撤回主体应当为申报债权的债权人;

(2)撤回债权申报应当以书面形式提出;

(3)管理人应当告知债权人撤回债权申报可能引发的结果;

(4)债权人对于先前以债权人身份获取的破产程序有关信息应当履行保密义务,当然此部分应当仅限于保密事项。

>>> **延伸问题:撤回债权申报对已表决事项是否会产生影响?**

解答:撤回债权申报是否会影响已经通过债权人会议表决事项的关键在于对"撤回债权申报"这一法律行为的界定。由于目前相关法律法规并未对此作出规定,业内对此也持不同意见。有观点认为,撤回债权申报并不会影响已表决事项。其理由在于破产程序具有不可逆性,已表决事项在当时已经生效,不存在被影响的可能。而且,债权人是否撤回属于"意思自治"的范畴,不应当限制撤回申报的事由。相反的观点认为,撤回债权申报作为法律行为,其必然引起法律后果的产生,无论是参照意思表示的撤销或是诉讼中的撤诉,都将产生自始不存在的后果,因此,撤回申报会影响已表决事项。

四、虚假申报债权的后果

就现行规定而言,虚假申报债权除不予确认债权外,如果涉及犯罪的,管理人可以向公安机关报案。依据《最高人民法院 最高人民检察院关于办理虚假诉讼刑事案件适用法律若干问题的解释》第一条的规定,采取伪造证据、虚假陈述等手段,实施下列行为之一,捏造民事法律关系,虚构民事纠纷,向人民法院提起民事诉讼的,应当认定为《刑法》第三百零七条之一第一款规定的"以捏造的事实提起民事诉讼"。其中"下列行为之一"便包括了"在破产案件审理过程中申报捏造的债权的"。

不过需要注意的是,该司法解释将这一行为归入了"以捏造的事实提起民事诉讼"的范围,如果仅是向管理人申报并不一定构成刑事犯罪,是否涉刑还应结合债权认定情况、实际分配情况确定社会危害性。

五、补充申报债权

依据《企业破产法》第五十六条的规定,在人民法院确定的债权申报期限内,债权人未申报债权的,可以在破产财产最后分配前补充申报,为审查和确认补充申报债权的费用,由补充申报人承担。

破产债权申报可区分为按期申报与补充申报。

按期申报是指在人民法院确定的债权申报期限内。《企业破产法》规定债权申报期限自法院发布受理破产申请公告之日起计算,最短不得少于三十日,最长不得超过三个月。该法定期限并非除斥期间。

补充申报是指债权人未在法定期限内申报债权而在破产财产最后分配前进行的申报。其产生的后果是此前已完成的分配,不再对其补充分配。

依据《企业破产法》第一百零七条第二款的规定,债务人被宣告破产后,债务人称为破产人,债务人财产称为破产财产,人民法院受理破产申请时对债务人享有的债权称为破产债权。据此可知,破产财产最后分配时债务人可能已经被宣告破产。

✦ 【参考案例】

江苏省高级人民法院(2018)苏执复60号执行裁定书(节选)

抵押人天成公司、俞江英、张红卫依法享有追偿权,即使江苏欧亚公司被裁定宣告破产,在破产财产最后分配前,天成公司、俞江英、张红卫依法依然有权补充申报债权。

>>> **延伸问题1:最后的申报节点理解——"破产财产最后分配前"是什么时候?**

解答:在我们办理的破产案件中,曾发生企业已宣告破产,管理人正在分配破产财产时,税务机关提出,因为其申报债权时间过早,导致部分发生于破产申请受理前的社保费用尚未进入系统,从而未能进行申报,现要补充申报该部分债权的情况。那么,此时管理人是否应认定该部分债权申报? 对于如何理解"破产财产最后分配前"的时间节点,法条及相关司法解释并未作出明确界定,"最后分配前"究竟是指"破产财产分配方案通过并且已获得法院裁定认可"之前,还是指"管理人执行完毕分配方案之日"之前,或是指"债权人受偿方案(财产分配方案、重整计划、和解协议)提交债权人会议之前"? 对此,众说纷纭。

在实务操作中,对"最后分配前"主要存在以下几种理解:

(1)破产财产实际分配结束日(具体执行方案):破产财产实际分配结束日是指管理人所开立的临时账户余额已经为零,即客观上没有破产财产可供再行分配。

(2)破产财产实际分配开始日(具体执行方案):破产财产实际分配开始日是指管理人准备向各债权人指定的账户汇入债权受偿款项或将相关票据交付于债权人。

(3)破产财产分配方案表决通过日:破产财产分配方案经全体债权人会议表决通过后,因其效力及于全体债权人,管理人也必须按照决议的内容履行管理人职责,因此将破产财产分配方案表决通过日作为最后分配前的时间节点。

（4）破产财产分配方案的法院裁定认可日：《企业破产法》第一百一十五条第三款规定，债权人会议通过破产财产分配方案后还须由管理人将该方案提请人民法院裁定认可。故应当以法院最终出具裁定书的时间为准。

◈【管理人操作指引】

因为实践中各法院对破产财产分配方案的裁定形式不同，实际认定破产财产最后分配前的标准也不一样。例如，深圳市中级人民法院《破产案件债权审核认定指引》第83条规定"最后分配"时间节点指债权人补充申报时法院已经裁定认可破产财产分配方案；而郑州市中级人民法院《破产案件审理规程（试行）》第一条则规定该时间节点为"在最后一次破产分配方案提交债权人会议表决之前，或者和解协议、重整计划草案提交债权人会议表决之前"。

作为管理人，以"债权人受偿方案提交债权人会议之前"为"最后分配"时间节点显然更利于工作的开展。理由是：如果在破产财产分配方案提交讨论后仍允许债权人补充申报债权的话，将直接影响已作出的受偿方案，破产分配将处于不稳定的状态。此时，如果因债权人的补充申报又需要重新召开债权人会议并重新表决，则大大影响了破产办案的效率，而且可能造成无限延长破产案件的进度。而且对于债权人来说，也不利于其积极、及时行使自己的权利。

在实务操作中，法院出具的认可破产财产方案的裁定仅是原则性的，不包含具体的分配数额，此时应以实际通过债权人会议表决的具体执行方案作为最后分配依据。如果法院的裁定内容详细，包含对每个债权人数额的认定，此时以该裁定作为认定标准更为妥当。特别是在有可供分配的财产情况下，如果管理人无法确定最终的债权情况，分配时也可以采取预留部分可供分配财产，以此减少各方之间的矛盾。

⟩⟩⟩ 延伸问题2：补充申报债权的费用应包含哪些部分？

解答：因审核补充申报债权所花费的费用基本有以下几项。[①]

（1）管理人执行职务的费用。管理人进驻破产企业后，设置债权债务组

---

① 张魁，《浅议补充申报债权的费用问题》，《第十二届"中部崛起法治论坛"论文汇编集》。

以接收债权人申报债权、追索债务人对外债权等,第一次债权人会议后,因大部分工作已经结束,故债权债务组通常只留守1人,处理后期日常事务。人员减少,相应办公费用当然减少。因此,为审查补充申报债权,而再次增加的办公费用及其他执行职务费用,如因调查产生的差旅费等,应计算在必要费用中。

(2)聘请专业人员的费用。该部分费用视案情而定,也可不聘请,在不确认该债权的基础上,由补充申报债权人通过诉讼的途径确定该部分债权。

(3)组织债权人会议的费用。《企业破产法》未规定第一次债权人会议后临时债权人会议的组织形式,因此,视补充债权额的大小、债权人会议的规模等,以节省破产费用、准确核查债权为目的,可选择现场核查或邮寄等非现场的书面核查形式对补充申报债权进行核查。

(4)企业留守人员的费用。企业留守人员多为法定代表人、财务人员及其他高管人员,目的是配合管理人接管债务人财产、清查债务人的债权债务。未申报债权无论何时申报,均改变不了其系债务人债权的性质。为充分查明债权的形成,管理人会要求债务人的财务人员或者其他高管人员协助调查。因集中调查完毕后,企业留守人员将不再留守,此时又通知他们配合工作,必要误工费用应计算为核查债权的费用。

◈ 【法规链接】

《企业破产法》

第十四条 人民法院应当自裁定受理破产申请之日起二十五日内通知已知债权人,并予以公告。

通知和公告应当载明下列事项:

(一)申请人、被申请人的名称或者姓名;

(二)人民法院受理破产申请的时间;

(三)申报债权的期限、地点和注意事项;

(四)管理人的名称或者姓名及其处理事务的地址;

(五)债务人的债务人或者财产持有人应当向管理人清偿债务或者交付财产的要求;

（六）第一次债权人会议召开的时间和地点；

（七）人民法院认为应当通知和公告的其他事项。

第五十六条　在人民法院确定的债权申报期限内,债权人未申报债权的,可以在破产财产最后分配前补充申报；但是,此前已进行的分配,不再对其补充分配。为审查和确认补充申报债权的费用,由补充申报人承担。

债权人未依照本法规定申报债权的,不得依照本法规定的程序行使权利。

《杭州市中级人民法院破产清算案件管理人工作规范（试行）》

第二十五条　债权人未在债权申报期限内申报,在破产财产最后分配前向管理人补充申报债权的,此前已进行的分配,不再对其补充分配,管理人可以要求债权人承担审查和确认补充申报债权的必要合理费用,但不得单独就此收取管理人报酬。

《北京破产法庭破产案件管理人工作指引（试行）》

第七十三条　（补充申报）债权人未在申报期限内申报债权,在破产财产最后分配前补充申报债权的,此前已进行的分配不再对其补充分配。为审查和确认补充申报债权的费用,由补充申报人承担。

第一百一十一条　（未在申报期限内申报债权的处理）债权人未在债权申报期限内申报债权,但其在重整计划草案提交债权人会议表决前补充申报债权的,管理人应当依照本指引第七十三条、第七十四条第一款、第二款的规定予以审查,并提交债权人会议核查。人民法院裁定终止重整程序前经核查无异议的,管理人应当及时提请人民法院裁定确认。

江苏省高级人民法院民事审判第二庭《破产案件审理指南（修订版）》

六、债权申报

8.补充申报的处理。企业破产法第五十六条规定,在人民法院确定的债权申报期限内,债权人未申报债权的,可以在破产财产最后分配前补充申报；但是,此前已进行的分配,不再对其补充分配。为审查和确认补充申报债权的费用,由补充申报人承担。实践中应当注意,审查和确认补充申报债权的费用应当由补充申报人承担,费用标准可以综合审查确认难易程度、逾期期日、逾期申报对于破产工作的影响等因素加以确定。

六、债权人对外转让债务人债权的处理

(一)债权人能否转让对债务人享有的债权

根据民事主体意思自治的基本原则,在《企业破产法》未作出特别规定时,若不违背法律的强制性规定应当认可破产债权的转让。就司法实务而言,各地法院也是认可该债权转让的,在北京、深圳等地区都有相应的规定。

【参考案例】

浙江省杭州市中级人民法院(2020)浙01民终4544号民事判决书(节选)

原审法院认为:债权转让后,债权人在本案起诉前虽未通知债务人绿岛公司,但原告通过起诉方式通知并无不当,依法对债务人发生法律效力。债务人接到债权转让通知后,债务人对让与人的抗辩,可以向受让人主张。原告作为债权受让人应对转让债权的合法成立事实承担举证责任。

【法规链接】

《北京破产法庭破产重整案件办理规范(试行)》

第一百零五条 债权人在重整期间转让债权的,应当通知管理人。受让人自债权转让通知管理人之日起,可以以自己的名义在重整程序中行使原债权人的权利,但原债权人已经发表的意见继续有效。债权人为控制表决结果,将同一笔债权向多个受让人转让的,人民法院仍然按照转让前的债权状态确定其表决权。

深圳市中级人民法院《破产案件债权审核认定指引》

第三十一条 债权人可以在破产案件受理后转让债权。债权人在破产案件受理后转让债权的,应当通知管理人。

第三十二条 债权人在债权人会议核查债权表之前通知管理人债权转让的,管理人应将受让方列入债权表并提交债权人会议核查;债权人在债权人会议核查债权表之后通知的,管理人可以在向债权人会议通报债权转让事项后申请本院重新裁定确认。

(二)受让人如何行使破产程序中的权利

1.债权申报权利

因债权转让发生的债权申报,应当考虑原债权人是否申报的情形,以区分后续受让人的处理措施。

《成都市破产管理人协会破产案件债权审核认定指引(试行)》对此已经作出了较为明确的规定,我们认为可以借鉴。

(1)当原债权人尚未向管理人申报债权时,由债权受让人向管理人申报债权,债权受让人需提交相关债权转让的证明文件以及已经通知债务人的证据。

(2)原债权人已向管理人申报债权,但该笔债权尚未提交人民法院裁定确认的,原债权人、债权受让人应当向管理人补充提交债权转让的相关证据材料,同时,债权受让人应当就原债权人向管理人申报的债权的性质、债权金额及相关证据材料是否进行变更向管理人进行明确说明。

(3)原债权人已向管理人申报债权,且该笔债权已经人民法院裁定确认的,管理人受理相关债权转让材料并经审查确认债权转让成立的,应以公告方式变更登记债权受让人为债权人。

(4)符合规定的金融资产管理公司受让或转让国有银行债权,金融资产管理公司或国有银行在全国或者省级有影响的报纸上公布有催收内容的债权转让公告或者通知的,视为已经通知债务人。债权转让未履行通知义务的,债权转让对债务人不发生效力。

债权发生多次转让的,债权转让和通知债务人的证据应当连续。

2.债权记载及确认

在债权受让人申报后,管理人进行债权记载及确认时,应当以债权人会议核查债权表,人民法院出具无异议债权裁定为通知时间节点,具体可分为以下三种情况:

(1)债权人会议核查债权表之前,通知管理人,管理人依债权人申请将其变更为债权申报人。债权表中需注明债权转让事实。

(2)在债权人会议核查债权表之后,人民法院裁定无异议债权之前通知管理人的,债权表不做变更,管理人通报债权转让事项后报请人民法院按照受让债权的相关内容裁定确认无异议债权。

(3)人民法院裁定无异议债权后通知管理人的,债权表不做变更,管理人通报债权转让事项后报请人民法院按照受让债权的相关内容裁定确认无异议债权。

3.表决的权利

当受让人为多个或受让多个债权时,将面临如何行使表决权的问题。在破产实务案件中,存在个别债权人试图利用债权分割转让、债权收购实现对债权人会议表决层面的多数控制,或期望在偿债资源分配中占据优势地位:(1)占据票数优势;(2)通过缩小单笔债权金额,以获得比原债权更高的受偿金额。

为此,各地在该问题上出台了相应的指引。例如,深圳市中级人民法院《破产案件债权审核认定指引》中明确,债权人在破产案件受理后转让债权的,受让方自债权转让通知管理人之日起以自己的名义行使权利。但债权人为了增加表决权数量将同一笔债权向多个受让方转让的除外。

再如,《成都市破产管理人协会破产案件债权审核认定指引(试行)》中明确,对于提出破产申请后发生的债权转让,债权受让人应按照如下方式行使表决权:

(1)一个债权受让人同时受让多笔债权的,则受让人以其受让的债权总额行使表决权,且仅享有一个表决权。在分组表决时,如受让人受让的债权类型存在于多个表决组,则在各表决组分别享有一个表决权;

(2)若一个债权人将其债权进行分割后转让给多个主体,各受让人的表决金额可按其受让债权金额分别统计,但表决票数应合计按一票统计;

(3)若转让时多个主债权概括受让,新债权人彼此之间不区分份额,为共有关系,仍系同一主体,享有一个表决权。

第三节 债权审核原则及方式

一、破产债权的种类

破产程序中区分不同债权顺位的本意在于为债务人在财产有限的情况下确定清偿顺位。因此,本节对破产债权种类的划分原则上以其在破产程序中受清偿的顺位进行区分。

（一）优先债权

1.消费型购房者的"超级优先权"

由于《企业破产法》及其司法解释并没有对消费型购房者做直接规定,实务中更多的是依据司法判例作出的认定。消费型购房者的"超级优先权"来源于《最高人民法院关于人民法院办理执行异议和复议案件若干问题的规定》第二十九条之规定——金钱债权执行中,买受人对登记在被执行的房地产开发企业名下的商品房提出异议,符合下列情形且其权利能够排除执行的,人民法院应予支持:(一)在人民法院查封之前已签订合法有效的书面买卖合同;(二)所购商品房系用于居住且买受人名下无其他用于居住的房屋;(三)已支付的价款超过合同约定总价款的50%。

上述规则排除执行的理论原因在于对个人消费者的居住权或生存权的保障,同时也是为了兼顾期待权的实现。事实上,结合司法实践观点,考虑"期待"程度,对消费型购房者给予了不同级别的保护。

(1)购房者已经支付全部或大部分房款并已实际占有的房产。

北京市第一中级人民法院在(2015)一中民(商)初字第1775号民事判决书中,认为依据《最高人民法院关于审理企业破产案件若干问题的规定》第七十一条第(六)项规定,尚未办理产权证或者产权过户手续但已向买方交付的财产不属于破产财产。何某某已经向金环公司支付了涉案房屋的全部房款,金环公司亦将房屋交付于何某某占有、使用,金环公司对房屋所有权归属于何某某以及应当为何某某办理涉案房屋的产权过户手续不持异议,金环公司抗辩称无法办理产权过户手续系因其进入破产程序无法开具相应发票所致,故根据相关法律规定,涉案房屋不属于金环公司的破产财产,何某某作为涉案房屋的权利人有权行使取回权。故何某某起诉要求确认北京市昌平区某房屋归其所有,金环公司配合其行使取回权,将涉案房屋的所有权过户到何某某名下,有事实及法律依据,法院予以支持。

从上述案例可见,购房者已经支付全部或大部分房款并已实际占有的房产,不应当认定为是破产财产。

(2)购房者已经支付全部房款,破产企业应当按照购房合同履行转移登记的义务。

最高人民法院民一庭的倾向性意见认为,房地产开发企业进入破产程序的,买受人已支付了全部购房款但未完成所有权转移登记的房屋应认定为债务人财产。支付了全部购房款的消费者买受人就所购房屋对房地产开发企业享有的债权具有特定性和优先性,房地产开发企业应当在破产程序中优先履行商品房买卖合同约定的交付已建成房屋并协助办理所有权转移登记的义务,该行为不构成《企业破产法》第十六条所称的无效的个别清偿行为。①

(3)购房者与房地产开发企业签订了购房合同,但未支付50%以上的购房款。

破产清算中未支付50%以上购房款的债权受偿能否优于抵押权人,相关法律并未进行明确规定,司法实践中的观点也不一致。部分法院认定购房者支付购房款未超过50%的应为普通债权,如(2020)闽01民初1753号案中;也有法院认为,购房者支付的购房款虽未超过50%,但对于同一案件的购房人应从统一平等保护的原则出发,对处于弱势地位的房屋买受人进行优先保护并不损害企业的利益,法律亦不应排斥上述房屋买受人的生存权利,故购房款清偿应当优先。最高人民法院在(2021)最高法民申1382号案中的裁判意见对相关问题的处理有一定的参考价值。在此案中,最高人民法院认为,房地产开发企业破产案件中,破产债权类型纷繁复杂,存在诸多价值冲突和利益平衡,破产债权的清偿顺序,对各方当事人的切身利益影响巨大。为切实平衡好房地产开发企业、购房者、其他债权人之间的关系,公平保护各方当事人的合法权益,最高人民法院先后出台了《最高人民法院关于建设工程价款优先受偿权问题的批复》《最高人民法院关于人民法院民事执行中查封、扣押、冻结财产的规定》《最高人民法院关于人民法院办理执行异议和复议案件若干问题的规定》等批复意见和司法解释,并就山东省高级人民法院处置济南彩石山庄房屋买卖合同纠纷案作出答复。上述司法解释和批复意见均赋予已支付全部或大部分购房款的购房消费者特殊的法律保护,不仅可以对抗其他优先权利,而且能够排除强制执行,体现了优先保护处于相对弱势的房屋买受人的法律精神,确立了购房消费与普通消费应当予以区别对待的原则。

韦胜周与金穗公司之间签订的是《内部认购申请书》,据此交付的款项为"认购订金",约定"该款项于正式签订《房屋买卖合同》时自动转为房款"。虽

---

① 中华人民共和国最高人民法院民事审判第一庭,《民事审判指导与参考 2018年第2辑(总第74辑)》人民出版社2018年版。

然双方事后未能签订《房屋买卖合同》,但双方当事人均同意上述款项属于《最高人民法院关于建设工程价款优先受偿权问题的批复》第二条规定的"消费者交付购买商品房的款项",原判决根据前述司法解释以及答复意见的逻辑关系,并基于对案涉购房消费者的统一平等保护以及实现案件处理的实质公平,认为韦胜周作为购房消费者享有的购房款返还请求权优先于长城资产广西分公司享有的抵押权予以受偿,驳回长城资产广西分公司的诉讼请求,符合本案实际,处理意见较为公允,法院予以认可。

◆◆ 【法规链接】

《最高人民法院关于建设工程价款优先受偿权问题的批复》

一、人民法院在审理房地产纠纷案件和办理执行案件中,应当依照《中华人民共和国合同法》第二百八十六条的规定,认定建筑工程的承包人的优先受偿权优于抵押权和其他债权。

二、消费者交付购买商品房的全部或者大部分款项后,承包人就该商品房享有的工程价款优先受偿权不得对抗买受人。

《最高人民法院执行工作办公室关于〈最高人民法院关于建设工程价款优先受偿权问题的批复〉中有关消费者权利应优先保护的规定应如何理解的答复》

《最高人民法院关于建设工程价款优先受偿权问题的批复》(法释〔2002〕16号)第二条关于已交付购买商品房的全部或者大部分款项的消费者权利应优先保护的规定,是为了保护个人消费者的居住权而设置的,即购房应是直接用于满足其生活居住需要,而不是用于经营,不应作扩大解释。

《九民纪要》

125.【案外人系商品房消费者】实践中,商品房消费者向房地产开发企业购买商品房,往往没有及时办理房地产过户手续。房地产开发企业因欠债而被强制执行,人民法院在对尚登记在房地产开发企业名下但已出卖给消费者的商品房采取执行措施时,商品房消费者往往会提出执行异议,以排除强制执行。对此,《最高人民法院关于人民法院办理执行异议和复议案件若干问题的规定》第29条规定,符合下列情形的,应当支持商品房消费者的诉讼请求:一是在人民法院查封之前已签订合法有效的书面买卖合同;二是所购商品房系用于居住且买受人名下无其他用于居住的房屋;三是已支付的价款超过合同约定总价款的百分之五十。人民法院在审理执行异议之诉案件时,可参照适用此条款。

问题是,对于其中"所购商品房系用于居住且买受人名下无其他用于居住的房屋"如何理解,审判实践中掌握的标准不一。"买受人名下无其他用于居住的房屋",可以理解为在案涉房屋同一设区的市或者县级市范围内商品房消费者名下没有用于居住的房屋。商品房消费者名下虽然已有1套房屋,但购买的房屋在面积上仍然属于满足基本居住需要的,可以理解为符合该规定的精神。

对于其中"已支付的价款超过合同约定总价款的百分之五十"如何理解,审判实践中掌握的标准也不一致。如果商品房消费者支付的价款接近于百分之五十,且已按照合同约定将剩余价款支付给申请执行人或者按照人民法院的要求交付执行的,可以理解为符合该规定的精神。

126.【商品房消费者的权利与抵押权的关系】根据《最高人民法院关于建设工程价款优先受偿权问题的批复》第1条、第2条的规定,交付全部或者大部分款项的商品房消费者的权利优先于抵押权人的抵押权,故抵押权人申请执行登记在房地产开发企业名下但已销售给消费者的商品房,消费者提出执行异议的,人民法院依法予以支持。但应当特别注意的是,此情况是针对实践中存在的商品房预售不规范现象为保护消费者生存权而作出的例外规定,必须严格把握条件,避免扩大范围,以免动摇抵押权具有优先性的基本原则。因此,这里的商品房消费者应当仅限于符合本纪要第125条规定的商品房消费者。买受人不是本纪要第125条规定的商品房消费者,而是一般的房屋买卖合同的买受人,不适用上述处理规则。

《最高人民法院关于审理建设工程施工合同纠纷案件适用法律问题的解释(一)》

第三十六条 承包人根据民法典第八百零七条规定享有的建设工程价款优先受偿权优于抵押权和其他债权。

《民法典》

第八百零七条 发包人未按照约定支付价款的,承包人可以催告发包人在合理期限内支付价款。发包人逾期不支付的,除根据建设工程的性质不宜折价、拍卖外,承包人可以与发包人协议将该工程折价,也可以请求人民法院将该工程依法拍卖。建设工程的价款就该工程折价或者拍卖的价款优先受偿。

《最高人民法院关于人民法院办理执行异议和复议案件若干问题的规定》

第二十八条　金钱债权执行中，买受人对登记在被执行人名下的不动产提出异议，符合下列情形且其权利能够排除执行的，人民法院应予支持：

（一）在人民法院查封之前已签订合法有效的书面买卖合同；

（二）在人民法院查封之前已合法占有该不动产；

（三）已支付全部价款，或者已按照合同约定支付部分价款且将剩余价款按照人民法院的要求交付执行；

（四）非因买受人自身原因未办理过户登记。

第二十九条　金钱债权执行中，买受人对登记在被执行的房地产开发企业名下的商品房提出异议，符合下列情形且其权利能够排除执行的，人民法院应予支持：

（一）在人民法院查封之前已签订合法有效的书面买卖合同；

（二）所购商品房系用于居住且买受人名下无其他用于居住的房屋；

（三）已支付的价款超过合同约定总价款的百分之五十。

《最高人民法院关于商品房消费者权利保护问题的批复》

一、建设工程价款优先受偿权、抵押权以及其他债权之间的权利顺位关系，按照《最高人民法院关于审理建设工程施工合同纠纷案件适用法律问题的解释（一）》第三十六条的规定处理。

二、商品房消费者以居住为目的购买房屋并已支付全部价款，主张其房屋交付请求权优先于建设工程价款优先受偿权、抵押权以及其他债权的，人民法院应当予以支持。

只支付了部分价款的商品房消费者，在一审法庭辩论终结前已实际支付剩余价款的，可以适用前款规定。

三、在房屋不能交付且无实际交付可能的情况下，商品房消费者主张价款返还请求权优先于建设工程价款优先受偿权、抵押权以及其他债权的，人民法院应当予以支持。

2.特别优先权

（1）建设工程价款优先受偿权是指建设工程发包方逾期支付工程价款时，相关法律赋予工程承包方就该工程折价或者拍卖价款优先受偿的权利。依据《民法典》第八百零七条的规定，发包人未按照约定支付价款的，承包人可以催告发包人在合理期限内支付价款。发包人逾期不支付的,除根据建设工程的性质不宜折价、拍卖外,承包人可以与发包人协议将该工程折价,也可以请求人民法院将该工程依法拍卖。建设工程的价款就该工程折价或者拍卖的价款优先受偿。《最高人民法院关于审理建设工程施工合同纠纷案件适用法律问题的解释(一)》进一步明确,与发包人订立建设工程施工合同的承包人,依据《民法典》第八百零七条的规定请求其承建工程的价款就工程折价或者拍卖的价款优先受偿的,人民法院应予支持。

(2)船舶优先权也称海上优先受偿权,按照《中华人民共和国海商法》(简称《海商法》)相关规定是指海事请求人依照海商法的规定,向船舶所有人、光船承租人、船舶经营人提出海事请求,对产生该海事请求的船舶具有优先受偿的权利。同时,《海商法》第二十五条明确规定,船舶优先权先于船舶留置权受偿,船舶抵押权后于船舶留置权受偿。

(3)民用航空器优先权是指债权人依照《中华人民共和国民用航空法》(简称《民用航空法》)的规定,就其援救、保管维护民用航空器所生产的债权,对该航空器享有优先受偿的权利。同时,《民用航空法》第二十二条明确规定,民用航空器优先权先于民用航空器抵押权受偿。

3. 担保债权

担保权虽在《企业破产法》中被列为债权类型之一参与破产程序,但其实际权利类型仍为担保物权,受《民法典》物权相关规定的规制与保护。一般而言,担保债权人是指对破产人的特定财产享有担保权且在破产程序中享有优先受偿权的权利人。

(1)担保债权所包含的债权范围。

根据《民法典》第三百八十九条的规定,担保物权的范围原则上按照当事人约定确定,没有约定的情况下,担保物权的担保范围包括主债权及其利息、违约金、损害赔偿金、保管担保财产和实现担保物权的费用。因此,破产程序中所申报的担保债权应当按照上述规则确定范围。

(2)担保债权的清偿顺位。

《企业破产法》第一百零九条及第一百一十条明确了对破产人的特定财产享有担保权的权利人,对该特定财产享有优先受偿的权利。同时,担保权人未受偿的部分债权及放弃优先受偿权的部分债权,作为普通债权受偿,从而对优先受偿的范围进行了限制。

但对于《企业破产法》第一百零九条所称的"优先受偿"，其顺位究竟为何，并没有直接的"法定依据"。事实上，《企业破产法》第一百一十三条确定的破产财产的清偿顺序，虽明确了破产费用、共益债务、职工债权以及税收债权先于普通债权清偿，却唯独未提及担保债权的清偿顺序。这也使得在实务操作中存在一定的争议。常见的观点是担保债权具有天然的优先性，其顺位应当在破产费用和共益债务之前。根据《最高人民法院关于审理企业破产案件确定管理人报酬的规定》第二条的规定，担保权人优先受偿的担保物价值不计入确定管理人报酬的财产总额。据此，一般认为破产费用和共益债务只能从无担保财产中支付。但值得注意的是，由于实践中担保制度的普遍使用，特别是《民法典》第三百九十六条确立的动产浮动抵押制度，使用担保债权实际牵涉的范围无法确定。此时如果债务人其他财产无法清偿破产费用或者共益债务，最终将终结破产程序。由于规则的缺失，如果出现前述情形，需要管理人与担保债权人协商处理，一般而言，对于处置担保财产过程中产生的费用，从处置款项中先行支付。

4.破产法定优先债权

（1）职工债权。

《企业破产法》第四十八条、第五十九条、第一百一十三条等对破产企业职工债权的保护进行了具体规定，确立了劳动债权主体、劳动债权内容、劳动债权人的破产参与程序以及劳动债权的清偿顺序，体现了基于劳动债权所特有的生存、秩序和正义价值追求。[1] 一般而言，企业对职工欠付的以劳动对价所获取的报酬均可归类至职工债权，但同时应当明确的是，劳动对价的理解应当限定在法定范围内，事实上现行《企业破产法》第一百一十三条列举的情形较为有限，并没有涵盖全部的职工债权，除明确列举的所欠职工的工资和医疗、伤残补助、抚恤费用，所欠的应当划入职工个人账户的基本养老保险、基本医疗保险费用及法律、行政法规规定应当支付给职工的补偿金外，并没有设置兜底性的规定。而实践中认定的职工债权，一定程度上范围更广，如公积金部分亦包括在内。

（2）税收债权。

《企业破产法》第一百一十三条第二款明确规定，破产人欠缴的除职工债

---

① 陈国斌、陈豪，《破产企业职工债权优先性的解读与重塑》，《人民司法》2020 年第 16 期。

权以外的社会保险费用和破产人所欠税款属于具备优先性的债权。但实际上税收债权的合法性来源于税法中对国家征收企业税款的强制性规定,其依附于税法的确定,在实际确定过程中需要确认各款项的法律依据及其性质。根据现行法律、司法解释及相关规范性文件,可确定如下审查规则:

①发生在破产申请受理之日前的所欠付税金及附加应当作为优先债权确认。但需注意,《企业破产法》与税法体系对发生在纳税人以其财产设定抵押、质押或者留置之前所产生的欠税优先性顺位存在一定的冲突,关于该问题的探讨可详见本书拓展阅读《破产程序中税收债权优先性的省察与再造》。

②发生在破产申请受理之日后的税金及附加,需要考虑其产生原因,如履行合同、生产经营、管理和处置资产、重组债务等产生的税费。根据实务操作惯例,一般将其作为破产费用和共益债务由债务人财产随时清偿。

③滞纳金、特别纳税调整产生的利息不具有优先性。对于该问题,最高人民法院与国家税务总局曾存在一定的分歧,但随着破产制度的完善,目前已基本形成一致意见。《国家税务总局关于税收征管若干事项的公告》第四条明确,企业所欠税款、滞纳金、因特别纳税调整产生的利息,税务机关按照《企业破产法》相关规定进行申报,其中企业所欠的滞纳金、因特别纳税调整产生的利息按照普通破产债权申报。

(二)普通债权

普通债权在上述两个顺位的债权清偿完毕后,作为第三顺位的债权清偿。对于普通债权的范围,原则上不需要专门列举,在排除前述优先受偿的债权以及相关规范性文件确定的不属于破产债权及具有惩罚性质的债权后,均可归属于普通破产债权范畴。在债权登记过程中,为便于分类,依据债权产生的合同原因,一般可将普通债权分类如下:金融债权、租赁债权、借贷债权、买卖合同债权、劳务债权等。

(三)劣后债权

现行《企业破产法》及相关司法解释均没有对"劣后债权"进行规定,其源于《破产审判纪要》第28条中破产财产依照《企业破产法》第一百一十三条规定的顺序清偿后仍有剩余的,可以就部分惩罚性债权进行清偿的规定。理论上,企业宣告破产意味着其已经属于"资不抵债"的情况。但在实践中,企业宣告破产后,可能尚在处理相关事宜,其部分资产(尤其是土地、房产等不动产)

因未能及时变现而随着市场的影响增值,导致其已完全覆盖普通债权,故剩余资产的处置也应当进行债权清偿。但由于没有设置"劣后"这一法定债权,对于不作普通债权确认的债权如何进行清偿实际上无据可循,为此《破产审判纪要》对此进行了规定,即破产财产依照《企业破产法》第一百一十三条规定的顺序清偿后仍有剩余的,可依次用于清偿破产受理前产生的民事惩罚性赔偿金、行政罚款、刑事罚金等惩罚性债权。

二、破产债权审核基本规则

(一)审查内容

管理人针对破产债权的审核主要包括以下内容:

(1)破产债权的主体性质;

(2)破产债权申报的期限;

(3)破产债权的诉讼时效;

(4)破产债权的形成依据;

(5)破产债权的性质;

(6)破产债权的计算;

(7)对破产债权的重复申报的审核。

(二)基本审查流程

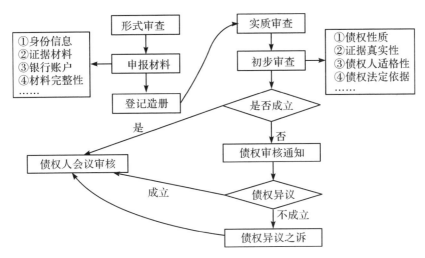

图 3-1　破产债权基本审查流程示意

1. 形式审查

形式审查包括审查债权人的身份证明文件、申报的债权人是否为本次破产案件的债权人、所申报的债权种类和性质、债权人的联系方式、债权人拟接收分配账号、债权人的授权委托人等。

申报人应提供企业法人营业执照或个人合法有效的身份证明,代理申报的应提交委托人签名盖章的授权委托书和受托人的身份证明等材料。

2. 实质审查

实质审查系对债权真实性、合法性和时效性以及是否已进行过清偿等的全面审查。对于债权人申报的对债务人特定财产享有担保权的债权,管理人的审查内容包括但不限于担保权的法律效力、同一担保财产有多项担保权存在的受偿顺序、提供担保是否具有依法可以撤销的情形、担保权的受偿范围等。

申报人应书面说明债权金额和有无财产担保,并提交相关证据。

三、破产债权审核及确认方式

(一)职工债权

《企业破产法》第四十八条第二款规定,债务人所欠职工的工资和医疗、伤残补助、抚恤费用,所欠的应当划入职工个人账户的基本养老保险、基本医疗保险费用,以及法律、行政法规规定应当支付给职工的补偿金,不必申报,由管理人调查后列出清单并予以公示。职工对清单记载有异议的,可以要求管理人更正;管理人不予更正的,职工可以向人民法院提起诉讼。

因此,对于职工债权,应当由管理人主动核实后予以公示,职工无须向管理人申报。

1. 审核职工债权的前置程序

(1)企业资料的交接。

管理人在接管企业时应当着重注意收集企业的有关劳动关系、薪资发放等情况的材料,重点包括以下接管材料:

①劳动合同;

②工资表;

③离职证明；

④社保缴纳证明；

⑤员工花名册；

⑥其他材料。

但在实务中,因为存在企业进入破产前可能已有大量职工离职,企业相关材料不齐全的情况,导致管理人主动审核职工债权的难度增加,甚至无法审核,管理人可以采取职工申报的形式完善主动调查的缺失。为此,管理人可采取如下方式：

①联系破产企业人事主管或相关人员,取得职工的联系方式；

②向职工发送职工核查文书,要求职工提供相应证明职工债权的材料；

③向劳动争议仲裁委员会或法院调取相关劳动争议案件的材料；

④进一步核实职工提供的证明材料和管理人已有材料；

⑤在正式公示职工债权前可与职工签署相应的确认文件备查。

管理人主动联系职工以及核实职工债权的工作应当尽早开展,因为多方沟通可使职工认为自身仍旧被重视,一定程度上可以缓解职工的负面情绪。

(2)与公司的实际控制人、总经理、财务等进行谈话,了解公司的职工情况、欠薪情况、社保等费用的欠缴情况等。

(3)管理人应当前往当地的人力资源和社会保障局调取社保情况,前往劳动争议仲裁委员会调查公司劳动涉诉情况,前往市场监督管理局调取公司董监高的备案情况等。

2.职工债权审查步骤

(1)确认劳动关系是否存在。

管理人需要核实劳动关系存在的真实性,一般有双方签署的劳动合同的情况下可以认定劳动关系的存在。但是应当注意,实务中,由于企业规模的原因,时常存在没有书面劳动合同的情形。此时管理人应当通过收集工资条或其他工资支付记录,查询职工名册,查询社保、税务部门信息,询问企业相关人员以确定劳动关系的真实性。

需要说明的是,劳动关系的判断属于法律关系的判断,不能仅依据企业相关人员或职工的单方面陈述就作出判断,特别是在面对一些"家族企业"时。

案例:某公司破产清算案中,倪某主张其系公司离职员工,公司对其仍有欠薪,并向管理人提供了工资发放记录。银行流水显示,公司向其发放款项备注为"工资"。后经管理人核实,公司没有为其缴纳社保。经查发现倪某与公司签署的系《兼职协议》,协议载明:本协议属于劳务协议,在任何情形下均不得视为劳动合同,双方不存在劳动关系。管理人结合《兼职协议》的实质约定,向倪某释明了其债权性质,并向其寄送了债权申报材料。

（2）确定职工债权的范围。

现行法律明确职工债权的范围如下:

①工资。

《关于工资总额组成的规定》第四条、第十条有明确规定,工资总额由下列六个部分组成:计时工资;计件工资;奖金;津贴和补贴;加班加点工资;特殊情况下支付的工资。

其中特殊情况下支付的工资如下:

根据国家法律、法规和政策规定,因病、工伤、产假、计划生育假、婚丧假、事假、探亲假、定期休假、停工学习、执行国家或社会义务等原因按计时工资标准或计时工资标准的一定比例支付的工资;

附加工资、保留工资。

②医疗、伤残补助、抚恤费用。

此部分包含以下两部分:第一,本应由债务人支付给职工的医疗补助费用,即住院伙食补助费,生活护理费,异地就医的交通费、住宿费以及停工留薪期内的原工资福利待遇。第二,债务人应当参加工伤保险而未参加的,未参加工伤保险期间债务人的职工如果发生工伤,由债务人按照《工伤保险条例》规定的工伤保险待遇项目和标准支付费用。

③应当划入职工个人账户的基本养老保险、基本医疗保险费用。

从 2006 年 1 月 1 日起,单位缴纳的部分不再划入个人账户,个人账户全部由个人缴费形成。因此,2006 年以后没有企业拖欠应当划入职工个人账户的基本养老保险费的情况发生。

用人单位缴纳的基本医疗保险费分为两部分:一部分计入社会统筹账户,该部分不属于职工债权;另一部分划入职工个人账户,该部分属于职工债权。

④法律、行政法规规定应当支付给职工的补偿金。

主要是《中华人民共和国劳动法》(简称《劳动法》)以及《中华人民共和国劳动合同法》(简称《劳动合同法》)规定的企业应当向职工支付补偿金的法定情形。

国务院各部委、各级地方政府及地方政府各部门制定的行政规章或发布的行政命令中规定的补偿金,均不在本项规定的范围内。

⑤由第三方垫付的职工债权。

《破产审判纪要》第 27 条规定,由第三方垫付的职工债权原则上按照垫付的职工债权性质进行清偿;由欠薪保障基金垫付的,应按照《企业破产法》第一百一十三条第一款第二项的顺序清偿。应当明确,确认垫付费用是否属于职工债权的依据在于垫付款的使用目的。

宗晋如与南京顺宏玻璃有限公司破产债权确认纠纷案二审中,法院认为,"一审认定在破产程序中由第三方垫付的职工债权才可按所垫付的职工债权性质进行清偿,有法律依据",且第三方向破产企业垫付款项的行为"并非系在破产程序中垫付职工债权情形,也不应认定为职工债权性质",因此对第三方垫付债权不予认定为职工债权。

石家庄盛平自动化设备工程有限公司、河北邢矿硅业科技有限公司破产债权确认纠纷案二审中,法院认为,本案第三方垫付资金的用途为职工债权,以其垫款发生在企业破产前为由否认其职工债权的性质,不利于第三方积极扶持企业的发展、不利于职工生存权利的保护,与现行规定"鼓励第三方垫付"不符,并对将第三方垫付的资金认定为职工债权的意见予以认可。

⑥职工垫付款。

管理人需要核实"垫付"款项的性质,才可作出判断。原则上职工为企业经营生产垫付的费用具有职工债权性质,应当认定为职工工资性质。

一个例外,那就是职工出借给企业的款项不属于职工债权,不能按照《最高人民法院关于审理企业破产案件若干问题的规定》第五十八条第一款之规定参照职工债权顺位予以清偿,只能列为普通债权;同时,第五十八条第二款也明确了职工向企业的投资,不属于破产债权。

⑦公积金。

《破产审判纪要》第 27 条规定,债务人欠缴的住房公积金,按照债务人拖欠的职工工资性质清偿。但在实务操作中,公积金债权在作为职工债权清偿后,存在无法接受分配的情况。因公积金系统多是自动扣划的,在未能达到 100% 款项的情况下,无法识别单个职工的清偿比例,这也导致在最后分配时,管理人仍旧需要取得单个职工接收款项的分配方式,最终将款项直接分配给职工个人。

⑧劳动调解书约定的违约金。

此处实际上是对所涉债权的一个性质界定问题,劳动调解书约定的违约金实际上是因债务人未能依约履行双方之间的协议产生的,并不具备职工债权性质。但在实务中存在直接将此部分作为职工债权的操作。应当认为,这种操作多是从便利或稳定等角度出发,难以在法理上寻找释法性。

(3)编制职工债权表。

根据《企业破产法》第四十八条第二款的规定,职工债权应由管理人调查后列出清单。据此,管理人在完成职工债权的调查工作后,应当编制职工债权清单。职工债权清单应包括职工姓名、月平均工资(近12个月平均工资)、入职本单位时间、截止时间、工龄、欠缴工资总额、欠缴社会保险个人账户总额、经济补偿金(一般暂计至破产申请受理日)等。

(4)职工债权公示。

《企业破产法》及相关司法解释对职工债权的公示范围、公示方式并没有明确规定。从保护职工权益的角度出发,我们认为公示内容应当包括公示期限、异议处理程序、管理人联系方式及职工债权清单。

公示方式应当尽可能地便利员工获取,如在企业经营场所张贴通知、网络公示、法院公告或直接通知职工等方式。

(5)职工债权异议程序。

管理人在公示职工债权的同时应告知职工依法享有的异议权和提出异议的期限。职工债权清单公示后,如果职工对清单记载的内容有异议,应当在异议期限内向管理人提出更正要求,由管理人复核后出具更正或不予更正的意见;职工对管理人不予更正的意见不服的,可以向受理破产案件的法院提起诉讼,同时职工将起诉相关信息反馈给管理人。

关于职工债权的起诉期限,现行法律并未有明确规定。实务中,有部分管理人认为可以参照《最高人民法院关于适用〈中华人民共和国企业破产法〉若干问题的规定(三)》[简称《破产法司法解释(三)》]第八条规定:"债务人、债权人对债权表记载的债权有异议的,应当说明理由和法律依据。经管理人解释或调整后,异议人仍然不服的,或者管理人不予解释或调整的,异议人应当在债权人会议核查结束后十五日内向人民法院提起债权确认的诉讼。"因为条款中出现了"债权人会议核查"的表述,从程序上而言,此处核查的债权系记载于债权表的债权,但职工债权并非《企业破产法》第五十七条规定的需要登记造册的债权,所以职工债权不适用本条的"十五日"期限。管理人可以根据实际情况自行设置异议期。

我们认为,从管理人主动审核程序、职工债权的优先性等规定可以明确《企业破产法》对于职工债权的保护是高于普通债权的,因涉及职工对自身债权确认的救济权利的行使,因此职工债权的起诉期限不应短于十五天,至少也应当参照《破产法司法解释(三)》第八条规定的十五天的起诉期。

(6)职工债权的认定程序。

职工债权无须提交债权人会议核查,无须人民法院裁定确认。公示期届满,职工未提出异议的,即视为职工债权的认定程序结束。

《企业破产法》第四十八条明确将破产债权从审查程序上分为两类:一类是由债权人向管理人申报,进而管理人进行审查的债权;另一类是由管理人自行核实、调查的职工债权。而关于债权的债权人会议核查及提交法院裁定确认来源于《企业破产法》第五十七条、第五十八条。但第五十条的适用前提是"管理人收到债权申报材料后",因职工债权是由管理人主动调查核实,无须职工申报,因此不适用第五十七条、第五十八条规定的程序。

《企业破产法》第五十八条规定,依照本法第五十七条规定编制的债权表,应当提交第一次债权人会议核查。债务人、债权人对债权表记载的债权无异议的,由人民法院裁定确认。由此可知,《企业破产法》第五十七条要求登记造册的债权为需要进行申报的债权。因此,对于无须申报的职工债权,无须提交债权人会议核查,也无须报请人民法院裁定确认。但因职工债权的确认涉及全体债权人的利益,程序上,职工债权的公示仍旧需要通知债权人会议。

(二)税收债权

《企业破产法》第一百一十三条明确,破产人所欠税款优先于普通债权清偿。因债权人主体身份特殊,其在债权审核中存在较多的特殊性。

1.通知债权申报

破产程序中税收债权的通知应当适用专门的文书格式。与普通债权相比,其内容并无实质改变,但是抬头及债权组成有所变化。同时,作为企业,债务人涉税是必然的,因各种退税政策的存在,管理人在通知债权申报时,应尽可能地向税务机关了解债务人可能存在的退还税款情况。

◆◆ 【参考模板】

通知书

（通知税务局申报债权）

国家税务总局××市××区税务局：

20××年××月××日，××人民法院（20××）××破××号民事裁定书，裁定受理了××有限公司破产清算一案，并于20××年××月××日作出（20××）××破××号决定书，指定××事务所担任××有限公司管理人。

根据《中华人民共和国企业破产法》第一百一十三条规定，需贵局对××有限公司（债务人名称）拖欠税费数额进行确定，望贵局接到本通知后10日内对该债务人欠税费数额进行确定，确定后通知本管理人或向管理人申报后，依《中华人民共和国企业破产法》参与分配。

根据《中华人民共和国企业破产法》第二十五条、第三十条，《中华人民共和国税收征收管理法》第八条及《关于纳税人权利与义务的公告》的规定，请贵局就××有限公司是否存在符合法定的减免税、退税情形、是否存在可退税及相关流程的情况告知管理人。

特此通知。

管理人地址：××市××路××号。

联系人：××

××有限公司管理人

20××年××月××日

2.审查税收债权

（1）对于税款本金的审查。

依据《企业破产法》第一百一十三条的规定，税款本金属于第三清偿顺位，是优先于普通债权的优先债权。税款源于不同的税收法律关系，管理人在审查税款本金时应该重点关注其合法性及程序性。

合法性审查：合法性审查主要审查税款本金产生的法律关系是否存在、税务机关申报的税收债权数额是否正确。由于各项税种、税金的确认涉及成本列支、计税依据等专业知识,管理人若聘用审计机构可增加协助税收债权审核的内容。

程序性审查:管理人需要重点审核税款缴纳的时间。依据《企业破产法》第四十四条的规定,"人民法院受理破产申请时对债务人享有债权的债权人,依照本法规定的程序行使权利",税务机关有权就破产企业被裁定受理破产时对债务人所享有的债权向管理人申报债权。

案例:某企业在进入破产程序前,存在国有土地使用权和在建工程的司法拍卖。后税务机关向管理人申报了相关税费的税款本金,管理人经核查发现,之前国有土地使用权和在建工程在拍卖时未能扣除在建工程相关成本导致土地增值税存在重复征税的情况。管理人在与税务局沟通后,对该部分土地增值税进行了重新清算。

(2)对于滞纳金的审查。

《最高人民法院关于税务机关就破产企业欠缴税款产生的滞纳金提起的债权确认之诉应否受理问题的批复》认为,税务机关就破产企业欠缴税款产生的滞纳金提起的债权确认之诉,人民法院应依法受理。依照《企业破产法》《中华人民共和国税收征收管理法》(简称《税收征收管理法》)的规定,破产企业在破产案件受理前因欠缴税款产生的滞纳金属于普通破产债权。

管理人在审查滞纳金时应当严格按照《企业破产法》第四十四条规定的时间进行确认。目前金税三期系统无法自动识别企业是否进入破产程序,因此滞纳金在未做税务注销时,将一直计算。对于破产申请受理日之后产生的滞纳金不应确认为破产债权。

《税收征收管理法》第三十二条规定:"纳税人未按照规定期限缴纳税款的,扣缴义务人未按照规定期限解缴税款的,税务机关除责令限期缴纳外,从滞纳税款之日起,按日加收滞纳税款万分之五的滞纳金。"据此可知,目前我国税法对滞纳金的计算比例是固定的,因此滞纳金的计算方式为:欠缴税费×天数(产生之日起至破产申请受理日)×5‰=应认定的滞纳金。

案例:某企业在2020年9月2日被法院裁定进入破产程序后,税务机关于2020年11月7日向管理人申报债权,并向管理人提供了税务机关系统生成的《欠缴税、费、滞纳金、罚款明细表》。表中载明因企业未履行代扣代缴义务,个人所得税项目下产生滞纳金4567.3元,经测算发现,该笔滞纳金计算期间截止时间为2020年11月5日。为此,管理人与税务机关沟通后,税务机关按照计算至破产申请受理日的滞纳金进行债权申报。

（3）对于税收行政罚款的审查。

依据《破产审判纪要》，破产财产依照《企业破产法》第一百一十三条规定的顺序清偿后仍有剩余的，可依次用于清偿破产申请受理前产生的民事惩罚性赔偿金、行政罚款、刑事罚金等惩罚性债权。因此，税务机关申报的税收行政罚款可以作为劣后债权处理。

案例：某企业于 2021 年 3 月 22 日被法院裁定受理破产清算，后税务机关向管理人申报了 500 元的税收行政罚款。债权申报表中载明，该公司已连续三个月未按期办理纳税申报，于 2021 年 4 月 7 日被认定为非正常户。依据《税收征收管理法》第六十二条的规定，处 500 元罚款。管理人审核债权申报材料后发现，税务机关未提供税务处罚决定书。经与税务机关沟通后，管理人对该笔税收行政罚款作不予认定处理。

理由如下：第一，税务局申报的债权系行政罚款，依据《中华人民共和国行政处罚法》（简称《行政处罚法》）第五十七条、第五十九条的规定，行政机关作出行政处罚的应当制作行政处罚决定书。因税务局未向管理人提供正式的行政处罚决定书，管理人无法确认行政处罚存在的事实。第二，该公司已于 2021 年 3 月 22 日被法院裁定受理破产，即该公司破产清算案件被裁定受理时，税务局对该公司的债权尚未产生，根据《企业破产法》第四十四条的规定，管理人无法认定该笔债权。第三，即使管理人最终认定债权成立，但因为申报债权系税收行政罚款，依据《破产审判纪要》的规定，仍旧为劣后债权。

（4）关于企业欠缴的城市建设配套费的审查。

严格来说，城市建设配套费不属于税收债权的组成部分，但因为其性质复杂，在实务中，存在难以分辨的情形。

例如，在（2021）渝 05 民初 3959 号案中，D 区住建委向法院提起诉讼请求依法确认其对 B 房产公司享有 13855477.6 元的债权，并确认该债权系按照税收债权清偿的优先债权。B 房产公司在 D 区开发了阳光鑫城项目，建设规模 80608.28 平方米，应向 D 区住建委缴纳配套费 16927738.8 元，而其仅缴纳 1000 万元，剩余 692738.8 元未缴纳，截至 2020 年 12 月 5 日，未缴纳配套费产生的滞纳金为 7689790 元。B 房产公司进入破产程序后，D 区住建委就此向管理人申报债权，管理人确认 D 区住建委享有的配套费及滞纳金债权金额为 13855477.6 元，债权性质为普通债权。D 区住建委对此有异议，认为 B 房产公司应缴纳的配套费及其滞纳金属于税款,应确认为优先债权。

法院经审理后认为,根据《中华人民共和国立法法》(简称《立法法》)第八条和《中华人民共和国预算法》(简称《预算法》)第九条的规定,以及《财政部关于城市基础设施配套费性质的批复》第二条的内容,城市建设配套费属于城市人民政府强制征收的政府性基金,不属于法律规定的税种。欠缴城市建设配套费形成的债权,不能按照《企业破产法》第一百一十三条第一款第(二)项所规定的税款债权予以清偿,其本质属于普通债权。

(三)普通债权

1.取得普通债权的相关材料

管理人审核普通债权是否成立,主要依据普通债权人提供的债权申报材料。管理人应当要求债权人提交以下材料:

(1)应提交债权合法存在的基础文件,如相关合同、借条、生效法律文书等;

(2)应提交债权人的相关支付凭证,如付款证明、银行流水、银行回单等;

(3)能够证明债权存在及数额的其他凭证,如发票等。

事实上,管理人的普通债权审核过程与司法机关行使裁判权的流程应当一致,对于债权人提供的证据应当关注是否能够形成完整的证据链,证明其债权的真实性。《企业破产法》第四十九条明确了债权人负有对其债权进行举证的义务。因此,如果债权人不能充分举证,且管理人无法从已接管的材料中核实该笔债权的,债权人应当承担举证不能的责任。

对于债权人申报的证明材料难以证明其债权确实存在或具体数额的,管理人不应径直作出不予认定的结论,而是应当结合已接管到的企业财务凭证、合同、调取的银行流水进行确认,这也是《企业破产法》对管理人勤勉尽责,保护债权人利益的内在要求。

2.信息化归档、制作债权申报登记表

由于企业规模及经营业务的不同,不同企业对外债权情况也不相同,有些企业可能会牵涉大规模的债权人,如教育培训行业、餐饮服务行业、房产中介行业等,其所面对的债权人人数体量大。为此,在债权申报后,管理人应当及时形成信息化归档,对每笔债权的具体情况进行登记造册。

债权申报信息汇总表应当尽可能完备地涵盖申报债权的信息,以便后续能够快速查询。我们认为，为便于管理人工作开展，债权申报信息汇总表应包括但不限于以下内容：

债权编号、姓名/名称、住所地、证照号码（统一社会信用代码）、法定代表人、联系电话、申报本金、申报利息、申报总金额、申报优先权、债权形成过程、债权申报日期、申报材料、受委托人、受委托人联系电话、受委托人身份证号码、送达签收人、送达地址、送达手机号码、送达电子邮箱、银行账户、账号、开户行、债权性质、审核过程、债务人意见、审计机构意见、审查认定本金、审查认定利息、审查认定总金额、审查认定优先金额。

对于收到的纸质债权申报材料，管理人应尽可能在第一时间扫描形成电子版，以做备案。为便于登记，管理人债权申报时可要求债权人在提供纸质材料的同时，向管理人提供债权申报材料的电子版，这样也可提高管理人的工作效率。

3. 债权认定应严格以客观材料为前提

根据债权人提交的债权申报材料以及管理人所能调查或接管到的债务人客观存在的资料综合判断债权是否成立。管理人应当核实证据的合法性、真实性、关联性。管理人在核实债权的过程中通常需要向债务人及有关人员进行核实并制作笔录，此时的核实信息应当视为参考依据，不能仅以有关人员陈述作为确认或不予确认债权的依据。

案例：一起破产清算案件中，共申报了 41 户债权，管理人在审核债权中发现，其中 10 户债权人在债权申报中未能提交任何有关的证据材料。管理人向债务人及有关人员进行核实时，债务人告知管理人该 10 户债权人的债权形成时未签订任何书面协议，债务人以口头形式承诺会以现金形式向债权人支付一定的劳务报酬。管理人进一步向债权人核实提供劳务情况时，债权人未能提供任何有关凭证，为此管理人对该 10 户债权人的债权发出不予确认通知。

4. 严格把控债权形成时间及法律时效

根据《最高人民法院关于审理企业破产案件若干问题的规定》第六十一条第一款第七项的规定，超过诉讼时效的债权不属于破产债权。《破产法司法解释（三）》第六条要求管理人在审查债权时应当审查是否超过诉讼时效期间、是否超过强制执行期间。

依据上述规定，可以明确，对于已经超过诉讼时效及强制执行期间的债权,管理人应当依法不予确认债权。

最高人民法院在(2019)最高法民申 1413 号案中,支持"D 公司亦未提供对 5% 的质保金在诉讼时效期限内主张权利的相关证据,亦无法确认债权"。江苏省淮安市中级人民法院在(2020)苏 08 民终 1718 号民事判决书中,对已过强制执行期间的债权应当不予确认进行了充分的说理:"本案破产管理人将涉案债权编入普通债权表仅是债权的审查程序,非为对债权的确认。破产债权概括清偿,经过生效裁判确认的债权超过强制执行期间不属于破产债权。破产管理人有权对申报的债权是否超过强制执行期间的情况进行审查,其在诉讼中发现涉案债权没有在规定时间内申请强制执行,遂作出对该债权不予确认的变更通知,是勤勉尽责履职,维护全体债权人利益的表现,非为违反诚实信用原则。"

5.与债务人、审计机构进行复审

管理人根据证据对申报债权的存在与否进行初步判断后,应当将初步认定的结果与债务人、审计机构进行进一步复审,并结合其他证据对申报债权是否清偿过进行核查。

如前所述,与债务人进行复审是为了加强债权认定的结论,当出现不一致的情况时,管理人仍旧应当围绕客观证据来进行认定。但需要注意的是,当管理人初步确认的债权不被债务人认可时,管理人应当进一步确认相关情况,并就债务人意见向债权人进一步核实。

如果在破产清算中,已经聘请了审计机构,管理人应当将债权审核情况与审计机构及时沟通,凭借审计机构专业的财务知识,对债务人的财务资料进行判断,然后再予以确认。

有些债权人在申报债权时可能不诚信,我们办理的破产案件中就有债权人拿着法院判决书来申报债权,但经管理人核查发现,该债权人的债权已经有部分得以清偿,故对于已清偿部分未予确认。

6.债权人会议核查、公示

《企业破产法》第六十一条明确指出,债权人会议具有核查债权的职权,管理人对初步审核确认及不确认的债权情况应当提交债权人会议进行核查。《破产法司法解释(三)》第八条规定:"债务人、债权人对债权表记载的债权有异议的,应当说明理由和法律依据。"

简言之,债务人对全部的债权审查情况及债权人对自身或他人的债权情况均可以提出异议。实务操作中为推进破产效率,可以在保障债权人知情权的前提下使用较为便捷的非现场会议方式进行债权核查,如通过书面寄送或网络平台信息公示等方式。

7.将债权表提交法院进行裁定

《企业破产法》明确债权的最终确定权由法院予以行使。人民法院确定债权的方式可分为两种:

(1)债权表记载的已经提交第一次债权人会议核查且债务人、债权人对其无异议的债权由人民法院裁定确认。

(2)债务人、债权人对债权表记载的债权有异议的,其向受理破产申请的人民法院提起诉讼后,最终也可由法院通过判决予以确认。即债权人通过破产债权确认纠纷诉讼,由人民法院通过实体判决的形式审查有争议的债权,作出判决书中认定的债权金额即为法院确定的债权,无须法院再通过裁定作债权确认。

(四)劣后债权

1.劣后债权的立法、司法实践

劣后债权是指劣后于普通债权获得清偿的债权。现行《企业破产法》及相关司法解释均未在语义上确认“劣后债权”的存在。但在破产实务及司法实践中,一定程度上承认了“劣后债权”的存在,并逐步形成了一定限度的操作规则。

2017年重庆市高级人民法院《关于审理破产案件法律适用问题的解答》明确了公司股东或实际控制人对公司享有的债权确定为劣后债权的规则,这也是司法实践中法院对“劣后债权”第一次作出明确回应。

2018年《破产审判纪要》第28条也对此进行了规定:“对于法律没有明确规定清偿顺序的债权,人民法院可以按照人身损害赔偿债权优先于财产性债权、私法债权优先于公法债权、补偿性债权优先于惩罚性债权的原则合理确定清偿顺序。因债务人侵权行为造成的人身损害赔偿,可以参照企业破产法第一百一十三条第一款第一项规定的顺序清偿,但其中涉及的惩罚性赔偿除外。破产财产依照企业破产法第一百一十三条规定的顺序清偿后仍有剩余的,可依次用于清偿破产受理前产生的民事惩罚性赔偿金、行政罚款、刑事罚金等惩罚性债权。”同时,还在第39条明确:“关联企业成员之间不当利用关联关系形成的债权,应当劣后于其他普通债权顺序清偿,且该劣后债权人不得就其他关联企业成员提供的特定财产优先受偿。"

2019 年最高人民法院在(2019)最高法民申 4786 号一案中认为,"破产案件中,债务人欠付的滞纳金不属破产债权范围,包括破产申请受理前,债务人因未履行生效法律文书而应加倍支付的迟延利息,亦不属于破产债权范围……《全国法院破产审判工作会议纪要》指出,破产财产依照《中华人民共和国企业破产法》第一百一十三条规定的顺序清偿后仍有剩余的,可依次用于清偿破产受理前产生的民事惩罚性赔偿金、行政罚款、刑事罚金等惩罚性债权。显然,民事惩罚性赔偿金并非破产债权范围,而属劣后于普通破产债权进行清偿的其他债权"。

综上,破产实践中司法机关对"劣后债权"的承认,实质上确定了其合理性,但对于管理人来说,劣后债权的范围、接受申报、记载等事项并未有明确的规则指引,因此有必要就现行文件及司法案例确认其具体适用模式。

2.破产清算中劣后债权的范围

就一般的破产法理论而言,劣后债权根据发生原因可分为法定劣后债权、约定劣后债权、司法裁判确定的劣后债权。同时,为便于管理人清晰识别劣后债权的种类,现根据实际债权的发生原因及性质将劣后债权作如下分类:

(1)民事惩罚性赔偿金。

《破产审判纪要》第 28 条明确提出,"人身损害赔偿债权优先于财产性债权、私法债权优先于公法债权、补偿性债权优先于惩罚性债权的原则"。事实上,这一顺位是基于生存权优先原则予以确定的。民事惩罚性赔偿由于其产生原因为督促债务人履行义务,如果将该部分利息作为破产债权予以确认,产生的实际效果将导致该项惩罚措施转嫁于其他债权人,一定程度上不符合破产程序公平受偿原则。

【参考案例】

最高人民法院(2019)最高法民申 4786 号民事裁定书(节选)

本院认为,本案的争议焦点是债务人未履行生效法律文书应当加倍支付的迟延利息是否属破产债权的问题。

《中华人民共和国企业破产法》及相关司法解释中明确规定了破产债权的

范围。其中,《最高人民法院关于审理企业破产案件若干问题的规定》第六十一条第一款第(二)项规定,人民法院受理破产案件后债务人未支付应付款项的滞纳金,包括债务人未执行生效法律文书应当加倍支付的迟延利息和劳动保险金的滞纳金不属于破产债权。而《最高人民法院关于适用〈中华人民共和国企业破产法〉若干问题的规定(三)》第三条规定:"破产申请受理后,债务人欠缴款项产生的滞纳金,包括债务人未履行生效法律文书应当加倍支付的迟延利息和劳动保险金的滞纳金,债权人作为破产债权申报的,人民法院不予确认。"因此,破产案件中,债务人欠付的滞纳金不属破产债权范围,包括破产申请受理前,债务人因未履行生效法律文书而应加倍支付的迟延利息,亦不属于破产债权范围。

首先,破产程序旨在保护全体债权人公平受偿;原则上,同一性质债权应平等受偿。债务人未履行生效法律文书应当加倍支付的迟延利息具有一定的惩罚性,目的在于敦促债务人及时履行生效法律文书确定的金钱给付义务。如将该部分利息作为破产债权予以确认,实际上将导致惩罚措施转嫁于其他债权人,有违破产程序公平受偿原则。

其次,直接承袭前述司法解释文意,无法得出"应加倍支付的迟延利息"仅指受理破产申请后产生的利息。

最后,《全国法院破产审判工作会议纪要》指出,破产财产依照《中华人民共和国企业破产法》第一百一十三条规定的顺序清偿后仍有剩余的,可依次用于清偿破产受理前产生的民事惩罚性赔偿金、行政罚款、刑事罚金等惩罚性债权。显然,民事惩罚性赔偿金并非破产债权范围,而属劣后于普通破产债权进行清偿的其他债权。

(2)行政罚款、刑事罚金。

行政罚款、刑事罚金属于公法之债,《民法典》第一百八十七条规定:"民事主体因同一行为应当承担民事责任、行政责任和刑事责任的,承担行政责任或者刑事责任不影响承担民事责任;民事主体的财产不足以支付的,优先用于承担民事责任。"

民事责任优先是实现法的价值的需要。国家和个人承受财产损失的能力差距较大,公权力机关未收取行政罚款、刑事罚金或没收财产,不会导致国家经济困难,但不履行民事责任却可能使个人陷入极大的困难乃至绝境。民事责任优先可以取得良好的社会效益,也更能体现法律的人道和正义,人道和正义是法的社会功能的体现,也是法所追求的主要价值所在。《破产审判纪要》也是基于此确立了私法之债优先于公法之债的规则。

(3)关联企业成员之间不当利用关联关系形成的债权。

《破产审判纪要》第39条明确,关联企业成员之间不当利用关联关系形成的债权,应当劣后于其他普通债权顺序清偿,且该劣后债权人不得就其他关联企业成员提供的特定财产优先受偿。这一规则实质上是深石原则的体现。深石原则也称衡平居次原则,是指在具备控制关系的关联企业中,为了保障受控制公司债权人的正当利益免受控制公司的不正当侵害,当受控制公司进行破产清算、和解和重整等程序时,根据控制公司是否有不公平、不正当行为,决定其债权是否应劣后于其他债权人的原则。其核心在于关联企业成员是否有利用其优势身份获得债权的情况。

◆ 【参考案例】

湖南省祁东县人民法院(2019)湘 0426 民初 103 号民事判决书(节选)

本院认为,在破产案件中,债权人对于管理人编制的债权表记载的债权有异议,可以请求管理人予以更正,而管理人不更正的,可以向人民法院提起诉讼。本案中,被告奇源公司的股东达钢集团在公司注册时已全部投资到位,在运营中奇源公司需要资金周转,达钢集团作为公司的唯一股东转入各项资金,但并未转为奇源公司的公司资本,现奇源公司已进入破产程序,转入的款项应为该公司的破产债权。由于公司股东达钢集团参与了奇源公司的生产经营,对该公司的生产经营起了主导作用,现奇源公司进入破产清算,其股东达钢集团应负相关责任,参考《重庆市高级人民法院〈关于审理破产案件法律适用问题的解答〉》第 5 问、答内容,即"公司注册资本明显不足以负担公司正常运作,公司运作依靠向股东或实际控制人负债筹集,股东或实际控制人因此而对公司形成的债权,可以将公司股东或实际控制人对公司债权确定为劣后债权,安排在普通债权之后受偿",达钢集团的破产债权可有别于其他普通破产债权劣后清偿,故对原告要求将被告达钢集团 202622117.44 元的债权确认为劣后债权的主张,本院依法予以支持。

3.关于劣后债权的实际操作问题

(1)破产程序适用。《破产审议纪要》虽然将劣后债权放在"破产清算"一节中,但其实际上是普遍适用于所有破产程序的基本原则,重整程序、和解程序也应遵此执行。

(2)劣后债权人的表决。我们根据办理案件的实践,认为在劣后债权不能获得清偿的破产案件中,劣后债权人在债权人会议上应当无表决权,仅在其有可能获得清偿,而债权人会议的表决可能影响其权益时,方可享有表决权。

(3)是否需要登记造册。《最高人民法院关于审理企业破产案件若干问题的规定》第六十一条规定:"下列债权不属于破产债权:(一)行政、司法机关对破产企业的罚款、罚金以及其他有关费用……"最高人民法院在(2019)最高法民申 4786 号民事裁定书中明确,"破产案件中,债务人欠付的滞纳金不属破产债权范围"。可以认为,现行《企业破产法》未设置劣后债权这一债权分类,原则上管理人无须就该部分债权登记造册。

需要说明的是,各地司法实务中对该问题尚未形成统一认识。在(2019)浙民申 4121 号及(2018)川 1603 民初 560 号案中,法院认为司法解释并未排除对债务人在破产受理前未履行生效法律文书应当加倍支付迟延履行债务利息为破产债权的认定,迟延利息属于破产债权符合《企业破产法司法解释(三)》第三条规定精神。可见,虽承认劣后债权的劣后性,但对于其是否属于破产债权在实务中仍有一定争议。由于债务人在宣告破产前仍旧存在重整及和解的可能,劣后债权是否能够清偿处于不确定状态,出于方便后续工作开展的目的,我们认为可以将劣后债权的情况于债权表中一并记载,但应当对该部分的清偿规则做明确说明。

四、债权审核中的疑难问题

(一)执行阶段产生的加倍迟延履行利息的认定

职工债权中,有部分职工依据仲裁调解书申请强制执行时,要求确认其执行裁定书中的加倍迟延履行利息为债权。管理人调查发现,原仲裁调解书中未出现任何有关利息的表述,该部分利息系职工在申请强制执行时依据《最高人民法院关于执行程序中计算迟延履行期间的债务利息适用法律若干问题的解释》中关于加倍支付迟延履行利息的规定提出的,执行局在执行过程中对其予以确认。此时,该部分利息是否应当认定为债权? 如果认定,应认定为职工债权还是普通债权?

破产申请受理前,债务人未履行生效法律文书而应当加倍支付的迟延利息是否属于破产债权,一度存在较大争议。

法律依据在于《破产法司法解释(三)》第三条明确,破产申请受理后,债务人欠缴款项产生的滞纳金,包括债务人未履行生效法律文书应当加倍支付的迟延利息和劳动保险金的滞纳金,债权人作为破产债权申报的,人民法院不予确认。

需要说明的是,该条文针对的仅是破产申请受理后应当加倍支付的迟延利息和劳动保险金的滞纳金,因为《企业破产法》第四十六条已经明确,附利息的债权自破产申请受理时起停止计息。此时显然不可能对破产申请受理后产生的利息或滞纳金进行债权认定。

(二)破产企业中职工债权的特殊性事项

1.经济补偿金基数的确认

《劳动合同法》第四十七条规定,经济补偿按劳动者在本单位工作的年限,每满一年支付一个月工资的标准向劳动者支付。六个月以上不满一年的,按一年计算;不满六个月的,向劳动者支付半个月工资的经济补偿。

劳动者月工资高于用人单位所在直辖市、设区的市级人民政府公布的本地区上年度职工月平均工资三倍的,向其支付经济补偿的标准按职工月平均工资三倍的数额支付,向其支付经济补偿的年限最高不超过十二年。

本条所称月工资是指劳动者在劳动合同解除或者终止前十二个月的平均工资。

(1)关于解除前十二个月的认定。

观点 1:自解除之日起往前推十二个月的平均工资。

观点 2:依据《违反和解除劳动合同的经济补偿办法》(2017 年正式废止)第十一条的规定,应指企业正常生产情况下劳动者解除合同前十二个月的月平均工资。简言之,这十二个月应当是企业正常经营情况下的十二个月。

我们认为观点 2 具有一定合理性,但是操作较难,对于如何识别什么是正常生产什么是经营异常标准不一,有些企业较难识别其经营异常状态。

（2）平均工资计算基数中是否包含加班工资、个人所得税、公积金。

观点1：不包含。《上海高院民事法律适用问答》（2013年第1期）在回答关于劳动争议案件中确定经济补偿金计算基数时是否需要将加班工资包括在内的问题时指出，有的法院反映，一些用人单位加班已成为常态，劳动者的劳动报酬一般由最低工资和加班费组成，如在确定经济补偿金计算基数时不将加班费计算在内，则可能导致用人单位支付的经济补偿金过低的问题。我们认为，加班工资系劳动者提供额外劳动所获得的报酬，不属于正常工作时间内的劳动报酬。

观点2：包含。《杭州地区法院审理劳动争议案件若干实务问题的处理意见（试行）》第十四条规定，劳动者解除劳动合同前十二个月的平均工资水平应按照劳动者每月应发工资数额计算。个人应负担而由用人单位代扣代缴的个人所得税、社会保险费等不予扣除。加班工资等不固定的收入不予扣除。按照这一规定，平均工资基数中应当包括个人所得税、社保费、加班工资。

我们认为，劳动争议的处理规则各地有所差异，除考虑各地情况外，还应当结合破产案件的具体情况综合考虑。

2.董监高的职工债权认定

《企业破产法》第一百一十三条第三款明确规定，破产企业的董事、监事和高级管理人员的工资按照该企业职工的平均工资计算。

（1）认定董监高身份：第一，企业的公司章程对董监高范围和职务进行了明确规定；第二，若公司章程对董监高身份没有明确规定的，则需适用《公司法》对于高管的认定进行进一步核实。《公司法》第二百一十六条第一款第一项规定，高级管理人员是指公司的经理、副经理、财务负责人，上市公司董事会秘书和公司章程规定的其他人员。

（2）董监高职工债权平均工资：《企业破产法》仅是规定"董事、监事和高级管理人员的工资按照该企业职工的平均工资计算"，并没有明确平均工资的具体计算标准，即平均工资的计算时间未知，因此实务中也出现了不同的计算方法。

有人将进入破产程序后企业发放的工资作为平均工资的标准，再结合董监高的欠薪月份来计算。但这一方法的问题在于大多数企业在进入破产前可能就处于非正常经营状态，已经没有职工或发放工资，无法明确工资标准。

为此，较常见的计算方式是先确认对外欠付的职工债权总额，而后就欠付为基数计算平均工资标准,再比照董监高职工债权数额,如果其欠付工资低于该平均工资标准,则不再调整;如果其欠付工资高于该平均工资标准,则应当按照统一的平均工资数额确认。但这一方法也存在着问题,如果拥有职工债权的只有董监高时,显然该方法将丧失合理性,因为按照该方案计算的平均工资包含了普通职工的工资基数。

我们认为,平均工资应当是以企业正常经营时段的工资为参照,如选取破产清算前尚处于正常经营时的工资发放情况来确定企业的平均工资标准。

3. 非正常工作期间的平均工资

破产企业在核算职工平均工资基数的过程中,常会遇到因产假、病假等实际计数期间内应发工资为 0 的情形,在此情况下管理人计算 12 个月平均工资时如果将以上非正常出勤月份纳入总数进行加权平均会严重损害职工利益。此时有以下几种操作方法:

(1)剔除非正常出勤月份后向前延伸测算区间。

以 2019 年 4 月 30 日至 2020 年 3 月 30 日为正常测算区间为例,若女职工正好在此区间内生育并休产假 98 天,此时对于该女职工产假期间的应发工资则统一按 0 计算。按照此种方法,应将该职工的平均工资测算区间延伸至 2018 年 12 月 31 日至 2020 年 3 月 30 日,再除以 12 个月来计算其相应的平均工资基数。

(2)剔除非正常出勤月份后向后延伸测算区间。

同样以 2019 年 4 月 30 日至 2020 年 3 月 30 日为正常测算区间为例,若女职工正好在此区间内生育并休产假 98 天,此时对于该女职工产假期间的应发工资则统一按 0 计算。按照此种方法,应将该职工的平均工资测算区间延伸至 2019 年 4 月 30 日至 2020 年 7 月 30 日,再除以 12 个月来计算其相应的平均工资基数。

(3)剔除非正常出勤月份后以剔除后的月份进行加权平均

同样以 2019 年 4 月 30 日至 2020 年 3 月 30 日为正常测算区间为例,若女职工正好在此区间内生育并休产假 98 天,此时对于该女职工产假期间的应发工资则统一按 0 计算。按照此种方法,应将该职工的平均工资测算区间仍确定为 2019 年 4 月 30 日至 2020 年 3 月 30 日,但需剔除非正常出勤月份,按除以 9 个月来计算其相应的平均工资基数。

4.企业职工工作年限的认定

(1)工作年限起始点:入职时起算。

实务中,有一种特殊情形,即职工反复进出企业时对其工作年限的认定。①若多次进出企业的情形为职工自由意愿的,则经济补偿金的起点以职工最后一次入职公司时间为准。②若多次进出企业的情形为企业生产经营安排的,则经济补偿金的起点以职工到企业实际用工之日为准。《最高人民法院关于审理劳动争议案件适用法律问题的解释(一)》第四十六条规定,劳动者非因本人原因从原用人单位被安排到新用人单位工作,原用人单位未支付经济补偿,劳动者依照劳动合同法第三十八条规定与新用人单位解除劳动合同,或者新用人单位向劳动者提出解除、终止劳动合同,在计算支付经济补偿或赔偿金的工作年限时,劳动者请求把在原用人单位的工作年限合并计算为新用人单位工作年限的,人民法院应予支持。

(2)工作年限截止点:宣告破产时。

劳动者工作年限的截止点,由于法律衔接的原因,存在一定的争议。《劳动合同法》第四十四条规定,用人单位被依法宣告破产的,劳动合同终止。《企业破产法》第十八条则规定,人民法院受理破产申请后,管理人对破产申请受理前成立而债务人和对方当事人均未履行完毕的合同有权决定解除或继续履行,且管理人自破产申请受理之日起二个月内未通知对方当事人,或自收到对方当事人催告之日起三十日内未答复的,视为解除。有观点认为,《企业破产法》第十八条所指的合同是具有财产属性的合同,不适用于劳动合同的解除。我们认为,进入破产程序后,企业往往已经停止经营或经营异常,从破产申请受理到破产宣告可能需要较长时间且具有不确定性,因此管理人可以及时解除劳动合同,并以此作为劳动者工作年限的截止点。

5.职工在企业破产时取得经济补偿金是否享有税收优惠政策

观点1:无税收优惠。

《关于个人所得税法修改后有关优惠政策衔接问题的通知》明确,个人与用人单位解除劳动关系取得一次性补偿收入(包括用人单位发放的经济补偿金、生活补助费和其他补助费),在当地上年职工平均工资3倍数额以内的部分,免征个人所得税;超过3倍数额的部分,不并入当年综合所得,单独适用综合所得税率表,计算纳税。因此,即使是在破产程序中获得的收入也应当适用这一规定。

观点 2:有税收优惠。

《关于个人与用人单位解除劳动关系取得的一次性补偿收入征免个人所得税问题的通知》规定,企业依照国家有关法律规定宣告破产,企业职工从该破产企业取得的一次性安置费收入,免征个人所得税。因为该文件尚未失效,因此对于宣告破产后获得的收入应当免征个人所得税。

我们认为,上述两个文件除颁布的时间不一致外,对职工在企业破产状态下取得的补偿收入的税收问题也进行了区分。因此,对于补偿收入应当区分对待,对于宣告破产后的情形应当适用后一种规定。

(三)税务滞纳金能否超过本金

由于司法机关与税务机关的意见分歧,导致滞纳金能否超过税款本金的问题一直未有定论,如进入破产程序后,税务机关申报债权,滞纳金超过本金的部分能否认定为债权,该问题尚未有明确的答案。

依据《税收征收管理法》第三十二条的规定,税款滞纳金按日加收滞纳税款万分之五计算。一家企业所欠税款超过五年半时滞纳金可能会超过税款本金部分,此时税务机关将滞纳金一并申报时,能否作为债权予以确认?

首先,应当确认税款滞纳金的性质。关于税款滞纳金的性质目前尚无定论,存在以下几种观点。

(1)利息说。《国家税务总局办公厅关于税收征管法有关条款规定的复函》明确指出:"滞纳金是纳税人因占用税款而应对国家作出经济补偿,属于国家税款被占用期间法定孳息,其性质是经济补偿性质的,本质相当于存款利息。略高于利息率是为了督促未履行法定义务的纳税人尽快履行法定义务,减少税款的损失。"

(2)附带税收说。海南省三亚市中级人民法院在(2004)三亚行初字第 16 号行政裁定书中明确指出,"被告实施的具体行政行为确定原告履行的义务有二项内容:一为税款本金;二为滞纳金。第一项内容属于税收征收行为;第二项内容是滞纳金,滞纳金是由于纳税义务人占用国家税款而应支付的补偿金,具有补偿性质,仍属于税收征收行为"。同时,《税务行政复议规则》第十四条明确将"征收税款、加收滞纳金"界定为征税行为,而且税收滞纳金的加收也被规定在《税收征收管理法》"税款征收"一章,使得滞纳金在形式上具备了"附带税"的属性。

(3)行政罚款说。即将滞纳金定性为一种经济制裁方式,滞纳金可视同为罚款。我们认为该观点难以成立,原因是我国现行的《税收征收管理法》及其实施细则中均对纳税人的逃税和欠税行为明确规定处以罚款,如果再将滞纳金定性为罚款,就违反了"一事不二罚"原则。而且,税款滞纳金并不属于行政处罚的法定种类①。

(4)行政强制说。税款滞纳金兼具损害赔偿与行政强制中执行罚的性质,滞纳金既是纳税人因迟缴税款造成国家财政流失而向国家所做的赔偿,也是税务机关对不及时履行税款而实施的一种加重给付。②

界定税款滞纳金的性质将直接影响对其破产债权的认定。

其次,《最高人民法院关于税务机关就破产企业欠缴税款产生的滞纳金提起的债权确认之诉应否受理问题的批复》已经明确,破产企业在破产案件受理前因欠缴税款产生的滞纳金属于普通破产债权。依据该文件精神,可以确定税款滞纳金至少不应该认定为附带税收或行政罚款。那么,其究竟属于利息还是行政强制呢?如果属于利息,则可以超出本金;如果属于行政强制,则不可以超出本金。

最后,司法实践中的观点也不一致。广州市中级人民法院(2013)穗中法行初字第 21 号行政判决书、安阳县人民法院(2015)安行初字第 00012 号行政判决书、济南市中级人民法院(2019)鲁 01 民终 4926 号民事判决书均认为税款滞纳金需适用《中华人民共和国行政强制法》(简称《行政强制法》)。深圳市中级人民法院(2019)粤 03 行终 1725 号行政判决书认为《税收征收管理法》系特别法,上不封顶。《税收征收管理法》第三十二条与《行政强制法》第四十五条第二款之间不存在冲突,应当对税款滞纳金数额进行限制。从《税收征收管理法》第三十二条的规定来看,税款滞纳金数额的计算取决于三个要素:税款本金、比率(即万分之五)、滞纳天数,用数学公式可表示为:税款滞纳金=税款本金×5‰×滞纳天数。《税收征收管理法》第三十二条明确规定了前两个要素,但对滞纳天数只规定了起算时间,未规定截止时间。因此,仅依据《税收征收管理法》第三十二条是无法计算出税款滞纳金具体数额的。《行政强制法》

---

① 刘姗,《税款滞纳金的性质及其制度完善——以"德发案"为考案例》,《税收经济研究》2019 年第 4 期。

② 闫海、于骁骁,《论税收滞纳金的法律性质、适用情形与核定机制》,《湖南财政经济学院学报》2011 年第 6 期。

第四十五条第二款规定,加处罚款或者滞纳金的数额不得超出金钱给付义务的数额。即税款滞纳金≤税款本金。此规定是对滞纳金最高限额的规定,与《税收征收管理法》第三十二条的规定并不存在冲突。

但需要说明的是,税务机关和司法实践对上述结论的观点并不统一。

◆◆ 【法规链接】

《行政强制法》

第四十五条　行政机关依法作出金钱给付义务的行政决定,当事人逾期不履行的,行政机关可以依法加处罚款或者滞纳金。加处罚款或者滞纳金的标准应当告知当事人。

加处罚款或者滞纳金的数额不得超出金钱给付义务的数额。

《税收征收管理法》

第六十二条　纳税人未按照规定的期限办理纳税申报和报送纳税资料的,或者扣缴义务人未按照规定的期限向税务机关报送代扣代缴、代收代缴税款报告表和有关资料的,由税务机关责令限期改正,可以处二千元以下的罚款;情节严重的,可以处二千元以上一万元以下的罚款。

《国家税务总局关于税收优先权包括滞纳金问题的批复》

按照《中华人民共和国税收征收管理法》的立法精神,税款滞纳金与罚款两者在征收和缴纳时顺序不同,税款滞纳金在征缴时视同税款管理,税收强制执行、出境清税、税款追征、复议前置条件等相关条款都明确规定滞纳金随税款同时缴纳。税收优先权等情形也适用这一法律精神,《税收征管法》第四十五条规定的税收优先权执行时包括税款及其滞纳金。

(四)申报债权的利息,对"受理日"的理解

关于债权申报时利息的计算,《企业破产法》规定自破产申请受理时起停止计息,具体计算至受理日当天,还是前一天,存在不同理解。实务当中,有计算到受理日当天的,也有计算到前一日的。最高人民法院在(2010)民二终字第104号民事判决书中,认定违约金计算至破产申请受理日当日,而浙江省高级人民法院在(2017)浙民终808号民事判决书中,则确认破产申请受理当日不计息。

考虑到破产申请受理当日的表述,实际上企业在法院裁定进入破产清算程序当天与之前的时间已经完全分属于两种不同的状态,因此我们认为,"申请受理时起停止计息",受理当天应停止计息,即债权申报的利息,应计算至受理日前一日。

【参考案例】

浙江省高级人民法院民事判决书(2017)浙民终 808 号(节选)

本院认定原审法院确认郑志锋孳息债权的计算截止日期应以最早受理的关联企业镭宝机械破产申请受理日,2015 年 9 月 16 日的前一日为截止日期正确。

【法规链接】

《企业破产法》

第四十六条　未到期的债权,在破产申请受理时视为到期。

附利息的债权自破产申请受理时起停止计息。

(五)因申报债权产生的费用不能作为破产债权认定

管理人在接收债权申报时,常发现债权人提交债权申报时一并将委托处理破产申报的律师费、快递费等因申报债权产生的费用作为破产债权进行申报。那么,类似这种费用能否认定为破产债权呢?

首先,因申报债权产生的费用是企业进入破产程序后发生的费用,不符合破产债权的定义,依据《企业破产法》第一百零七条规定,破产债权应当是企业进入破产前债权人已对债务人享有的债权,应当严格依据债权债务关系成立的时间节点确认债权性质。

其次,如果将申报债权产生的费用作为破产债权予以认定,产生的结果将是全体债权人将为个别债权人的申报费用或不同的申报费用承担责任,这并不符合《企业破产法》的公平清偿理念。

再次,有种观点认为,《企业破产法》第五十六条规定"为审查和确认补充申报债权的费用,由补充申报人承担",因此按期申报债权的有关费用不需要由申报人承担。这种观点属于理解错误,因为法条明确的是审查和确认所产生的费用,而非申报的费用,同时该条仅起强调作用,旨在督促债权人按期申报,并不能做反推理解。

最后,《最高人民法院关于审理企业破产案件若干问题的规定》第六十一条已经明确了"债权人参加破产程序所支出的费用"不属于破产债权,虽然对该条中"参加破产程序"是否包含申报尚有不同理解,但并不影响这些费用不属于破产债权的性质。

(六)生效法律文书确认的债权有误的,如何进行救济?

债权人向管理人申报的债权已经生效法律文书确认,但是该生效法律文书确认事实与实际情况存在差异的,如何进行救济?

从管理人角度考虑,根据《企业破产法》的相关规定,已经生效法律文书确定的债权,管理人应当予以确认。但如果管理人认为债权人据以申报债权的生效法律文书确定的债权错误,应当依法通过再审程序,向人民法院申请撤销生效法律文书。

从债权人角度考虑,相关规则只针对管理人的操作作出了明确指示,对于债权人到底是应该依据审判监督程序提起再审还是提起破产债权确认之诉并未进行明确。根据《民诉法司法解释》的规定,适用破产程序的案件,当事人不得申请再审。那么理论上,债权人应当提起破产债权确认之诉。资阳市中级人民法院(2017)川 20 民初 131 号破产债权确认之诉中提出,案涉两份判决已发生法律效力,对各方当事人以及作为一方当事人诉讼代表人的管理人,具有约束力。根据民事诉讼"一事不再理"原则,原告提起本案诉讼,不符合法律规定的起诉条件,驳回了债权人的诉讼请求。

❖ 【法规链接】

《民事诉讼法》

第二百零六条 当事人对已经发生法律效力的判决、裁定,认为有错误的,可以向上一级人民法院申请再审;当事人一方人数众多或者当事人双方为公民的案件,也可以向原审人民法院申请再审。当事人申请再审的,不停止判决、裁定的执行。

第二百零八条 当事人对已经发生法律效力的调解书,提出证据证明调解违反自愿原则或者调解协议的内容违反法律的,可以申请再审。经人民法院审查属实的,应当再审。

《民诉法司法解释》

第三百七十八条 适用特别程序、督促程序、公示催告程序、破产程序等非诉讼程序审理的案件,当事人不得申请再审。

(七)管理人对生效法律文书确定的债权的审查例外

《企业破产法》及其司法解释虽然确立了生效法律文书确定的债权应当确认的原则,但是依据现行法律法规及判决文书的既判力、执行力的适用,仍旧存在以下三种管理人无须确认的情形:

(1)生效法律文书所载明的义务全部或部分履行了的,应当结合履行情况确认债权,如果已经全部履行的,不应当再确认债权。从该种情况也可以确定,《破产法司法解释(三)》第七条规定的"已经生效法律文书确定的债权,管理人应当予以确认"应当理解为,管理人确认的是债权成立与否,而非债权的数额。因此,在审核当事人提供的生效法律文书确定的债权时,应当向债权人、债务人核实有关债权的实际履行情况,避免造成其他债权人的损害。

(2)依据已过执行时效的生效法律文书所申报的债权不得确认。依据《民事诉讼法》第二百四十六条的规定,申请执行的期间为二年。申请执行时效的中止、中断,适用法律有关诉讼时效中止、中断的规定。也就是说,当发现债权人的生效法律文书超过申请执行期间时,管理人应告知债权人相关法律规定,如果债权人能够补充申请执行期间中止、中断的相关证据,此时,应当以生效法律文书为依据确认债权。

(3)依据已经审判监督程序撤销的法律文书所申报的债权不得确认。需要说明的是,对于正在审判监督程序中的法律文书,原则上应当将该债权作为待确认处理,因为此时债权的确认与否取决于原法律文书是否有效。

【参考案例】

江苏省淮安市中级人民法院(2020)苏 08 民终 1718 号
民事判决书(节选)

本院认为,根据《中华人民共和国企业破产法》第五十七条、第五十八条、《最高人民法院关于适用〈中华人民共和国企业破产法〉若干问题的规定(三)》第六条第二款之规定,破产管理人登记债权、审查债权是否超过强制执行期间、编制债权表等行为是其在债权申报、审查、确认程序中的法定职责。破产管理人编制债权表后还需要提交债权人会议核查,债权人、债务人对债权表记载的债权无异议的,由法院裁定确认;有异议的,债权人、债务人可以提起诉讼。所以,本案破产管理人将涉案债权编入普通债权表仅是债权的审查程序,非为对债权的确认。破产债权概括清偿,经过生效裁判确认的债权超过强制执行期间不属于破产债权。破产管理人有权对申报的债权是否超过强制执行期间的情况进行审查,其在诉讼中发现涉案债权没有在规定时间内申请强制执行,遂作出对该债权不予确认的变更通知,是勤勉尽责履职,维护全体债权人利益的表现,非为违反诚实信用原则。

【法规链接】

《破产法司法解释(三)》

第六条　管理人应当依照企业破产法第五十七条的规定对所申报的债权进行登记造册,详尽记载申报人的姓名、单位、代理人、申报债权额、担保情况、证据、联系方式等事项,形成债权申报登记册。

管理人应当依照企业破产法第五十七条的规定对债权的性质、数额、担保财产、是否超过诉讼时效期间、是否超过强制执行期间等情况进行审查、编制债权表并提交债权人会议核查。

债权表、债权申报登记册及债权申报材料在破产期间由管理人保管,债权人、债务人、债务人职工及其他利害关系人有权查阅。

第七条　已经生效法律文书确定的债权,管理人应当予以确认。

管理人认为债权人据以申报债权的生效法律文书确定的债权错误,或者有证据证明债权人与债务人恶意通过诉讼、仲裁或者公证机关赋予强制执行力公证文书的形式虚构债权债务的,应当依法通过审判监督程序向作出该判决、裁定、调解书的人民法院或者上一级人民法院申请撤销生效法律文书,或者向受理破产申请的人民法院申请撤销或者不予执行仲裁裁决、不予执行公证债权文书后,重新确定债权。

(八)债权利息部分的 LPR 适用规则

LPR(Loan Prime Rate)是指贷款市场报价利率,是由中国人民银行授权全国银行间同业拆借中心计算并发布、由主要商业银行根据市场等因素报出的优质客户贷款利率。各金融机构应主要参考 LPR 进行贷款。

现行的 LPR 包括 1 年期和 5 年期以上两档计算标准。2023 年 6 月 20 日，贷款市场报价利率一年期为 3.55%，五年期以上为 4.2%。破产债权申报中无论是否有合同约定，将逾期付款利息计入债权总额中一并申报都是常态，此时选择 1 年期还是 5 年期以上为依据原则上应当依据合同约定来判断，如果合同中并未约定 1 年或 5 年期以上时，出于平衡全体债权人利益的考量可以统一确认为 1 年期的利率。

◈ 【参考案例】

重庆市沙坪坝区人民法院（2020）渝 0106 民初 16147 号民事判决书（节选）

关于借款利率，依照 2020 年 8 月 18 日修正并自 2020 年 8 月 20 日施行的《最高人民法院关于审理民间借贷案件适用法律若干问题的规定》第三十二条第一款、第二款规定，本规定施行后，人民法院新受理的一审民间借贷纠纷案件，适用本规定。借贷行为发生在 2019 年 8 月 20 日之前的，可参照原告起诉时一年期贷款市场报价利率四倍确定受保护的利率上限。本案借贷行为发生在 2019 年 8 月 19 日之前，原告起诉时间在 2020 年 8 月 20 日之后，本案借贷利率应当按照 2020 年 8 月 20 日一年期贷款市场报价利率即 3.85% 的四倍确定保护的上限，双方约定的借款利率为月利率 2.5%，高于前述一年期贷款市场报价利率的四倍，故应以前述一年期贷款市场报价利率的四倍即 15.4% 确定原告可以主张的借款利率。对于原告刘荣国主张的利息，应分别从每笔借款支付之日起按照年利率 15.4% 计算至被告钟鼎泰公司被人民法院依法裁定受理重整之日即 2018 年 12 月 24 日止。

◈ 【法规链接】

《最高人民法院关于审理民间借贷案件适用法律若干问题的规定》

第二十五条 出借人请求借款人按照合同约定利率支付利息的，人民法院应予支持，但是双方约定的利率超过合同成立时一年期贷款市场报价利率四倍的除外。

前款所称"一年期贷款市场报价利率"，是指中国人民银行授权全国银行间同业拆借中心自 2019 年 8 月 20 日起每月发布的一年期贷款市场报价利率。

第二十八条　借贷双方对逾期利率有约定的,从其约定,但是以不超过合同成立时一年期贷款市场报价利率四倍为限。

未约定逾期利率或者约定不明的,人民法院可以区分不同情况处理:

(一)既未约定借期内利率,也未约定逾期利率,出借人主张借款人自逾期还款之日起参照当时一年期贷款市场报价利率标准计算的利息承担逾期还款违约责任的,人民法院应予支持;

(二)约定了借期内利率但是未约定逾期利率,出借人主张借款人自逾期还款之日起按照借期内利率支付资金占用期间利息的,人民法院应予支持。

第二十九条　出借人与借款人既约定了逾期利率,又约定了违约金或者其他费用,出借人可以选择主张逾期利息、违约金或者其他费用,也可以一并主张,但是总计超过合同成立时一年期贷款市场报价利率四倍的部分,人民法院不予支持。

第三十一条　本规定施行后,人民法院新受理的一审民间借贷纠纷案件,适用本规定。

2020 年 8 月 20 日之后新受理的一审民间借贷案件,借贷合同成立于 2020 年 8 月 20 日之前,当事人请求适用当时的司法解释计算自合同成立到 2020 年 8 月 19 日的利息部分的,人民法院应予支持;对于自 2020 年 8 月 20 日到借款返还之日的利息部分,适用起诉时本规定的利率保护标准计算。

本规定施行后,最高人民法院以前作出的相关司法解释与本规定不一致的,以本规定为准。

《最高人民法院关于审理买卖合同纠纷案件适用法律问题的解释》

第十八条　买卖合同对付款期限作出的变更,不影响当事人关于逾期付款违约金的约定,但该违约金的起算点应当随之变更。

买卖合同约定逾期付款违约金,买受人以出卖人接受价款时未主张逾期付款违约金为由拒绝支付该违约金的,人民法院不予支持。

买卖合同约定逾期付款违约金,但对账单、还款协议等未涉及逾期付款责任,出卖人根据对账单、还款协议等主张欠款时请求买受人依约支付逾期付款违约金的,人民法院应予支持,但对账单、还款协议等明确载有本金及逾期付款利息数额或者已经变更买卖合同中关于本金、利息等约定内容的除外。

买卖合同没有约定逾期付款违约金或者该违约金的计算方法,出卖人以买受人违约为由主张赔偿逾期付款损失,违约行为发生在 2019 年 8 月 19 日之前的,人民法院可以中国人民银行同期同类人民币贷款基准利率为基础,参照逾期罚息利率标准计算;违约行为发生在 2019 年 8 月 20 日之后的,人民法院可以违约行为发生时中国人民银行授权全国银行间同业拆借中心公布的一年期贷款市场报价利率(LPR)标准为基础,加计 30%—50% 计算逾期付款损失。

(九)主债务人破产后保证责任及保证人追偿权的行使

主债务人破产,一般保证人的先诉抗辩权受到限制,债权人可以径行向一般保证人主张保证责任。人民法院裁定受理主债务人破产申请后,附利息的债权停止计息,债权人不能向主债务人主张破产申请受理后所产生的利息。但对于未破产的保证人而言,主债务人破产,保证债权是否停止计息,一度存在较大争议。

1.债务人破产时一般保证人先诉抗辩权的限制

《民法典》第六百八十七条规定,人民法院已经受理债务人破产案件的,一般保证人不得行使先诉抗辩权。这是因为,主债务人进入破产程序后,法律禁止对债权人进行个别清偿,执行程序也应当中止。此时,债权人不能通过个别追诉程序由债务人处获得清偿,一般保证人行使先诉抗辩权的前提条件已经不存在。

2.债务人破产时保证责任的限制

保证人承担保证责任时,有约定的从约定,没有约定或约定不明确的,保证人应当对全部债务承担责任,责任范围包括主债权及其利息、违约金、损害赔偿金和实现债权的费用。在主债务人破产的情形下,主债务停止计息。此时,作为从债务的保证债务是否停止计息?保证人是否仍应承担破产申请受理后所产生的利息?对此,学界和审判实务中有两种观点。

第一种观点认为,债权停止计息是立法对进入破产程序的债务人所作的特别规定,而保证人并未进入破产程序,所以对其债权不应当停止计息。[1]

---

[1] 王欣新,《论债务人进入破产程序后其保证债权应否停止计息》,《人民法院报》2018 后 12 月 12 日第 7 版。

　　第二种观点认为,在主债务停止计息的情况下,从债务也应当停止计息,否则会出现保证人承担的从债务数额大于主债务的情况,这是不符合主从债务关系的,如中国光大银行股份有限公司嘉兴分行、上海华辰能源有限公司保证合同纠纷再审案[案号:(2019)最高法民申 6453 号]。

　　《最高人民法院第二巡回法庭法官会议纪要》赞同第一种观点,认为主债务人破产后,保证债务不应停止计息,保证人仍应对全部利息承担保证责任。具体理由是:

　　主债务停止计息是在主债务人破产的情况下《企业破产法》为了保障破产程序顺利进行和债权公平清偿而作的特殊规定,对于未进入破产程序的保证人并不适用。债权人向未破产的保证人主张承担保证责任,属于普通民事救济方式,而非主张破产债权,因此应依照普通民事救济程序而非破产程序进行。当保证人事先在保证合同中约定保证范围包括了主债权及其利息时,认定保证人对债权所产生的全部利息承担保证责任,也完全符合保证人的意思表示和心理预期,并未加重保证人的责任,不违反公平原则。

　　《最高人民法院关于适用〈中华人民共和国民法典〉有关担保制度的解释》赞同第二种观点。其第二十二条明确规定:"人民法院受理债务人破产案件后,债权人请求担保人承担担保责任,担保人主张担保债务自人民法院受理破产申请之日起停止计息的,人民法院对担保人的主张应予支持。"

　　3.保证人的追偿问题

　　(1)保证人的预先追偿权。

　　《企业破产法》第五十一条规定了保证人的预先追偿权,即在债务人进入破产程序的情况下,允许保证人在未实际向债权人清偿债务时,预先对债务人进行追偿。

　　(2)保证人先承担保证责任时的追偿权。

　　保证人追偿的方式,因债权人是否已经申报债权而有所不同。若债权人已就其债权进行了全部申报,则保证人不得再进行申报。此即不得重复申报原则。《破产审判纪要》第 31 条规定,保证人有权要求债务人向其转付已申报债权的债权人在破产程序中应得的清偿部分。若债权人未申报债权,则保证人可以就其有权追偿的金额向管理人申报债权。在申报的数额上,对于破产申请受理后产生的利息,即使保证人已经承担了保证责任进行清偿,但也无权就此申报债权向债务人追偿,而应作为交易风险自行承担。

(3)债务人先偿债时保证人的追偿问题①。

债权人以其债权先向破产管理人申报债权而获得部分清偿,或债权人同时向债务人和保证人主张清偿,但从债务人处获得部分清偿的,其未受清偿的部分仍然有权向保证人主张保证责任。保证人承担保证责任后,不应再向破产的债务人进行追偿。《破产审判纪要》第 31 条作了相关规定。这是保证人履行保证责任后,因破产人已经先期作出履行而不应再对债务人享有代位求偿权。保证人因向债权人补充清偿而受到的损失正是担保的风险所在,应当自行承担。

◆◆ 【法规链接】

《企业破产法》

第五十一条 债务人的保证人或者其他连带债务人已经代替债务人清偿债务的,以其对债务人的求偿权申报债权。

债务人的保证人或者其他连带债务人尚未代替债务人清偿债务的,以其对债务人的将来求偿权申报债权。但是,债权人已经向管理人申报全部债权的除外。

第九十二条 经人民法院裁定批准的重整计划,对债务人和全体债权人均有约束力。

债权人未依照本法规定申报债权的,在重整计划执行期间不得行使权利;在重整计划执行完毕后,可以按照重整计划规定的同类债权的清偿条件行使权利。

债权人对债务人的保证人和其他连带债务人所享有的权利,不受重整计划的影响。

第一百零一条 和解债权人对债务人的保证人和其他连带债务人所享有的权利,不受和解协议的影响。

第一百二十四条 破产人的保证人和其他连带债务人,在破产程序终结后,对债权人依照破产清算程序未受清偿的债权,依法继续承担清偿责任。

《民法典》

第六百八十七条 当事人在保证合同中约定,债务人不能履行债务时,由保证人承担保证责任的,为一般保证。

---

① 王欣新,《破产法(第三版)》,中国人民大学出版社 2011 年版。

一般保证的保证人在主合同纠纷未经审判或者仲裁,并就债务人财产依法强制执行仍不能履行债务前,有权拒绝向债权人承担保证责任,但是有下列情形之一的除外:

（一）债务人下落不明,且无财产可供执行;

（二）人民法院已经受理债务人破产案件;

（三）债权人有证据证明债务人的财产不足以履行全部债务或者丧失履行债务能力;

（四）保证人书面表示放弃本款规定的权利。

《破产审判纪要》

31.保证人的清偿责任和求偿权的限制。破产程序终结前,已向债权人承担了保证责任的保证人,可以要求债务人向其转付已申报债权的债权人在破产程序中应得清偿部分。破产程序终结后,债权人就破产程序中未受清偿部分要求保证人承担保证责任的,应在破产程序终结后六个月内提出。保证人承担保证责任,不得再向和解或重整后的债务人行使求偿权。

《最高人民法院关于适用〈中华人民共和国民法典〉有关担保制度的解释》

第二十三条　人民法院受理债务人破产案件,债权人在破产程序中申报债权后又向人民法院提起诉讼,请求担保人承担担保责任的,人民法院依法予以支持。

担保人清偿债权人的全部债权后,可以代替债权人在破产程序中受偿;在债权人的债权未获全部清偿前,担保人不得代替债权人在破产程序中受偿,但是有权就债权人通过破产分配和实现担保债权等方式获得清偿总额中超出债权的部分,在其承担担保责任的范围内请求债权人返还。

债权人在债务人破产程序中未获全部清偿,请求担保人继续承担担保责任的,人民法院应予支持;担保人承担担保责任后,向和解协议或者重整计划执行完毕后的债务人追偿的,人民法院不予支持。

五、关于破刑交叉的债权顺位问题

结合我们在承办破产案件中存在的破刑交叉问题,就债权人与受害人清偿顺位问题做如下讨论:

（一）破产前刑事案件概览

2021 年 7 月 29 日，××市××区人民法院作出(2021)浙××刑初××号刑事判决书（以下简称"刑事判决书"），判决内容如下：

一、被告单位 J 公司犯非法吸收公众存款罪，判处罚金人民币 20 万元（罚金限本判决生效后十日内缴纳）。

二、被告人 Q 犯非法吸收公众存款罪，判处有期徒刑三年，缓刑五年，并处罚金人民币 10 万元（缓刑考验期限，自判决确定之日起计算，罚金限本判决生效后十日内缴纳）。

三、责令被告单位 J 公司、被告人 Q 共同退赔集资参与人其余经济损失（各集资参与人损失清单附后）。

刑事判决书同时附《集资参与人损失清单》，确定受害人 47 人，受损金额共计 2566.034 万元。

（二）管理人接管财产情况

根据管理人从 J 公司的法定代表人 Q 处了解，公司原有固定资产包括厂房与设备等，在 J 公司进入刑事程序后，厂房被政府征收（已获补偿款）、其他资产已被法院查封且拍卖，目前管理人尚未接管到任何 J 公司的实务资产。2022 年 3 月 24 日，管理人开立管理人账户，后从法院处接管到 J 公司银行存款 27692107.28 元。

关于该部分银行存款，因审计工作尚未完成，无法区分该银行存款的来源是经营所得还是非法吸收公众存款所得。

（三）刑事被害人退赔损失的债权顺位确定

《刑法》第六十四条规定："犯罪分子违法所得的一切财物，应当予以追缴或者责令退赔；对被害人的合法财产，应当及时返还；违禁品和供犯罪所用的本人财物，应当予以没收。没收的财物和罚金，一律上缴国库，不得挪用和自行处理。"

就《刑法》第六十四条在整个《刑法》体系中所处的位置而言，其紧随"犯罪论""刑罚论"之后，应当认为刑事中的退赔责任为一种刑事责任承担方式。但对于刑事责任承担在破产程序中的顺位问题，目前没有明确的法律规定。"刑民交叉"问题更多是基于刑事责任及民事执行的顺位规则，关于该规则能否直接适用破产程序,在实务及理论中存在较大的争议。为此,管理人整理相关司法解释及案例,就本案刑事被害人的债权清偿顺位报告如下:

1.刑事退赔损失顺位的法律、司法解释依据

刑事退赔损失顺位的参考依据主要有《最高人民法院关于刑事裁判涉财产部分执行的若干规定》第十条(被执行人将赃款赃物与其他合法财产共同投资或者置业,对因此形成的财产中与赃款赃物对应的份额及其收益,人民法院应予追缴)和第十三条〔被执行人在执行中同时承担刑事责任、民事责任,其财产不足以支付的,按照下列顺序执行:(一)人身损害赔偿中的医疗费用;(二)退赔被害人的损失;(三)其他民事债务;(四)罚金;(五)没收财产〕。

管理人认为,以上规定明确了赃款赃物及其产生的收益的性质定性、刑事退赔与其他民事债务的顺位,但其并不完全适用于破产清算程序,理由如下:

(1)刑事退赔损失优先不具有必然的正当性。

根据最高人民法院涉刑财产执行的相关规定,其顺位的安排是:①人身损害的医疗费用;②有财产担保的债权;③退赔被害人的损失;④其他民事债务;⑤罚金等。这与破产清偿顺位有所区别:一是《企业破产法》未对人身损害赔偿优先作出规定;二是"退赔被害人损失"优先于其他民事债务,在《企业破产法》中并无相应依据。这两个债权优先在破产程序中不是当然的。从利益正当性角度出发,"人身损害赔偿优先"具备正当性,并且《破产审判纪要》第28条明确,对于法律没有明确规定清偿顺序的债权,人民法院可以按照人身损害赔偿债权优先于财产性债权、私法债权优先于公法债权、补偿性债权优先于惩罚性债权的原则合理确定清偿顺序。根据《浙江省高级人民法院民事审判第二庭关于在审理企业破产案件中处理涉集资类犯罪刑民交叉若干问题的讨论纪要》第四条,列入集资犯罪受害人的,可作为破产债权人申报债权,同时给予受害人在破产程序中的临时表决权。鉴于非法集资类犯罪与民间借贷,均是以借款合同为基础而形成的法律关系,只是前者因人数、情节、影响达到了需要刑事法律调整的范围而受到《刑法》的否定性评价,故退赔优先不具备正当性,刑事执行规定标准应不适用于破产程序。另可参考《四川省高级人民法院关于审理破产案件若干问题的解答》中对于"在破产案件中,债务人或相关人员因涉嫌非法集资刑事犯罪,相关刑事案件的被害人能否在破产程序中主张权利"这一问题的回答:"破产程序中涉及非法集资类犯罪问题时,首先应把刑事案件的涉案财产与破产财产进行区分。对于应返还给刑事案件被害人的特

定财产,不属于破产财产,应通过在刑事程序中退赔等方式返还给受害人;对于已无法区分或者无区分必要的财产,则应当纳入破产财产在破产程序中一并处理……在债权数额认定上,相较于因与债务人正常交易而产生债权的债权人,刑事案件被害人作为非法金融活动的参与者,其往往本身也具有一定的过错,其享有的权利依法不能优于合法的普通民事债权人,对其债权通常按民间借贷规则进行调整。"

(2)破产程序不同于执行程序。

《企业破产法》第十九条明确了破产程序与执行程序的区别,"人民法院受理破产申请后,有关债务人的财产的保全措施应当解除,执行程序应当中止"。该条款虽未明确"执行程序"的具体范围,但需要说明的是,《最高人民法院关于刑事裁判涉财产部分执行的若干规定》是针对刑事执行程序的规定,并不具有直接适用破产程序的正当性。且在破产程序中,对于涉及债务人财产的非破产处置行为均应当停止。

(3)刑事被害人申报债权的规则参照。

《浙江省高级人民法院民事审判第二庭关于在审理企业破产案件中处理涉集资类犯罪刑民交叉若干问题的讨论纪要》第五条指出:"依法保护企业破产程序中普通民事债权与涉集资类犯罪受害人的债权。在申报债权时,应综合民间借贷与集资的本金、利息支付等情况,综合平衡破产程序中民间借贷债权与涉集资类犯罪被害人申报债权的数额,由管理人拟定申报方案,并经债权人会议表决通过。前款情形,在拟定债务人企业民间借贷(涉集资类犯罪被害人)本息清偿标准时,可以征询政府有关部门的意见。"《最高人民法院关于依法审理和执行被风险处置证券公司相关案件的通知》第五条规定:"证券公司进入破产程序后,人民法院作出的刑事附带民事赔偿或者涉及追缴赃款赃物的判决应当中止执行,由相关权利人在破产程序中以申报债权等方式行使权利;刑事判决中罚金、没收财产等处罚,应当在破产程序债权人获得全额清偿后的剩余财产中执行。"从破产程序与刑事程序的衔接可以发现,破产程序可以吸收刑事退赔程序。虽然最高人民法院的这一通知仅针对证券公司,但证券公司破产与本案的破产程序存在一定的同质性(一是刑事退赔均是非人身性的债权;二是涉及的债权人数都比较多),故具有一定的参考价值。

(4)"非吸"债权不具备优先性条件。

《最高人民法院、最高人民检察院、公安部关于办理非法集资刑事案件若干问题的意见》第九条规定："退赔集资参与人的损失一般优先于其他民事债务以及罚金、没收财产的执行。"需要说明的是,该规定表述为"一般优于",并非一律优先,从破产程序的公平清偿理念出发,确定债权是否优先应当以是否公平、平等对待同类型债权为标准。《破产审判纪要》第28条明确,对于法律没有明确规定清偿顺序的债权,人民法院可以按照人身损害赔偿债权优先于财产性债权、私法债权优先于公法债权、补偿性债权优先于惩罚性债权的原则合理确定清偿顺序。本案刑事被害人的债权性质并非人身损害赔偿,不具有正当的优先性。而且根据《中华人民共和国最高人民法院公报》2011年第11期(总第181期)公布的案例(吴国军与陈晓富、王克祥、德清县中建房地产开发有限公司民间借贷纠纷案)可以确定,民间借贷涉嫌或构成非法吸收公众存款罪,合同一方当事人可能被追究刑事责任的,并不当然影响民间借贷合同以及相对应的担保合同的效力。从非法集资款的性质来看,其既不属于担保债权、建设工程价款等优先债权,也不属于职工债权、社保债权、税收债权。从非法集资案件的单个借贷行为看,其实质上与普通民间借贷没有本质区别,且相较普通债权人,集资参与人为获取利息主动参与非法金融活动,其本身具有一定过错,非法集资款优先受偿有损公平原则。

2.刑事退赔损失顺位的司法实务参考

(1)管理人检索实务案例发现,杭州市中级人民法院在陈锦桂、中国建设银行股份有限公司淳安支行破产债权确认纠纷二审民事判决书[(2020)浙01民终4958号]中的裁判规则可以作为本案刑事退赔损失顺位的参考。

淳安县人民法院在(2019)浙0127民初5913号民事判决书中将争议焦点归纳为建行淳安支行对东方巨龙的债权是否可以优先受偿,并认为,退赔被害人损失不应当列入破产企业的财产范围,一并处置的,被害人优先于其他普通债权受偿,管理人将本案案涉债权列为优先债权并无不当。

该案上诉后,杭州市中级人民法院判定,"原审法院对破产程序中刑事受害人的债权具有优先性的认定不符合企业破产法对各类债权性质的分类认定,本院对此不予认同"。

可见,目前在司法实务中,认为根据《企业破产法》的特殊法属性,债权顺位的确定应当以《企业破产法》的规定为先。据此刑事受害人损失的债权不具有优先性的法定理由。

(2)管理人另外检索到(2021)湘11民终1147号、(2020)川05民终286

号关于普通债权确认纠纷的判决书,法院在确定刑事被害人的债权顺位时,虽没有进行直接的说理,但判决认定刑事被害人的债权顺位为普通债权。可见,在实务中,司法机关也是承认刑事被害人的债权顺位为普通债权,不具有优先性。

综上,应当依法认定本案中刑事被害人的退赔损失在破产程序中不应当享有优先性,应将其理解为一般的民间借贷而产生的普通债权。

第四节 债权争议解决及相关问题

一、待确认债权人的权利

《企业破产法》第五十九条出现了"债权尚未确定的债权人"。在实务审核过程中,无法做到债权人申报后立马确认或不确认,为了保障债权人的相关利益,待确认债权的表述应运而生。

(一)临时表决权

现行《企业破产法》对"债权人"的表述采取的是"申报制",即债权人申报就应当认可其破产程序中的债权人身份,原则上应当认可其享有债权人具有的权利。然而事实上,由于尚未确认其实质的债权,如果仍由债权人行使其"权利",则将造成破产程序的公正性丧失。其中,最为明显的便是实务中关于"临时表决权"的运用。

❖ 【法规链接】

《企业破产法》

第五十九条

依法申报债权的债权人为债权人会议的成员,有权参加债权人会议,享有表决权。

债权尚未确定的债权人,除人民法院能够为其行使表决权而临时确定债权额的外,不得行使表决权。

对债务人的特定财产享有担保权的债权人,未放弃优先受偿权利的,对于本法第六十一条第一款第七项、第十项规定的事项不享有表决权。

债权人可以委托代理人出席债权人会议,行使表决权。代理人出席债权人会议,应当向人民法院或者债权人会议主席提交债权人的授权委托书。

债权人会议应当有债务人的职工和工会的代表参加,对有关事项发表意见。

《北京破产法庭破产案件管理人工作指引(试行)》

第八十八条

(确定临时债权额)债权人会议表决前尚未确定的债权,管理人应当负责审查并决定是否提请人民法院确定临时债权额。

《深圳经济特区个人破产条例》

第七十条第一款

债权尚未确定的债权人,除人民法院为其行使表决权而临时确定债权额外,不得行使表决权。

江苏省高级人民法院民事审判第二庭《破产案件审理指南(修订版)》

八、债权人会议和债权人委员会

1.临时债权额的赋予。《企业破产法》第五十九条第二款规定,债权尚未确定的债权人,除人民法院能够为其行使表决权而临时确定债权额的外,不得行使表决权。实践中,对于债权尚未确定的债权人,管理人可以申请人民法院为其行使表决权而临时确定债权额。

(二)查阅权

已经裁定确认和未经裁定确认的债权人在查阅权上不应有区别对待,原因在于现行《企业破产法》并没有就债权人是否经最终裁定确认而设置区别对待的规则。因此,我们认为,即使是待确认债权人也可以行使《企业破产法》赋予的相关查阅权,但其查阅范围仅限于法定范围,即"债权表"和"债权申报材料"。由于债权人对其他债权人享有异议的权利,为了避免因"信息不对称"产生的异议权行使障碍,因此当待确认债权人要求查阅已申报债权的债权表及相关申报材料时,管理人应当认可。同时为了保障其他债权人的隐私,管理人可以设置相应的前置程序,如要求查阅人履行保密义务、告知违反保密的后果等。

◆◆ 【法规链接】

《企业破产法》

第五十七条　管理人收到债权申报材料后,应当登记造册,对申报的债权进行审查,并编制债权表。

债权表和债权申报材料由管理人保存,供利害关系人查阅。

第七十八条　在重整期间,有下列情形之一的,经管理人或者利害关系人请求,人民法院应当裁定终止重整程序,并宣告债务人破产:

(一)债务人的经营状况和财产状况继续恶化,缺乏挽救的可能性;

(二)债务人有欺诈、恶意减少债务人财产或者其他显著不利于债权人的行为;

(三)由于债务人的行为致使管理人无法执行职务。

第九十一条　监督期届满时,管理人应当向人民法院提交监督报告。自监督报告提交之日起,管理人的监督职责终止。

管理人向人民法院提交的监督报告,重整计划的利害关系人有权查阅。

第九十三条　债务人不能执行或者不执行重整计划的,人民法院经管理人或者利害关系人请求,应当裁定终止重整计划的执行,并宣告债务人破产。

人民法院裁定终止重整计划执行的,债权人在重整计划中作出的债权调整的承诺失去效力。债权人因执行重整计划所受的清偿仍然有效,债权未受清偿的部分作为破产债权。

前款规定的债权人,只有在其他同顺位债权人同自己所受的清偿达到同一比例时,才能继续接受分配。

有本条第一款规定情形的,为重整计划的执行提供的担保继续有效。

《破产法司法解释(三)》

第十条　单个债权人有权查阅债务人财产状况报告、债权人会议决议、债权人委员会决议、管理人监督报告等参与破产程序所必需的债务人财务和经营信息资料。管理人无正当理由不予提供的,债权人可以请求人民法院作出决定;人民法院应当在五日内作出决定。

上述信息资料涉及商业秘密的,债权人应当依法承担保密义务或者签署保密协议;涉及国家秘密的应当依照相关法律规定处理。

《最高人民法院民事案件案由规定理解与适用》(2011 年修订版)(第 418 页)

处理破产债权确认纠纷的法律依据主要是企业破产法第 48 条第 2 款和第 58 条第 3 款的规定,分别适用于职工债权和普通债权的确认纠纷。

对于普通破产债权确认纠纷,应注意可以区分为两种类型:一是债务人起诉;二是债权人起诉。债务人起诉的,应将受到异议的债权人列为被告;债权人起诉的,包括债权人对债权表是否记载自身债权及记载内容有异议的情形,也包括债权人对他人债权有异议的情形。两种情形均可以将债务人列为被告,管理人代表债务人进行诉讼。对他人债权有异议时,记载人可以作为第三人参加诉讼。

【参考案例】

福州市中级人民法院(2020)闽 01 民终 1188 号民事判决书(节选)

本院认为:根据《中华人民共和国企业破产法》第五十七条"管理人收到债权申报材料后,应当登记造册,对申报的债权进行审查,并编制债权表。债权表和债权申报材料由管理人保存,供利害关系人查阅"及第五十八条第三款"债务人、债权人对债权表记载的债权有异议的,可以向受理破产申请的人民法院提起诉讼"的规定,在协力和兴公司管理人对韩林申报的债权不予认定的情况下,韩林仅可提起确认其金钱债权的诉讼。

【延伸阅读】

逾 6.8 亿债权未予确认,能否查账?(节选)

广州市中级人民法院

债权人知情权是指债权人依法知悉破产债务人与破产进程相关的财务和经营信息的权利。在现代破产制度中,债权人往往是以决策者的角色参与程序,是债务人剩余财产的实际所有者和风险承担者。知情权作为破产法赋予债权人一项基本程序权利,是债权人在破产程序中行使表决权、监督权等其他权利的前提和基础。简言之,知情权是前提,表决权是核心,监督权是保障。《破产法司法解释(三)》第十条就是旨在保障单个债权人在破产程序中的知情权。

本案中,管理人不允许债权人查阅债务人业务、财务账册的理由为,广东某集团公司申报的债权未经其审核确认,所以该公司并不属于《破产法司法解

释(三)》第十条规定的有权查阅债务人财务资料的单个债权人。对此,合议庭认为:

第一,从立法目的上分析,司法解释明确单个债权人知情权的目的是解决破产程序中信息不对称问题,降低单个债权人作为信息弱势方的决策成本,为其适当决策、积极参与破产程序奠定基础。这里的决策既包括债权人作出表决意见,行使监督权,也包括债权人核查债权。在债权审核阶段,许多债权人对自己的债权能否得到确认及确认的金额往往不能及时获得信息。如果不认可申报债权人的知情权,不仅严重影响办理破产的效率,增加破产程序的对抗性,也不利于实现企业破产法公平清理债权债务,保护债权人的立法目的。

第二,从现行立法分析,企业破产法第五十六条规定:"在人民法院确定的债权申报期限内,债权人未申报债权的,可以在破产财产最后分配前补充申报;但是,此前已进行的分配,不再对其补充分配。为审查和确认补充申报债权的费用,由补充申报人承担。债权人未依照本法规定申报债权的,不得依照本法规定的程序行使权利。"可见,企业破产法对于破产债权人的资格确认采用"申报制",即破产债权人在形式上以债权申报为标志,在申报和债权最终被法院裁定确认的期间,对于已申报但尚未正式获得确认的债权人,其仍有权依照企业破产法的规定参与破产程序,行使债权人知情权。

因此,本案中,广东某集团公司的债权虽未经管理人审核确认,但其已经按企业破产法进行了申报并获得管理人登记,有权依照《破产法司法解释(三)》第十条的规定行使单个债权人知情权。合议庭作出决定后,管理人安排广东某集团公司查阅了相关财务账册资料,并要求债权人签署了保密承诺书,管理人与债权人之间的争议得以化解,破产程序顺利推进。

（有改动）

二、债权争议解决程序

（一）职工债权有异议的是否需要劳动仲裁前置

因为《劳动法》第七十九条及《中华人民共和国劳动争议调解仲裁法》(简称《劳动争议调解仲裁法》)第五条关于劳动争议仲裁前置的规定与《企业破产法》第四十八条的规定存在一定矛盾,致使实务中关于职工对管理人公示的职工债权有异议后的救济是否需要先进行劳动争议仲裁前置存在不同的理解和适用。

一种观点认为,根据《劳动争议仲裁调解法》的规定,除法律有明确规定的外,发生劳动争议时,向劳动争议仲裁委员会申请仲裁是人民法院受理劳动争议案件的前置程序。故债权人应依法先向劳动争议仲裁委员会申请仲裁,只有对仲裁裁决不服的,才可向法院提起诉讼。此种观点认为,劳动争议案件不属于法院的受理范围。

但需要注意的是,《劳动争议调解仲裁法》对于劳动争议仲裁前置本就设置了"除本法另有规定的外"的情形,而《企业破产法》则规定:"职工对清单记载有异议的,可以要求管理人更正;管理人不予更正的,职工可以向人民法院提起诉讼。"因此,从法律体系的角度来看,两部法律作出了相互衔接的规定,因此应当直接适用《企业破产法》的规定,进入诉讼程序。

另外,"我国的劳动争议实行的是仲裁前置、一裁二审的制度。一般情况下,各国解决劳动争议的程序多有不同,但共同之处在于,权利争议大多数情况下可以直接进入诉讼程序;而利益争议基本上只能通过调解、仲裁程序来解决。职工债权确认诉讼在性质上属于劳动争议之诉,但在破产程序中不需要以劳动仲裁作为诉讼的前置条件。因为企业破产法属于特别法,破产程序属于特别程序"①。

另外,从最新的《民事案件案由规定》来看,已经存在"职工破产债权确认纠纷"这一案由,且与"普通破产债权确认纠纷"这一案由处于同一顺位,就案由设置而言也有别于一般的"劳动争议纠纷"。

我们对于职工债权的异议程序,更倾向于无须劳动仲裁前置。

◆ 【法规链接】

《劳动争议调解仲裁法》

第五条 发生劳动争议,当事人不愿协商、协商不成或者达成和解协议后不履行的,可以向调解组织申请调解;不愿调解、调解不成或者达成调解协议后不履行的,可以向劳动争议仲裁委员会申请仲裁;对仲裁裁决不服的除本法另有规定的外,可以向人民法院提起诉讼。

---

① 雷震、帅晓东,《职工劳动债权的救济途径是更正和诉讼,而非劳动仲裁》,《人民司法》2011年第4期。

《企业破产法》

第四十八条　债权人应当在人民法院确定的债权申报期限内向管理人申报债权。

债务人所欠职工的工资和医疗、伤残补助、抚恤费用，所欠的应当划入职工个人账户的基本养老保险、基本医疗保险费用，以及法律、行政法规规定应当支付给职工的补偿金，不必申报，由管理人调查后列出清单并予以公示。职工对清单记载有异议的，可以要求管理人更正；管理人不予更正的，职工可以向人民法院提起诉讼。

（二）税收债权有异议的是否需要行政复议前置

与职工债权问题如出一辙，《税收征收管理法》第八十八条第一款明确规定："纳税人、扣缴义务人、纳税担保人同税务机关在纳税上发生争议时，必须先依照税务机关的纳税决定缴纳或者解缴税款及滞纳金或者提供相应的担保，然后可以依法申请行政复议；对行政复议决定不服的，可以依法向人民法院起诉。"即当存在纳税争议时，应当采取"复议前置"的方式。当管理人对税务机关申报的税收债权不予认定或是未全额认定时，是否需要先经过税务行政复议？

首先，需要明确的是，税务机关申报的债权并不完全适用《税收征收管理法》关于"复议前置"的规定，税务机关申报债权的范围可能远大于税收债权的范围，如滞纳金、行政罚款等。而《税收征收管理法》第八十八条第一款中的"纳税争议"是指纳税人、扣缴义务人、纳税担保人对税务机关确定纳税主体、征税对象、征税范围、减税、免税及退税、适用税率、计税依据、纳税环节、纳税期限、纳税地点以及税款征收方式等具体行政行为有异议而发生的争议。而税收行政罚款，本就不适用"复议前置"规则，因此也不在此处进行讨论。

其次，《税收征收管理法》与《企业破产法》的立法目的及理念有着较大的区别，《企业破产法》以"公平清偿"为理念，强调在集体债权前的利益平衡，而《税收征收管理法》更多的是出于"税收债权（包括其他债权）的清偿是单个税收债权人与纳税人即债务人之间的个别问题"①。就这个角度而言，《企业破产

---

① 王欣新，《税收破产债权确认中破产法与税法的适用选择》，《人民法院报》2021 年 6 月 17 日第7 版。

法》是特别情形下的特殊规则,应当先适用其规定,即"债权人对债权表记载的债权有异议的,可以向受理破产申请的人民法院提起诉讼"。

最后,就债权审定的角度而言,管理人初审债权本就是以中立角度进行的审核,即非债权人或债务人角度。对于经中立方审定的债权再经过债权人复议,似乎于平衡性上存在罅漏。但要说明的是,设置"复议前置"的重要原因在于纳税争议的"专业性",管理人审定债权时需要注意"司法尊重"原则的贯穿。

(三)债权异议之诉

依据《企业破产法》的规定,债权人或者债务人对管理人编制的债权表中记载的债权有异议的,可以向法院提起诉讼,进而由法院以实体审理的形式对债权进行裁判确认。同时,经债权异议纠纷诉讼审理确定债权也是破产债权确定的两种方式之一。经过法院实体裁判的债权不再需要另行裁定确认债权。需要说明的是,此处仅讨论债权异议诉讼,其范围远小于债权异议权利。如果是在管理人审核债权过程中,或是提交债权人会议核查时,债权人可以就债权提出异议,但并非直接进入诉讼程序。

1. 债权异议之诉的分类

结合实务中常见的债权人或债务人提出异议的情形,可以将债权异议之诉分为以下几类。

(1)对债权金额存在的异议:债权金额异议是指债权人或债务人对债权表记载债权的具体数额有异议。

(2)对债权性质存在的异议:债权性质异议是指债权人或债务人对债权认定的性质有异议,较为常见的如劳务债权人认为其债权应当归属职工债权、普通债权人认为其债权属于有担保债权等。该异议的争议出发点往往基于债权清偿顺位所产生的影响。

(3)对债权是否存在的异议:债权是否存在直接影响能否参与破产财产的分配,如当被认为不属于破产债权或该债权不成立时,"债权人"即无法参与分配。一定程度上,不属于破产债权也可能缘于债权性质的认定,如现行破产法相关司法解释明确惩罚性债权不属于破产债权,但又给予了劣后清偿的"权力"。

2.债权异议之诉的主体

依据《企业破产法》第五十八条,债权异议之诉既可能由债权人提出,也可能由债务人提出,还有可能由债权人、债务人同时提出。

(1)债务人提出的债权异议诉讼。

实务操作中,债务人异议权主体身份一直是存在争议的。债务人在进入破产程序后,一切事宜由管理人接管。依据《企业破产法》第二十五条第(七)项的规定,管理人代表债务人参加诉讼、仲裁或者其他法律程序。按照该规定,债务人对债权有异议的,债务人为原告,管理人则作为诉讼代表人,但诉争事实却是对管理人审查的债权有异议,显然这在逻辑上存在问题。为此,有观点认为,此时应当由法定代表人代表债务人参与诉讼,在法定代表人无法参加的情况下,可以由股东代为参加诉讼。其实,就实务操作而言,无论是法定代表人还是股东,在企业已经进入破产程序后,参与企业"经营"的意愿可能都不强,特别是在其可能因此承担其他经济责任的情况下。

(2)债权人提出的债权异议诉讼。

债权人提出的债权异议之诉,包括针对自己债权提起的异议之诉和针对他人债权提起的异议诉讼。

债权人针对自己债权确认异议提起的诉讼,是指管理人对债权人申报债权进行审查后确定了债权的存在与否及数额多少,但债权人对该债权认定不服,而向法院提起的诉讼。实务中较为常见的问题是,债权人提起诉讼时将管理人列为该案被告,但实际上,债权虽然由管理人审核初定,最终确认的债权却是债权人、债务人之间形成的,故应当将债务人列为该案被告,管理人作为诉讼代表人参与诉讼。

债权人针对他人债权确认异议提起的诉讼,是指管理人对其他债权进行审查后确定了债权的存在与否及数额多少,但债权人对该笔不属于其申报的债权这一认定不服,而向法院提起的诉讼。给予债权人对其他债权的异议权利,其根源在于参与破产程序过程中,捆绑了全体债权人的利益,一方债权数额的增多必然导致其他债权可分配财产的减少。

3.债权异议之诉的程序要求

(1)债权人在提起诉讼前,应当先向管理人申请复核。

根据《企业破产法》第五十八条第三款及《破产法司法解释(三)》第八条规

定,债务人、债权人对债权表记载的债权有异议的,应当说明理由和法律依据。经管理人解释或调整后,异议人仍然不服的,或者管理人不予解释或调整的,异议人应当在债权人会议核查结束后十五日内向受理破产申请的法院提起破产债权确认诉讼。如果债权人未向管理人申请复核直接起诉的,法院将不予受理。

（2）时间限制。

《破产法司法解释（三）》第八条设置了一个十五日内向受理破产申请的法院提起破产债权确认诉讼的规定。对规定中"十五日"的性质,理论与实务中都存在较大争议。根据实务操作来看,该十五日不宜认定为除斥期间的效力。部分债权人,特别是国家机关、国有企业、银行等作为债权人时,因审批流程等客观原因,难以在会议核查结束后十五日内提起诉讼。

当然这并不能成为对规定中"十五日"性质判断的依据。根据司法实践,从保护债权人利益的角度来看,如不进行实体审理,仅以超过"十五日"为由直接驳回,实际上可能剥夺了债权人的救济权利。例如,辽宁省高级人民法院在（2020）辽民终724号二审民事裁定书中认为,该案争议的焦点是一审法院直接依据企业破产法司法解释三第八条裁定驳回华能电厂起诉是否正确。第一,上诉人向被上诉人管理人申报案涉债权、案涉债权被列为不予确认债权、上诉人向管理人提出异议、管理人再次回复上诉人不予确认案涉债权的时间均发生在《破产法司法解释（三）》出台之前,故应首先审查管理人等是否告知相关权利人提起债权确认之诉的期限;第二,《破产法司法解释（三）》第八条所规定"异议人应当在债权人会议核查结束后十五日内向人民法院提起债权确认的诉讼"的期限性质应明确。司法实践中,关于该期限的性质大体存在除斥期间、诉讼时效（起诉期间）、引导性规定三种观点,除实体法意义上的期间外,诉讼法意义上的期间均可依据民事诉讼法的相关规定进行处理,故一审法院直接以上诉人"起诉请求'确认债权'的时间已经超过规定期限"为由,驳回上诉人起诉不当。而最高人民法院则在（2022）最高法民再95号民事裁定书指出:"从《破产法司法解释（三）》第八条所规定的内容看,该条款并非作出债务人超出十五日不得提起诉讼的规定,一、二审认定宣城市政公司提起本案诉讼已超过法定期限,不符合案件受理条件,适用法律错误。"故撤销安徽省高级人民法院（2021）皖民终765号民事裁定及安徽省宣城市中级人民法院（2021）皖18民初145号民事裁定并指令安徽省宣城市中级人民法院对案件进行审理。

可见,对于债权人、债务人超出十五日提起诉讼的,仍然需要进行实体审查。

(3)管辖要求。

《企业破产法》第二十一条明确规定,人民法院受理破产申请后,有关债务人的民事诉讼,只能向受理破产申请的人民法院提起。但需要说明的是,《破产法司法解释(三)》第八条在债权确认诉讼的专属管辖问题上明确了诉讼管辖和仲裁管辖的冲突解决方法,即债权人、债务人之间在破产申请受理前订立有仲裁条款或仲裁协议的,应当向选定的仲裁机构申请确认债权债务关系。该规定认可了当事人之间于破产申请受理前就纠纷解决达成的仲裁条款及仲裁协议的效力,并明确在此情形下应由双方选定的仲裁机构确认债权债务关系。

第四章　破产财产追收、管理与处置

第一节　破产财产范围

一、债务人财产的构成范围

债务人财产的构成范围,直接关系到破产程序各方当事人的利益。合理地确定债务人财产的构成,是公平地进行破产清算的前提。《企业破产法》第三十条对破产债务人财产的构成范围进行规定时采取了膨胀主义原则。即债务人财产不仅包括原有财产(破产案件受理时属于债务人的全部财产及财产权利),而且还包括新生财产(破产案件受理后至破产程序终结前债务人取得的财产及财产权利)。

破产申请受理后至破产程序终结前债务人取得的财产及财产权利,主要包括:

(1)在破产申请受理后至破产程序终结前债务人的债务人所偿还的财产,如债务人认购的债券、国库券等。

(2)在破产申请受理后至破产程序终结前,管理人收回债务人在破产申请受理前的投资,如将债务人的联营投资通过合法渠道收回,其收回的财产属于债务人财产。

(3)在破产申请受理后至破产程序终结前,因债务人在破产前的民事法律行为无效而收回的财产,如债务人隐匿、私分或者无偿转让的财产,非正常压价出售的财产,非正常抬价购买的财产等。因对原来没有财产担保的债务提供财产担保,对未到期债务提前清偿,放弃自己债权等行为被人民法院确认无效而追回的财产,也应纳入债务人财产。

(4)在破产申请受理后至破产程序终结前,对债务人所拥有的专利权、注册商标专用权、发现权、著作权中的财产权部分以及土地使用权(国家划拨的除外)等,管理人应立即转让,转让所得财产,应列入债务人财产。

(5)属于债务人的其他可供分配财产,就企业而言,除上述资产外,更为常见的财产应是银行存款、不动产、车辆、库存等企业具备所有权的资产。而且对于这些财产的调查也是管理人履职过程中最常见、最重要的工作。

◆◆ 【法规链接】

《企业破产法》

第三十条 破产申请受理时属于债务人的全部财产,以及破产申请受理后至破产程序终结前债务人取得的财产,为债务人财产。

第一百零七条 人民法院依照本法规定宣告债务人破产的,应当自裁定作出之日起五日内送达债务人和管理人,自裁定作出之日起十日内通知已知债权人,并予以公告。

债务人被宣告破产后,债务人称为破产人,债务人财产称为破产财产,人民法院受理破产申请时对债务人享有的债权称为破产债权。

《最高人民法院关于审理企业破产案件若干问题的规定》

第六十四条 破产财产由下列财产构成:

(一)债务人在破产宣告时所有的或者经营管理的全部财产;

(二)债务人在破产宣告后至破产程序终结前取得的财产;

(三)应当由债务人行使的其他财产权利。

《破产法司法解释(二)》

第一条 除债务人所有的货币、实物外,债务人依法享有的可以用货币估价并可以依法转让的债权、股权、知识产权、用益物权等财产和财产权益,人民法院均应认定为债务人财产。

第二条 下列财产不应认定为债务人财产:

(一)债务人基于仓储、保管、承揽、代销、借用、寄存、租赁等合同或者其他法律关系占有、使用的他人财产;

(二)债务人在所有权保留买卖中尚未取得所有权的财产;

(三)所有权专属于国家且不得转让的财产;

(四)其他依照法律、行政法规不属于债务人的财产。

第三条 债务人已依法设定担保物权的特定财产,人民法院应当认定为债务人财产。

对债务人的特定财产在担保物权消灭或者实现担保物权后的剩余部分，在破产程序中可用以清偿破产费用、共益债务和其他破产债权。

第四条　债务人对按份享有所有权的共有财产的相关份额，或者共同享有所有权的共有财产的相应财产权利，以及依法分割共有财产所得部分，人民法院均应认定为债务人财产。

人民法院宣告债务人破产清算，属于共有财产分割的法定事由。人民法院裁定债务人重整或者和解的，共有财产的分割应当依据民法典第三百零三条的规定进行；基于重整或者和解的需要必须分割共有财产，管理人请求分割的，人民法院应予准许。

因分割共有财产导致其他共有人损害产生的债务，其他共有人请求作为共益债务清偿的，人民法院应予支持。

第五条　破产申请受理后，有关债务人财产的执行程序未依照企业破产法第十九条的规定中止的，采取执行措施的相关单位应当依法予以纠正。依法执行回转的财产，人民法院应当认定为债务人财产。

二、尚处于执行法院账户的款项

破产申请受理时已经扣划到执行法院账户但尚未支付给申请人的款项，属于尚未执行完毕的债务人财产。

《企业破产法》第三十条规定："破产申请受理时属于债务人的全部财产，以及破产申请受理后至破产程序终结前债务人取得的财产，为债务人财产。"因此，判断破产申请受理时债务人财产的范围，应以该财产是否属于债务人所有作为标准；破产程序与执行程序衔接中有关债务人财产的认定，以该财产是否执行完毕为标准。从执行原理和执行法律规定看，执行法院将执行人的款项扣划到法院账户但尚未将款项支付给申请人的，执行行为尚未完毕，款项仍应属于债务人。

首先，在人民法院仅将款项扣划到法院账户，但未分配交付给申请执行人的情况下，该执行案件不能作结案处理，即执行尚未终结。其次，《执转破意见》第16条、第17条从正反两方面对此作出了明确规定，认为此时的财产仍属于债务人财产。因此，破产申请受理时已经扣划到执行法院账户但尚未支付给申请人的款项,属于尚未执行完毕的债务人财产。

《企业破产法》第十九条规定:"人民法院受理破产申请后,有关债务人财产的保全措施应当解除,执行程序应当中止。"因此,破产申请受理时已经扣划到执行法院账户但尚未支付给申请人的款项,执行法院应当中止执行。最高人民法院印发的《管理人破产程序工作文书样式(试行)》中"文书样式8"是管理人告知相关法院中止执行程序的《告知函》。因此,管理人可向执行法院寄送《告知函》要求中止执行。

◆ 【参考模板】

管理人破产程序工作文书样式(试行)

文书样式8

告知函

(中止执行程序用)

（××××）××破管字第×号

××××人民法院(执行案件受理人民法院):

×××(债务人名称)因_____(写明破产原因),×××(申请人名称/姓名)于××××年××月××日向×××××人民法院提出对×××(债务人名称)进行重整/和解/破产清算的申请［债务人自行申请破产的,写×××(债务人名称)因_____(写明破产原因),于××××年××月××日向×××××人民法院提出重整/和解/破产清算申请］。

××××人民法院于××××年××月××日作出（××××）×破(预)字第×—×号民事裁定书,裁定受理×××(债务人名称)重整/和解/破产清算,并于××××年××月××日作出（××××）×破字第×—×号决定书,指定×××担任管理人。

根据管理人掌握的材料,贵院于××××年××月××日受理了×××(强制执行申请人名称/姓名)对×××(债务人名称)申请强制执行一案,案号为××××,执行内容为:_____。

根据《中华人民共和国企业破产法》第十九条之规定,人民法院受理破产申请后,有关债务人财产的执行程序应当中止,但贵院至今尚未中止对×××(债务人名称)的执行,_____(简述案件执行状态)。现特函请贵院裁定中止对×××(债务人名称)的执行程序。

特此告知。

（管理人印鉴）

××××年××月××日

附：

1.受理破产申请裁定书复印件一份；

2.指定管理人的决定书复印件一份；

3.强制执行案件相关资料复印件一套；

4.破产案件受理法院联系方式：＿＿＿＿＿＿；

5.管理人联系方式：＿＿＿＿＿＿。

说明：

一、本文书依据的法律是《中华人民共和国企业破产法》第十九条之规定："人民法院受理破产申请后，有关债务人财产的保全措施应当解除，执行程序应当中止。"由管理人告知相关法院中止对债务人执行程序时使用。

二、根据《中华人民共和国企业破产法》第十九条之规定精神，破产申请受理后，对债务人财产采取执行措施的相关法院，无须等待破产案件受理法院或者管理人的通知，即应主动中止执行程序。但由于实践中可能存在相关法院不知道破产申请已经受理，或者虽然知道但不主动中止执行程序的情况，故本文书样式确定由管理人直接向相关法院发送告知函，以此提示相关法院，有关债务人的破产申请已经受理，相关执行程序应当中止。如果相关法院接到告知函后仍不中止执行程序的，管理人可以请求破产案件受理法院协调解决。

三、被设定担保物权的财产

被设定担保物权的财产属于破产财产。《企业破产法》第三十条并未将作为担保物的财产排除出债务人财产，在破产程序开始时担保物权尚未执行的担保物当然应归入债务人财产。因此，债务人财产应当包括已依法设定了担保权益或优先权的财产。

虽然《最高人民法院关于审理企业破产案件若干问题的规定》第七十一条

规定抵押物、留置物、出质物不属于破产财产(权利人放弃优先受偿权的或者优先偿付被担保债权剩余的部分除外),但《破产法司法解释(二)》第三条明确规定担保物权的财产属于破产财产。根据新法优于旧法的原则,应认定被设定担保物权的财产属于破产财产。这是因为担保权人可以行使的权利范围仅限于将担保物作变价处分,并从这些变价款中获得优先偿还。而在破产申请受理时,有财产担保的债权人的债权以及担保物能够变现的价值有可能并不确定,担保物超过担保的债权数额的财产部分也难以确定。将设定有担保权的财产统一纳入债务人财产的范围,能够使管理人在破产申请受理后顺利接管属于债务人的所有财产,避免有财产担保的债权人滥用担保权利。

四、股东尚未实缴的出资

《公司法》第二十八条第一款规定:"股东应当按期足额缴纳公司章程中规定的各自所认缴的出资额。股东以货币出资的,应当将货币出资足额存入有限责任公司在银行开设的账户;以非货币财产出资的,应当依法办理其财产权的转移手续。"

《企业破产法》第三十五条规定:"人民法院受理破产申请后,债务人的出资人尚未完全履行出资义务的,管理人应当要求该出资人缴纳所认缴的出资,而不受出资期限的限制。"

因此,股东出资是法定义务,相对于公司而言,尚未收到的出资款,公司实际可以主张权利。公司破产清算时,未届出资期限的股东适用出资加速到期规则。

五、以物抵债协议的处理

某企业在破产申请受理前签署过以物抵债协议,但未实际履行,破产申请受理后,该物是否属于破产财产范围?

根据《破产法司法解释(二)》,以物抵债协议所涉物(以下简称"抵债物"),明显不属于"不应认定为债务人财产"的范围。因此,在无其他法律法规特别规定的情况下,抵债物应当被认定为债务人财产,当债务人破产后,理应作为破产财产。

目前在司法实践中,尤其以 2017 年最高人民法院发布的第 15 批指导性案例为代表,将以物抵债协议确定为诺成性合同,因此协议自签订时即生效,虽然该协议未实际履行,抵债物尚未交付,所有权也未转移,但是其依然有效。此时,管理人应当根据《企业破产法》第十八条的规定,决定是否解除或者继续履行协议。决定权已经转移到管理人手中,若非继续履行协议对债权人有利的,管理人应当选择解除。而以物抵债协议大部分情况下对债权人是不利的,因此管理人决定解除协议也合情合理。

而在(2016)最高法民申 3384 号案中,法院认为债权人继续履行案涉合同的主张,实质上是要求债务人对其原有债权在破产程序之外给予全额、个别清偿,而其未能举证证明其就该债权享有优先受偿权,债权人的主张无疑将损害其他债权人的权益,有违《企业破产法》第十六条有关人民法院受理破产申请后,债务人不得对个别债权人进行债务清偿之规定,故不予认可债权人继续履行的请求。

>>> **延伸问题:破产程序中如何处理以房抵债?**

解答:实务中,房地产开发企业在进入破产程序前,出于解决资金短缺、化解社会矛盾等目的,可能会在与债权人协商后,将自行开发的房产抵偿给债权人。这一行为可以归属于"以物抵债"项下,但对其法律性质,实践中并没有形成统一的认识。《九民纪要》第 44 条认定,"以物抵债"行为属于诺成性合同,即双方当事人达成一致的意思表示后,即可发生效力。但是在进入破产程序后,我们认为,债权人能否要求破产企业履行以房抵债协议需要考虑《企业破产法》的特殊性规定。对于已经交付房屋的情况,应当考虑以下两点:

(1)管理人需要审查"以房抵债"协议中债权的真实性、合法性,如果发现该债权系虚构的,则不应认可该协议的效力。这也符合《九民纪要》第 44 条的精神。

(2)重点关注"以房抵债"协议的签订时间,确认该份协议是否构成《企业破产法》所禁止的个别清偿行为。

而对于尚未交付房屋的情况如何处理,实务中有较大争议。主要原因在于,因房屋尚未交付(或未办理变更登记),破产企业实际上也尚未履行"以房抵债"协议,如果进入破产程序后承认该协议并交付房屋,将可能构

成对债权人的个别清偿。对此,我们认为此时可以按照消费型购房者的
"超级优先权"进行处理,即当债权人符合消费型购房者的认定条件时,可
以为其办理过户手续,但如果不属于消费型购房者,则不应认为其对房屋
享有物权。

◆◆◆ 【法律依据】

《破产法司法解释(二)》

第二条　下列财产不应认定为债务人财产:

(一)债务人基于仓储、保管、承揽、代销、借用、寄存、租赁等合同或者其他
法律关系占有、使用的他人财产;

(二)债务人在所有权保留买卖中尚未取得所有权的财产;

(三)所有权专属于国家且不得转让的财产;

(四)其他依照法律、行政法规不属于债务人的财产。

六、不属于债务人财产的财产

根据《最高人民法院关于审理企业破产案件若干问题的规定》第七十一
条、第八十一条和第八十二条的规定,下列财产不属于破产财产:

(1)债务人基于仓储、保管、加工承揽、委托交易、代销、借用、寄存、租赁等
法律关系占有、使用的他人财产。

(2)抵押物、留置物、出质物,但权利人放弃优先受偿权的或者优先偿付被
担保债权剩余的部分除外。

(3)担保物灭失后产生的保险金、补偿金、赔偿金等代位物。

(4)依照法律规定存在优先权的财产,但权利人放弃优先受偿权或者优先
偿付特定债权剩余的部分除外。

(5)特定物买卖中,尚未转移占有但相对人已完全支付对价的特定物。

(6)尚未办理产权证或者产权过户手续但已向买方支付的财产。

(7)债务人在所有权保留买卖中尚未取得所有权的财产。

(8)所有权专属于国家且不得转让的财产。

(9)破产企业工会所有的财产。

（10）破产企业的职工住房，已经签订合同、交付房款，进行房改给个人的，不属于破产财产。未进行房改的，可由清算组向有关部门申请办理房改事项，向职工出售。按照国家规定不具备房改条件，或者职工在房改中不购买住房的，由清算组根据实际情况处理。

（11）债务人的幼儿园、学校、医院等公益福利性设施，按国家有关规定处理，不作为破产财产分配。

上述不属于债务人财产的情形可基本概括为两类：①虽由债务人控制或管理，但债务人对其不具有所有权的；②虽形式上属于债务人所有，但基于公益福利等特殊原因，不得作为破产财产的。

第二节　破产财产归集

本节介绍的是破产财产的归集。在无特别说明的情况下，本节所称"归集"包含了一般的归集以及追收两种。债权人参与破产程序的核心利益在于获得破产财产的清偿，以期实现债权。对破产财产的归集既是管理人的核心工作内容，也是债权人极其关注的问题。一般而言，管理人接管债务人后，会对债务人进行全面的尽职调查，了解债务人的财产情况，进而统一归集、管理资产。但因债务人不具有"控制权"，无法进行直接归集，此时管理人便可能需要对外进行追收。

一、破产财产的归集

管理人接管债务人后，应当梳理债务人财产情况，并立即进行归集。一般企业具备的财产情况如下：

（1）银行存款。管理人原则上应当开立管理人账户，将债务人银行账户中的资金统一归集到管理人账户中，按照《企业破产法》的规定进行分配使用。

（2）现金。有实际经营的企业，可能存在现金。管理人应当交接该部分现金，做好交接记录，并归集至管理人账户中。

（3）实物资产。涉及企业的库存、办公设备、车辆等动产的资产，除按照接管流程交接外，在正式处置前往往会有一段时间的保管。管理人对实物资产的保管应当保持谨慎、有效的态度，避免资产的损失。

(4)无形资产。企业的无形资产包括知识产权、商誉等,特别是对于知识产权资产的归集,一般需要管理人接管相应的权属证书。在实务操作中,可能由于保管不善导致无法接管,在最终的拍卖处置后,需要法院出具相应的拍卖成交裁定书以协助买受人办理变更登记手续。

二、应收账款的追回

(一)应收款的类型

破产案件,应收款有以下几种:

(1)应收账款,即提供商品或服务未收取的费用;

(2)预付账款,即为购买商品或服务已经支付的款项但尚未交付商品或提供服务;

(3)其他应收账款,包括关联公司之间的款项往来、担保偿付后需对其他公司或个人追偿的款项、与公司有关人员从财务账上支取后账上记载的款项等。

应收款在破产财产中能够直接体现金额,但普遍收回的可能性很小。管理人在办案过程中经常会遇到应收款处于坏账或无法收回的状态,应收款的清收一直是个复杂的法律问题。

(二)管理人履职的基本要求

(1)合理配置人力资源,明确应收款处置的负责人。

(2)对债务人的有关人员进行监督,严格审查企业的应收款。

(3)建立复核机制,对应收款设置不同的处置方式。

(4)对应收款清收过程中的常见问题进行处置。

①在应收款处理过程中,特别是在应收账款的催收过程中,管理人对债务人的情况可能不甚了解,这时可通过企业的原有业务人员帮助催收。

②债务人的债务人提出开票的抗辩,因为债务人未交付增值税发票,故拒绝履行所欠债务。

(三)债务人因破产企业未能提供相应的发票拒绝付款的情况

对于债务人因此提出的抗辩,管理人应当分析享有抗辩权的理由是否成立,对于该问题,最高人民法院在多起案例中有体现,态度由原先的倾向性意见转到如今的肯定性意见,具体情况概括如下:

1.合同明确先票后款,付款方可据此行使先履行抗辩权

在(2019)辽民终 286 号民事判决书中,法院认为,在合同明确约定了先票后款时,收到符合要求的发票是付款的约定前提,如未能收到符合约定的发票时,付款方享有先履行抗辩权,从而拒绝付款。

2.合同未明确约定给付发票及付款的顺序,付款方不享有先履行抗辩权

最高人民法院在(2019)最高法民申 2588 号民事裁定书中认为,合同未约定付款必须以开具发票为前提,且税务发票体现的是国家与纳税人的纳税关系,是一种行政管理行为而非法定的先履行抗辩事由。开具发票既不是支付款项的合同约定条件也不是法定条件,因此,以未开具发票主张其逾期付款的先履行抗辩权无合同依据也无法律依据。

3.合同虽约定了先票后款,但付款方违约在先时不享有先履行抗辩权

民商事交易中,票、款交易较为复杂,虽然约定了先票后款,但由于付款方违约在先导致先履行抗辩权丧失也比比皆是,(2016)鲁 03 民终 3676 号民事判决书中,法院认为,虽然双方在合同中约定了先票后款,但由于付款方逾期支付货款导致开票方未开具后续发票,此时付款方主张因相对方未开具发票而拒绝支付货款的理由并不成立。

(四)已过执行时效的应收款如何处理

对于已经超过诉讼时效的债权是否可以适用时效中断? 对生效判决中判定的债权未在二年期限内申请执行的,如何处理? 我们认为应当根据不同的情形来判断:

(1)债务人破产申请受理前已经到期的债权,至破产申请受理日尚未超过诉讼时效的,管理人当然可以要求债务人的债务人清偿债务或者交还财产。按照《破产法司法解释(二)》第十九条的规定,自人民法院受理破产申请之日,适用《民事诉讼法》有关诉讼时效中断的规定,重新计算诉讼时效。

(2)对破产申请受理日之前已经超过诉讼时效的债权,如果债务人没有说明对其到期债权未及时行使权利的正当理由,导致其对外债权在破产申请受理前一年内超过诉讼时效期间的,人民法院受理破产申请之日起重新计算上述债权的诉讼时效期间。按照《民法典》规定的三年诉讼时效计算,如果债务人对外债权超过三年不到四年的,管理人应当进行审查,即不管债务人未行使

该债权是否有正当理由,管理人都有权主张该债权。至于案由,相对于破产撤销权纠纷案由,我们认为对外追收债权纠纷案由更加适当。

(3)对于债务人依生效判决对外享有的债权(指生效判决确定债务人对外享有债权),债务人没有在二年的申请执行期限里向人民法院申请执行,生效判决确定的履行期间至破产申请受理日,已经超过二年不到三年的,管理人可以向人民法院申请强制执行,依据有两个:

①比照债务人放弃债权的规定处理。《企业破产法》第三十一条第(五)项规定了债务人放弃债权的,管理人有权请求人民法院撤销。如果依据这一规定处理,就要适用破产撤销权纠纷案由,对于债务人的主动放弃行为,当然恰当;对于债务人"忘记了"等情形的被动放弃,则似有牵强。不过,债务人在此等情形下,无论是主动或被动放弃,都将导致债权人的利益被侵害,与《企业破产法》的精神相违背,在没有适合法规的情形下,可以适用。

②适用《破产法司法解释(二)》第十九条第二款的规定,债务人无正当理由未对其到期债权及时行使权利且在破产申请受理前一年内超过诉讼时效期间的,自人民法院受理破产申请之日起重新计算上述债权的诉讼时效期间。债务人依据已经生效判决确定的债权,债务人有权从法律文书规定履行期间的最后一日起,有二年申请执行的期限,这个申请执行的期限,按照《民事诉讼法》第二百四十六条的规定,适用诉讼时效中止、中断的规定。因此,债务人在超过二年不到三年的期限内,没有申请法院强制执行的,又没有正当理由进行说明的,自人民法院受理破产申请之日起重新计算申请执行的期限。

◆ 【法规链接】

《民事诉讼法》

第二百四十六条 申请执行的期间为二年。申请执行时效的中止、中断,适用法律有关诉讼时效中止、中断的规定。

前款规定的期间,从法律文书规定履行期间的最后一日起计算;法律文书规定分期履行的,从规定的每次履行期间的最后一日起计算;法律文书未规定履行期间的,从法律文书生效之日起计算。

(五)对外追收债权时,以债权数额进行追收还是应当以实际清偿数额进行追收

根据目前的审判实践来看,两种情况都有。例如,在(2019)苏 0621 民初 715 号案中,管理人提起对外追收债权之诉的,其直接在诉讼请求中表示,因为(2017)苏 0621 破 6-4 号民事裁定书确认普通债权清偿比例为 3.3%,故担保公司上述债权的清偿数额为 339162.26 元,故提请追收债权的标的额也就是 33 万元。另外,在很多其他案件中,管理人直接以全额起诉要求追收债权,也获得了法院的支持。

在我们所办理的破产案件中,管理人内部就该问题曾有过不一致的意见,最终通过对不同类型案件的分析,我们认为法院在支持不同观点时还是有一定区别的。

例如,在上述案例中,管理人直接提请按实际清偿数额进行追收,是因为其债权是基于担保而产生的债权,因此其获得的是一种求偿权,而求偿权的本质就在于弥补损失,故应当是实际清偿多少,就应对外追收多少。

但是在其他法院支持的按债权额进行追收的案件中,其债权是破产企业在以前实际经营过程中产生的一些实际的债权,如货款等,那么应当按照债权本身数额要求追收。

在我们所办理的案件中,出现过建筑工程公司对实际施工人的债权,这是一种基于挂靠、货物买卖等产生的债权。按照上述观点,应当按照债权本身数额进行追收。但是根据《民法典》第五百二十四条的规定,代付的主体在实际履行清偿义务后,获得相应的债权,也就是破产企业在实际清偿债权人的债权后,可以获得相应的对象为实际施工人的债权。如果这样理解,那么我们追收的标的额就应当为实际清偿数额。但是由于在获得相应款项时,我们会进行分配,则又会产生一笔新的债权。理论上只要有足够多的追收次数,就一定能追收完所有债权,但这在实践中是不可能行得通的。

三、股东出资责任

作为债务人直接责任人的股东,在对破产企业财产进行归集时,股东的出资责任是无法回避的话题。依据股东取得股权的方式及顺位,我们区分了发起人股东、现任股东及非发起人的前手股东三种身份,同时因《民事案件案由

规定》区分了追收未缴出资纠纷、追收抽逃出资纠纷两个诉讼案由,下面将分类讨论。

(一)发起人股东的未缴出资责任

追收未缴出资纠纷,是指债务人的出资人因未履行或者未适当履行出资义务,管理人在破产程序中进行追收而产生的民事纠纷。不论是司法实践还是理论界对于"追收未缴出资"的实际适用均存在较大的争议。为了便于操作,根据我们以往的实务经验以及对司法判例的研究,现将该案由的相关情形梳理如下:

(1)因破产程序中加速到期的规则,如发起人股东未转让股权仍旧是现任股东的,管理人可以依法代表公司要求其承担出资义务,依据为《企业破产法》第三十五条。

(2)如发起人股东在章程约定的出资期限到期后未能出资,而转让股权给第三人的,管理人可以根据《企业破产法》第三十五条及《最高人民法院关于适用〈中华人民共和国公司法若干问题〉的规定(三)》〔简称《公司法司法解释(三)》〕第十三条第一款及第三款要求现任股东承担出资义务,同时要求发起人股东承担连带责任。

(3)如发起人股东在章程约定的出资期限届满前,将股权转让给第三人,且转让时公司正常经营,并未有其他加速到期情形下将股权转让给第三人的,管理人可依据《企业破产法》第三十五条要求现任股东承担出资义务。但对于此时能否要求发起人股东承担连带责任,需要分类讨论。

①未出现"未履行或者未全面履行出资义务"的情形。

最高人民法院曾在(2019)最高法民终 230 号民事判决书中明确,《公司法司法解释(三)》第十三条第二款规定的"未履行或者未全面履行出资义务"应当理解为"未缴纳或未足额缴纳出资",出资期限未届满的股东尚未完全缴纳其出资份额不应认定为"未履行或者未全面履行出资义务"。而后,最高人民法院又在(2020)最高法民申 2285 号民事裁定书中明确,公司股东在出资义务尚未到期的情况下转让股权,不属于出资期限届满而不履行出资义务的情形,不构成《公司法司法解释(三)》第十八条规定的"未履行或者未全面履行出资义务即转让股权"。

在(2020)浙 03 民终 4642 号民事判决书中,法院认为《公司法司法解释

（三）》第十三条的规定仅针对在公司设立时，履行期限已经届满而未履行出资义务的股东，发起人要承担连带责任。依据本案破产企业章程的规定，公司设立时各股东履行出资义务的期限均未届满，因此，本案破产企业要求发起人对破产程序中股东加速到期的出资义务承担连带责任，缺乏法律依据。

可见，此时管理人无法依据《公司法司法解释（三）》要求已经转让股权的发起人股东承担连带责任。

②发起人股东间的连带责任。

《公司法司法解释（三）》第十三条的连带责任仅限制于发起人之间，最高人民法院民事审判第二庭在对该条文进行解释时明确，《公司法》第九十三条已经确立了股份有限公司发起人之间的连带责任，由于《公司法》立法的局限性，通过司法解释的形式将股份有限公司的连带规则平移至有限责任公司，因此对该条文的适用不能突破。由于发起人是设立公司的直接责任人以及具体实施者，为区别于后进入的股东，发起人有着更为严苛的资本义务——资本充实责任。

资本充实原则包括以下特点：a. 法定性。不以发起人是否具备约定为前提，也不能被股东大会或章程所免除。b. 责任主体。是违反出资义务股东以外的其他公司设立者的责任。c. 特定性。仅限于发起人或公司设立时的股东。d. 属于无过错责任。e. 有范围的连带责任，即发起人对发起人的连带责任。

在（2020）沪 7101 民初 596 号民事判决书中，法院认为，股东应当按期足额履行出资义务。被告一、二、三作为破产企业登记股东（发起股东，章程记载的出资期限为 20 年），应按原告诉请金额分别承担向破产企业缴纳其认缴出资 12 万元、9 万元、9 万元。关于三被告是否应当互负连带责任的问题，《公司法司法解释（三）》第十三条规定，被告一、二、三作为破产企业成立时的股东，各自应对其他股东未履行的出资义务相互承担连带责任。

案例：甲公司于 2020 年 1 月 1 日成立，发起股东 A、B、C、D 四个自然人各认缴 250 万元，均未实际出资，章程约定实际出资日期为 2040 年 1 月 1 日。

（1）2021 年 6 月，A、B、C、D 四人将其享有的股权 100％转让给第三人 E，2021 年 12 月甲公司被裁定进入破产程序。管理人起诉要求 E 承担出资义务，同时能否要求 A、B、C、D 四人承担连带责任？

答：原则上不可以，但如果有确凿证据能够证明转让公司股权时公司已经资不抵债，可以主张原股东承担连带责任。

(2)2021 年 6 月，A、B 将其持有的 100％股权转让给 C、D 二人，转让后，甲公司股权为 C、D 各占 50％。2021 年 12 月甲公司被裁定进入破产程序，管理人起诉要求 C、D 承担出资义务，同时能否要求 A、B 承担连带责任？

答：可以。因为符合发起人间的连带责任要求。对于是否存在"未履行或者未全面履行出资义务"的情形，因为 C、D 并未退出公司股东身份，此时进入破产程序后，依据《企业破产法》第三十五条，C、D 应当足额履行出资义务，如未能履行便符合发起人"未履行或者未全面履行出资义务"的情形，此时管理人除可以要求 C、D 承担出资义务外，还可以要求 A、B 承担连带责任。

(3)2021 年 6 月，A、B 将其持有的 100％股权转让给第三人 E，转让后，甲公司的股权结构为 E 占 50％，C、D 各占 25％。2021 年 12 月甲公司被裁定进入破产程序，管理人起诉要求 E、C、D 承担出资义务，同时能否要求 A、B 承担连带责任？

答：依据前述分析，管理人能同时要求 A、B 对 C、D 承担连带责任。

【法规链接】

《企业破产法》

第三十五条 人民法院受理破产申请后，债务人的出资人尚未完全履行出资义务的，管理人应当要求该出资人缴纳所认缴的出资，而不受出资期限的限制。

《公司法》

第八十三条 以发起设立方式设立股份有限公司的，发起人应当书面认定公司章程规定其认购的股份，并按照公司章程规定缴纳出资。以非货币财产出资的，应当依法办理其财产权的转移手续。

发起人不依照前款规定缴纳出资的，应当按照发起人协议承担违约责任。

发起人认足公司章程规定的出资后，应当选举董事会和监事会，由董事会向公司登记机关报送公司章程以及法律、行政法规规定的其他文件，申请设立登记。

第九十三条 股份有限公司成立后，发起人未按照公司章程的规定缴足出资的，应当补缴；其他发起人承担连带责任。

股份有限公司成立后，发现作为设立公司出资的非货币财产的实际价额显著低于公司章程所定价额的，应当由交付该出资的发起人补足其差额；其他发起人承担连带责任。

《公司法司法解释(三)》

第一条　为设立公司而签署公司章程、向公司认购出资或者股份并履行公司设立职责的人,应当认定为公司的发起人,包括有限责任公司设立时的股东。

注:《公司法司法解释(三)》将"发起人"范围由股份公司拓展到有限责任公司。

第十三条　股东未履行或者未全面履行出资义务,公司或者其他股东请求其向公司依法全面履行出资义务的,人民法院应予支持。

公司债权人请求未履行或者未全面履行出资义务的股东在未出资本息范围内对公司债务不能清偿的部分承担补充赔偿责任的,人民法院应予支持;未履行或者未全面履行出资义务的股东已经承担上述责任,其他债权人提出相同请求的,人民法院不予支持。

股东在公司设立时未履行或者未全面履行出资义务,依照本条第一款或者第二款提起诉讼的原告,请求公司的发起人与被告股东承担连带责任的,人民法院应予支持;公司的发起人承担责任后,可以向被告股东追偿。

股东在公司增资时未履行或者未全面履行出资义务,依照本条第一款或者第二款提起诉讼的原告,请求未尽公司法第一百四十七条第一款规定的义务而使出资未缴足的董事、高级管理人员承担相应责任的,人民法院应予支持;董事、高级管理人员承担责任后,可以向被告股东追偿。

第十八条　有限责任公司的股东未履行或者未全面履行出资义务即转让股权,受让人对此知道或者应当知道,公司请求该股东履行出资义务、受让人对此承担连带责任的,人民法院应予支持;公司债权人依照本规定第十三条第二款向该股东提起诉讼,同时请求前述受让人对此承担连带责任的,人民法院应予支持。

受让人根据前款规定承担责任后,向该未履行或者未全面履行出资义务的股东追偿的,人民法院应予支持。但是,当事人另有约定的除外。

(二)现任股东的未缴出资责任

现任股东未缴出资的,根据《企业破产法》第三十五条的规定,应直接加速到期,承担出资义务。应当认为,现任股东的未缴出资责任的追究是相对明确的。这也是管理人需要重点关注的内容之一。

（三）非发起人前手股东的未缴出资责任

（2020）鲁02民终12403号案：2017年9月29日，常州铸仑公司的股东周某等分别将其在常州铸仑公司的全部认缴出资额（出资均未实缴）无偿转让给许某。常州铸仑公司于2019年7月3日注销。随后，青岛铸鑫公司起诉常州铸仑公司支付设备款并要求前股东周某、通舜公司在未出资范围内对上述款项承担连带责任。

该案中，通舜公司、周某均为常州铸仑公司的发起股东，后将股权全部转让给第三人。但是法院在论述通舜公司、周某应当承担连带责任时，则是以"前股东"的名义做的论证，根据该份判决书中关于非发起人前手股东的其他内容可知：

法院对本案的判断理由之一便是债权形成的时间点。法院的判断思路为：首先确认股东与公司之间的出资关系可以认定为合同关系，股东享有期限利益，同时负有出资义务；股权转让行为可以认定为是债权人（公司）、债务人（前手股东）之间约定由第三人（现任股东）向公司履行债务，依据《中华人民共和国合同法》（简称《合同法》）第六十五条[①]，第三人不履行时，债权人可以要求债务人承担违约责任，即公司可要求前手股东承担出资义务。

因股东转让股权不存在要求公司同意的情形，事实上的合意无法形成，如果第三人代为履行的观点成立，则合同债权债务转移的观点也可以成立，此时公司将无权要求前手股东承担出资义务。事实上，该理由无法成立。

但法院同时明确表示，"从时间点来说，本案所涉合同之债发生于上诉人通舜公司、周洁茹持股之时。本案通舜公司、周洁茹是被上诉人与铸仑公司发生涉案设备买卖合同之时的股东，两股东享有涉案买卖合同为目标公司所带来的利益，在涉案股权转让之时，其对于公司所欠债务应为明知"。可见，法院注意到了前手股东通过转让股权来规避出资义务的主观恶意。

事实上，就司法实务而言，能否要求未届出资期限即承担连带责任，各法院观点并不一致，同样情形下，杭州市中级人民法院在（2020）浙01民终1310号民事判决书中作出了完全相反的判决。同时其在说理中将《公司法司法解

---

① 《中华人民共和国合同法》已废止，其第六十五条现对应《民法典》第五百二十三条："当事人约定由第三人向债权人履行债务，第三人不履行债务或者履行债务不符合约定的，债务人应当向债权人承担违约责任。"

释(三)》第十八条所指的"未履行或者未全面履行出资义务"解释为股东应负的出资义务已达履行条件而未履行。

◆ 【参考案例】

山东省青岛市中级人民法院(2020)鲁02民终12403号民事判决书(节选)

本院认为,上诉人通舜公司、周洁茹应在其出资范围内,对于涉案欠款承担连带责任。本院认为,当债权形成于前股东持股之时,公司未到出资期限即注销的情况下,依据《最高人民法院关于适用〈中华人民共和国公司法〉若干问题的规定(二)》[以下简称《公司法司法解释(二)》]第二十二条第二款、《中华人民共和国合同法》(以下简称《合同法》)第六十五条之规定,前股东应当在其出资范围内承担连带清偿责任。

首先,从时间点来说,本案所涉合同之债发生于上诉人通舜公司、周洁茹持股之时。本案通舜公司、周洁茹是被上诉人与铸仑公司发生涉案设备买卖合同之时的股东,两股东享有涉案买卖合同为目标公司所带来的利益,在涉案股权转让之时,其对于公司所欠债务应为明知;其次,在公司注销的情况下,上诉人通舜公司与周洁茹因转让股权而免除的出资义务应予以回转。主要理由是:

第一,股东出资的约定系股东与公司之间的契约。股东对于公司的出资义务来源于股东与公司之间就公司资本与股权份额的约定。对于股东而言,其以出资行为换取公司相应份额的股权;对于公司而言,其以公司股权换取公司运营所需资金。既然出资协议系股东与公司之间的契约,那么该契约应由《合同法》规则规制。当然,基于公司作为商事活动所创设的基本组织的特性,该契约还受《公司法》所规定的特殊规则的约束,在《公司法》框架下不能适用的相关合同法的规则应予剔除。

第二,在公司认缴制度下,股东出资义务系其对公司附期限的契约。股东对于公司的认缴出资义务应是股东对于公司的附期限的承诺,股东在初始章程或增资合同中作出的认缴意思表示属于民法上为自己设定负担的行为,本质上是债权债务关系的建立。通过认缴,股东成为出资契约中的债务人,公司则成为出资契约中的债权人。因此,对于公司资本的认缴是债权的成立,而对于公司资本的实缴是债权到期后债务人的实际履行。从契约的角度来说,股东享有到期缴纳出资的期限利益并承担按期足额出资的义务。

第三,公司注销后,公司可依据《合同法》第六十五条的规定向前股东主张权利。本案债务发生于上诉人通舜公司与周洁茹持股之时，前股东与公司之间存在认缴资本的合同义务，股权发生转让之时，因该资本认缴期限未届满，到期出资义务随股权的转让而转让，受让股东继而享有在未来期限内缴纳出资的期限利益以及按期缴纳出资的义务，前股东因股权转让而失去股东地位，无须履行股东义务，同时不再享有目标公司股东的权利。但是，在本案中，后股东许勤勤已注销公司，其出资义务加速到期，其并未出资。依据《合同法》第六十五条之规定，当事人约定由第三人向债权人履行债务的，第三人不履行债务或者履行债务不符合约定，债务人应当向债权人承担违约责任。在公司法框架下，股东转让股权，无须目标公司同意，对于公司的资本认缴出资的合同义务，转让给股权的后股东（受让人）后，其未按期出资即注销公司的行为，使得后股东对于公司具有因出资期限届满向公司支付出资的合同义务，在其未履行的情况下，符合上述法律规定中第三人不履行债务的情形，因此，公司需要向前股东（债权人）主张违约责任。

第四，公司解散时，债权人可依据《公司法司法解释（二）》第二十二条的规定，向前股东主张在其出资范围内承担连带责任。依据《公司法》司法解释（二）第二十二条第二款的规定，公司解散时，在公司财产不足以清偿债务时，债权人主张未缴出资股东以及公司设立时的其他股东或者发起人在未缴出资范围内对公司债务承担连带清偿责任的，人民法院应予以支持。股东系以出资为基础对公司承担有限责任，但公司解散之时，在股东仍未能按期出资，资产不足以清偿债务的时候，股东不能依《公司法》享有有限责任的保护，债权人有权要求股东在其认缴出资范围内履行其出资义务，偿还对外债务。债权人对于股东的该请求权，系基于公司设立的有限责任的原则而产生，目的是保障公司资本的完整性，维护债权人的应有利益。本案中，公司已经解散并注销，因前股东根据《合同法》第六十五条，对于公司仍有出资义务，在公司解散并注销的情况下，债权人亦有权要求前股东在其出资范围内对公司债务承担连带责任。

综上所述，对于形成于原股东持股期间的债权，在前股东转让后，后股东注销公司且未履行出资义务的情况下，前股东应对公司债务在出资范围内承担连带清偿责任。

浙江省高级人民法院（2020）浙 01 民终 1310 号民事判决书（节选）

本院认为，本案现争议焦点为，杨康军、马光祥转让股权后，就禾众公司的注册资本是否仍负有出资义务。

首先,《中华人民共和国企业破产法》第三十五条规定:"人民法院受理破产申请后,债务人的出资人尚未完全履行出资义务的,管理人应当要求该出资人缴纳所认缴的出资,而不受出资期限的限制。"因此,杨康军、马光祥负有出资义务的前提应是人民法院受理禾众公司破产申请后,杨康军、马光祥仍为禾众公司的出资人。现有证据表明,在人民法院受理禾众公司破产申请三年多之前,杨康军、马光祥就将禾众公司股权全部转让给了宋彬,故在人民法院受理禾众公司破产申请后,不能认定杨康军、马光祥仍系禾众公司的出资人。

其次,《最高人民法院关于适用〈中华人民共和国公司法〉若干问题的规定(三)》第十八条规定:"有限责任公司的股东未履行或者未全面履行出资义务即转让股权,受让人对此知道或者应当知道,公司请求该股东履行出资义务、受让人对此承担连带责任的,人民法院应予支持;公司债权人依照本规定第十三条第二款向该股东提起诉讼,同时请求前述受让人对此承担连带责任的,人民法院应予支持。"本院注意到,上述司法解释第十八条的规定最早记载于2011年2月16日施行的《最高人民法院关于适用〈中华人民共和国公司法〉若干问题的规定(三)》第十九条中,此后经修正变更为第十八条,但内容未变。而注册资本认缴登记制的施行日期为2014年。目前尚无法律、司法解释对股东因出资期限未届满而未缴纳出资就转让股权时由谁承担出资责任进行明确规定。因为此时的未缴纳出资为合法而不是非法,所以不能当然适用上述司法解释的规定。上述司法解释条款适用的前提应是转让股权时,股东应负的出资义务已达履行条件而未履行。具体到本案中,杨康军、马光祥转让股权时,其未缴纳的出资尚未达到出资期限,故其未出资部分尚未达到履行出资义务的条件,此时转让股权不能认定系在未履行或者未全面履行出资义务的情况下的转让,不应适用上述司法解释对禾众公司关于杨康军、马光祥履行出资义务的请求予以支持。

再次,并无证据证明杨康军、马光祥向宋彬转让股权存在法定无效或可撤销的情形。因此,杨康军、马光祥在股权转让后,其原享有的权利及应履行的义务一并概括转让给了宋彬,宋彬亦因此成为登记于公司登记机关的股东,债权人的信赖利益应建立在对外具有公示效力的相应登记内容的基础之上,禾众公司可依法向宋彬主张相应权利。

综合以上,禾众公司现要求原股东杨康军、马光祥承担出资义务,进而在此基础上要求宋彬承担连带责任缺乏依据。

（四）抽逃出资责任

抽逃出资是指在公司验资注册后，股东将已属于公司所有的所缴出资转入个人或第三人名下，但仍保留股东身份和原有出资数额的一种欺诈性行为。这是法律明确禁止的一种行为。从财产的所有属性而言，可以理解为股东占有了公司的资产，直接侵害公司、股东和其他债权人利益的行为，对此除民事责任外，抽逃出资的股东还可能承担行政、刑事责任。

管理人在面对股东可能存在抽逃出资情形时应当尽可能地收集相关证据，如与股东做笔录确认、调取银行流水情况或聘请审计机构对企业财务进行专项审计等。结合已有案例来看，仅以银行流水的流向作为抽逃出资的唯一证据存在证明程度不够的可能。事实上，单一的流水转出并不能证明抽逃出资行为的成立，因为不排除借款或是其他基础法律关系的成立，特别是在股东缺席时，为了查明事实，管理人实际上承担着更多的"举证责任"。

（五）管理人如何确定起诉的出资范围

实践中存在的一种常态是，破产企业的申报债权低于股东的未缴出资，以至于管理人在实际起诉要求股东承担未缴出资责任时，诉讼请求难以确定。常见的是股东抗辩。管理人应当要求出资人缴纳的范围以申报债权额为限，而不得要求其全部缴纳注册资本。

依据《企业破产法》第三十五条的规定，我们认为公司被人民法院受理破产是股东丧失认缴期限利益即出资加速到期的法定事由，股东应当向公司履行足额缴纳出资的义务，具体理由如下：

（1）履行足额出资义务是股东的法定义务。《公司法》第二十八条规定，股东应当按期足额缴纳公司章程中规定的各自所认缴的出资额。未经法定程序，股东的出资义务不可以减少或免除。

（2）企业被受理破产后，股东即丧失期限利益。《企业破产法》第三十五条规定了股东出资的加速到期制度，虽然现行认缴制使得股东产生了期限利益，但由于破产这一法定事由的出现，使得认缴制已经加速到期，股东不得再以此进行抗辩。

（3）破产债权的认定是一个动态过程。就客观情形而言，债务人的对外债务总额难以在最终分配完毕前予以完全固定，依据《企业破产法》，债权人可以在破产财产最后分配前补充申报债权，破产费用、共益债务等特殊债务亦将随着破产程序的推进而发生,如果以起诉时的节点确定股东应当承担的责任,实际上会对潜在的债权人利益造成损害。

(4)要求股东全额出资并不会对股东权益造成任何损害。股东以其认缴的出资额为限对公司承担责任,如实际缴纳出资超过债权人申报数额的,其产生的结果是公司将不再资不抵债从而终结破产程序,在偿付完毕全部债务后,股东将自行决定公司是否继续经营。

(5)追收股东全额未缴资本是管理人的法定职责。《企业破产法》第二十五条明确了管理人"接管债务人的财产"的职责,事实上,追收债务人财产是管理人工作的重要内容之一,并不因限定债权人申报数额而打折扣。依据《最高人民法院关于适用〈中华人民共和国公司法〉若干问题的规定(二)》[简称《公司法司法解释(二)》]第二十二条及《公司法司法解释(三)》第十三条可知,未缴出资属于债务人财产。

◆◆ 【参考案例】

上海市第三中级人民法院(2020)沪03民初53号民事判决书(节选)

本院认为,根据……被告童文骏抗辩称其与另两名股东累计负担的出资额应以破产程序中的申报债权额为限。对此,本院认为其理由不能成立,理由如下:第一,股东足额出资是执行公司资本充实原则的应有之义。无论公司是处于正常经营之中还是已进入破产程序,股东均应按照《公司法》第二十八条的规定向公司足额缴纳出资。未经减资等法定程序,股东的出资义务不得减轻、免除,而本案不存在股东可以减少出资的法定情形。第二,股东认缴出资所享有的期限利益因公司进入破产程序而整体丧失。这是股东在享有期限利益的同时所能够预见的公司一旦进入破产程序所产生的法律后果。股东完全可以放弃部分期限利益提前实缴相应出资以清偿公司债务,避免公司因进入破产程序而使自身丧失期限利益,或在破产程序中与全体债权人达成和解,以此化解公司的破产危机从而减轻足额出资的资金压力。而本案中贸科公司的股东未能有效采取上述合法行为减轻出资责任。第三,破产债务人的负债总额难以在破产程序终结前予以完全固定。在破产财产分配前债权人可补充申报债权,破产费用等特殊性质的债务亦将随着破产程序的推进而发生。若以负债总额作为管理人要求股东履行出资义务的限制,将导致追收出资的法律行动无法及时实施。一旦在追收后再发现或产生新的债权,又将额外增加向股东追收出资的成本,不当损害相关债权人的合法权益。本案贸科公司的破产程序仍在推进之中,各类债权的项目和金额尚无法最终确定。第四,管理人要求股东全额出资不会对股东利益造成实质损害。股东以其认缴出资额为限对公司承担责任,全额出资并非额外承担股东出资责任。本案股东童文骏应缴出资额并未超过贸科公司在破产程序现阶段查明的负债总额。即便包括股东童文骏在内的三名股东累计的应缴出资额最终超出贸科公司全部负债,在所追收出资清偿全部债务后,破产程序将终结而公司无须宣告破产,全体股东可自行决定公司的前途,可继续经营或决议解散清算后分配剩余财产,均不会对股东的权利造成损害。综上分析,贸科公司有权要求股东童文骏就未出资全额立即履行出资义务。

四、违反配合破产清算义务的责任

破产清算中不能以相关主体违反配合破产清算义务为由,要求债务人相关主体对公司债务承担连带清偿责任。相关主体违反破产清算义务造成损失的,应当属于侵权责任,管理人有权请求主体承担相应损害赔偿责任并将因此获得的赔偿归入债务人财产。

《最高人民法院关于债权人对人员下落不明或者财产状况不清的债务人申请破产清算案件如何处理的批复》对于债务人的有关人员下落不明或财产不清的破产案件,相关主体应如何承担责任作出了批复。其中第 3 款规定:"债务人的有关人员不履行法定义务,人民法院可依据有关法律规定追究其相应法律责任;其行为导致无法清算或者造成损失,有关权利人起诉请求其承担相应民事责任的,人民法院应依法予以支持。"

业界对于这一内容的理解与适用存在争议,实践中多以《公司法司法解释(二)》第十八条第二款为依据,"有限责任公司的股东、股份有限公司的董事和控股股东因怠于履行义务,导致公司主要财产、账册、重要文件等灭失,无法进行清算,债权人主张其对公司债务承担连带清偿责任的,人民法院应依法予以支持"。

但是《九民纪要》第 118 条明确规定:"人民法院在适用《最高人民法院关于债权人对人员下落不明或者财产状况不清的债务人申请破产清算案件如何处理的批复》第 3 款的规定,判定债务人相关人员承担责任时,应当依照企业破产法的相关规定来确定相关主体的义务内容和责任范围,不得根据公司法司法解释(二)第十八条第二款的规定来判定相关主体的责任。"

《公司法司法解释(二)》第十八条规定的是相关主体未履行在法定期限内成立清算组清算义务而应承担的责任,因此,债务人的有关人员不履行企业破产法规定的配合清算义务,应当承担《企业破产法》规定应当承担的责任。《企业破产法》规定的配合清算义务主要体现在第十五条、第一百二十六条、第一百二十七条规定中。

因此,破产清算中不能以相关主体违反配合破产清算义务为由,要求债务人相关主体对公司债务承担连带清偿责任。

债务人的法定代表人、财务管理人员和其他经营管理人员不履行《企业破产法》第十五条规定的配合清算义务的,人民法院可以根据《企业破产法》第一百二十六条、第一百二十七条追究其相应法律责任,或者参照《民事诉讼法》第一百一十四条的规定,依法拘留,构成犯罪的,依法追究刑事责任。债务人的法定代表人或者实际控制人不配合清算的,人民法院可以依据《中华人民共和国出境入境管理法》第十二条的规定,对其作出不准出境的决定,以确保破产程序顺利进行。

当相关主体未依法及时履行清算义务而导致债权损失,根据《〈全国法院民商事审判工作会议纪要〉理解与适用》(人民法院出版社 2019 年版)第 597 页相关内容,在性质上属于侵权责任。此外,根据《〈全国法院民商事审判工作会议纪要〉理解与适用》第 597 页相关内容和 2008 年最高人民法院批复的有关内容,即便企业法人尚未被吊销营业执照,债权人根据《企业破产法》的规定提出破产清算申请的案件,在受理审查、案件审理和责任追究方面也应当依法予以适用。因此,管理人可根据侵权责任的理论和构成,适用《最高人民法院关于债权人对人员下落不明或者财产状况不清的债务人申请破产清算案件如何处理的批复》第 3 款的规定,请求上述主体承担相应损害赔偿责任并将因此获得的赔偿归入债务人财产。

◈ 【法规链接】

《最高人民法院关于债权人对人员下落不明或者财产状况不清的债务人申请破产清算案件如何处理的批复》

贵州省高级人民法院:

你院《关于企业法人被吊销营业执照后,依法负有清算责任的人未向法院申请破产,债权人是否可以申请被吊销营业执照的企业破产的请示》[(2007)黔高民二破请终字 1 号]收悉。经研究,批复如下:

债权人对人员下落不明或者财产状况不清的债务人申请破产清算,符合企业破产法规定的,人民法院应依法予以受理。债务人能否依据企业破产法第十一条第二款的规定向人民法院提交财产状况说明、债权债务清册等相关材料,并不影响对债权人申请的受理。

人民法院受理上述破产案件后,应当依据企业破产法的有关规定指定管理人追收债务人财产;经依法清算,债务人确无财产可供分配的,应当宣告债务人破产并终结破产程序;破产程序终结后二年内发现有依法应当追回的财产或者有应当供分配的其他财产的,债权人可以请求人民法院追加分配。

债务人的有关人员不履行法定义务,人民法院可依据有关法律规定追究其相应法律责任;其行为导致无法清算或者造成损失,有关权利人起诉请求其承担相应民事责任的,人民法院应依法予以支持。

此复。

《公司法司法解释(二)》

第十八条　有限责任公司的股东、股份有限公司的董事和控股股东未在法定期限内成立清算组开始清算,导致公司财产贬值、流失、毁损或者灭失,债权人主张其在造成损失范围内对公司债务承担赔偿责任的,人民法院应依法予以支持。

有限责任公司的股东、股份有限公司的董事和控股股东因怠于履行义务,导致公司主要财产、账册、重要文件等灭失,无法进行清算,债权人主张其对公司债务承担连带清偿责任的,人民法院应依法予以支持。

上述情形系实际控制人原因造成,债权人主张实际控制人对公司债务承担相应民事责任的,人民法院应依法予以支持。

《九民纪要》

118.【无法清算案件的审理与责任承担】人民法院在审理债务人相关人员下落不明或者财产状况不清的破产案件时,应当充分贯彻债权人利益保护原则,避免债务人通过破产程序不当损害债权人利益,同时也要避免不当突破股东有限责任原则。

人民法院在适用《最高人民法院关于债权人对人员下落不明或者财产状况不清的债务人申请破产清算案件如何处理的批复》第 3 款的规定,判定债务人相关人员承担责任时,应当依照企业破产法的相关规定来确定相关主体的义务内容和责任范围,不得根据公司法司法解释(二)第18条第2款的规定来判定相关主体的责任。

上述批复第3款规定的"债务人的有关人员不履行法定义务,人民法院可依据有关法律规定追究其相应法律责任",系指债务人的法定代表人、财务管理人员和其他经营管理人员不履行企业破产法第15条规定的配合清算义务,人民法院可以根据企业破产法第126条、第127条追究其相应法律责任,或者参照《民事诉讼法》第111条的规定,依法拘留,构成犯罪的,依法追究刑事责任;债务人的法定代表人或者实际控制人不配合清算的,人民法院可以依据《出境入境管理法》第12条的规定,对其作出不准出境的决定,以确保破产程序顺利进行。

上述批复第3款规定的"其行为导致无法清算或者造成损失",系指债务人的有关人员不配合清算的行为导致债务人财产状况不明,或者依法负有清算责任的人未依照企业破产法第7条第3款的规定及时履行破产申请义务,导致债务人主要财产、账册、重要文件等灭失,致使管理人无法执行清算职务,给债权人利益造成损害。"有关权利人起诉请求其承担相应民事责任",系指管理人请求上述主体承担相应损害赔偿责任并将因此获得的赔偿归入债务人财产。管理人未主张上述赔偿,个别债权人可以代表全体债权人提起上述诉讼。

上述破产清算案件被裁定终结后,相关主体以债务人主要财产、账册、重要文件等重新出现为由,申请对破产清算程序启动审判监督的,人民法院不予受理,但符合企业破产法第123条规定的,债权人可以请求人民法院追加分配。

◆◆【参考案例】

浙江省瑞安市人民法院(2020)浙0381民初7307号民事判决书(节选)

本院认为,《中华人民共和国企业破产法》第十五条规定:"自人民法院受理破产申请的裁定送达债务人之日起至破产程序终结之日,债务人的有关人员承担下列义务:(一)妥善保管其占有和管理的财产、印章和账簿、文书等资料;……前款所称有关人员,是指企业的法定代表人;经人民法院决定,可以包括企业的财务管理人员和其他经营管理人员。"《最高人民法院关于债权人对人员下落不明或者财产状况不清的债务人申请破产清算案件如何处理的批复》规定："……债务人的有关人员不履行法定义务,人民法院可依据有关法律规定追究其相应法律责任;其行为导致无法清算或者造成损失,有关权利人起诉请求其承担相应民事责任的,人民法院应依法予以支持。"根据上述规定,债务人的有关人员不配合清算的行为导致债务人财产状况不明,致使管理人无法执行清算职务,给债权人利益造成损害的,有关人员应承担相应的损害赔偿责任。本案中,被告夏明华作为公司法定代表人,应尽到妥善保管其占有和管理的财产、印章和账簿、文书等资料等职责,并在公司进入破产清算程序后,承担向管理人进行移交等配合清算义务。虽然被告夏明华向管理人移交了部分账册材料,但移交的账册材料并不完整,管理人无法据此完成综合审计并进行清算,故应认定被告夏明华未尽到妥善保管账簿、文书等资料的职责以及向管理人移交账簿等配合清算的义务,导致管理人无法进行全面接管和调查,债务人财产状况不明,债权人受到损失,二者之间具有因果关系。故原告请求被告夏明华承担赔偿责任,理由成立,本院予以支持。

浙江省瑞安市人民法院(2020)浙 0381 民初 11113 号民事判决书(节选)

本院认为:公司应当依照法律、行政法规和国务院财政部门的规定建立本公司的财务、会计制度,并应依法设置会计账簿,并保证其真实、完整,法定代表人应对会计账簿的真实性、完整性负责。《中华人民共和国企业破产法》第十五条规定:"自人民法院受理破产申请的裁定送达债务人之日起至破产程序终结之日,债务人的有关人员承担下列义务:(一)妥善保管其占有和管理的财产、印章和账簿、文书等资料;……前款所称有关人员,是指企业的法定代表人……"本案中,被告阮敏作为新飞公司的法定代表人,负有公司经营管理之责,应妥善保管公司财产、印章和账簿、文书资料,在公司进入破产清算程序后,负有承担移交财产、印章和账簿、文书等资料的配合清算义务。

原告在履职过程中发现新飞公司没有将实际发生的业务登记在会计账簿,部分会计凭证缺失,导致管理人无法查明新飞公司财产状况,无法进行新飞公司财产、债权债务清理工作,破产清算无法进行。新飞公司债权人因新飞公司的无法清算而遭受债权损失,且其所受损失与被告阮敏未能提供真实、完整的账簿之间存在因果关系。依照《最高人民法院关于债权人对人员下落不明或者财产状况不清的债务人申请破产清算案件如何处理的批复》〔法释(2008)10 号〕第三款规定:"……债务人的有关人员不履行法定义务,人民法院可依据有关法律规定追究其相应法律责任;其行为导致无法清算或者造成损失,有关权利人起诉请求其承担相应民事责任的,人民法院应依法予以支持。"故被告阮敏应对新飞公司不能清偿的债务承担损害赔偿责任。

北京市第二中级人民法院(2020)京 02 民终 1067 号民事判决书(节选)

法院认为:本案中,王骏主张草桥公司、沈吕遂不履行法定的破产清算义务,不提供账簿、证照、公章、资产、文件等材料,导致破产清算工作无法进行而被终结,因此草桥公司、沈吕遂应当对伟士特公司的债务承担连带责任。对此,本院认为,首先,《公司法司法解释(二)》第十八条确定的相关主体的责任,来自公司法明确规定的清算义务以及公司资产大于负债的前提假设,即债权人本来可以在公司解散后通过清算获得足额清偿,但由于相关主体未依法及时履行清算义务而导致债权损失,故根据侵权责任理论和构成,债权人可以向负有清算义务的主体要求其承担赔偿责任。企业破产法规定的破产清算与公司解散后的清算不同,破产清算的原因是不能清偿到期债务,并且资产不足以清偿全部债务或者明显缺乏清偿能力。除第三人为债务人清偿全部债务或者债务人与全体债权人就债务的处理达成协议等特殊情况外,债权人的债权在破产清算程序中并不能足额受偿。基于此,《全国法院民商事审判工作会议纪要》第 118 条第 2 款明确规定,不得根据《公司法司法解释(二)》第十八条第二款的规定来判定破产企业相关人员应承担的责任。本案根据查明的事实,一中院于 2010 年 5 月 7 日受理对伟士特公司的破产清算申请,并于 2012 年 12 月 18 日裁定终结伟士特公司的破产清算申请。因此,一审判决适用《公司法司法解释(二)》第十八条第二款、第三款的规定处理本案,属于适用法律错误,本院予以纠正。其次,如果王骏认为有关主体的行为给伟士特公司债权人的利益造成损害,也应当首先由管理人请求相关主体承担相应损害赔偿责任并将因此获得的赔偿归入债务人财产。只有管理人未主张相应赔偿时,个别债权人才可以代表全体债权人提起相应诉讼,但因此获得的赔偿仍应归入债务人财产,而不应直接归于个别债权人。具体到本案而言,王骏直接提起诉讼,要求草桥公司、沈吕遂对伟士特公司欠付王骏的债务承担连带清偿责任,缺乏法律依据。而且,本案也没有证据证明草桥公司、沈吕遂的行为与债权人利益受到损害之间存在因果关系,即王骏的主张也缺乏事实依据。

五、关于债务人财务资料的使用

在破产管理人接管企业的过程中,财务账册是必备的接管内容之一,但由于财务账册相关内容涉及财务专业知识,管理人对企业的财产状况难以形成直观认识。显然会计师事务所担任管理人时具备天然优势。因此我们认为不论是律师介入还是资产管理公司担任管理人,均应当具备一般的财务账册认知技能。

根据我们所承办的破产案件,现总结了以下常见的财务名词。

企业会计"四表一注":"四表"是指资产负债表、利润表、所有者权益变动表、现金流量表;"一注"是指财务报表附注。

下面我们以"资产负债表"为例,进行具体阐述。

(一)资产部分

1.货币资金

根据 2018 年的企业会计准则,一般的会计表示为"库存现金、银行存款",这里仅表述货币资金,可能为现金和银行存款之和。

2.短期投资

这是小企业会计准则的科目,在会计准则科目中表述为"交易性金融资产",是指企业购入的各种能随时变现、持有时间不超过一年的有价证券,以及不超过一年的其他投资,包括有价证券,如各种股票和债券等。

3.预付账款

预付账款是指企业按照购货合同的约定,预先以货币资金或货币等价物支付供应单位的款项,但因为还是由企业享有和控制的,是享有对方提供商品劳务的权利,所以是资产类。

4.应收款与其他应收款

应收款是计算和主营业务收入有关赊销的往来核算,而其他应收款是核算与主营业务无关的往来款项。其他应收款主要包括应收的各种赔款、罚款。

以上都称为流动资产。

表 4-1　流动资产表

单位:元

资　产	账面数	调整数	调整后金额
流动资产			
货币资金	241080.20	−162354.60	78725.60
短期投资			
应收票据			
应收账款	141392.11	−117732.11	23660.00
其他应收款	50179136.64	2494.42	50181631.06
预付收款	−2200862.90	2703375.52	502512.62
存货	2308094.71	−312891.31	1995203.40
待处理资产			
流动资产合计	50668840.76	2112891.92	52781732.68

5.长期股权投资

长期股权投资是指通过投资取得被投资单位的股份。

表 4-2　长期投资表

单位:元

资　产	账面数	调整数	调整后金额
长期投资			
长期股权投资	42365629.05	—	42365629.05
长期债权投资			
长期投资合计	42365629.05		42365629.05

6.固定资产

固定资产是指企业为生产产品、提供劳务、出租或者经营管理而持有的、使用时间超过 12 个月的,价值达到一定标准的非货币性资产,包括房屋、建筑物、机器、机械、运输工具以及其他与生产经营活动有关的设备、器具、工具等。

表 4-3　固定资产表

单位:元

资　产	账面数	调整数	调整后金额
固定资产原价	10386937.92	−224354.20	10162583.72
减:累计折旧	9707683.53	−170496.00	9537187.53
固定资产净值	679254.39	−53858.20	625396.19
在建工程	8111286.55	439333.34	8550619.89
固定资产清理			
生产线生物资产			

7.无形资产

无形资产是指企业拥有或控制的没有实物形态的可辨认的非货币性资产,包括专利权、非专利技术、商标权、著作权、土地使用权、特许权等。(不含商誉)

表 4-4　无形资产表

单位:元

资　产	账面数	调整数	调整后金额
无形资产	23065403.07	—	23065403.07
累计摊销	8265103.10	—	8265103.10
无形资产净值	14800299.97	—	14800299.97

8.计提坏账准备

坏账准备是企业对预计可能无法收回的应收票据、应收账款、预付账款、其他应收款、长期应收款等应收预付款项所提取的坏账准备金。

计提坏账准备的方法由企业根据历史经验、债务单位财务情况及相关信息,合理估计,提出目录和提取比例经企业董事会批准执行。企业计提坏账准备具有较强的主观性,需要管理人做实际调查判断。但是应当注意,不论企业计提多少,计提部分仍旧属于公司的资产科目。

9.核销坏账

(1)企业破产清算时的坏账处理方式。

在企业破产清算中,企业如果有大额应收款项收不回来,应先按照《企业资产损失所得税税前扣除管理办法》等有关规定,申请确认财产损失,并在计算企业清算所得时扣除。在此基础上再按照有关规定计算个人所得税。

(2)企业坏账核销程序。

坏账核销应该按照企业规定的流程审批意见,一般应包括以下几个步骤:

第一,有关责任部门提出报告,阐明坏账损失的原因和事实,初步提出坏账核销金额及对有关人员的处理意见。

第二,企业内部各有关部门提出进行审批,并提供相关信息,以供领导决策。内部审计部门应该出具是否就该款项提出过审计意见证明;法务部门应该判断其诉讼价值;财务部门应该汇总其与公司的其他经济往来事项。

第三,按照企业内部管理制度提交经理办公会、董事会或者股东(大)会审定。

第四,财务部门依据有关意见作出账务处理,登记"坏账核销备查簿"。

因此,破产企业坏账核销的主要流程为:

第一,管理人提出查明事实的情况,提出处理意见。

第二,提交债权人会议或委员会决定是否核销。

第三,审计机构在审计报告中做坏账处理。

对破产企业的应收账款或其他应收账款的核销本质上是由全体债权人确认是否放弃该笔债权,如果债权人会议通过,管理人将不再予以追收。特别是对于明显超过诉讼时效或缺少证据的债权,如果管理人采用诉讼方式追收,在大概率败诉的情况下,启动诉讼不仅导致破产程序的延长和破产费用的增加,一定程度上也浪费了司法资源。为此,告知全体债权人情况及后果后由债权人决定是否放弃诉讼是提高效率及减少成本较为合适的方式。

(二)负债部分

1.短期借款

短期借款是指企业根据生产经营的需要,从银行或其他金融机构借入的偿还期在一年以内(含一年)的各种借款,包括生产周转借款、临时借款等。也指从外单位借入的、还款期限在一年以内(含一年)的各种借款。

2.应付款

应付款是指企业在生产经营活动过程中,因采购商品物资、原材料、接受劳务供应,应付未付供货单位的款项。

3.其他应付款

其他应付款是指企业在商品交易业务以外发生的应付和暂收款项,而应付账款是指因购买材料、商品或接受劳务供应等而发生的债务。其他应付款是跟企业的经营业务没有直接关系的款项,如未付的律师费、预付厂房装修款等。

4.预收账款

预收账款是指企业向购货方预收的购货订金或部分货款。

5.长期借款

长期借款是指企业从银行或其他金融机构借入的期限在一年以上(不含一年)的借款。

负债部分是财务账册中反映的企业对外负债,一般而言,账面记载的负债可以作为已知债权人,管理人应当向以上单位或个人通知债权申报事项。

(三)所有者权益

1.所有者权益

所有者权益=资产-负债=实收资本+资本公积+盈余公积+未分配利润。

2.实收资本

实收资本是指企业实际收到的投资人投入的资本。一般情况下注册资金与实收资本是一致的。

3.资本公积

资本公积是指企业在经营过程中由于接受捐赠、股本溢价以及法定财产重估增值等原因所形成的公积金。资本公积是与企业收益无关而与资本相关的贷项。

4.盈余公积

盈余公积是指企业从税后利润中提取形成的、存留于企业内部、具有特定用途的收益积累,包括法定盈余公积、任意盈余公积、法定公益金。

5.未分配利润

未分配利润是指企业留待以后年度分配或待分配的利润。

管理人应当关注财务报表中的有关内容及其使用情况。结合以往办理案件的经验,我们认为如下内容应当引起管理人注意。

实收资本:当财务报表中的实收资本显示与认缴资本一致时,管理人应当通过银行流水、询问相关人员判断债务人股东是否已经完成实缴注册资本,当确认确实有资本出资时,应当结合其他信息确认是否存在抽逃出资的情形。

货币资金:管理人应当结合债务人财务资料的形成时间,如果在接管时发现财务报表上仍有货币资金,管理人应当向有关人员交接该笔资金。如果无法交接,应当查明该笔资金的流向及使用情况,判断是否存在个别清偿的情形。

预付、应收及其他应收账款:管理人应当对这些数据有较高的关注度。一般而言,企业的应收账款及其他应收账款为企业拥有的对外债权,财务报表及相应的会计凭证是管理人后续回收债权的重要依据。

预收、应付及其他应付账款:应付账款是债务人的主要债务,对于应付及其他应付账款,管理人应当将其视为已知债权人,向债务人有关人员确认联系方式并向其发送债权申报通知,同时结合会计凭证判断债权是否成立。

固定资产及无形资产:作为债务人财产的重要组成部分,如果财务凭证上记载有固定资产或无形资产,则管理人应当向债务人核实固定资产及无形资产情况,并进行接管及归集。如未交接到,管理人应当查明财务报表的真实性或这些资产的去向情况。

第三节 破产财产管理、继续经营及继续履行合同

一、破产财产管理

管理人在接管后,根据案件具体情况确定是否需要第三方评估和审计,在第三方单位协助下,查证债务人的财产情况,同时拟定财产管理方案。针对不同类型的破产财产,管理人应当采用不同的管理方式,以确保破产财产后续变现的价值最大化。

1.货币资金

对于货币资金、银行存款、支付宝余额等,管理人应当开设管理人专用临时银行账户,避免货币资产被查封、扣划。还应在破产清算过程中对临时账户支出的款项设定必要的批准流程。

2.实物资产

对于实物资产,管理人应当视具体情况采取合适的管理措施。具体而言,债务人进入破产程序后如能够合法占有使用相关场地的,管理人可按照便利原则对实物资产进行封存,并安排相关的安保人员对其进行看护。如债务人没有相应场地的,根据实物资产的多少,管理人可以选择自行保管或是委托第三方进行保管。在对实物资产的管理过程中,管理人应当关注储存环境可能对资产造成的损失,不论是何种保管方式都应当做好防火、防盗、防破坏工作,确保债务人的财物安全。

3.无形资产

相较于商标,专利权、著作权、专有技术等无形资产十分关注延续性、时效性。对于许多科技型企业而言,专利、著作需要不断地研发、更新、维护才能够保证其价值的延续,否则可能因为技术的更新换代,短时间内导致这些无形资产的市场价值大幅度下降。为此,对于这类无形资产,管理人在接管后应当第一时间预估其价值性,当认为具有一定程度的可变性意义后,应当立即采取聘用专业人员维护等方式保证这些资产价值的延续或者及时拍卖,争取利益最大化。但是聘用专业人员进行维护的前提是能够确定这些资产的价值,因为当前互联网、科技行业中更新专有技术所涉及的维护费用、人力成本相对较高,如果最终无法实现其价值,那么前期的支出很可能导致破产费用的持续增加,最终导致债权人利益受损。

二、继续经营

(一)继续经营的决定权

《企业破产法》虽然指出债务人的继续经营由管理人决定,但是其在第二十六条明确规定,管理人决定继续或停止债务人营业的,在第一次债权人会议前应当经过法院的许可。当召开第一次债权人会议之后,是否许可继续或停止债务人继续经营将成为债权人会议的职权。

对于企业是否继续经营,需要结合多方面因素综合考虑。继续经营的出发点在于能够使债权人利益最大化,直接表现是使债务人财产实现保值或者增值。例如,一家行业内的领头企业,虽然当前处于"资不抵债"情形,但其具备许多优质的客户资源,选择继续经营可以使其现有设备继续运转、库存变现,保持员工劳动报酬的发放。但是对于企业继续经营可能产生的收益与亏损的判断,更多属于商业判断,管理人往往不具备相应的能力,因此在确定是否继续经营前,往往需要征询企业股东、职工等人的意见,形成综合判断,否则带来的可能是债务规模的扩大。

◆◆ 【法规链接】

《企业破产法》

第二十六条　在第一次债权人会议召开之前,管理人决定继续或者停止债务人的营业或者有本法第六十九条规定行为之一的,应当经人民法院许可。

《最高人民法院关于审理企业破产案件若干问题的规定》

第三十三条　债务人自破产宣告之日起停止生产经营活动。为债权人利益确有必要继续生产经营的,须经人民法院许可。

(二)继续经营的费用处理

《企业破产法》第四十二条第(四)项明确,继续经营产生的费用为共益债务,从债务人财产中随时清偿。同时需要说明,因继续经营而产生的借款,也属于共益债务。新增借款被认定为共益债务应当具备以下条件:

(1)借款时间。借款应当发生于破产申请受理后。共益债务是人民法院受理破产申请后发生的,破产申请受理之前产生的借款不属于共益债务。

(2)借款目的:借款是为了债权人的共同利益而发生的。如果新增借款并非为了全体债权人的共同利益发生而仅是为了个别债权人的利益发生的,则该新增借款不能认定为共益债务。

(3)借款用途。借款的目的是债务人能够继续经营。

(4)程序要件。该新增借款须经债权人会议决议通过。

◆◆ 【法规链接】

《企业破产法》

第四十二条　人民法院受理破产申请后发生的下列债务,为共益债务:

(一)因管理人或者债务人请求对方当事人履行双方均未履行完毕的合同

所产生的债务;

(二)债务人财产受无因管理所产生的债务;

(三)因债务人不当得利所产生的债务;

(四)为债务人继续营业而应支付的劳动报酬和社会保险费用以及由此产生的其他债务;

(五)管理人或者相关人员执行职务致人损害所产生的债务;

(六)债务人财产致人损害所产生的债务。

《破产法司法解释(三)》

第二条 破产申请受理后,经债权人会议决议通过,或者第一次债权人会议召开前经人民法院许可,管理人或者自行管理的债务人可以为债务人继续营业而借款。提供借款的债权人主张参照企业破产法第四十二条第四项的规定优先于普通破产债权清偿的,人民法院应予支持,但其主张优先于此前已就债务人特定财产享有担保的债权清偿的,人民法院不予支持。

管理人或者自行管理的债务人可以为前述借款设定抵押担保,抵押物在破产申请受理前已为其他债权人设定抵押的,债权人主张按照民法典第四百一十四条规定的顺序清偿,人民法院应予支持。

(三)继续经营的其他事项

1.发票的开具

实务中,企业进入破产程序常常伴随着欠税或未能按时进行纳税申报而导致出现无法开具发票的情形。因此,为了保障破产企业能够正常进行对外经营,以维护全体债权人的利益,各地税务机关对于进入破产程序的企业提供必要的制度支持,如《国家税务总局浙江省税务局关于支持破产便利化行动有关措施的通知》中明确,在企业破产程序中因履行合同、处置财产或者继续营业确需使用发票的,管理人可以纳税人名义到主管税务机关申领发票。税务机关对历史欠税尚未清偿的破产企业应严格控制发票供应量,并督促纳税人就新产生的纳税义务足额纳税。

2.申请自行经营

在确定继续经营后,对于企业经营应当由管理人负责还是债务人的有关人员负责,还是委托的第三方负责,目前并没有明确的规定予以确认。但是就企业经营角度而言,管理人自身不具有相应的能力,为实现经营收益的最大化,应委托第三方经营或由债务人的有关人员自行经营。在实务操作中,如《北京破产法庭破产重整案件办理规范(试行)》第六十九条明确指出,"债务人申请自行管理,符合下列条件的,人民法院可以批准:……(二)债务人自行管理有利于债务人继续经营"。

但应当注意,虽然可以由债务人负责具体经营事项,但其一切经营行为均应受到管理人的管理。

◆◆ 【法规链接】

《企业破产法》

第十八条 人民法院受理破产申请后,管理人对破产申请受理前成立而债务人和对方当事人均未履行完毕的合同有权决定解除或者继续履行,并通知对方当事人。管理人自破产申请受理之日起二个月内未通知对方当事人,或者自收到对方当事人催告之日起三十日内未答复的,视为解除合同。

管理人决定继续履行合同的,对方当事人应当履行;但是,对方当事人有权要求管理人提供担保。管理人不提供担保的,视为解除合同。

第四十三条 破产费用和共益债务由债务人财产随时清偿。

债务人财产不足以清偿所有破产费用和共益债务的,先行清偿破产费用。

债务人财产不足以清偿所有破产费用或者共益债务的,按照比例清偿。

债务人财产不足以清偿破产费用的,管理人应当提请人民法院终结破产程序。人民法院应当自收到请求之日起十五日内裁定终结破产程序,并予以公告。

三、继续履行合同

(一)继续履行合同的决定权

对于是否决定继续履行合同,依据现行《企业破产法》的规定,由管理人自行决定。现行法律如此规定,原因在于企业的商事交易频繁,如果均需要取得债权人会议或是法院的同意,一则会严重影响破产程序的进程,二则相较于债权人而言,管理人在决定是否继续履行合同时有更为专业的判断。

管理人如决定继续履行合同的,应当通知对方当事人。管理人自破产申请受理之日起二个月内未通知对方当事人,或者自收到对方当事人催告之日起三十日内未答复的,视为解除合同。

该决定权是法律赋予管理人的绝对性权力,无须经过法院或债权人会议的同意,但这并不排斥法院及债权人会议对管理人行使监督权,并且从管理人履职的角度而言,是否继续履行合同可能直接涉及债务人财产的增加或减少,管理人作为专业的律师、会计等中介机构毕竟无法代替商事活动主体在商业活动中的判断,因此,为规避管理人责任,在决定是否继续履行合同时,管理人应当尽可能地告知全体债权人及法院。

◈ 【参考案例】

最高人民法院(2018)最高法民申 487 号民事裁定书(节选)

《中华人民共和国企业破产法》第十八条第一款关于"人民法院受理破产申请后,管理人对破产申请受理前成立而债务人和对方当事人均未履行完毕的合同有权决定解除或者继续履行,并通知对方当事人。管理人自破产申请受理之日起二个月内未通知对方当事人,或者自收到对方当事人催告之日起三十日内未答复的,视为解除合同"之规定,对在破产申请受理时债务人和对方当事人均未履行完毕的合同,享有选择继续履行或者解除权利的是管理人。因此,不论债权人会议是否决定继续履行与公达信律所的委托代理合同,最终行使权利的只能是管理人。

(二)继续履行合同的适用范围

应当明确,《企业破产法》第十八条的适用前提是双方当事人均未履行完毕合同义务。一方已经履行完毕的合同不属于管理人可以决定是否继续履行合同的范围。具体而言:

(1)债务人已经履行完毕时,相对人应当履行的义务对于债务人而言属于资产,管理人应当追回。

(2)相对人已经履行完毕,债务人尚未履行的,此时债务人对相对人的履行构成个别清偿,管理人应当解除,但继续履行有利于债务人的除外。

◆◆ 【参考案例】

最高人民法院（2020）最高法民申 4265 号民事裁定书（节选）

《中华人民共和国企业破产法》第十八条规定："人民法院受理破产申请后，管理人对破产申请受理前成立而债务人和对方当事人均未履行完毕的合同有权决定解除或者继续履行，并通知对方当事人……"本案所涉 20140005 号《商品房购销合同》依法进行了合同备案登记，刘红莲作为买受人，以其对腾峰弥渡分公司所享借款债权本息充抵购房款，且刘红莲的债权本息经云南腾峰投资有限责任公司债权人会议审查确认，尚略高于案涉 20140005 号《商品房购销合同》约定的房屋价款，二审法院据此确认刘红莲履行了 20140005 号《商品房购销合同》主要义务具有事实基础。《中华人民共和国企业破产法》第十八条的适用前提是双方当事人均未履行完合同义务，在刘红莲履行了合同主要义务的情况下，腾峰弥渡分公司主张解除案涉 20140005 号《商品房购销合同》于法无据。

(三)确定继续履行合同

根据《企业破产法》第十八条规定，管理人对破产申请受理前成立而债务人和对方当事人均未履行完毕的合同有权决定解除或者继续履行。

管理人决定继续履行合同的，应当自破产申请受理之日起二个月内通知对方当事人，对方当事人有权要求管理人提供担保，管理人不提供担保的，视为解除合同。

管理人决定解除合同的，可以通知对方当事人。管理人不通知或者自收到对方当事人催告之日起三十日内未答复的，视为解除合同。

根据《企业破产法》第六十九条规定，管理人决定继续履行债务人和对方当事人均未履行完毕的合同，应当报告债权人委员会，未设立债权人委员会的，应当及时报告人民法院。

◆◆ 【法规链接】

《企业破产法》

第六十九条　管理人实施下列行为，应当及时报告债权人委员会：

（一）涉及土地、房屋等不动产权益的转让；

（二）探矿权、采矿权、知识产权等财产权的转让；

（三）全部库存或者营业的转让；

（四）借款；

（五）设定财产担保；

（六）债权和有价证券的转让；

（七）履行债务人和对方当事人均未履行完毕的合同；

（八）放弃权利；

（九）担保物的取回；

（十）对债权人利益有重大影响的其他财产处分行为。

未设立债权人委员会的，管理人实施前款规定的行为应当及时报告人民法院。

《最高人民法院关于〈中华人民共和国企业破产法〉施行时尚未审结的企业破产案件适用法律若干问题的规定》

第二条　清算组在企业破产法施行前未通知或者答复未履行完毕合同的对方当事人解除或者继续履行合同的，从企业破产法施行之日起计算，在该法第十八条第一款规定的期限内未通知或者答复的，视为解除合同。

（四）继续履行合同所产生费用的处理

1.管理人通知继续履行的合同所产生费用的处理

对于双方均未履行完毕的合同，管理人通知继续履行产生的费用应当理解为共益债务而非普通债权。

2.非管理人通知的"继续履行"合同

《企业破产法》设定了以下两种特殊情形的"继续履行"：

（1）委托合同。即债务人是委托合同的委托人，被裁定进入破产程序，受托人不知该事实，继续处理委托事务的，受托人以由此产生的请求权申报债权。

（2）票据承兑。债务人是票据的出票人，被裁定进入破产程序，该票据的付款人继续付款或者承兑的，付款人以由此产生的请求权申报债权。

需要说明的是，这里所说的"被裁定进入破产程序"是指经过司法确认进入破产程序。

【法规链接】

《企业破产法》

第五十四条　债务人是委托合同的委托人，被裁定适用本法规定的程序，受托人不知该事实，继续处理委托事务的，受托人以由此产生的请求权申报债权。

第五十五条　债务人是票据的出票人，被裁定适用本法规定的程序，该票据的付款人继续付款或者承兑的，付款人以由此产生的请求权申报债权。

(五)继续履行合同的其他事项

1.保留所有权买卖

《破产法司法解释(二)》第三十四条规定："买卖合同双方当事人在合同中约定标的物所有权保留，在标的物所有权未依法转移给买受人前，一方当事人破产的，该买卖合同属于双方均未履行完毕的合同，管理人有权依据企业破产法第十八条的规定决定解除或者继续履行合同。"

2.对"继续履行"的解释

破产申请受理前债务人订立的合同，应区分情况处理：一是债务人已履行完毕而相对方尚未履行完毕的合同，管理人无权依照《企业破产法》的规定解除，债务人享有的债权属于债务人财产。二是相对方已履行完毕而债务人尚未履行完毕的合同，因继续履行构成对个别债权人的违法清偿，管理人有权解除合同，但继续履行不构成个别违法清偿的除外〔见(2020)最高法民申4265号民事裁定书〕。三是债务人和相对方均未履行完毕的合同，管理人有权依据《企业破产法》第十八条第一款的规定选择解除或继续履行。管理人决定继续履行合同的，相对方有权要求管理人提供担保，管理人不提供担保的，视为解除合同。破产申请受理后，因管理人或债务人请求相对方履行双方均未履行完毕合同产生的债务，属于共益债务。

上述第二、第三种情形，管理人选择解除合同，造成相对方损失，相对方主张债务人损害赔偿的，应予支持。

第四节　破产财产处置

一、对外股权投资处置流程

因上市公司的股权处置受制于上市规则,本节仅讨论债务人对非上市公司的股权投资。

(一)处置股权的前置程序

(1)有限责任公司股东对外转让股权的,应当经过除转让股东外的其他股东过半数的同意。"同意"有三种情形:①明示同意;②默示同意,即自接到书面通知之日起满三十日未答复的,视为同意转让;③其他股东半数以上不同意转让时,不同意的股东应当购买该转让的股权;不购买的,视为同意转让。

(2)对外转让股权时,在同等条件下,其他股东拥有优先购买权。①仅是在对外转让时享有优先购买权;②同等条件下应当考虑转让股权的数量、价格、支付方式及期限等因素;③因继承而发生的股权转让,其他股东原则上没有优先购买权;④优先购买权只在股权可以对外转让时才能行使,对于未经过半数同意时不得主张优先购买权;⑤对其他股东的优先购买权,《公司法》实行了强制保护的规定,不得以协议、章程做排斥规定,但可以基于自愿原则放弃。

(3)股东对内转让股权,基于有限责任公司人合性的要求,并未做过多限制。不需要过半数同意,也不受股东优先购买权的限制。实务中,破产企业处置对外股权投资时需要注意该股权投资是否享有优先购买权,对于有优先购买权的对外股权投资,管理人应当严格履行相关程序确认。在发布拍卖公告前,管理人需要向相关主体发送是否同意转让股权及是否行使优先购买权的通知。一般拍卖破产强清平台对于无形资产的拍卖需要三十日的公示期,管理人可以同时通过公众号、全国破产重整信息公示网、报刊等平台进行公示。

【法规链接】

《公司法》

第七十一条　有限责任公司的股东之间可以相互转让其全部或者部分股权。

股东向股东以外的人转让股权,应当经其他股东过半数同意。股东应就其股权转让事项书面通知其他股东征求同意,其他股东自接到书面通知之日起满三十日未答复的,视为同意转让。其他股东半数以上不同意转让的,不同意的股东应当购买该转让的股权,不购买的,视为同意转让。

经股东同意转让的股权,在同等条件下,其他股东有优先购买权。两个以上股东主张行使优先购买权的,协商确定各自的购买比例;协商不成的,按照转让时各自的出资比例行使优先购买权。

公司章程对股权转让另有规定的,从其规定。

《最高人民法院关于人民法院网络司法拍卖若干问题的规定》

第十六条　网络司法拍卖的事项应当在拍卖公告发布三日前以书面或者其他能够确认收悉的合理方式,通知当事人、已知优先购买权人。权利人书面明确放弃权利的,可以不通知。无法通知的,应当在网络司法拍卖平台公示并说明无法通知的理由,公示满五日视为已经通知。

优先购买权人经通知未参与竞买的,视为放弃优先购买权。

(二)处置股权的具体流程

破产企业对外长期股权投资处置存在调查难、估值难、变现难的三难处境。[1] 实践中,破产企业的对外投资情况纷繁复杂,各子公司的情况各有所异,有的登记状态为"吊销",有的虽登记为"在业"但实际已不经营,一些仅作为持股平台的子公司往往处于无资产、无人员、无账册的"三无"状态。这对管理人的资产处置工作提出更高的要求。

---

[1]　南京破产法庭,《破产企业对外长期股权投资处置类型化研究》,"中国破产法论坛"微信公众号。

表 4-5　股权处置的具体流程

股权取得时间	流程	方式	具体要求	依据
破产前	调查股权价值	评估	以拥有相关评估材料为前提	
		询价	管理人仍需调取相关材料	《最高人民法院关于人民法院确定财产处置参考价若干问题的规定》
		管理人尽调	与破产企业尽调相同	
	处置股权投资	拍卖	/	债权人会议通过的《财产管理与变价方案》
		变卖		
		核销		
		《公司法》规定的其他方法	(1)自行清算 (2)强制清算 (3)回购	

◈ 【法规阅读】

南京市中级人民法院关于破产企业对外股权投资处置的工作指引

为规范破产企业对外股权投资[1]处置,提升破产案件审理效率,服务保障供给侧结构性改革,根据《中华人民共和国企业破产法》《中华人民共和国公司法》及相关司法解释、《全国法院民商事审判工作会议纪要》《破产审判纪要》《最高人民法院关于审理公司强制清算案件工作座谈会纪要》等规定,结合全市法院破产审判实践,制定本指引。

第一条　本指引适用于破产程序中破产企业对有限责任公司(以下简称长投公司)对外股权投资的处置[2]。

第二条　破产企业依法享有的可以用货币估价并可以依法转让的股权属于其财产,应当依法处置。

对外股权投资的处置应当坚持市场化、法治化原则。

第三条　管理人接管破产企业后应当及时全面调查破产企业对外股权投资情况,并记载于债务人财产状况报告。

破产案件审理中,法院应当指导监督管理人依法、公开、高效地处置破产企业对外股权投资。

第四条　管理人对破产企业对外股权投资进行管理、处置,应当制作管理、变价方案,纳入债务人财产管理方案和破产财产变价方案提交债权人会议表决。

第五条　管理人可以通过审计评估方式确定股权价值。需要长投公司配合,但其拒绝提供审计和评估材料的,管理人可以代表破产企业提起股东知情权诉讼。

第六条　长投公司无资产、无人员、无账册或财务资料不全的,管理人应当依法调查破产企业初始投资、长投公司资产、负债等情况,并根据调查情况确定对外股权投资价值。

第七条　对外股权投资价值为正值且长投公司登记为"在业"的,管理人结合长投公司的章程、法律、法规的规定制定变价[3]、股权分配、减资等具体处置方案,经债权人会议表决通过后实施。

无法处置的,经债权人会议表决通过,可以对该对外股权投资进行核销。

第八条　对外股权投资价值为正值且长投公司具备解散事由[4]的,破产企业可以在长投公司清算程序中依法行使权利。无法自行清算的,管理人应当代表破产企业提起对长投公司的强制清算申请。

对外股权投资仍有受让主体的,经债权人会议表决通过,可以采用变价、股权分配等方式对该对外股权投资进行处置。

第九条　对外股权投资价值为零或负值且长投公司登记为"在业"的,经债权人会议表决通过,可以对该对外股权投资进行核销。

对外股权投资仍有受让主体的,经债权人会议表决通过,可以采用变价、股权分配等方式对该股权投资进行处置。

第十条　对外股权投资价值为零或负值且长投公司具备解散事由,破产企业不负有清算责任的,管理人可以提请债权人会议作出决议核销该对外股权投资或者变价处置,无须另行启动长投公司清算程序。

第十一条　对外股权投资价值为零或负值且长投公司具备解散事由,破产企业派员担任长投公司董事会或监事会成员或董事、监事,参与公司经营管理的,可以启动自行清算程序依法对长投公司进行清算。无法启动自行清算程序的,管理人应当代表破产企业提起对长投公司的强制清算申请。

第十二条　对外股权投资价值为零或负值且长投公司具备解散事由,破产企业是长投公司的控股股东,但未派员担任董事会或监事会成员或董事、监事,也未参与过公司经营管理的,应当提请董事会(董事)或监事会(监事)召集股东会组织自行清算。董事会(董事)或监事会(监事)不召集或不能召集的,破产企业应当自行召集股东会成立清算组进行清算,自行清算不能的,管理人应当代表破产企业提起对长投公司的强制清算申请。

第十三条　破产企业系长投公司唯一股东且不能通过对该对外股权投资以变价、股权分配等方式实现退出的,应当依法解散长投公司并成立清算组对公司进行清算;自行清算不能的,管理人应当代表破产企业提起对长投公司的强制清算申请。

第十四条　破产企业进入破产程序前存在怠于履行清算义务情形且有可供分配财产的,需等待长投公司的清算结果或作预留后终结破产程序;破产企业无可供分配财产的,破产程序的终结无须等待长投公司的清算结果。

长投公司已进入清算或破产程序的,破产企业可以在长投公司清算或破产程序中依法行使权利。

第十五条　管理人在调查确认破产企业对长投公司出资情况后,发现存在未全面履行出资义务的,依下列情形分别处置:

(一)破产企业未按照长投公司章程规定履行出资义务,包括完全未出资、出资不实以及抽逃出资等情形的,应当通知长投公司及相关主体申报债权。

(二)破产企业对长投公司出资未到期的,不影响破产企业对该对外股权投资的处置。经司法程序确认破产企业需对长投公司债权人承担补充赔偿责任的,管理人应当通知长投公司债权人申报债权。诉讼尚未终结且破产企业有可供分配财产的,管理人应当对可能承担的补充赔偿责任作相应预留,但不影响对外股权投资的处置及破产案件的终结。

长投公司已进入清算或破产程序的,管理人应当通知长投公司申报债权,并在申报范围内根据债权审核规则,结合长投公司资产负债等情况进行审核。

第十六条　强制清算程序中涉及对外股权投资处置的,参照适用本指引。

[1] 对外股权投资:本指引所指对外股权投资是指破产企业持有的对其子公司、参股公司等有限责任公司的权益性投资。

[2] 本指引中破产企业系登记于股东名册的长投公司显名股东,不涉及隐名股东的情形。

［3］变价是指包括但不限于转让(向长投公司其他股东以及第三人转让股权、拍卖或协议转让股权)、股权回购(符合公司法第七十四条规定的股权回购条件,长投公司对股东所持股权予以回购)等处置方式。

［4］所称"解散事由"是指公司法第一百八十条第(一)、(二)、(四)、(五)项规定而解散的,应当在解散事由出现之日起十五日内成立清算组开始清算的情形。

二、无形资产处置

(一)无形资产的定义及种类

中国资产评估协会于 2017 年发布的《资产评估执业准则——无形资产》第二条指出:"本准则所称无形资产,是指特定主体拥有或者控制的,不具有实物形态,能持续发挥作用并且能带来经济利益的资源。"相较于固定资产,无形资产的特性在于不具有实物形态,无法被直观地感受,但是具有可辨识及经济性。特别是对于许多轻资产的企业而言,无形资产往往可能是其主要的资产部分。

一般而言,无形资产可能包括专利权、商标权、著作权、专有技术、特许经营权、域名等可辨认资产及商誉这一不可辨认资产。对于商业秘密是否属于破产企业的资产虽然存在着较大的争议,但是就企业自身的可变现价值而言,如果商业秘密能够增加债务人的可清偿财产,应当将其视作债务人的财产内容。

(二)无形资产的接管与价值确定

1.无形资产的接管

相较于固定资产等有形资产的接管,无形资产因无具体实物形态,管理人在接管过程中应当尽可能地采取主观调查的方式进行确认、接管。具体应当结合以下材料进行确认:

(1)财务账册。一般而言,财务报表中的"无形资产"科目可以反映企业的无形资产情况,在发现"无形资产"大于 0 时应当进一步了解情况。需要注意的是,多数中小型企业很可能并不会将无形资产或全部无形资产记载于公司账面,因此,管理人应当结合其他途径进行确认。

（2）向债务人的有关人员调查。管理人应当向债务人的财务人员、技术人员、高级管理人员等可能对无形资产有所了解的人员进行询问，以确定债务人的无形资产情况。

（3）网络公示方式调查。具体的公示平台有如下三个：中国及多国专利审查信息查询系统（http://cpquery.cnipa.gov.cn/）、国家知识产权局商标局中国商标网（http://sbj.cnipa.gov.cn/）及全国作品登记信息数据库管理平台（http://qgzpdj.ccopyright.com.cn/）。但是应当注意，对于商业秘密等未公示的无形资产管理人仍旧应当综合其他方式进行确认。

2. 无形资产的价值确定

破产企业无形资产的价值确定一直是破产实务中较大的难题。由于无形资产的价值确定有较强的主观性，因此如果无法明确无形资产的价值，对资产本身的处置变现将产生重大困难，以至于可能直接损害债权人的利益。

无形资产的价值确定直接影响着全体债权人利益的实现，为此，管理人应当尽可能地采取科学、透明、合法的方式确定无形资产的价值。但就现实而言，无形资产的价值确定一直具有较大的难度和不确定性。

例如，2016年四川省成都市中级人民法院受理对成都谭鱼头投资股份有限公司的破产清算一案，2021年5月1日，管理人就成都谭鱼头投资股份有限公司名下49个商标以100万元起拍进行公开拍卖，于5月2日溢价15倍15100000元成交，但最终因买家悔拍而流标。启动第二次拍卖后，最终以4700000元成交，相较之下，比第一次成交价低了很多。

再如，我们办理的一家技术型企业破产清算案中，企业拥有的18个软件著作权、作品著作权、专利申请权，其账面记载价值为300多万元，但经过三次拍卖后最终仅以84000元拍卖成交。可见不同行业的买受人对不同的无形资产的价值认可程度并不完全一致。

在实务操作中，对于无形资产的价值确认管理人可参照以下方式进行：①进行专业评估确认；②就债务人账面记载的价值进行确认。

原则上，在可进行评估的前提下，管理人应当聘请专业的评估机构对无形资产的价值进行评估确认，但实务中存在因缺乏重要资料或无形资产无法展示等原因导致无法评估的情形。此时可以采用依据账面记载价值确认的方式进行确认，但由于时效性这种方式可能并不能反映管理人接管到的无形资产的真实价值。

(三)无形资产的处置方式

对无形资产可采用网络拍卖的方式进行变价处置。如果评估价值为正数,则第一次拍卖以评估价为起拍价;如果债务人财产不足以支付全部评估费用致使未委托评估,则可授权管理人酌情确定起拍价。第一次拍卖如出现流拍的,第二次拍卖时可酌情降低起拍价,但降价幅度不得超过前一次起拍价的20％。如果拍卖两次仍流拍的,则可以由债权人会议授权管理人采用询价、竞价的方式协议转让。

三、资产处置过程中的评估

如何确定破产财产的处置价格是管理人在归集破产资产时必须面临的问题,企业资产是多样化的,不同于现金、银行存款资产,无形资产、固定资产的处置需要以确定处置价格为前提。选择透明、合理的参考价确定方式。

表 4-6　破产财产处置相关法规条款

序号	发布主体	施行时间	文件名称	具体条文
1	最高人民法院	2018年9月1日	《最高人民法院关于人民法院确定财产处置参考价若干问题的规定》(法释〔2018〕15号)	第二条　人民法院确定财产处置参考价,可以采取当事人议价、定向询价、网络询价、委托评估等方式
2	最高人民法院	2021年1月1日	《最高人民法院关于人民法院民事执行中拍卖、变卖财产的规定》法释〔2020〕21号	第四条　对拟拍卖的财产,人民法院可以委托具有相应资质的评估机构进行价格评估。对于财产价值较低或者价格依照通常方法容易确定的,可以不进行评估。当事人双方及其他执行债权人申请不进行评估的,人民法院应当准许。对被执行人的股权进行评估时,人民法院可以责令有关企业提供会计报表等资料;有关企业拒不提供的,可以强制提取
3	最高人民法院	2002年9月1日	《最高人民法院关于审理企业破产案件若干问题的规定》(法释〔2002〕23号)	第八十四条　债权人会议对破产财产的市场价格无异议的,经人民法院同意后,可以不进行评估。但是国有资产除外

续　表

序号	发布主体	施行时间	文件名称	具体条文
4	最高人民法院	2018年3月4日	《破产审判纪要》	26.破产财产的处置。破产财产处置应当以价值最大化为原则，兼顾处置效率。人民法院要积极探索更为有效的破产财产处置方式和渠道，最大限度提升破产财产变价率。采用拍卖方式进行处置的，拍卖所得预计不足以支付评估拍卖费用，或者拍卖不成的，经债权人会议决议，可以采取作价变卖或实物分配方式。变卖或实物分配的方案经债权人会议两次表决仍未通过的，由人民法院裁定处理
5	浙江省高级人民法院	2013年7月5日	《关于企业破产财产变价、分配若干问题的纪要》（浙高法〔2013〕154号）	七、占债权比例三分之一以上债权人建议以非拍卖方式变价破产财产的，管理人可以将非拍卖方式和拍卖方式变价破产财产的方案（附两种方案的理由）提交债权人会议讨论，由债权人会议讨论并作出决议。债权人会议对变价出售破产财产的方式存在较大争议，管理人可以向法院报告。法院结合管理人的意见向债权人会议作适当释明，由债权人会议依法作出决议。八、非拍卖方式变价出售破产财产方案，应符合国有资产管理等法律、行政法规的规定，并具有可操作性。非拍卖方式出售破产财产方案，包括但不限于通过内部竞价转让、协议转让或者直接变现等方式。九、拍卖或者非拍卖方式出售破产财产，需要对全部财产或者部分财产确定价格的，经债权人会议决议不需要进行评估的，管理人制作的财产状况报告或提交债权人会议的相关文件应包含对破产财产的估价内容（并附估价的理由）。债权人会议依法表决通过包含管理人制作的财产状况报告或管理人参考市场行情确定的破产财产价格内容的破产财产变价方案

序号	发布主体	施行时间	文件名称	具体条文
6	杭州市中级人民法院	2018 年 1 月 10 日	《杭州市中级人民法院破产清算案件管理人工作规范（试行）》	第五十二条　破产财产的变价原则上采用网络拍卖方式进行。拍卖程序可参照《最高人民法院关于人民法院民事执行中拍卖、变卖财产的规定》以及《最高人民法院关于人民法院网络司法拍卖若干问题的规定》执行。 经债权人会议或者债权人委员会表决通过，破产财产可以通过变卖或者协议转让方式变价。 变价破产财产过程中，管理人、管理人成员及其近亲属不得自己参与或委托他人代为参与交易。 第五十三条　破产财产可以根据实际情况全部或者部分变价处置。 破产财产一般应当整体变价。无法整体变价或者整体变价不能实现价值最大化的，管理人根据实际情况分别变价，但应当在破产财产变价方案中说明情况和理由。 第五十四条　以网络拍卖方式变价破产财产的，管理人应当制作包括起拍价确定、再次拍卖降价幅度、竞价增价幅度、保证金数额等事项在内的具体变价方案，经债权人会议表决后实施。第一次拍卖时，起拍价不得低于评估价的百分之七十；如果出现流拍，再行拍卖时，可以根据变价方案的授权降低起拍价，但每次降低起拍价不得超过前次起拍价的百分之二十。网络拍卖可以不限次数进行，直至拍卖成功为止。 第五十五条　管理人变价债务人持有的有限责任公司股权的，应当依法通知该公司及其他所有股东；管理人变价债务人持有的股份有限公司股份的，应当依法通知该公司。 对外投资估值为零或者负值且无法变价，管理人决定停止追收的，应当报债权人会议或经授权的债权人委员会表决同意。子公司符合法定条件的，管理人可以依法对子公司提出破产申请或者强制清算申请。 第五十六条　对于难以变价的廉价资产或者变现费用超过变现价值的资产，经债权人会议或者债权人委员会表决通过，管理人可以公益赠与、报废等方式处置，但处置方式不得损害社会公共利益

序号	发布主体	施行时间	文件名称	具体条文
7	温州市中级人民法院	2015年9月22日	《关于通过网络司法拍卖平台处置企业破产财产的会议纪要》	第一条　通过网络司法拍卖平台处置企业破产财产应遵循自愿、合法的原则。对符合条件的企业破产财产,应优先考虑通过网络司法拍卖平台进行处置,债权人会议决议不同意的除外。 第八条　债权人会议决议通过网络司法拍卖平台处置企业全部或部分破产财产的,应同时对是否需要对破产财产进行价格评估作出决议。对执行程序中依法形成且在破产财产变价时仍在有效期内的评估报告,管理人可引导将其作为确定破产财产变价的依据,债权人会议有异议并有合理依据的除外。 债权人会议认为需要对破产财产进行价格评估的,评估机构应优先从浙江法院对外委托机构信息平台(浙江法院公开网)的名册中进行选择,经债权人会议决议确定后由管理人进行委托。 债权人会议认为不需要对破产财产进行价格评估的,管理人制作财产状况报告或其他估价方案(并附估价的理由)后,由债权人会议依法表决确定破产财产的处置价格

序号	发布主体	施行时间	文件名称	具体条文
8	北京市高级人民法院	2021 年 4 月 2 日	《关于破产程序中财产网络拍卖的实施办法（2021修订）》	第十七条　拟采用网络拍卖债务人财产的,一般情况下管理人应当提出处置参考价供债权人会议参考确定起拍价。参考价可以采取以下方式确定: (一)定向询价。债务人财产有计税基准价、政府定价或者政府指导价的,管理人可以向确定参考价时财产所在地的有关机构进行定向询价; (二)网络询价。债务人财产无须由专业人员现场勘验或者鉴定,且具备网络询价条件的,管理人可以通过司法网络询价平台或其他网络询价平台进行网络询价; (三)委托评估。法律、行政法规规定必须委托评估,债权人会议要求委托评估的,管理人应当委托评估机构进行评估。网络询价不能或不成的,管理人可以委托评估机构进行评估; (四)管理人估价。无法通过以上三种方式确定参考价的股权、知识产权等,委托评估费用过高或者财产价值显著较低的,管理人可以根据市场交易价格、财务数据等进行估算。 关于债务人财产处置参考价的确定,本办法未规定的,可参照适用《最高人民法院关于人民法院确定财产处置参考价若干问题的规定》
9	重庆市高级人民法院	2019 年 12 月 30 日	《关于破产程序中财产网络拍卖的实施办法(试行)》(渝高法〔2019〕206 号)	第九条　采用网络拍卖方式处置债务人财产的,一般情况下管理人应当提出处置参考价供债权人会议参考确定起拍价。债权人会议也可以授权管理人自行确定起拍价。 管理人应参照《最高人民法院关于人民法院确定财产处置参考价若干问题的规定》以定向询价、网络询价、委托评估等方式确定参考价。 无法通过定向询价、网络询价、委托评估等方式确定参考价,或者委托评估费用过高的,管理人可以根据市场交易价格、财务数据等进行估价

续　表

序号	发布主体	施行时间	文件名称	具体条文
10	广州市中级人民法院	2020年2月25日	《关于破产程序中财产处置的实施办法（试行）》（穗中法〔2020〕29号）	第七条　财产处置拍卖起拍价应当由债权人会议决议确定,债权人会议也可授权管理人自行确定起拍价。 一般情况下,管理人应当提出财产处置参考价供债权人会议确定拍卖起拍价。管理人可以根据《最高人民法院关于人民法院确定财产处置参考价若干问题的规定》以定向询价、网络询价、委托评估等方式确定参考价。 无法通过定向询价、网络询价、委托评估等方式确定参考价,或者委托评估费用过高的,管理人可以根据市场交易价格、财务数据等进行估价。 第十六条　变价出售债务人财产应当通过网络拍卖方式进行,但债权人会议另有决议的除外。 依照法律、行政法规和司法解释必须通过其他途径处置,或不宜采用网络拍卖方式处置的除外。 拍卖所得预计不足以支付拍卖费用的,可经债权人会议决议采取作价变卖或实物分配的方式

序号	发布主体	施行时间	文件名称	具体条文
11	深圳市中级人民法院	2020 年 9 月 25 日	《关于破产程序中网络拍卖财产工作指引》	第一条　【网络拍卖优先原则】破产程序中变价出售债务人财产的,应当采用网络拍卖方式,法律及其他有关规范另有规定、债权人会议另有决议或者不宜采用网络拍卖方式的除外。 拟不采用网络拍卖方式变价出售财产的,管理人应当在财产变价方案中充分说明理由。 第十六条　【确定首次拍卖起拍价】首次网络拍卖的起拍价按照下列方式确定: (一)沿用执行程序中的定价依据。财产在执行程序中进行过评估但未启动拍卖、变卖程序的,可以沿用执行程序的评估结果作为首次起拍价;财产在执行程序中经拍卖、变卖未能成交或者暂缓、中止拍卖、变卖的,可以沿用拍卖保留价、变卖价作为起拍价; (二)按照不动产市价查询情况确定。财产系不动产,可以通过深圳市房地产评估发展中心"房地产评估价格查询系统"获得市价查询信息的,应当以在网络拍卖平台发布首次拍卖公告前十个工作日内的市价查询信息为起拍价依据; (三)经由债权人会议决定。管理人可以提出起拍价或者起拍价确定方式的建议,经债权人会议表决通过。 (四)委托评估机构确定。法律及其他有关规定要求进行评估,债权人会议决定委托评估,或者管理人经调查后认为无法建议起拍价的,经人民法院许可,管理人可以公开聘请评估机构并以评估值作为起拍价参考

❖❖ 【管理人操作指引】

　　建议在提交债权人会议表决的《财产变价方案》中授权管理人可采取多种方式确定起拍价,包括但不限于定向询价、网络询价、委托评估、管理人估价等方式。

　　第一次债权人会议召开时,很可能存在管理人尚未查清债务人财产的情况,如果在第一次债权人会议报告中,直接由管理人对尚未查清的相关资产进行估价,确定起拍价,稍欠妥当。因此,建议在第一次债权人会议报告中,对能够查清的资产,如商标等,可确定起拍价,但对于软件著作权、固定资产等资产,建议授权管理人采取多种方式确定起拍价。管理人在之后的调查过程中,若发现拍卖所得预计不足以支付评估拍卖费用、委托评估费用过高或者财产价值明显较低,可以根据市场交易价格、财务数据等进行估算,并制作破产财产的估价内容(并附估价的理由)提交债权人会议表决。

◆ 【参考案例】

嘉峪关市中级人民法院(2020)甘 02 民初 44 号民事判决书(节选)

基本案情:管理人接受指定后,接管了兴盛公司的全部资产(包括邮储银行设定担保的财产),并对邮储银行的担保财产进行了审计和评估作价。2018年 10 月 13 日,管理人在本院阿里巴巴司法拍卖网络平台上对邮储银行设定担保的全部财产进行了第一次公开拍卖,起拍价设为评估价,流拍后于 2018年 11 月 16 日进行了第二次公开拍卖,起拍价为评估价的 70%,但再次流拍。期间,管理人将拍卖信息通过微信公众号、微信朋友圈及多家媒体发布了拍卖公告信息,但邮储银行设定抵押的啤酒花颗粒未能成功变现。

2019 年 4 月 10 日,管理人就担保债权以实物进行优先受偿的事宜与邮储银行等四家担保权人进行面谈,并向邮储银行送达了(2018)兴盛破管字第 58号《关于担保权以实物优先受偿的通知书》,在约谈笔录中邮储银行明确表示同意以实物优先受偿其担保债权,但对 3 号冷库的受偿数量和 2 号冷库的抵押数量提出异议,并同意由法院对评估费、审计费和管理人报酬进行确定。

2020 年 1 月 20 日,管理人组织召开兴盛公司第三次债权人会议,通过了《嘉峪关市兴盛啤酒花种植有限公司破产清算案破产财产分配方案》等议案,案涉啤酒花颗粒清偿邮储银行的债权 15115033.28 元,剩余债权共计 11470207.72元列为普通债权,并按照分配方案确定的清偿比例进行清偿,邮储银行获偿的金额为 525798.91 元,同时扣除其应承担的评估费、审计费、管理人报酬219860.32 元。

关于管理人处置案涉啤酒花颗粒的行为是否违法,是否违反管理人忠实、勤勉义务的问题。

首先,本院(2018)甘 02 民破 2 号决定书指定甘肃梓钊律师事务所担任兴盛公司破产清算一案的管理人后,管理人根据《中华人民共和国企业破产法》第二十五条、第二十七条规定,依法接管了兴盛公司的全部资产,其中包括邮储银行设定担保的特定财产即案涉啤酒花颗粒。管理人提交的雇佣合同、维修发票可以证实其依法履行了对啤酒花颗粒的谨慎管理和维护职责。其次,管理人在本院阿里巴巴司法拍卖网络平台上对包括案涉啤酒花在内的全部财产进行了两次拍卖,且通过微信公众号、微信朋友圈以及多家媒体向公众发布变卖公告信息,依法履行了其对啤酒花颗粒的处置义务。再次,第二次债权人会议表决通过的《财产变价方案》确定案涉啤酒花颗粒的起拍价为评估价,管理人按照该方案执行第一次起拍价为评估价,并未违反《最高人民法院关于人民法院网络司法拍卖若干问题的规定》第十条第二款"起拍价由人民法院参照评估价确定,起拍价不得低于评估价"的规定。最后,案涉啤酒花最终未能变现是由于市场因素、货物品质、价格、需求群体等各种原因,不能以此推定管理人存在怠于处置啤酒花颗粒的行为。综上,管理人已对案涉啤酒花颗粒尽到了维护、变现的管理职责,并不存在怠于保管、处置啤酒花颗粒的行为,故对邮储银行的该项诉讼请求本院不予支持。

衢州市中级人民法院(2019)浙 08 民终 462 号民事判决书(节选)

本院认为,本案主要争议焦点为鑫盛公司管理人两次拍卖对诉争标的起拍价的确定是否程序违法。上诉人主张根据《财产变价方案》的规定,鑫盛公司管理人不再对拍卖财产另行评估,参照衢广泽评报字【2017】第 066 号评估报告处置的根本前提系评估报告仍在有效期内。但当鑫盛公司管理人就诉争标的采用网络司法拍卖进行财产处置时,衢广泽评报字【2017】第 066 号评估报告已处于失效状态,鑫盛公司管理人未对诉争标的重新评估径直实施财产处置的行为超出了《财产变价方案》的授权范围,属于程序违法,应予撤销。本案中,鑫盛公司第一次债权人会议表决通过的《财产变价方案》中明确载明,"根据在执行阶段法院委托衢州广泽资产评估事务所作出的司法鉴定报告(有效期 2017 年 3 月 8 日至 2018 年 3 月 7 日),鑫盛公司名下的土地、房地产及其他无权证附属物评估价为 1481.15 万元(市场价值),为节约成本及效率且上述评估结论仍在有效期内,管理人不再另行对上述土地使用权、房屋及附属物另行评估。资产处置参照上述评估价值(1481.15 万元)进行,首次拍卖起拍价格为 1481.15 万元,如第一次流拍的,则第二次拍卖起拍价格在第一次拍卖价格基础上下浮 15%,第二次流拍的,则第三次拍卖的价格在第二次拍卖价格基础上下浮 15%,第三次流拍的,则管理人报债权人委员会批准,参照评估价格以及市场行情以协议买卖、变卖方式处置上述资产。"该《财产变价方案》经债权人会议表决通过,程序合法,不违反法律禁止性规定,对于全体债权人均有约束力。从上述方案内容可知,在鑫盛公司管理人制作《财产变价方案》确定诉争标的起拍价格时参考了评估报告对诉争标的所作的价值评估,最终明确确定了首次起拍价格为 1481.15 万元,以及如第一次流拍,第二次拍卖起拍价格在第一次拍卖价格基础上下浮 15% 等的起拍价格,而非表明诉争标的起拍价系按照评估价值确定。现鑫盛公司管理人两次进行网络司法拍卖时均系依据《财产变价方案》确定的起拍价格进行诉争标的的司法拍卖,该拍卖并未违反《财产变价方案》。故上诉人的上述主张不能成立,本院不予支持。

◆◆ 【延伸阅读】

破产管理人未依法履职罚款 5 万元!(节选)

2020 年 7 月 17 日,市中级人民法院依法裁定受理债权人对联客万得公司的破产清算申请。联客万得公司的主要财产为办公设备和一批机器设备。该公司债权人会议通过的《财产变价方案》载明,财产变价通过公开拍卖进行。但是,管理人在未对财产价值进行评估或询价的情况下,直接将上述财产以 10 万元予以变卖。管理人处置财产的行为,严重违反了法律法规规定。《企业破产法》规定,管理人出售财产应当通过拍卖进行,债权人另有决议的除外。

勤勉尽责、忠实执行职务,是破产管理人应尽的法定义务,但在实践中,破产管理人怠于履行职责、不依法办理破产事务的情形频频发生,损害了相关当事人的合法权益,也影响了破产办理质效的提升。"办理破产"是评估营商环境的一项重要指标,能以低成本清理债务、回收债权,是良好营商环境的重要体现。强化管理人依法履行办理破产的职责,提升管理人的专业化水平,进一步完善管理人制度,系现阶段破产制度改革的重要任务。

("深圳市中级人民法院"公众号,2021 年 5 月 21 日)

第五节　破产法中的重要权利

一、破产撤销权

(一)破产撤销权的概念和特征

破产撤销权是指债务人财产的管理人对债务人在破产申请受理前的法定期间内进行的欺诈债权人或损害全体债权人公平清偿的行为,由申请法院予以撤销的权利。[①]

破产撤销权具有如下特征:

(1)破产撤销权指向的标的为财产或财产权利,不具有财产性的行为不属于破产撤销权涉及的范围。

(2)破产撤销权的行使受制于时间条件,即撤销的行为发生在企业被法院裁定受理破产前的一定时间范围内,破产撤销权的效力不能无限制地延伸至企业的一切行为,这也是基于商事交易的安全性和稳定性角度考虑。

(3)破产撤销权的行使主体为管理人。破产撤销权的根本目的在于维护全体债权人的利益,但由于它是对既成行为的撤销制度,让理性程度更高的管理人作为权利的行使者也是各国的通用做法。

(二)破产撤销权的立法意图及功能

《企业破产法》以公平清理债权债务,保护债权人和债务人的合法权益为直接目标,破产撤销权被认为是保护全体债权人利益的重要手段之一,同时也是直属于管理人的重要权利之一。

在商事活动中,企业的情况是千差万别的,部分企业经营者在发现企业可能陷入债务危机时,可能会出于不正当目的通过无偿转让甚至是伪造虚假交易的方式转移资产,进而申请企业破产。不论企业实际经营者最终能否受益,进入破产程序后,全体债权人利益都将因前述转移资产的行为而受损。对于这些行为,法律基于公平理念必须发挥其矫正功能,待破产撤销权行使后,使

---

① 　王欣新,《破产法原理与案例教程》,中国人民大学出版社 2010 年版。

得这些被转移的资产能够回到债务人财产中,从而使得债权人能够享受其清偿所带来的利益,最大限度地保护全体债权人的利益。美国著名破产法教授麦克拉兰认为,可撤销交易制度是破产法对商法最重要的贡献,这不仅仅是因为该制度促进了破产法的平等分配原则,而且它减少了对债权人从智力竞争中得益的刺激,促进了合理的商业活动。[①]

(三)破产撤销权的行使条件

我国现行法律关于破产撤销权的规定主要集中在《企业破产法》第三十一条和第三十二条。根据这两条规定所表述的不同情况,可将破产撤销权划分为优惠性转移的撤销及偏颇性转移的撤销。事实上,美国破产制度中存在第三种撤销,即瑕疵性担保的撤销[②],但从立法体例中,我国《企业破产法》已将"瑕疵担保"的情况纳入第三十一条"对没有财产担保的债务提供财产担保"的情形中。

针对不同的财产转移情形,撤销权的行使条件并不完全相同,以下对优惠性清偿及偏颇性清偿进行分类讨论。

1.优惠性清偿的撤销条件

(1)时间条件:人民法院受理破产申请前一年内。

(2)情形条件:包括无偿转让财产的、以明显不合理的价格进行交易的、对没有财产担保的债务提供财产担保的、对未到期的债务提前清偿的、放弃债权的等情形。

(3)撤销权行使期限:破产程序进行过程中。

破产撤销权与一般的民事撤销权最明显的区别在于,破产撤销权的请求权依据在于《企业破产法》的规定,而非直接适用《民法典》关于一般民事撤销权的规则限制。江苏省高级人民法院曾在(2017)苏民终 1401 号民事判决书中指出:"虽然亚联公司上诉提出弘瑞公司行使撤销权超过了《合同法》第五十五条和第七十五条[③]规定的一年除斥期间的主张,但本案中弘瑞公司系以嘉联公司管理人的身份行使破产撤销权,而非以嘉联公司债权人的身份主张行使

---

① 蒋黔贵,《中华人民共和国企业破产法释义》,中国市场出版社 2006 年版。

② 冀宗儒,《美国破产法案例选评》,对外经济贸易大学出版社 2006 年版。

③ 《合同法》已废止,其第五十五条和第七十五条现分别为《民法典》第一百五十二条和第五百四十一条。

《合同法》第七十四条①规定的撤销权,也非以合同相对方的身份主张撤销案涉《借款合同》,即民法上的撤销权有别于破产法上的撤销权,本案属于破产法上的撤销权,应适用《企业破产法》的规定,而根据前述第三十一条的规定,管理人在破产程序进行中均可行使破产撤销权。"

>>> **延伸问题 1:债务人债务加入的撤销问题**

解答:我们办理的破产案件中就曾出现过债务人在破产前一年内发生债务加入的情况。首先,我们应明确破产企业作为债务人加入他人债务的行为并不属于《企业破产法》第三十一条明确规定的可撤销情形。但我们认为,该行为是否应当予以撤销应当立足于《企业破产法》第三十一条的立法精神进行考虑。优惠性清偿强调的是债务人未能获利而对外作出的行为致使企业陷入更加不利的境地,债务加入作为单务行为,实际上并不会给破产企业带来更多的利益。其产生的直接结果就是明显减少了其他债权人可以分配的财产。为此,虽然没有法律明文规定,但我们认为,该种行为应当予以撤销。

江苏省扬州市中级人民法院在(2016)苏 10 民初 140 号民事判决书中对于破产前一年内发生的债务加入行为有着详细的论述:

"一、该行为予以撤销符合破产法公平清偿原则和相关规定精神。《中华人民共和国企业破产法》第一部分'法律原则'的第一条规定,企业破产应当公平清偿债权债务,保护债权人和债务人的合法权益。由此确立的公平清偿原则在法律上要求对债务人在已知或应知其已经或将会陷于无力偿债的状态下不正当的、有害于全体债权人利益的行为进行否定,如特定时期的个别清偿行为、无偿行为、近似于无偿行为的有偿行为,转移财产、虚构债务等减少债务人总财产或增加总债务的行为,以避免全体债权人的可分配财产被不正当减少,使破产法概括性公平清偿的基本程序价值难以实现。《中华人民共和国企业破产法》第三十一条、第三十二条规定的管理人撤销权和第三十三条规定的管理人确认无效权均为实现破产法确立的这一公平清偿原则。

---

① 《合同法》已废止,其第七十四条现为《民法典》第五百三十八条。

"本案中,嘉联公司于2014年10月加入2010年3月业已形成的金源公司对亚联公司的5000万元债务,且发生在破产重整申请受理前一年内,此时,嘉联公司已经陷入破产危机之中,债务加入使亚联公司取得对嘉联公司的5000万元的债权,嘉联公司的其他债权人可分配财产由此减少,严重有损公平清偿原则。《中华人民共和国企业破产法》第三十一条规定'人民法院受理破产申请前一年内,涉及债务人财产的下列行为,管理人有权请求人民法院予以撤销:(一)无偿转让财产的;(二)以明显不合理的价格进行交易的;(三)对没有财产担保的债务提供财产担保的;(四)对未到期的债务提前清偿的;(五)放弃债权的'。该条虽然没有明确列举债务人的债务加入行为,但债务加入行为是单纯的负担行为,债务人不能因此获得任何利益,明显减少了其他债权人可以分配的财产,与条文列举的五项行为对债务人财产的减损以及对全体一般债权人利益的损害在作用和性质上是一致的,具有对破产程序的有害性和不当性,应当参照此条予以撤销。

"相反,对于破产中债务人的债务加入行为一律不允许撤销,将使债务人的财产难以保全,严重侵害全体债权人的公平清偿权,从而使《企业破产法》第一条规定的法律原则无法真正确立,第三十一条规定的撤销规则的功能则形同虚设。

"二、与《中华人民共和国企业破产法》第三十三条规定的无效行为的区别。第三十三条规定'涉及债务人财产的下列行为无效:(一)为逃避债务而隐匿、转移财产的;(二)虚构债务或者承认不真实的债务的'。嘉联公司的债务加入行为与第二项具有相似性,均单纯地负担了'债务',不同的是后者不具有合法性,明显恶意损害债务人财产,不属于法律行为,前者债务加入行为具有合法性,符合法律行为的构成要件,产生相应的法律效果,因而后者自始是无效的,无论无效行为多么久远,前者在未撤销之前是有效的,对之撤销需要符合破产法规定的发生在破产受理前'一年内'的期限条件。第三十三条无效行为中的第一项'隐匿、转移财产'与第三十一条可撤销行为中的第一项'无偿转移财产'的区别在性质和法律后果上也可以作相似的解读,进一步佐证了债务加入行为应当归类为第三十一条列举的行为的性质范围,应当属于可撤销行为,不应当列为第三十三条规定的无效行为。"

但债务加入是否必然引发撤销的结果也不可一概而论。如前所述,债务加入以"单务行为"作为表征,但在实际的商事交易过程中,商事行为的出发点可能是多种多样的,如果破产企业的债务加入本就是以获得相应利益为条件的,此时不能简单认为所有的债务加入行为均是"单务"的,这需要根据债务人在这期间能否"获利"或从全体债权人利益的角度出发进行考虑。事实上,前述判决的论证点也是着重考虑了本次债务加入行为对全体债权人的利益是否会产生影响。

>>> 延伸问题2:"对放弃债权"的实务运用

解答:实务中存在一种情形,即对于债务人破产申请受理前已经到期的债权,债务人已取得生效法律文书,但是对生效判决未在二年期限内申请执行。此种情况应如何处理?

以我们经办的案件为例,2020年6月10日,因S公司不能清偿到期债务且明显缺乏清偿能力,F法院作出裁定,受理S公司的破产清算申请。我们发现S公司对D村的债权有生效法律文书,但该份文书生效时间为2018年5月2日,至F法院2020年6月10日作出受理破产申请的裁定前,其未对该生效判决申请过强制执行。为此,我们在论证该份文书的可执行性时提出如下观点:

《民事诉讼法》第二百四十六条规定"申请执行的期间为二年",该二年的起始计算时间是法律文书规定履行期间的最后一日。由于债务人对权利的消极行使,使得其进入破产程序后对债权人利益造成了直接影响。

《企业破产法》主要立足于社会利益,以公平清理债权债务、保护债权人和债务人的合法权益为己任。在尚未进入破产程序前,虽然企业消极行使权利的行为会造成未来"债权人"的利益损失,但此种损失尚处于不确定状态,作为债权人的企业而言,其放弃实体上的利益本属于自愿原则的范畴。

然而,对于已经进入破产程序的企业来说,由于"特区规则"的存在,使得原先行为的性质发生了变化。具体来说,《企业破产法》第三十一条规定,"人民法院受理破产申请前一年内,涉及债务人财产的下列行为,管理人有权请求人民法院予以撤销：……（五）放弃债权的"。《企业破产法》虽未对"放弃债权"做进一步的明确，但从"债权人公平之满足和债务人经济之复苏"的《企业破产法》社会机能的角度出发，对该条的理解应当回溯对债权人利益的保护，事实上破产前一年的规定是对自愿原则在《企业破产法》领域的限制使用。此时出于对债权人利益的维护，将未能在法定期限内申请执行作为"放弃债权"的具体表现，符合《企业破产法》的立法宗旨及精神。

这种观点仅是我们对"放弃到期债权"的一种理解，是否具备实际可操作性，则需另行论证。

2. 偏颇性清偿的撤销条件

偏颇性清偿也称为个别清偿行为，《企业破产法》第三十二条规定："人民法院受理破产申请前六个月内，债务人有本法第二条第一款规定的情形，仍对个别债权人进行清偿的，管理人有权请求人民法院予以撤销。但是，个别清偿使债务人财产受益的除外。"该条文确立的偏颇性清偿行为的撤销权行使应当符合以下条件：

（1）时间条件：清偿行为发生在人民法院受理破产申请前六个月内。由于《企业破产法》对个别清偿的时间范围已经做了明确规定，应当认为该时间条件的限制是绝对的，对于超出该时间范围所发生的行为，管理人无法行使偏颇性清偿撤销权。

（2）情形条件：出现了"债务人不能清偿到期债务，并且资产不足以清偿全部债务或者明显缺乏清偿能力的情形"。《企业破产法》在表述时，仅以"债务人有本法第二条第一款规定的情形"描述，其中的"有"从字面理解当然为客观事实上的存在。但应当说明，对这一客观事实需要由管理人履行举证责任。绍兴市中级人民法院在(2016)浙 06 民终 2528 号民事判决书中，认为债权债务转让协议发生于一审法院裁定受理 F 公司破产清算申请前六个月内，具备危机期间要件。但是，F 公司管理人未能举证证明所诉撤销的行为发生之时债务人存在资不抵债或明显缺乏清偿能力的情形，故 F 公司管理人的诉请缺乏证据证明彼时 F 公司已经存在破产原因，仅据此即可驳回 F 公司管理人的诉请。

（3）阻却事由：个别清偿使债务人财产受益不可撤销，因为现行《企业破产法》对"债务人财产受益"并未作出明确规定。但在《破产法司法解释（二）》中，对于个别清偿的例外作出了部分规定，如债务人为维系基本生产需要而支付水费、电费等的，债务人支付劳动报酬、人身损害赔偿金的。结合实务中存在的已有判例，可以将个别清偿的例外情形归纳如下：

①产生了"后位新价值"的个别清偿。

就北京德恒（温州）律师事务所与平安银行股份有限公司温州瑞安支行请求撤销个别清偿行为纠纷一案，瑞安市人民法院在（2015）温瑞商初字第5091号民事判决书中借鉴了美国"后位新价值"的概念，认为"虽然润隆公司清偿了先前的债务，减少了破产财产，但相应地，被告随即根据新的信用提供了贷款，破产财产又得到了增加，获得了新价值，此时清偿和新价值相互抵销，破产财产并没有减少，在新价值的额度范围内没有出现偏颇性清偿的后果，不应被撤销"。此观点同时被温州市中级人民法院在（2016）浙03民终2847号民事判决书中予以支持。

"后位新价值"概念源于美国破产法，指在债权人给债务人带来的财产增益是以债务人之前所为的清偿或财产担保为条件，如果债务人在破产前没有对基于新价值而产生的债务另行清偿或提供担保，则债务人之前的清偿或担保行为可构成偏颇性清偿行为的例外。[1]

在获得"后位新价值"情形下，破产财产虽然因为先前的清偿减少了，但是通过债权人基于新的信用提供的商品或贷款又得以增加，清偿和新价值相互抵销，此时债务人的责任财产并没有减少。原债权人则成为新价值的债权人，其受偿地位也没有变得更为有利。因此，债务人为了获取"后位新价值"，而对先前债务所做的个别清偿，在新价值范围内没有出现偏颇性清偿的后果，对其进行撤销并不符合撤销权设置的目的。

②为维系企业正常经营的个别清偿。

债务人在正常商业活动中，常常需要向供应商进行定时清偿，这样才能保证供应商继续供货，维持债务人的生产活动，避免债务人因生产资料的供应不足或拖延导致无法生产或生产效率大幅度降低，这种清偿行为在一定程度上

---

[1]　［美］大卫·G·爱泼斯坦、史蒂夫·H·尼克勒斯、詹姆斯·J·怀特，《美国破产法》，韩长印等译，中国政法大学出版社2003年版。

减少了债务人的损失。如果撤销这种清偿行为,则可能加速债务人的破产进程。实质上,该类清偿行为与"债务人为维系基本生产需要而支付水费、电费等"行为的作用是一样的,都是为了维系债务人的正常生产经营,间接使债务人财产受益,同时使全体债权人受益。因此,不应被撤销。

沈阳都瑞轮毂有限公司破产管理人诉沈阳方也信贸易有限公司请求撤销个别清偿行为纠纷一案中,辽宁省高级人民法院在(2016)辽民终 827 号判决书中认为,"都瑞公司偿付部分货款的行为并非不当处理公司财产,既是履行应尽的合同义务,也使得都瑞公司受益,对全体债权人亦是有利的,依照上述法律规定,该个别清偿行为不应予以撤销"。

③以债务人自有财产设定担保物权的债权的清偿。

《破产法司法解释(二)》第十四条规定:"债务人对以自有财产设定担保物权的债权进行的个别清偿,管理人依据企业破产法第三十二条的规定请求撤销的,人民法院不予支持。但是,债务清偿时担保财产的价值低于债权额的除外。"这是因为虽然该清偿行为事实上造成了债务人财产的减少,但由于担保债权具有优先性,当担保物的变现价值高于担保债权人的债权时,担保债权人本就可以行使担保物的优先受偿权,对其他顺位的债权人并不会造成影响,而且相较于进入破产程序再对担保物进行处置,实际上也减少了相应的处置成本。故此时不宜再就该清偿行为进行撤销。但实务中的难点是对担保物价值的认定,在担保物尚未变现的情况下,很可能难以确定其价值大小,特别是对于具有一定专属性质的担保物。

④已经生效法律文书确认并已清偿的行为。

《破产法司法解释(二)》第十五条规定:"债务人经诉讼、仲裁、执行程序对债权人进行的个别清偿,管理人依据企业破产法第三十二条的规定请求撤销的,人民法院不予支持。但是,债务人与债权人恶意串通损害其他债权人利益的除外。"这一规定本意在于确立司法机关等生效法律文书的既判力,维护法律秩序的稳定性。

需要说明的是,司法解释在确立债务人经诉讼、仲裁、执行等法定程序在破产前六个月内获得的清偿原则上不可撤销时,同时设定"恶意串通损害其他债权人利益"的例外。但事实上,对于管理人而言,可操作性不强。例如,在提起个别清偿撤销诉讼时,管理人除证明清偿行为符合《企业破产法》第三十二条的情形外,还应当对《破产法司法解释(二)》第十五条规定的例外情形进行推翻论证。由于此时受清偿人有生效法律文书,不可能要求其对自身的恶意进行相反证明。但对于管理人而言,事后介入至破产企业与其债权人的主观意图中,除非具有明确的直接证据,否则,发动撤销之诉,将可能使得管理人陷入较大的风险中。

⑤债务人为维系基本生产需要而支付水费、电费等的,支付劳动报酬、人身损害赔偿金的。

《破产法司法解释(二)》第十六条明确支付劳动报酬不可撤销。显然,"劳动报酬"并非等同于职工债权,职工债权包括工资、医疗、伤残补助、抚恤费用,应当划入职工个人账户的基本养老保险、基本医疗保险费用,法律、行政法规规定应当支付给职工的补偿金,职工垫付款、公积金、因劳动调解书产生的违约金(有争议);劳动报酬指劳动者付出体力或脑力劳动所得的对价,体现的是劳动者创造的社会价值,可以理解为职工债权中的工资。因此,从文义解释角度来看,《破产法司法解释(二)》仅限定了对职工的工资、医疗、伤残补助、抚恤费用的个别清偿是不可撤销的。

⑥借旧还新。

债务人在破产临界期内从第三人处借款,专款专用于偿还对特定债权人的债务,债务人的资产实际并未减少、债务总额并未变化、对其他债权人的清偿比例并未变化,并未损害其他债权人利益的,不构成偏颇性个别清偿,管理人不得请求法院撤销。(2017)辽 01 民初 809 号、(2018)辽民终 430 号民事判决书中,两级法院均认为"债务总额并没有发生变化,对其他债权人的利益并没有损害"可以成为阻却个别清偿撤销权的理由。

(4)偏颇性可撤销的其他要件争议。

①是否需要具备主观要件。

《企业破产法》第三十二条将对债务人出现破产情形作为一种客观条件,未明确需要受清偿债权人需要"明知"债务人陷入债务危机。实际上,破产撤销权的行使是否需要债权人具备主观善恶意有较为明显的争议,特别是对于是否需要受让人明知债务人存在破产情形有较大的分歧。

在(2016)鲁民申 451 号民事裁定书和(2016)浙民终 523 号民事判决书中,山东省高级人民法院和浙江省高级人民法院表达了两种截然不同的观点。

在(2016)鲁民申 451 号民事裁定书中,山东省高级人民法院认为:"本案绿能公司破产管理人主张撤销其对商业银行张村支行个别清偿行为的主张能否成立,关键取决于撤销债务人对个别债权人的清偿行为应具备哪些法律条件。从《企业破产法》第三十二条和第二条第一款的规定中可以看出,对个别清偿行为行使破产撤销权应具备以下条件:清偿行为发生在人民法院受理破产申请前 6 个月内;债务人不能清偿到期债务,并且资产不足以清偿全部债务或者明显缺乏清偿能力;该行为没有使债务人的财产受益。《企业破产法》第三十二条之所以规定需债务人出现了企业破产法第二条第一款规定的情形,显然是为了赋予获得受偿的债权人以善意抗辩权,即只有当债权人明知债务人出现了企业破产法第二条第一款规定的破产原因而仍然为个别受偿时,人民法院才能依管理人的申请对债务清偿行为予以撤销。"

在(2016)浙民终 523 号民事判决书中,浙江省高级人民法院认为,对《企业破产法》第三十二条规定的个别清偿行为是否应该撤销应考虑到行为人的主观恶意……《企业破产法》和《破产法司法解释(二)》的相关规定,对于偏颇性清偿行为的规制,都是以债的合法存在为前提的,而对于行为人的主观状态(恶意或善意),则无特别的要求。建设银行绍兴分行以其和保达公司在行为时不存在主观恶意作为上诉理由,没有法律、司法解释的依据。

徐阳光教授认为,"从立法目的来看,该条款主要是针对实践中一些债务人出于逃避债务、偏袒清偿等原因,往往在破产申请之前恶意地优先清偿其关联企业或亲朋好友等特定债权人的到期债务,使其他债权人的利益在随后启动的破产程序中受损。同时也会使债务人在此期间内所有的自愿或非自愿的清偿行为面临被撤销的风险,损害善意第三人的权益,也会严重影响交易的安全和经济秩序的稳定"①。

上述观点主张对个别清偿撤销权的规定进行从严把握,主观恶意应当成为该规则适用的必要条件,但是否知悉债务人发生了破产并不是证明主观恶意的唯一情形。简而言之,从商事交易的角度出发,效率、安全原则是至上原则。撤销权指向的对象为规避债务人的恶意,同时承认善意债权人的存在。

王欣新教授从文义解释角度分析本条时指出,仅从目前法律规定的文义上看,立法对是否撤销个别清偿行为的判断基点,不包括当事人的主观因素,"立法如此规定除体现出利益保护上的倾向外,也存在司法裁判的实际需要。因当事人的善意或恶意作为主观因素往往是难以举证证明的,所以认定个别

---

① 徐阳光,《破产法视野中的银行贷款加速到期与扣款抵债问题》,《东方论坛》2017 年第 1 期。

清偿行为是否应予撤销的标准原则上是以客观结果认定的,而不再考虑动机、过错或善恶意方面的因素"[1]。

就管理人角度而言,如果要求证明受清偿债权人具备恶意,无非加大了管理人的工作难度,使可操作性受限。

②清偿的主被动问题——《企业破产法》第三十二条规定的个别清偿行为是否限于债务人的主动清偿?

有观点认为,《企业破产法》第三十二条仅适用于债务人主动清偿债务的情况,不适用于债权人主动以扣款、抵销、和解等方式实现债权,因此银行的扣划行为不属于债务人清偿。

王欣新教授认为,上述观点理解得过于狭义,会变相鼓励债务人恶意规避法律、串通债权人利用上述方式抢先清偿,会危及破产撤销权立法目的的实现。

最高人民法院民事审判第二庭认为,将《企业破产法》第三十二条规定的个别清偿行为限于债务人主动清偿行为有所不当。

第一,《企业破产法》第三十二条虽然在立法上使用了"债务人……仍对个别债权人进行清偿的"表述,但是根据该条规定,判定个别清偿行为是否可以撤销的关键,是债务人财产是否因清偿行为而减少受损,是否对其他债权人的清偿利益造成损害,客观上是否有违《企业破产法》公平清偿的基本原则。

第二,《破产法司法解释(二)》第十五条虽然肯定了债权人经过诉讼、仲裁、执行程序而进行的个别清偿原则上不可撤销,但仍设定了例外情形,即在债权人与债务人恶意串通损害其他债权人利益的特定情况下也是可以撤销的,而这些个别清偿显然是由债权人主动采取措施并且借助司法手段实现的,而非债务人的主动清偿。所以,举重以明轻,债权人尤其是银行的主动强制划款行为,不应影响对《企业破产法》第三十二条规定的适用。

第三,"扣款偿债"应区分是银行擅自扣划还是按照合同约定扣划。银行擅自扣划的应当适用侵权法律来解决。银行按照合同约定"扣款偿债",虽然与债务人完全主动履行债务有一定区别,但其中确实也包含了债务人事先认可的特定情况下予以履行债务的意思表示,并非完全脱离债务人清偿意愿。

第四,这种过于狭义的理解,会变相鼓励债务人恶意规避法律、串通债权

---

[1]　王欣新,《银行贷款合同加速到期清偿在破产程序中的效力研究》,《法治研究》2015 年第 6 期。

人利用上述方式抢先清偿,危及破产撤销权立法目的的实现。

《企业破产法》在表述个别清偿撤销时的立法用语为"债务人""对个别债权人进行清偿的"。从语义角度理解,其含义应当为债务人主动向债权人进行的清偿,但如果真这样解释将使得拥有优势地位的金融机构清偿行为泛滥。为此,个别清偿的可撤销范围是否仅限于债务人主动清偿一度是实务中的争议点。

就西飞集团进出口有限公司破产管理人与中信银行股份有限公司西安分行请求撤销个别清偿行为纠纷一案,最高人民法院在(2016)最高法民申 717 号民事裁定书中认为,"破产法第三十二条虽规定人民法院受理破产申请前六个月内,债务人出现不能清偿到期债务,并且资产不足以清偿全部债务或明显缺乏清偿能力的情形,债务人仍对个别债权人进行清偿的,管理人有权请求人民法院予以撤销。本条的立法目的是防止债务人的个别清偿行为损害其他债权人的公平受偿权利,但本案的款项扣划不属债务人自行清偿行为,而是中信西安分行的主动划扣,不属于破产法第三十二条的规范范围,西飞破产管理人据此主张撤销,法律依据不足"。

我们认为,最高人民法院在银行扣划利息的观点上有以下几点值得商榷。

(1)依据文义解释优先的原则,由于《企业破产法》第三十二条未设置"主动"清偿的规定,故不能将"因本次清偿系银行扣划,非债务人主动清偿"作为阻却管理人行使撤销权的事由。

(2)个别清偿撤销权的立法目的在于平衡全体债权人的利益,对个别清偿行为的撤销,不应该考虑是否由债务人主动作出,否则会变相鼓励债务人恶意规避法律、串通债权人利用上述方式抢先清偿,会危及破产撤销权立法目的的实现。

(3)《破产法司法解释(二)》第十五条,肯定了债权人经过诉讼、仲裁、执行程序的个别清偿,在特定情况下也是可以撤销的,而这些个别清偿显然是由债权人主动采取措施实现的。所以,举重以明轻,债权人尤其是银行的主动强制划款清偿行为,更不应影响对《企业破产法》这一规定的适用。

以我们办理的破产案件为例,实践中法院对于银行扣划利息的行为并未采纳前述最高院的观点。

◆ 【参考案例】

杭州市滨江区人民法院(2021)浙 0108 民初 1483 号民事判决书(节选)

本院经审理查明:2020 年 5 月 28 日,S 公司(借款人)与被告(贷款人)签订××银(××)借字第 801112×× 号《借款合同》,合同约定:S 公司向被告借款人民币 800 万,借款期限自 2020 年 5 月 28 日至 2021 年 5 月 27 日止,借款年利率为 4.35%,按月付息,每月的 21 日支付利息,本金到期后一次性归还,利随本清。同日,被告向 S 公司打款 800 万元。2020 年 6 月 21 日至 12 月 21 日期间,被告于每月 21 日分别扣划借款利息 23199.99 元、28999.99 元、29966.66 元、29966.66 元、28999.99 元、7883.16 元、4.49 元,以上款项共计 149020.94 元用于支付借款利息。

另查明,2020 年 11 月 2 日,本院作出(2020)浙 0108 破 6 号民事裁定书,因 S 公司经强制执行,仍不能清偿到期债务,明显缺乏清偿能力,裁定受理 S 公司的破产清算申请。2020 年 11 月 6 日,本院作出(2020)浙 0108 破 7 号民事决定书,指定浙江××律师事务所担任 S 公司管理人。

再查明,2020 年 7 月 20 日,孙某个人账户向 S 公司账户转入 30000 元,备注为"借款";8 月 20 日,束某个人账户向 S 公司账户汇入 30000 元,备注为"还款";9 月 17 日,束某个人账户向 S 公司账户转入 29966.66 元,备注为"归还银行利息";10 月 19 日,束某个人账户向 S 公司账户转入 29000 元,备注为"归还银行利息"。S 公司法定代表人为周某。

本院认为:本案的争议焦点为被告划扣利息行为是否属于个别清偿行为。被告抗辩称第三方代偿行为不属于企业破产法规定的个别清偿行为。本院经审理后认为,被告证据仅能表明有资金流入 S 公司账户,无法就此得出此项资金的来源、流入目的等结论,不足以认定第三方代为清偿的事实。另,即使存在第三方代 S 公司清偿借款利息的情况,根据《企业破产法》第三十二条规定,"人民法院受理破产申请前六个月内,债务人有本法第二条第一款规定的情形,仍对个别债权人进行清偿的,管理人有权请求人民法院予以撤销。但是,个别清偿使债务人财产受益的除外",破产撤销权制度的设立,在于维护债权人的整体利益,实现债权人之间的公平清偿。个别清偿行为更应从行为本身评价,账上资金的来源不影响对该行为为个别清偿行为的认定。被告划扣借款利息的行为本身符合利用自身优势地位实施的单方债务清偿,造成了其他债权人清偿利益受影响的结果,也未使债务人的财产获益,故应属于个别清偿行为,S公司管理人有权请求人民法院予以撤销。据此,本院对原告主张撤销被告于2020年6月21日起至2020年11月1日扣划借款利息的行为予以支持。另,因S公司已进入破产清算,S公司于2020年11月21日、12月21日的清偿行为无效,故对原告主张的第二项请求本院予以确认。综上,被告应当向S公司管理人归还以上所划扣的款项共计149020.94元。

安徽省高级人民法院(2015)皖民二终字第00293号民事判决书(节选)

本案的争议焦点为:一、涉案车辆是否属大蔚公司所有,若属于,大蔚公司转让涉案车辆的价格是否属于"明显不合理"范畴,应否撤销;二、陈红以大蔚公司拖欠其工资抵销其应付的涉案车辆转让款10万元,是否属于"利用职权从企业获取的非正常收入",大蔚公司管理人是否应当追回。

1.对于焦点一:法院认为,涉案车辆系大蔚公司出资购买,属于大蔚公司所有。大蔚公司因出资取得车辆所有权后,于2013年6月28日与陈红签订《二手机动车转让协议书》,将涉案车辆转让给陈红,但转让价格10万元与车辆折旧后实际价值172173.32元相比,明显不合理,且该转让行为在原审法院受理债权人申请大蔚公司破产前一年内,故原审判决撤销大蔚公司与孙雷(按陈红指定)的《二手机动车转让协议书》,并判决孙雷返还车辆,符合企业破产法的相关规定。

2.对于焦点二:根据《最高人民法院关于适用〈中华人民共和国企业破产法〉若干问题的规定(二)》第二十四条第一款第(二)项的规定,在破产企业普遍拖欠职工工资的情况下,其董事、监事、高级管理人员利用职权获取的工资性收入,人民法院应当认定为企业破产法第三十六条规定的"非正常收入",管理人应当追回。

>>> **延伸问题:在破产前的职工个别清偿是否可撤销?**

解答:在实践中,企业处于破产临界期时,常处于经营困难,无法按时、足额支付职工工资的情况时有发生,出于企业的稳定考虑,企业存在对个别职工支付工资的情况(或者以物抵债)。管理人发现上述情况后,能否行使破产撤销权,撤销上述个别清偿,应根据具体情况而定。

(1)职工债权具有优先性。这是企业职工应该享有的权利,因此职工债权在《企业破产法》中可以作为特殊债权受到法律的保护。从通过职工债权本身具有的属性来看,产生职工债权的基础并不是企业与员工之间平等的经济关系,而是依托劳动关系而产生的,出于平等矫正的需要,《企业破产法》对职工债权给予了特殊保护,即优先清偿。

(2)职工的特殊保护。《破产法司法解释(二)》明确了债务人支付劳动报酬、人身损害赔偿金的行为不属于个别清偿的范围。

(3)"职工债权"不等于"劳动报酬"。需要注意此处的"劳动报酬"并非等同于职工债权,职工债权包括工资、医疗、伤残补助、抚恤费用,应当划入职工个人账户的基本养老保险、基本医疗保险费用,法律、行政法规规定应当支付给职工的补偿金,职工垫付款、公积金、因劳动调解书产生的违约金(有争议);劳动报酬指劳动者付出体力或脑力劳动所得的对价,体现的是劳动者创造的社会价值,可以理解为职工债权中的工资。因此,从文义解释角度来看,《破产法司法解释(二)》仅限定了对职工的工资、医疗、伤残补助、抚恤费用的个别清偿是不可撤销的。

(4)公司高管的个别清偿问题。《破产法司法解释(二)》第二十四条第一款第(二)项规定,在破产企业普遍拖欠职工工资的情况下,其董事、监事、高级管理人员利用职权获取的工资性收入,人民法院应当认定为《企业破产法》第三十六条规定的"非正常收入",管理人应当追回。

◆◆ 【管理人操作指引】

对高级管理人员工资的个别清偿追回依据应当是《企业破产法》第三十六条,而非第三十二条。

苏州市中级人民法院在(2019)苏 05 民终 11581 号民事判决书中指出,"礼义信公司基于涉案《临时用工协议书》及《劳务派遣合同》结欠智淳公司临时工及派遣工的劳务费,即礼义信公司应支付给智淳公司的服务费用,该债权并非直接发生于破产企业与劳动者之间,不属于企业破产法第一百一十三条第一款第一项规定的职工债权,涉案债权转让及支付行为不属于《最高人民法院关于适用若干问题的规定(二)》第十六条第一款第二项规定的可排除撤销的个别清偿行为"。

【法规链接】

《破产法司法解释(二)》

第十六条　债务人对债权人进行的以下个别清偿,管理人依据企业破产法第三十二条的规定请求撤销的,人民法院不予支持:

(一)债务人为维系基本生产需要而支付水费、电费等的;

(二)债务人支付劳动报酬、人身损害赔偿金的;

(三)使债务人财产受益的其他个别清偿。

第二十四条　债务人有企业破产法第二条第一款规定的情形时,债务人的董事、监事和高级管理人员利用职权获取的以下收入,人民法院应当认定为企业破产法第三十六条规定的非正常收入:

(一)绩效奖金;

(二)普遍拖欠职工工资情况下获取的工资性收入;

(三)其他非正常收入。

债务人的董事、监事和高级管理人员拒不向管理人返还上述债务人财产,管理人主张上述人员予以返还的,人民法院应予支持。

债务人的董事、监事和高级管理人员因返还第一款第(一)项、第(三)项非正常收入形成的债权,可以作为普通破产债权清偿。因返还第一款第(二)项非正常收入形成的债权,依据企业破产法第一百一十三条第三款的规定,按照该企业职工平均工资计算的部分作为拖欠职工工资清偿;高出该企业职工平均工资计算的部分,可以作为普通破产债权清偿。

《企业破产法》

第三十六条　债务人的董事、监事和高级管理人员利用职权从企业获取的非正常收入和侵占的企业财产,管理人应当追回。

【管理人操作指引】

在行使破产撤销权时,管理人需要保持审慎审查的态度,《破产法司法解释(二)》第九条明确规定了管理人因过错未依法履行撤销权义务的责任。管理人在接管企业材料后,通过银行流水、实控人提供的信息,应还原企业受理破产前一年和六个月内的财产转出行为。

虽然当下实践中的判例多不需要管理人证明债权人的恶意程度,但是为保护全体债权人利益,在明确要行使破产撤销权时管理人需要收集债权人明知债务人出现不能清偿到期债务的证据,具体为:(1)债权人的主体性质,明确法律法规对其商事交易的注意义务程度;(2)在发生个别清偿时,债务人对外公示信息所显示的经营状况。

◆ 【参考案例】

辽宁省高级人民法院(2016)辽民终 827 号民事判决书(节选)

法院认为:关于都瑞公司对方也信公司个别清偿时是否已经达到企业破产法第二条第一款规定的破产界限问题。都瑞公司向方也信公司个别清偿 8 万元的时间是 2013 年 12 月 27 日,根据一审法院委托会通事务所作的《专项审计报告》第五项审计结论中第(一)项都瑞公司单体财务状况为:都瑞公司 2013 年 10 月 31 日的资产负债率 97%;2013 年 11 月 30 日的资产负债率 97%;2013 年 12 月 31 日的资产负债率 132%。该数值的计算,根据审计人员出庭接受质询时所作的解释说明,是将股权投资价值 5500 万元未做调账处理时的数值。而实际上,根据一审法院委托会通事务所对三花公司所做的审计情况,三花公司在 2013 年 10 月 31 日前已经长期亏损,在 2013 年 10 月 31 日的时点上三花公司的资产负债率为 109%,已达资不抵债状况。此后三花公司的经营状况愈加恶化,从 2013 年 11 月至 2013 年 12 月的资产负债率分别达到 110% 和 140%,其所有者权益和未分配利润从 2013 年 10 月开始均为负值,说明三花公司已不可能再行分配股利,在企业因解散或其他原因清算时,股东都瑞公司也不可能分得剩余财产。股权的财产性价值一是可能收取的利润价值,二是剩余财产分配时可能取得的财产价值。该两项价值均不能实现,则股权价值已不存在。这种状况根据审计结论看,都瑞公司投资 5500 万元到三花公司所取得的 61.84% 的股权,从 2013 年 10 月份已经开始损失,都瑞公司 2013 年 10 月份的资产总额即应从其资产总额中减少 5500 万元。即:都瑞公司 2013 年 10 月 31 日资产总额应为 249,951,357.15 元－5500 万元＝194,951,357.15 元,资产总额少于其负债总额 242,282,851.63 元;2013 年 11 月 30 日资产总额应为 248,819,442.18 元－5500 万元＝193,819,442.18 元,资产总额少于其负债总额 241,460,399.37 元;2013 年 12 月 31 日资产总额在审计报告中已经调减了 5500 万元,不再调减,为审计报告确认的 177,179,164.18 元,少于其负债总额 233,104,687.73 元。因从 2013 年 10 月 31 日至 2013 年 12 月 31 日,以及到 2014 年都瑞公司申请破产前,其资产总额均少于其负债总额,故可认定都瑞公司在 2013 年 12 月 27 日这一时点上,其资产总额也必然少于其负债总额。综上,都瑞公司从 2013 年 10 月 31 日至 2013 年 12 月 31 日期间,以及在 2013 年 12 月 27 日的时间节点上,其资产已经不足以清偿全部债务。另外,在该期间,都瑞公司另有巨额应付款挂账未还,存在不能清偿到期债务的情形,应认定已经具备破产原因。

关于都瑞公司的个别清偿行为应否予以撤销的问题。《企业破产法》第三十二条规定:"人民法院受理破产申请前六个月内,债务人有本法第二条第一款规定的情形,仍对个别债权人进行清偿的,管理人有权请求人民法院予以撤销。但是,个别清偿使债务人财产受益的除外。"《最高人民法院关于适用〈中华人民共和国企业破产法〉若干问题的规定(二)》第十六条规定:"债务人对债权人进行的以下个别清偿,管理人依据企业破产法第三十二条的规定请求撤销的,人民法院不予支持:(一)债务人为维系基本生产需要而支付水费、电费等的;(二)债务人支付劳动报酬、人身损害赔偿金的;(三)使债务人财产受益的其他个别清偿。"

本案中,方也信公司与都瑞公司自 2006 年开始业务往来,都瑞公司直至破产申请前六个月内仍在要求方也信公司供货,双方之间存在长期的连续性的购销合同关系,并且形成了延后给付货款的惯常交易状态。基于都瑞公司的供货请求,方也信公司包括在人民法院受理破产申请前六个月内向都瑞公司的持续供货行为,满足了都瑞公司的生产需要,保证了都瑞公司的正常生产经营,因此,都瑞公司偿付部分货款的行为并非不当处理公司财产,既是履行应尽的合同义务,也使得都瑞公司受益,对全体债权人亦是有利的,依照上述法律规定,该个别清偿行为不应予以撤销。

综上所述,虽然管理人提出的都瑞公司具备破产原因的理由成立,但其请求撤销都瑞公司对方也信公司的个别清偿行为,不符合法律规定,本院不予支持。

山东省高级人民法院(2016)鲁民申 451 号民事裁定书(节选)

本院经审查认为:本案绿能公司破产管理人主张撤销其对商业银行张村支行个别清偿行为的主张能否成立,关键取决于撤销债务人对个别债权人的清偿行为应具备哪些法律条件。从《企业破产法》第三十二条和第二条第一款的规定中可以看出,对个别清偿行为行使破产撤销权应具备以下条件:清偿行为发生在人民法院受理破产申请前 6 个月内;债务人不能清偿到期债务,并且资产不足以清偿全部债务或者明显缺乏清偿能力;该行为没有使债务人的财产受益。《企业破产法》第三十二条之所以规定需债务人出现了《企业破产法》第二条第一款规定的情形,显然是为了赋予获得受偿的债权人以善意抗辩权,即只有当债权人明知债务人出现了《企业破产法》第二条第一款规定的破产原因而仍然为个别受偿时,人民法院才能依管理人的申请对债务清偿行为予以撤销。本案中,商业银行张村支行扣款受偿行为确实发生在人民法院受理破产申请前 6 个月内,但该扣款行为系依据双方签订的《流动资金借款合同》约定履行合同义务的行为,且申请人并无证据证明商业银行张村支行知晓绿能公司当时出现了不能清偿到期债务并且资产不足以清偿全部债务或者明显缺乏清偿能力的情形。故原审对绿能公司破产管理人的诉讼请求不予支持,具有事实根据和法律依据。综上,威海绿能供热有限公司管理人的再审申请不符合《中华人民共和国民事诉讼法》第二百条第(二)项和第(六)项之规定。依照《中华人民共和国民事诉讼法》第二百零四条第一款的规定,裁定如下:驳回威海绿能供热有限公司管理人的再审申请。

最高人民法院(2016)最高法民申 717 号民事裁定书(节选)

本院认为,案件的焦点是西飞破产管理人的再审申请有无法律根据。根据原审期间查明的事实,西飞破产管理人的申请再审法律依据不足。第一,《企业破产法》第三十二条虽规定人民法院受理破产申请前六个月内,债务人出现不能清偿到期债务,并且资产不足以清偿全部债务或明显缺乏清偿能力的情形,债务人仍对个别债权人进行清偿的,管理人有权请求人民法院予以撤销。本条的立法目的是防止债务人的个别清偿行为损害其他债权人的公平受偿权利,但本案的款项扣划不属债务人自行清偿行为,而是中信西安分行的主动划扣,不属于《企业破产法》第三十二条的规范范围,西飞破产管理人据此主张撤销,法律依据不足。第二,根据《破产法司法解释(二)》第十五条规定,债务经过诉讼、仲裁、执行程序对债权人进行的个别清偿,破产管理人依据《企业破产法》第三十二条的规定请求撤销的,人民法院不予支持。上述解释实际上对经过诉讼、仲裁、执行程序的债权清偿行为予以了肯定。本案中信西安分行扣划款项予以清偿的行为发生于诉讼中,之后该笔债权审理中又经依法扣减,实际得到生效判决的确认,属于经过诉讼进行的个别清偿,西飞破产管理人认为即使经过诉讼未经其自愿履行或强制执行均属可撤销的个别清偿,与该解释本意并不符合,原审判决对西飞破产管理人的主张不予支持,并无不当。

【法规链接】

《企业破产法》

第三十一条　人民法院受理破产申请前一年内,涉及债务人财产的下列行为,管理人有权请求人民法院予以撤销:

（一）无偿转让财产的;

（二）以明显不合理的价格进行交易的;

（三）对没有财产担保的债务提供财产担保的;

（四）对未到期的债务提前清偿的;

（五）放弃债权的。

第三十二条　人民法院受理破产申请前六个月内,债务人有本法第二条第一款规定的情形,仍对个别债权人进行清偿的,管理人有权请求人民法院予以撤销。但是,个别清偿使债务人财产受益的除外。

《破产法司法解释（二）》

第九条　管理人依据企业破产法第三十一条和第三十二条的规定提起诉讼,请求撤销涉及债务人财产的相关行为并由相对人返还债务人财产的,人民法院应予支持。

管理人因过错未依法行使撤销权导致债务人财产不当减损,债权人提起诉讼主张管理人对其损失承担相应赔偿责任的,人民法院应予支持。

第十四条　债务人对以自有财产设定担保物权的债权进行的个别清偿,管理人依据企业破产法第三十二条的规定请求撤销的,人民法院不予支持。但是,债务清偿时担保财产的价值低于债权额的除外。

第十五条　债务人经诉讼、仲裁、执行程序对债权人进行的个别清偿,管理人依据企业破产法第三十二条的规定请求撤销的,人民法院不予支持。但是,债务人与债权人恶意串通损害其他债权人利益的除外。

二、破产抵销权

(一)破产抵销权的概念

破产抵销权,是指债权人在法院受理破产申请之前对债务人负有债务的,可在破产财产分配完成之前就对破产企业享有的债权向管理人主张相互抵销的权利。

破产抵销权并非《企业破产法》新设立的制度,而是民法中抵销权的扩张适用,虽然二者的制度模式相同,但就立法意图以及实际行使条件而言,二者区别明显。

《民法典》第五百五十七条明确"债务相互抵销"时"债权债务终止",第五百六十八条和第五百六十九条规定了法定抵销与意定抵销两种方式,法定抵销需要当事人互负债务,且债务的标的物种类、品质相同,此时任何一方均可将自己的债务与对方的到期债务抵销。意定抵销为当事人互负债务,标的物种类、品质不相同的,经协商一致,也可以抵销。同时,抵销效果自抵销的意思表示通知到达对方时开始生效。但由于破产抵销权的行使受到《企业破产法》的严格限制,其行使条件应当遵循《企业破产法》的规定进行,而不能直接援引民法规则。

(二)破产抵销权的功能

破产抵销权的设定对于破产程序及各方当事人而言,意义是明显的,该制度直接契合了破产法的公平原则与效率理念。

1.保护债权人利益

公平清偿是破产法的基本理念,无特殊法定原因的情况下不允许债权人优先于其他债权人获得清偿,破产法确立的优先债权是基于各种因素考虑的结果。而破产抵销权的行使事实上所产生的结果是债权人获得了相较于其他债权人更为优先的清偿,这也是破产法基于利益衡量后的结果。行使破产抵销权的结果类似于享有担保物权的债权人优先受偿,不同于担保债权人行使别除权的是,由于担保物存在毁损灭失的风险,破产抵销权一定程度上更加安全。破产撤销权产生的"优先"清偿并未损害其他债权人的利益,如果抵销发生在破产前,实际上并没有影响其他债权人。如果不承认破产抵销权的话,债务人破产后,债务人自己无须偿付全额债务(指不能实现百分之百清偿时),债权人作为企业的债务人却必须履行相应义务,这对债权人本身就是不公平的。

2.提高破产效率

破产抵销权的行使能够简化破产程序,债权人行使破产抵销权后,将债务抵偿对债务人的债权,如数额相符或导致债权人债权终止的,则债权人不再参与后续分配程序,为破产程序起到了分流的作用。同时,抵销权的行使一般由破产抵销权的债权人依破产程序申报债权,在其行使抵销权后,若存在超出抵销额以外的债权,管理人仍应对这部分债权进行认定和分配。

(三)破产抵销权的行使条件

由于现行《企业破产法》对于破产抵销权行使条件的规定原则性较强,如果不能正确行使破产抵销权,将导致公平清偿理念无法实现,更有可能成为债权人恶意优先清偿的缺口。实务中,由最高人民法院提审的关于破产抵销权认定和适用问题的再审案件[案号:(2016)最高法民再404号],直接反映了破产抵销权在法律实际适用中的复杂程度,该案从2001年开始,到2017年才结束,时间跨度大,参与审理的法院层级多。因此,需要结合司法实践中对破产抵销权行使条件的梳理进行认定。

1.行使主体

(1)债权人。破产抵销权的行使主体必须是对债务人享有债权的债权人,《企业破产法》对于债权人采取了列举式的规定,可以归纳为担保债权人、职工债权人、税收债权人、普通债权人。然而,对于上述债权人是否均可以行使破产抵销权,尚存在一定争议。

(2)管理人。《企业破产法》限定了破产抵销权的行使主体为债权人,只有在特殊情形下,管理人才可主动行使破产抵销权。《破产法司法解释(二)》第四十一条规定:"管理人不得主动抵销债务人与债权人的互负债务,但抵销使债务人财产受益的除外。"实务中,管理人直接行使抵销权的情形相对较少,原因在于抵销权将导致个别债权人清偿比例的提高,对债务人财产受益无法体现。在国家税务总局大英县税务局、四川盛马化工股份有限公司破产债权确认纠纷一案[案号:(2018)川09民终1325号]中,管理人主动行使抵销权,将盛马公司在税务机关留抵增值税款86860689.92元抵减其所欠缴的税收债权。实际上,该案的特殊性在于税收债权的优先清偿顺位,因为税收债权优于普通债权清偿。

2. 债权性质

(1)债权系已被确认的债权。

海南中度旅游产业开发有限公司与三亚龙泉谷高尔夫文化公园有限公司破产抵销权纠纷一案中,海南省高级人民法院在(2019)琼民终 112 号民事判决书中指出,"中度旅游公司向龙泉谷公司主张 34802656.80 元的债权债务抵销的前提是其对龙泉谷公司享有 34802656.80 元的债权,对此,中度旅游公司在一审法院审理过程中已另案向三亚中院起诉请求确认其对龙泉谷公司享有 34802656.80 元的债权,该案已以撤诉的方式结案,该债权最终没有经过法院判决确认,因此,中度旅游公司是否对龙泉谷公司享有债权尚无法确定。而龙泉谷公司目前处于破产清算阶段,债务清偿比例也没有最终确定,一审判决据此认定中度旅游公司主张 34802656.80 元的债权债务抵销行为无效,有事实和法律依据,应予维持"。

该判决确定的是债权人所享有的债权应当经过确认,并不涉及债权人的债务。但就抵销权应有之义,抵销权所涉及的债权、债务均应当是经过确定的。对于抵销的债权是否需要经过司法机关确认,存在着不同的声音。有观点认为,用于抵销的债权若未经法院裁定确认并不必然不能抵销,在经管理人审查确认且债权金额足以覆盖所抵销债务,达到可以确保抵销安全的情况下,可以正常进行抵销。也有声音认为,债权人在破产清算程序中,要求与对债务人的债务相抵销的债权,须是经法院裁定确认的债权。①

温州经济技术开发区鑫鑫金属制品公司管理人诉温州法耐尔服饰有限公司破产抵销权纠纷一案中,温州市龙湾区人民法院在(2020)浙 0303 民初 1091 号民事判决书中依法适用《企业破产法》第五十六条第二款规定,认定温州法耐尔服饰有限公司主张的对温州经济技术开发区鑫鑫金属制品公司的债权,"未经鑫鑫金属管理人审查确认,也未经法院裁定或判决确认",不得与对温州经济技术开发区鑫鑫金属制品公司的债务相抵销,温州法耐尔服饰公司主张抵销债务的行为无效。事实上,从裁判文书的表述中,无法推断出司法确认与管理人的债权审查确认是确认抵销的并列条件还是先后条件。

---

① 李润,《破产抵销权相关问题探究》,《法制博览》2020 年 07 月(下),第 99 页。

（2）债权无须具备同质性。

双方互负债务标的物的种类与品质不影响破产抵销权的行使。

3. 债务形成时间

债权人所负债务必须产生于破产申请受理前，即必须是债务人进入破产程序前享有的债权。因为在企业进入破产程序后，管理人接管债务人，此时债务人所有财产包括债务人对外应收债权在内，均需公平用于所有债权人的清偿。如果允许抵销破产申请受理后的债务，则相当于对个别债权人进行个别偏袒性清偿，显然违背《企业破产法》公平清偿的立法宗旨。

《企业破产法》第一百零七条规定："债务人被宣告破产后，债务人称为破产人，债务人财产称为破产财产，人民法院受理破产申请时对债务人享有的债权称为破产债权。"也就是说，债权人享有的债权应当形成于法院受理破产前，否则将无法认定其属于破产债权的范围。

关于债权债务是否需要到期的问题，《破产法司法解释（二）》明确指出，破产申请受理时，债权人与债务人之间互负的债权债务是否未到期不影响抵销权的行使，原因在于《企业破产法》第四十六条明确规定"未到期的债权，在破产申请受理时视为到期"。

4. 破产抵销权的行使期限

现行《企业破产法》没有规定破产抵销权的行使期限，回归民事抵销权的行使期限，《民法典》也未进行设置，最高人民法院在（2018）最高法民再51号民事判决书中指出："从实体公平的角度看，若以源昌公司诉讼时效届满为由认定其不能行使抵销权，不仅违背抵销权的立法意旨，且有悖于民法之公平原则。"即法定抵销权的行使不受诉讼时效的限制，现行法律也没有设置抵销权的除斥期间。以此思路，是否只要债权债务存在，即使破产程序已经终结，仍可行使破产抵销权呢？

（1）破产抵销权行使的起始时间。

依据《企业破产法》及相关司法解释，破产抵销权的行使应当要在受理破产申请、启动破产程序之后。当然，这并不意味着受理当天就能够行使破产抵销权，可能由于法院尚未指定管理人，债权尚未被确认等其他条件未成就导致无法行使。

（2）破产抵销权行使的终止时间。

《企业破产法》未设置破产抵销权的行使期限，但就实务中存在的情况，存在以下观点：

①债务人进入破产程序后、破产财产分配方案确定前，债权人可行使破产抵销权。[①]

②债权人需在债权申报时，一并向管理人作出抵销债务的意思表示。

③债权经破产案件受理法院裁定确认后，破产程序完结前，债权人可行使破产抵销权。[②]

④在有可供分配财产时，均可以行使抵销权，即使企业已经被宣告破产。

（四）破产抵销权的阻却条件

（1）债权人对债务人恶意负债，不得抵销，有除外情形。

债权人已知债务人有不能清偿到期债务或者破产申请的事实，仍然与债务人发生债权债务往来，恶意对债务人负担债务，可以认定其已经预备好在进入破产程序后，通过行使抵销权以实现负债全额与不能全额受偿的债权抵销，牟取不当利益。对该种情形，《企业破产法》明确规定不得抵销。但是，如果债权人是因为法律规定或者有破产申请一年前所发生的原因而负担债务的，不属于禁止抵销的情形。

（2）债权人对债务人恶意取得债权，不得抵销，有除外情形。

债权人已知债务人有不能清偿到期债务或者破产申请的事实，仍然与债务人发生债权债务往来，恶意对债务人取得债权。从常理上很难理解债权人会在已知债务人可能破产时却继续与债务人交易，取得不能全额受偿的债权。但实践中确实存在这种极端情况，在债权人已经对债务人有负债的情况下，通过不平等交易恶意取得对债务人的债权，预备好在进入破产程序后，通过行使抵销权实现对业已负担的债务的抵销，牟取不当利益。对该种情形，《企业破产法》明确规定不得抵销。但是，如果债权人因为法律规定或者有破产申请一年前所发生的原因而取得债权的，不属于禁止抵销的情形。

（3）债务人股东因未缴出资、抽逃出资、滥用股东权利和关联关系对债务

---

① 杨奇勇，《破产抵销权制度之研究》，《法制与社会》2019 年 10 月（下）。

② 郴州市北湖区人民法院，《浅论破产抵销权》，http://hunanfy.chinacourt.gov.cn/article/detail/2010/02/id/1385670.shtml。

人产生的负债,不得抵销债务人的股东对债务人享有的合法债权,但其在破产申请受理前已经对债务人负有的债务,可以依法主张抵销,并不因债务人股东身份而禁止抵销。但《企业破产法》对债务人股东这类特别债权人可以抵销的负债进行了反向排除的规定,即债务人股东对债务人负有的债务,如果是因为未缴出资、抽逃出资、滥用股东权利或者利用关联关系恶意损害公司利益而产生的,不得进行抵销,这类债务应由债务人股东作为正常债务履行清偿义务。这一规定在《最高人民法院关于破产债权能否与未到位的注册资金抵销问题的复函》中早有体现。在(2019)苏民终 161 号民事判决书中,江苏省高级人民法院认为,如果欲将相关垫付款转化为出资需经法定程序且应增加注册资本,否则就是以债权抵销应负出资义务,在公司破产情况下效果等同于股东债权优先受偿,该行为将影响其他债权人利益,有失公平,亦不符合破产财产分配原则。

>>> **延伸问题:破产申请受理前股东可否将其对公司的债权抵销出资义务?**

解答:《民法典》规定了债务抵销的两种形式,即法定抵销和约定抵销。对互负债务的标的物种类、品质相同的,任何一方都可以将己方债务与对方到期债务以通知方式进行抵销,但有三种例外情形,即根据债务性质、按照当事人约定或者依照法律规定不得抵销的除外。对标的物种类、品质不同的互负债务,可以通过约定的方式协商进行抵销。

股东对公司的借款所形成的债权,是否可以抵销其货币出资义务? 这属于何种抵销? 对此,我们检索了相应案例,发现了不同的审判观点。

(1)股东与公司互负金钱之债时,可以抵销。

这一观点见于深圳市中级人民法院(2016)粤03民终21326号民事判决书中。在该判决书中,法院认为:"因为股东负有向公司补足出资的债务,在性质上属于金钱之债;而股东以个人资产为公司承担债务后有权向公司追偿,此时就产生了公司对股东的债务,在性质上也属于金钱之债;既然股东向公司补足出资的债务与公司须向股东偿还的债务均属金钱之债,此即股东与公司互负金钱之债,依据法律规定,两者可以相互抵销。"

但是,判决书中,法院并未指明其所依据的具体的法律规定。

（2）只能适用约定抵销。

成都市中级人民法院在（2018）川 01 民再 161 号民事判决书中认为，"本案中涉及的股东对公司享有的债权与股东对公司未履行的出资属不同的标的物种类和品质，故并不能适用法定抵销，只能适用约定抵销"。

对于该裁判观点，我们认为是值得商榷的。当事人双方互负债务，标的物都是货币，品质也没有不同，没有理由通过约定来进行抵销。

（3）股东不能擅自决定以债权抵出资。

最高人民法院在（2018）最高法民申 1654 号民事裁定书中认为，"如公司同意以债权抵顶股东出资，应按照公司法定程序由股东会作出决议，股东不能因对公司享有债权而擅自决定以债权抵出资"。

以上三家法院的三个观点，都是在《民法典》实施之前根据《合同法》的相关规定提出的。《民法典》则规定了"根据债务性质、按照当事人约定或者依照法律规定"这三种除外情形。我们认为，就《民法典》规定的三种除外情形，从"债务性质"角度来看，已经失效的《公司债权转股权登记管理办法》曾规定了债权人可以将对公司的债权转为股权，所以股东将其对公司所享有的债权与其出资义务进行抵销，并非不能实现债权目的，所以，债务性质不能作为除外。从"当事人约定"角度来看，这个约定需要明确的约定，事实上，鲜见股东之间有这样的约定。从"法律规定"角度来看，在《企业破产法》及《破产法司法解释（二）》相应规定中，尚未找到有关股东出资与借款禁止抵销的内容。

针对审判实务中的不同观点，我们认为，股东对公司的借款债权与出资义务可以进行有条件的抵销。股东的出资义务是股东之间依照《公司法》通过章程这种形式进行的约定。按照《公司法》的规定，这种约定包括"股东的出资方式、出资额和出资时间"等事项，还要有"股东以货币出资的，应当将货币出资足额存入有限责任公司在银行开设的账户"等法律要求。因此，对股东行使抵销权进行一定的限制十分必要，故股东行使抵销权应有一定的前提，即股东之间通过股东会决议的形式，事实上"改变"章程的规定，此种情形下，股东方得以行使抵销权。

但值得注意的是，在破产临界期的抵销是否成立取决于《企业破产法》保护全体债权人利益的取舍。

【管理人操作指引】

1.依据《破产法司法解释(二)》第四十一条的规定,除有益于破产财产情形外,管理人不得主动适用破产抵销权。

2.管理人在收到债权人抵销申请材料后,应对抵销申请是否符合《企业破产法》对破产抵销的行使规则、是否有法定不得抵销的情形进行审查,且应进行实质性审查,包括但不限于对用于抵销的债权债务是否依法成立进行审查,根据审查结果,结合《企业破产法》的相关规定,确定是否提出异议。

(1)管理人对抵销无异议的操作。

管理人如对债权人主张的抵销无异议,抵销自管理人收到抵销通知之日起生效,用以抵销的债权人对债务人的债权部分应从确认债权中进行核减,并在债权表中进行相应调整,用以抵销的债权人对债务人的债权部分,管理人无权再向债权人追讨,该等情况管理人应在债权人会议中予以披露。

(2)管理人对抵销有异议的操作。

管理人如对债权人主张的抵销有异议,应在收到抵销通知之日起三个月内向法院提起诉讼,要求法院确认抵销无效。超过三个月再起诉,如无正当理由的,法院不予受理。经法院审理,如判决支持管理人诉请,确认抵销无效的,该抵销自始无效,债权人需全额向债务人履行债务,按同类债权清偿比例进行受偿;如判决驳回管理人诉请,认定抵销有效,该抵销自抵销通知到达管理人之日起生效。

3.因抵销权法律性质属形成权,所以实际上无须管理人对债权人行使破产抵销权作出同意的意思表示,抵销的效力自债权人抵销通知到达管理人之日起生效。

【法规链接】

《企业破产法》

第四十条 债权人在破产申请受理前对债务人负有债务的,可以向管理人主张抵销。但是,有下列情形之一的,不得抵销:

(一)债务人的债务人在破产申请受理后取得他人对债务人的债权的;

(二)债权人已知债务人有不能清偿到期债务或者破产申请的事实,对债

务人负担债务的;但是,债权人因为法律规定或者有破产申请一年前所发生的原因而负担债务的除外;

(三)债务人的债务人已知债务人有不能清偿到期债务或者破产申请的事实,对债务人取得债权的;但是,债务人的债务人因为法律规定或者有破产申请一年前所发生的原因而取得债权的除外。

《破产法司法解释(二)》

第四十一条　债权人依据企业破产法第四十条的规定行使抵销权,应当向管理人提出抵销主张。

管理人不得主动抵销债务人与债权人的互负债务,但抵销使债务人财产受益的除外。

第四十二条　管理人收到债权人提出的主张债务抵销的通知后,经审查无异议的,抵销自管理人收到通知之日起生效。

管理人对抵销主张有异议的,应当在约定的异议期限内或者自收到主张债务抵销的通知之日起三个月内向人民法院提起诉讼。无正当理由逾期提起的,人民法院不予支持。

人民法院判决驳回管理人提起的抵销无效诉讼请求的,该抵销自管理人收到主张债务抵销的通知之日起生效。

第四十三条　债权人主张抵销,管理人以下列理由提出异议的,人民法院不予支持:

(一)破产申请受理时,债务人对债权人负有的债务尚未到期;

(二)破产申请受理时,债权人对债务人负有的债务尚未到期;

(三)双方互负债务标的物种类、品质不同。

第四十四条　破产申请受理前六个月内,债务人有企业破产法第二条第一款规定的情形,债务人与个别债权人以抵销方式对个别债权人清偿,其抵销的债权债务属于企业破产法第四十条第(二)、(三)项规定的情形之一,管理人在破产申请受理之日起三个月内向人民法院提起诉讼,主张该抵销无效的,人民法院应予支持。

第四十五条　企业破产法第四十条所列不得抵销情形的债权人,主张以其对债务人特定财产享有优先受偿权的债权,与债务人对其不享有优先受偿权的债权抵销,债务人管理人以抵销存在企业破产法第四十条规定的情形提出异议的,人民法院不予支持。但是,用以抵销的债权大于债权人享有优先受偿权财产价值的除外。

第四十六条　债务人的股东主张以下列债务与债务人对其负有的债务抵销，债务人管理人提出异议的，人民法院应予支持：

（一）债务人股东因欠缴债务人的出资或者抽逃出资对债务人所负的债务；

（二）债务人股东滥用股东权利或者关联关系损害公司利益对债务人所负的债务。

《公司法》

第二十八条　【出资义务】股东应当按期足额缴纳公司章程中规定的各自所认缴的出资额。股东以货币出资的，应当将货币出资足额存入有限责任公司在银行开设的账户；以非货币财产出资的，应当依法办理其财产权的转移手续。

股东不按照前款规定缴纳出资的，除应当向公司足额缴纳外，还应当向已按期足额缴纳出资的股东承担违约责任。

《民法典》

第五百六十八条　【债务法定抵销】当事人互负债务，该债务的标的物种类、品质相同的，任何一方可以将自己的债务与对方的到期债务抵销；但是，根据债务性质、按照当事人约定或者依照法律规定不得抵销的除外。

当事人主张抵销的，应当通知对方。通知自到达对方时生效。抵销不得附条件或者附期限。

第五百六十九条　【债务约定抵销】当事人互负债务，标的物种类、品质不相同的，经协商一致，也可以抵销。

三、破产取回权

（一）破产取回权的概念及特征

破产取回权是指对管理人实际占有、支配的不属于破产财产的第三人财产，权利人享有不依照破产程序而从管理人处取回该财产的权利。

破产取回权事实上是物权返还请求权在破产程序中的延伸，《民法典》第二百三十五条规定："无权占有不动产或者动产的，权利人可以请求返还原物。"因为破产程序的启动并不会影响物的属性，物权的法定效力并未因此消灭，所以实际的权利人仍旧可以行使物的权利。但需注意，因破产程序代管人的身份出现,此时物权返还请求权的行使对象发生了变化,从原本的债务人(破产企业)变更为破产管理人。

(二)破产取回权的功能

1.保护正常的商事交易活动

现代商事交易注重利益最大化,各商事主体的逐利性对公平保护提出了更高的要求,破产程序中设置取回权实质上是增加各交易方的信任,避免破产成为非交易损失的情形出现。对于债权人而言,可以避免相对方进入破产程序后导致损失的发生;对于债务人而言,可以避免其财产或收益的不当增加。

2.提升破产效率最大化

公平清偿是《企业破产法》的核心理念,为实现这一理念,提升破产程序的效率至关重要,毕竟当破产程序效率低下时就意味着为推进破产程序的人力、物力支出一直在增加。设置破产取回权的优点在于取回权人此时并不必然发动民事诉讼程序进行救济,而是直接依据《企业破产法》即可主张权利的实现,一定程度上避免了资源的浪费。

(三)破产取回权的种类

现行《企业破产法》第三十八条、第三十九条区分了一般取回权与出卖人取回权的规则,按照破产取回权描述的一般惯例,本书也区分了一般取回权和特殊取回权。一般取回权即前述对于破产取回权的一般描述,而特殊取回权的特殊性在于其有不同的行使条件。根据特定情形下行使条件的不同,可以将特殊取回权归纳为以下几类:

1.出卖人取回权

人民法院受理破产申请时,出卖人已将买卖标的物向作为买受人的债务人发送,债务人尚未收到且未付清全部价款的,出卖人可以取回在运途中的标的物。但是,管理人可以支付全部价款,请求出卖人交付标的物。

2.代偿取回权

当取回权标的物被非法转让或灭失时,该财产的权利人有权取回对待给付的财产或相应的补偿金额。

(四)破产取回权的行使条件

因《企业破产法》区分了一般取回权和特殊取回权,在分析破产取回权的行使条件时应当针对不同的取回权进行分析。

1.一般取回权

(1)时间条件。

一般取回权的行使必须发生于企业进入破产程序后,这也是破产取回权的应有之义。同时破产取回权的行使终点是破产程序终结前。无论何种原因导致的破产程序终结,此时企业或恢复,或已不存在,所有权人已不可能再行使《企业破产法》中的破产取回权。

(2)程序条件。

行使一般取回权无须通过诉讼程序进行,但应注意,此时财产权利人应当向管理人主张取回,而不能径行取回或是仅向破产企业主张取回权。

(3)取回标的物的特定。

行使取回权的权利人仅能针对取回的原物,取回权的存在前提是特定物的存在,如果该特定物消灭,一般而言取回权也随之消灭。

(4)履行对价义务。

权利人行使取回权并非无条件的,对于破产企业因为加工、保管、托运、委托、代销等原因占有该特定物时,权利人需履行相应的对价义务,否则管理人可以拒绝其行使取回权。

2.出卖人取回权

将出卖人取回权单独设置的原因在于:一方面,《企业破产法》第三十八条明确了"本法另有规定的除外",第三十九条又明确了出卖人行使取回权的条件;另一方面,专门设置出卖人取回权实质上是保护债权人的需要。出卖人取回权的行使需要具备下列条件:

(1)时间条件。

同一般取回权,因出卖人取回权是《企业破产法》规定的特殊事项,其行使时间也应当是在企业被裁定进入破产程序后。

(2)隔地买卖合同。

出卖人取回权的规定主要是考虑到在各地,也就是并非同一个地方的买卖合同中可能出现的对债权人保护的需要。① 具体而言,在买受人进入破产程序时,出卖人发货至买受人收货这个时间段内,维护出卖人的利益。也正是因为这个时间条件,使得同地交易不适用这个情形下的保护。如果是同地交易,实际上双方可以迅速完成交付,出卖人也可以有时间行使该权利,或出卖人可以迅速追回这些货物。因此,该权利只有双方在不同地方,一方已经发货,货物还在途中,买受人尚未收到货物,也未付全部价款,却被宣告破产,出卖人得不到全部价款,也难以追回货物的情况下能行使。

(3)受理破产时,债务人尚未收到货物且尚未付清全部货款。

《企业破产法》第三十九条设置"双未"条件作为出卖人取回的本意是考虑债权人交易风险的负担问题。

债务人尚未收到货物是行使出卖人取回权的基本要求,因为取回权的物权基础是该物的权利尚在权利人手中,如买受人已经收到货物的,符合一般动产物权变动的交付要件,此时债务人作为所有权人,出卖人已经丧失了取回权的行使基础。除非合同约定全部货款付清前,货物所有权仍在出卖人手中。

如果买受人已付清货物价款,出卖人将不存在损失的问题,此时取回权的保护机制就不可能发挥作用。也正是基于此,如果管理人要求付清货款、交付货物的,出卖人也将丧失取回权。同时需要说明的是,"未付清全部货款"并不要求是否到期,因为根据《企业破产法》的一般原理,企业进入破产程序后债务均视为已到期。

3.代偿取回权

代偿取回权是指当取回权对应的标的物毁损或灭失时,实际权利人有权针对毁损、灭失部分所对应的价值获取相应的补偿。需要说明的是,代偿取回权并非《企业破产法》明确规定的法定取回权,在学理界关于代偿取回权的争议长期存在。主要有两种相左的观点:①不承认代偿取回权。该理论认为取回权的前提是取回标的物存在,当取回标的物不存在时,取回权的基础也就不存在了,如果再主张相应的请求权,仅能以侵权或违约之债的形式申报破产债权。事实上,该理论一定程度上忽视了破产债权成立的基本条件,即形成于法院受理破产之后。如果按照该理论,对于实际权利人的利益保护显然不足。

---

① 王欣新,《企业破产法的理论与实践——暨企业破产法疑难问题解析》,中国科学文化音像出版社 2017 年版。

②承认破产程序中的代偿取回权,并认为代偿范围不应受到限制。

虽然《企业破产法》未能明确代偿取回权的规则,但在《破产法司法解释(二)》中,实际上对代偿取回权作出了适用规则。

(1)取回标的被违法处分的。

债务人占有的他人财产被违法转让给第三人,且第三人基于善意取得制度取得了该财产的所有权时,根据所有权转让的时间节点确定权利人的代偿主张,具体为:①转让行为发生在破产申请受理前的,原权利人因财产损失形成的债权,作为普通破产债权清偿;②转让行为发生在破产申请受理后的,因管理人或者相关人员执行职务导致原权利人损害产生的债务,作为共益债务清偿。

(2)取回标的物毁损、灭失的。

因取回标的物毁损、灭失而获得的保险金、赔偿金、代偿物(以下统称"代偿物"),此时需要根据代偿物区分原则来处理:①代偿物尚未交付给债务人,或者代偿物虽已交付给债务人但能与债务人财产进行区分的,权利人可以主张行使完整的代偿取回权,即要求管理人向其支付或给予代偿物;②代偿物与债务人财产无法进行区分时根据发生时间进一步确认权利人的损失性质,如果发生在破产申请受理前,权利人可以向管理人申报破产债权;如果发生在破产申请受理后,且由管理人或者相关人员执行职务导致的,则作为共益债务随时清偿。

另外,如果取回标的物毁损、灭失,没有获得相应的代偿物,或者代偿物不足以弥补其损失的部分,仍旧按照发生时间以破产债权或共益债务处理。

需要特别说明的是,如果破产企业作为出租方,将所有房产出租给第三人使用,第三人在房产内购置了可拆除的机器设备,后因涉及政府拆迁事项,包括房产及房产内的机器设备均被纳入拆迁征收范围内,且在评估报告内明确了机器设备的价值数额,相应的拆迁补偿款项直接汇给了出租方。后因出租方进入破产清算程序,承租方向破产企业主张行使"取回权"。我们认为,这种情形并不属于上述代偿取回权,因为行使取回权的前提是在进入破产清算程序前债务人占有他人的财产,但在该种情形中,作为出租人的破产企业并不占有机器设备,但由于客观原因导致最终拆迁时补偿款一并给予了破产企业。此时需要判断其能否适用取回权应当以补偿款的获取时点为判断标准,而非限定于机器设备本身。

◆◆ 【法规链接】

《企业破产法》

第三十八条　人民法院受理破产申请后,债务人占有的不属于债务人的财产,该财产的权利人可以通过管理人取回。但是,本法另有规定的除外。

第三十九条　人民法院受理破产申请时,出卖人已将买卖标的物向作为买受人的债务人发运,债务人尚未收到且未付清全部价款的,出卖人可以取回在运途中的标的物。但是,管理人可以支付全部价款,请求出卖人交付标的物。

《破产法司法解释(二)》

第二十六条　权利人依据企业破产法第三十八条的规定行使取回权,应当在破产财产变价方案或者和解协议、重整计划草案提交债权人会议表决前向管理人提出。权利人在上述期限后主张取回相关财产的,应当承担延迟行使取回权增加的相关费用。

第二十七条　权利人依据企业破产法第三十八条的规定向管理人主张取回相关财产,管理人不予认可,权利人以债务人为被告向人民法院提起诉讼请求行使取回权的,人民法院应予受理。

权利人依据人民法院或者仲裁机关的相关生效法律文书向管理人主张取回所涉争议财产,管理人以生效法律文书错误为由拒绝其行使取回权的,人民法院不予支持。

第二十八条　权利人行使取回权时未依法向管理人支付相关的加工费、保管费、托运费、委托费、代销费等费用,管理人拒绝其取回相关财产的,人民法院应予支持。

第二十九条　对债务人占有的权属不清的鲜活易腐等不易保管的财产或者不及时变现价值将严重贬损的财产,管理人及时变价并提存变价款后,有关权利人就该变价款行使取回权的,人民法院应予支持。

第三十条　债务人占有的他人财产被违法转让给第三人,依据民法典第三百一十一条的规定第三人已善意取得财产所有权,原权利人无法取回该财产的,人民法院应当按照以下规定处理:

(一)转让行为发生在破产申请受理前的,原权利人因财产损失形成的债权,作为普通破产债权清偿;

（二）转让行为发生在破产申请受理后的，因管理人或者相关人员执行职务导致原权利人损害产生的债务，作为共益债务清偿。

第三十一条　债务人占有的他人财产被违法转让给第三人，第三人已向债务人支付了转让价款，但依据民法典第三百一十一条的规定未取得财产所有权，原权利人依法追回转让财产的，对因第三人已支付对价而产生的债务，人民法院应当按照以下规定处理：

（一）转让行为发生在破产申请受理前的，作为普通破产债权清偿；

（二）转让行为发生在破产申请受理后的，作为共益债务清偿。

第三十二条　债务人占有的他人财产毁损、灭失，因此获得的保险金、赔偿金、代偿物尚未交付给债务人，或者代偿物虽已交付给债务人但能与债务人财产予以区分的，权利人主张取回就此获得的保险金、赔偿金、代偿物的，人民法院应予支持。

保险金、赔偿金已经交付给债务人，或者代偿物已经交付给债务人且不能与债务人财产予以区分的，人民法院应当按照以下规定处理：

（一）财产毁损、灭失发生在破产申请受理前的，权利人因财产损失形成的债权，作为普通破产债权清偿；

（二）财产毁损、灭失发生在破产申请受理后的，因管理人或者相关人员执行职务导致权利人损害产生的债务，作为共益债务清偿。

债务人占有的他人财产毁损、灭失，没有获得相应的保险金、赔偿金、代偿物，或者保险金、赔偿物、代偿物不足以弥补其损失的部分，人民法院应当按照本条第二款的规定处理。

>>> **延伸问题：破产程序中融资租赁物应如何"取回"？**

解答：融资租赁是集融资与融物两大功能的现代商业模式，随着市场发展，其已然成为我国当下重要的金融服务内容，被广泛地应用于多个领域。近些年，随着市场主体退出制度的逐步完善及营商环境的优化，许多融资租赁合同的承租人因进入破产程序而遭遇了出租人要求"取回"融资租赁物的情形。因对于融资租赁合同的出租人如何行使"取回权"及管理人应当如何处理，缺乏明确的指引，其在实务中一直困扰着管理人。

根据我们承办破产案件的经历，我们认为破产程序中融资租赁物的

"取回"需要根据融资租赁合同进行判断,一般可适用以下条件:

（1）行使主体。一般来说是出租人,由出租人出面要求解除租赁合同并行使取回权。

（2）行使期限。无明确规定,但是要求支付欠付租金的期限为3年,自租赁期限届满之日起计算。

（3）标的物状况。出租人要求的损失赔偿范围为承租人全部未付租金及其他费用与收回租赁物价值的差额,诉讼期间承租人与出租人对租赁物的价值有争议的,人民法院可以按照融资租赁合同的约定确定租赁物价值;融资租赁合同未约定或者约定不明的,可以参照融资租赁合同约定的租赁物折旧以及合同到期后租赁物的残值确定租赁物价值。

（4）行使限制。①仅能从要求承租人支付全部租金及行使取回权两种方式中选择一种,但是已经要求支付全部租金而承租人未付的,可以继续要求行使取回权;②当事人约定租赁期限届满租赁物归承租人所有,承租人已经支付大部分租金,但是无力支付剩余租金,出租人因此解除合同收回租赁物,收回的租赁物价值超过承租人欠付的租金以及其他费用的,承租人可以请求相应返还。

【法规链接】

《民法典》

第七百五十一条　承租人占有租赁物期间,租赁物毁损、灭失的,出租人有权请求承租人继续支付租金,但是法律另有规定或者当事人另有约定的除外。

第七百五十二条　承租人应当按照约定支付租金。承租人经催告后在合理期限内仍不支付租金的,出租人可以请求支付全部租金;也可以解除合同,收回租赁物。

第七百五十八条　当事人约定租赁期限届满租赁物归承租人所有,承租人已经支付大部分租金,但是无力支付剩余租金,出租人因此解除合同收回租赁物,收回的租赁物的价值超过承租人欠付的租金以及其他费用的,承租人可以请求相应返还。

当事人约定租赁期限届满租赁物归出租人所有,因租赁物毁损、灭失或者附合、混合于他物致使承租人不能返还的,出租人有权请求承租人给予合理补偿。

《最高人民法院关于适用〈中华人民共和国民法典〉有关担保制度的解释》

第六十五条　在融资租赁合同中,承租人未按照约定支付租金,经催告后在合理期限内仍不支付,出租人请求承租人支付全部剩余租金,并以拍卖、变卖租赁物所得的价款受偿的,人民法院应予支持;当事人请求参照民事诉讼法"实现担保物权案件"的有关规定,以拍卖、变卖租赁物所得价款支付租金的,人民法院应予准许。

出租人请求解除融资租赁合同并收回租赁物,承租人以抗辩或者反诉的方式主张返还租赁物价值超过欠付租金以及其他费用的,人民法院应当一并处理。当事人对租赁物的价值有争议的,应当按照下列规则确定租赁物的价值:

(一)融资租赁合同有约定的,按照其约定;

(二)融资租赁合同未约定或者约定不明的,根据约定的租赁物折旧以及合同到期后租赁物的残值来确定;

(三)根据前两项规定的方法仍然难以确定,或者当事人认为根据前两项规定的方法确定的价值严重偏离租赁物实际价值的,根据当事人的申请委托有资质的机构评估。

《最高人民法院关于审理融资租赁合同纠纷案件适用法律问题的解释》

第五条　有下列情形之一,出租人请求解除融资租赁合同的,人民法院应予支持:

(一)承租人未按照合同约定的期限和数额支付租金,符合合同约定的解除条件,经出租人催告后在合理期限内仍不支付的;

(二)合同对于欠付租金解除合同的情形没有明确约定,但承租人欠付租金达到两期以上,或者数额达到全部租金百分之十五以上,经出租人催告后在合理期限内仍不支付的;

(三)承租人违反合同约定,致使合同目的不能实现的其他情形。

第十条　出租人既请求承租人支付合同约定的全部未付租金又请求解除融资租赁合同的,人民法院应告知其依照民法典第七百五十二条的规定作出选择。

出租人请求承租人支付合同约定的全部未付租金,人民法院判决后承租人未予履行,出租人再行起诉请求解除融资租赁合同、收回租赁物的,人民法院应予受理。

第十一条 出租人依照本解释第五条的规定请求解除融资租赁合同,同时请求收回租赁物并赔偿损失的,人民法院应予支持。

前款规定的损失赔偿范围为承租人全部未付租金及其他费用与收回租赁物价值的差额。合同约定租赁期间届满后租赁物归出租人所有的,损失赔偿范围还应包括融资租赁合同到期后租赁物的残值。

第十二条 诉讼期间承租人与出租人对租赁物的价值有争议的,人民法院可以按照融资租赁合同的约定确定租赁物价值;融资租赁合同未约定或者约定不明的,可以参照融资租赁合同约定的租赁物折旧以及合同到期后租赁物的残值确定租赁物价值。

承租人或者出租人认为依前款确定的价值严重偏离租赁物实际价值的,可以请求人民法院委托有资质的机构评估或者拍卖确定。

第十四条 当事人因融资租赁合同租金欠付争议向人民法院请求保护其权利的诉讼时效期间为三年,自租赁期限届满之日起计算。

◈◈ 【参考案例】

上海市嘉定区人民法院(2017)沪 0114 民初 15555 号民事判决书(节选)

本院认为……关于被告是否可以自力取回车辆问题,根据合同约定,被告有权取回车辆必须是原告存在连续两期不支付租金或者累计三期未能按时支付租金。现原告仅仅是未足额支付第一期的租金,在第二期租赁期尚未届满的情况下,被告即单方取回车辆,显然不符合合同的约定,故对于被告主张合同已于其取回车辆同时解除的观点本院不予采信。需要指出的是,取回权虽然是融资租赁合同项下出租人的一项主要权利,但该权利的性质属于救济权,只有在承租人严重违约,丧失了合法占有租赁物的基础时,出租人行使取回权的条件方能成就,且出租人行使取回权必须以融资租赁合同的解除作为前提。现被告在原告尚属轻微违约,并且未通知原告解除合同的情况下而径行取回车辆的行为,不应构成取回权的正当行使,其性质也不属于合法的自力取回行为。

厦门市中级人民法院(2019)闽 02 民终 131 号民事判决书(节选)

一审法院认为……取回权是融资租赁合同项下出租人的一项主要权利,但该权利的性质属于救济权,仅当承租人丧失合法占有租赁物的基础时,出租人行使取回权的条件方能成就。承租人的违约行为本身不足以构成其丧失合法占有租赁物的资格，因为违约行为可以通过损失赔偿、其他违约责任的方式予以弥补，合同依然可以继续履行，只有在承租人严重违约导致合同解除的情况下，出租人才能以其丧失合法占有为由行使取回权。出租人未通知承租人解除合同而径行取回租赁物的行为，不构成取回权的正当行使。因此，虽然合同约定利施融资玉溪分公司在马晓祥、高海香拖欠租金的情况下可以自力取回租赁物，但该权利的行使仍应以合同的解除为前提。

本院认为……利施融资玉溪分公司依照合同约定向马晓祥、高海香交付了租赁物即讼争车辆，但马晓祥、高海香在支付完首期租金后未再履行支付其余到期租金义务，其行为已经构成违约，依法应承担相应的违约责任。根据案涉《融资租赁合同》第二十二条的约定，利施融资玉溪分公司有权暂时取回车辆对其进行变卖，并在变卖车辆所得价款扣除相关费用和留购价款后所得金额小于剩余租金和违约金之和的情况下，向马晓祥、高海香主张差额部分的损失……现利施融资玉溪分公司仅主张马晓祥、高海香赔偿其合同损失为45460元，不违反合同约定，应予准许。另，利施融资玉溪分公司变卖租赁车辆的价格亦未明显低于市场行情。故一审法院认为利施融资玉溪分公司不当行使取回权，并对损失的扩大负有责任有误，本院予以纠正。

上海金融法院(2019)沪74民终439号民事判决书（节选）

一审法院认为……虽然科誉高瞻公司不具有自行处置车辆的权利，但租赁车辆已经实际处置，故亦应当结合合同约定及诉辩双方的意见依法认定租赁车辆的价值是否合理，以进一步认定能否支持科誉高瞻公司的诉讼请求。科誉高瞻公司在庭审中称，收回租赁车辆后，其在未通知承租人的情况下，委托无评估资质的一家汽车销售公司对租赁车辆进行评估，后采用变卖而非公开拍卖的方式以20万的价格将租赁车辆出售给案外人张某某。而庭审中承租人明确不认可科誉高瞻公司处置的车辆价值。《最高人民法院关于审理融资租赁合同纠纷案件适用法律问题的解释》第二十三条第一款规定："诉讼期间承租人与出租人对租赁物的价值有争议的，人民法院可以按照融资租赁合同的约定确定租赁物价值；融资租赁合同未约定或者约定不明的，可以参照融资租赁合同约定的租赁物折旧以及合同到期后租赁物的残值确定租赁物价值。"但本案当事人签署的《融资租赁合同》并未就该司法解释所规定的要素进行约定，故只能根据公平原则认定价值是否合理。相对于承租人而言，科誉高瞻公司作为专门从事融资租赁业务的企业,显然在处置租赁物的资源、能力方面更具优势。特别是科誉高瞻公司收回车辆后已经取得对车辆的控制权,其应当且完全具有能力举证证明车辆处置价格的合理性。但科誉高瞻公司既未提供证据证明其处置车辆的过程,亦未委托有资质的专业评估机构对车辆价值进行评估,依据现有证据不能认定其处置车辆的价款真实体现了车辆当时的市场价格。故难以认定科誉高瞻公司主张的车辆价值具有合理性。

依据《最高人民法院关于审理融资租赁合同纠纷案件适用法律问题的解释》第二十二条的规定,出租人解除融资租赁合同,同时请求收回租赁物并赔偿损失的,损失赔偿范围为承租人全部未付租金及其他费用与收回租赁物价值的差额。由于科誉高瞻公司既不具有自行处置车辆的合同依据,又未能举证证明收回租赁车辆价值是合理的,因此不能认定科誉高瞻公司收回租赁车辆后尚有损失存在,科誉高瞻公司依据现有证据主张赔偿损失及支付口卡查档费的诉讼请求缺乏事实依据,不予支持。另外,虽然朱应琴签署的《无条件不可撤销的担保函》合法有效,但法院对科誉高瞻公司主张赔偿损失的诉讼请求不予支持,故亦不支持科誉高瞻公司要求朱应琴承担连带保证责任的诉讼请求。

四、别除权

(一)别除权的概念和特征

别除权的称谓源于大陆法系,如《日本破产法》第二条第九款规定:"本法所称别除权,是指在破产程序开始之时,对破产财团的财产享有特别的先取特权、质权或者抵押权的权利人,对上述财产享有的权利。"[①]《企业破产法》中并未出现"别除权"这一法律概念,但是根据《企业破产法》第一百零九条"对破产人的特定财产享有担保权的权利人,对该特定财产享有优先受偿的权利"的规定可见,我国设置了别除权的规则,即特定的权利人在破产程序中对债务人特定财产享有优先受偿的权利。

作为一项特殊权利,别除权具有以下特征:

---

① 石川明,《日本破产法》,何勤华、周桂秋译,中国法制出版社 2000 年版。

1.别除权的行使对象是债务人的财产

破产取回权的行使对象是不属于债务人财产的标的,而别除权的行使对象则是属于债务人的财产,二者显然不存在重叠的可能。别除权行使的前提是有属于债务人的财产。

2.别除权是针对债务人设定担保的特定财产所行使的权利

普通破产债权、破产费用及共益债务针对的是未设置担保权利的财产,与别除权清偿的财产范围并不相同。别除权的担保物是特定物。

3.别除权的本质是一种优先受偿权

《破产审判纪要》第25条规定,在破产清算和破产和解程序中,对债务人特定财产享有担保权的债权人可以随时向管理人主张就该特定财产变价处置行使优先受偿权,管理人应及时变价处置,不得以须经债权人会议决议等为由拒绝。但因单独处置担保财产会降低其他破产财产的价值而应整体处置的除外。

4.别除权优先受偿的范围原则上依据《民法典》确定

即有约定按约定,没有约定的情况下应当包括债务本金、利息、违约金、赔偿金及实现权利的费用等。

(二)别除权的行使条件

别除权来源于担保物权,但不限于担保物权,还包括一些特殊的法定优先权,为此在论述别除权的主体条件时将从民法的担保物权和破产程序中特殊的优先权两个方面考虑。

1.基于担保物权的行使主体

《民法典》保留了《中华人民共和国担保法》[①]对担保物权的分类,即抵押、质押、留置三项内容,享有上述三种权利的担保物权人对特别范围内的担保物享有优先受偿权。《民法典》规定了与典型担保物权具有相似效果的权利,其具有担保物权的特征,但又不属于法律明确规定的担保物权种类,即非典型性担保,主要包括所有权保留、让与担保等。

---

① 该法已失效。

>>> **延伸问题:所有权保留买卖是否属于别除权的范围?**

解答:所有权保留是指买卖合同的卖方在交付标的物后,仍旧享有对标的物的所有权,直到买方清偿完毕全部货款才能获取其所有权的买卖。

关于所有权保留买卖是否属于担保性质,在理论界长期存在争议,日本学者石川明主张,所有权保留买卖实质上是一种担保方式:①在买受人进入破产程序后,出卖人应当行使别除权而非取回权,但别除权的范围受制于买受人支付的货款,对于已支付部分出卖人显然不享有优先受偿的可能,因为其权利已经实现。②如果出卖人破产,买受人当然可以支付全部价款后取得所有权,但如果买受人不支付全部货款,那么管理人可以选择退还价款,进而收回标的物的所有权。

根据《最高人民法院关于适用〈中华人民共和国民法典〉有关担保制度的解释》第一条适用的范围可知,相关部门已经发现传统的典型担保已不能完全适应经济社会发展的需要,为此在担保制度中将担保的范围扩大,其中便包含所有权保留买卖。我们认为,根据现行《民法典》的立法精神,上述观点成立。

2. 别除权行使方式及限制

《企业破产法》并没有明确别除权的行使方式,但就性质而言,其属于担保债权,应当按照《企业破产法》第四十九条的规定,由权利人申报债权,经管理人审核确认,提交债权人会议核查,最终经人民法院裁定确认。也只有在法院裁定确认后,权利人才可主张其优先权。如果未申报或申报时未主张优先权利,将可能丧失优先性权利。

同时,相较于破产清算程序,因重整与和解程序具有挽救企业的作用,《企业破产法》第七十五条第一款和第九十六条第二款明确了担保权在重整期间应当暂停行使,和解程序中只有经过法院裁定和解方案后才能行使。其目的在于为避免担保财产的别除而导致重整、和解的失败。

◆◆ 【法规链接】

《民法典》

第二百二十四条 动产物权的设立和转让,自交付时发生效力,但是法律另有规定的除外。

第六百四十一条 当事人可以在买卖合同中约定买受人未履行支付价款或者其他义务的,标的物的所有权属于出卖人。

出卖人对标的物保留的所有权,未经登记,不得对抗善意第三人。

《最高人民法院关于适用〈中华人民共和国民法典〉有关担保制度的解释》

第一条 因抵押、质押、留置、保证等担保发生的纠纷,适用本解释。所有权保留买卖、融资租赁、保理等涉及担保功能发生的纠纷,适用本解释的有关规定。

第五章　债权人会议

第一节　债权人会议概述

一、债权人会议的概念

债权人会议,是债权人依法院的通知和公告组成的,反映和表达全体债权人共同意志的,由全体债权人组成的,在破产程序中对破产事项进行决议的自治组织。

从公平清偿及保护全体债权人利益的角度出发,债权人会议可以被理解为破产程序中具有"宪法"地位的组织,因为《企业破产法》不能事无巨细地规定每一个详细的操作指引,对于管理人而言,其应当严格接受债权人会议的监督,所执行职务应当尽可能地在债权人会议资料中披露、告知。

二、债权人会议的组成人员

(一)债权人会议组成人员

《企业破产法》第五十九条规定,"依法申报债权的债权人为债权人会议的成员,有权参加债权人会议,享有表决权""债权人可以委托代理人出席债权人会议,行使表决权。代理人出席债权人会议,应当向人民法院或者债权人会议主席提交债权人的授权委托书""债权人会议应当有债务人的职工和工会的代表参加,对有关事项发表意见"。

综上可知,现行《企业破产法》明确指出,债权人会议组成人员必须是能够依法申报债权的债权人,而《企业破产法》第四十八条明确了职工债权人的债权"不必申报",从法条的逻辑关系看,职工债权人被排除出了债权人会议。因此,债权人会议组成人员应当包括:

（1）普通债权人；

（2）有担保的债权人；

（3）税收债权人；

（4）经确认的债权受让人。

实务中有部分职工除享有职工债权外，还可能对破产企业享有普通债权，此时应当承认其债权人会议组成人员的身份。事实上，判断是否属于债权人会议组成人员应当根据债权性质来判断，而非债权人与破产企业间的身份关系认定。

案例：某企业于 2019 年 12 月 21 日被裁定受理破产清算，相关公告明确将于 2020 年 2 月 1 日召开第一次债权人会议。管理人在接管破产企业后便开展对职工债权情况的调查，经核查后发现，该企业尚有 37 个职工债权人，同时发现其中 9 个人分别向企业出借过款项。作为已知债权人，经管理人通知后，其向管理人申报了债权，此时兼有普通债权人身份的 9 名职工应当属于债权人会议的组成人员。同时，根据《企业破产法》第五十九条的规定，管理人另外选择了一名职工代表参加第一次债权人会议。

> >> **延伸问题：是否需要给债权人委员会成员支付误工费、交通费？**

解答：债权人会议由全体债权人组成，债权人是否参加会议直接涉及其权益，给债权人支付交通费或误工费不具有合理性，但是否需要给债权人委员会成员支付误工费或交通费则应根据个案情况来定。债权人委员会本是代表全体债权人行使委托权利，债权人委员会的高效运行可能直接影响着破产进程的推进。就实践而言，个案存在着债权人委员会权利行使不积极，不愿成为债权人委员会成员的情况。

现行《企业破产法》及司法解释均未出现有关参加是否需要给债权人委员会成员支付误工费用或交通费用的规定。参照《诉讼费用交纳办法》第六条规定，当事人缴纳的诉讼费用包括"证人、鉴定人、翻译人员、理算人员在人民法院指定日期出庭发生的交通费、住宿费、生活费和误工补贴"，其本意是为了鼓励非必要参加人员参与诉讼程序，进而保障诉讼程序的推进。结合个案情况，我们认为可以将债权人委员会成员参加会议可能引发的交通费、误工费在第一次债权人会议中纳入破产费用的范围，进而由全体债权人确认是否同意该项费用的支出。

另外,为避免可能引发的风险,应当严格限制该部分费用的支出以及标准,如交通费可以采取实报实销以及限制费用范围的方式进行确认。

(二)出席债权人会议的人员

不同于债权人会议组成人员,出席债权人会议的人员不一定享有《企业破产法》赋予的参加债权人会议的权利,除了组成人员,出席人员还包括为组织债权人会议顺利召开的相关人员。

1. 债权人及其委托代理人

应当明确,债权人会议的主体是债权人,因债权人会议表决需要,债权人是会议召开必不可少的主体。但是实务中确实存在一种特别的情形,在我们办理的破产案件中,因职工申请导致企业破产,在召开第一次债权人会议时除职工债权外,没有任何其他申报债权,此时债权人会议的召开陷入僵局。因为《企业破产法》第五十九条规定,依法申报债权的债权人为债权人会议的成员,有权参加债权人会议,享有表决权,但职工债权作为管理人主动核查的债权,职工债权人不享有表决权,致使第一次债权人会议需要表决的事项陷入无法表决的状况。

同时,《企业破产法》第五十九条明确指出,债权人委托的代理人可以经过明确授权"出席"债权人会议而非"参加"债权人会议,同时根据相应的授权行使表决权。

而且要注意,债权人会议如需要现场表决的,受托人可能因为受托范围限制无法直接进行表决,导致债权人会议无法形成有效表决。

2. 人民法院

《企业破产法》第六十二条规定:"第一次债权人会议由人民法院召集,自债权申报期限届满之日起十五日内召开。"也就是说,第一次债权人会议需要由法院召集,一般由法院主持进行。

3. 管理人

债权人会议的重要议程在于管理人履职工作的报告,依据《企业破产法》第六十二条的规定,除第一次债权人会议外,债权人会议还可在法院认为必要时,或者管理人、债权人委员会、占债权总额四分之一以上的债权人向债权人会议主席提议时召开。同时《企业破产法》第二十三条明确,管理人应当列席债权人会议,向债权人会议报告职务执行情况,并回答询问。

4.债务人的有关人员

依据《企业破产法》第十五条,债务人的有关人员需列席债权人会议并如实回答债权人的询问。前条并没有表述"应当"列席,其考虑了实务中债务人的有关人员存在不配合工作的可能。在条件允许的情况下,一般需要债务人的法定代表人列席会议。

5.职工代表或工会代表

从债权清偿顺位的角度可以看出,《企业破产法》严格保护职工债权的利益,由于职工债权是管理人主动核查的,且不享有表决权,在债权人会议中应当赋予其充分的程序性权利,保障其意见的反馈。

6.聘请的专业机构

现行《企业破产法》并没有将委托的第三方机构(如审计机构、评估机构)作为列席债权人会议的主体,实务操作中第三方机构一般也不会参加。但如果涉及专业性问题的回答,我们认为也可以请专业机构列席会议。

第二节 债权人会议表决

一、债权人会议的表决机制

1.一般事项的表决

一般事项表决通过需要遵循"双过半"规则,具体而言,在表决人数上需满足出席会议的有表决权的债权人过半数通过;在表决份额上,要求出席会议的有表决权的债权人代表的债权额占无担保债权总额的二分之一以上。

>>> 延伸问题:担保债权人如何参与表决? 如何计算表决比例?

解答:根据《企业破产法》的规定,担保债权人对除通过和解协议及破产财产分配方案以外的事项享有表决权,决议通过比例计算时以无财产担保债权总额作为统计分母，那么，当担保债权人参与表决时，是否计算其份额？

依据现行《企业破产法》关于表决的描述，在表决人数上需满足出席会议的有表决权的债权人过半数通过；在表决份额上，要求出席会议的有表决权的债权人代表的债权额占无财产担保债权总额的二分之一以上。担保债权人在表决时计算其人数，不计算其份额更为合理，否则，若在计算分子时，将其代表的债权额纳入统计，可能会出现债权额占比超过百分之百的情况。另外，如果抵押物价值完全能覆盖债权，则此时无担保债权总额为零；如果抵押物价值是否能覆盖债权难以确定，则可以参考评估价值，若此时评估仍未进场，那么管理人实质上无法对无财产担保总额作出明确判断，故一般不计算其份额。

2.特殊性事项及通过条件：重整及和解

（1）重整计划的表决：重整计划草案须分组表决。

依据《企业破产法》第八十二条、第八十五条的规定，重整计划草案的表决不同于一般破产事项的表决，需要分组进行。

具体可分为担保债权组、职工债权组、税收债权组、普通债权组。若重整计划草案涉及出资人权益调整事项的，还应当设出资人组或股东；若重整计划草案涉及出资人权益调整事项的，应当设出资人组；在法院认为有必要时，可在普通债权组中设置小额债权组。

重整计划草案的通过要求满足各表决组均通过，其中各表决组通过的规则为出席会议的债权人过半数同意，且表决份额必须占其所代表的债权额在该组债权总额的三分之二以上。

同债权人会议一样，此时享有的表决权是依据债权性质确认的，而非主体身份，因此在分组表决中，单个债权人可能会因为拥有多笔不同性质的债权而在不同的小组中享有表决权，各组的表决应当分别统计。

❖ 【法规链接】

《企业破产法》

第八十二条　下列各类债权的债权人参加讨论重整计划草案的债权人会议，依照下列债权分类，分组对重整计划草案进行表决：

（一）对债务人的特定财产享有担保权的债权；

（二）债务人所欠职工的工资和医疗、伤残补助、抚恤费用，所欠的应当划入职工个人账户的基本养老保险、基本医疗保险费用，以及法律、行政法规规定应当支付给职工的补偿金；

（三）债务人所欠税款；

（四）普通债权。

人民法院在必要时可以决定在普通债权组中设小额债权组对重整计划草案进行表决。

第八十五条　债务人的出资人代表可以列席讨论重整计划草案的债权人会议。

重整计划草案涉及出资人权益调整事项的，应当设出资人组，对该事项进行表决。

第八十六条　各表决组均通过重整计划草案时，重整计划即为通过。

自重整计划通过之日起十日内，债务人或者管理人应当向人民法院提出批准重整计划的申请。人民法院经审查认为符合本法规定的，应当自收到申请之日起三十日内裁定批准，终止重整程序，并予以公告。

（2）和解协议的表决。

通过和解协议在人数上须满足出席会议的有表决权的债权人过半数同意，在表决份额上需满足其所代表的债权额占无财产担保债权总额的三分之二以上。

同时，根据《企业破产法》第五十九条第三款及第六十一条第一款第七项的规定，担保债权人对和解协议草案不具有表决权，当然，如担保债权人放弃对担保物的优先受偿权，因不再以担保债权人身份出现，此时应该认为可以表决。

和解协议草案未通过或通过但人民法院不认可的，人民法院应当裁定终止和解程序，并宣告债务人破产。

◆ 【法规链接】

《企业破产法》

第九十七条　债权人会议通过和解协议的决议，由出席会议的有表决权的债权人过半数同意,并且其所代表的债权额占无财产担保债权总额的三分之二以上。

二、临时表决权

在实务中,临时确定债权额被称为"临时表决权",就现行的法律及相关司法解释而言,临时表决权的描述仅出现在了《企业破产法》第五十九条。而各个地方法院发布的操作指引中多是对《企业破产法》中关于临时表决权的内容的复述,并未创设具体的规则,这也导致了实务中对临时表决权的使用出现混乱的情形。

临时表决权制度存在的原因在于《企业破产法》想要兼顾公平和效率。对于在召开债权人会议时尚未完成确认的债权人因债权确认的不确定性,如果一刀切式地给予或不给予表决权,都可能产生不利后果。详言之,假如待确认债权人不享有表决权,但后续确认了债权,将使债权人丧失其对债权人会议的表决权,且该事项很可能关涉待确认债权人自身的利益,这样的程序设计显然会导致债权人利益受损;反之,假如给予待确认债权人表决权,经审查不属于破产债权或债权本就不存在,则原先通过或不通过的方案因待确认债权人的表决,可能发生了重大变化,如本应通过的方案因待确认债权的存在而未通过。

因缺乏明确的操作指引,临时表决权的确立及行使的结果均没有参照,实务中,问题主要集中在以下几方面。

(1)如何判断是否给予临时表决权?标准是什么?

(2)给予临时表决权的应当以申报的全部金额还是部分金额为表决金额?

(3)如果发生最后确认债权但未能给予临时表决权或最后未确认债权但已经行使了临时表决权,怎么办?

结合我们的实务经验以及其中存在的问题,现对临时表决权的行使提出如下认识。

1.给予临时表决权的债权范围

给予临时表决权的主要为尚未确认的债权,因产生原因不同,可以将待确认债权分为以下几种:

（1）诉讼、仲裁未决的债权，包括在破产申请受理前进行而在破产程序开始后尚未结束的诉讼、仲裁；

（2）因为债权形成复杂或是缺乏重要材料导致管理人来不及审查的债权；

（3）附条件、附期限的债权；

（4）其他。

2.赋予临时表决权的判断

我们认为，给予临时表决权的前提是申报的债权有相应的基础材料。由于时间或其他原因导致实质审查无法完成，如果决定给予临时表决权，管理人应当完成债权的形式审查。具体而言，即债权申报材料的完整性，须具备证明债权存在的基本材料。如果债权申报后，债权人未能提供任何有关证明的材料，并且管理人也无法从公司会计凭证、财务账册中予以核实，那么将无法认可债权的存在。

3.临时表决权的确认主体

根据《企业破产法》第五十九条的规定，临时表决权的赋予主体是受理破产案件的法院，对此并无争议。但问题是对临时表决权的申请主体究竟是谁，现行法律并没有作出更详细的规定。因为管理人作为债权审核的直接责任主体，实务中多以管理人为申请主体，向法院要求确认债权人会议召开时待确认债权的临时表决权。例如，江苏省高级人民法院《破产案件审理指南（修订版）》第八条即明确了管理人可以向法院申请待确认债权人的临时表决权。

依据《企业破产法》第五十七条、第五十八条的规定，最终确认破产债权应当遵循以下流程：先由债权人申报破产债权，再由管理人对申报材料进行审核并制作债权表，经债权人会议核查后，最终提交人民法院确认。事实上，在法院未做裁定确认破产债权时，申报的破产债权都是没有经过效力认定的债权。从这个角度讲，先前流程中的债权全都属于"待确认"债权。我国现行《企业破产法》采用的显然是更为广义的"债权人"概念，否则债权人会议将无法组成，在债权确认的逻辑上也将存在冲突。

4.给予临时表决权的数额确定

临时表决权的数额如何确定，在实践操作中存在各种各样的模式，有按照债权人申报数额确认的，也有按照管理人初步认定数额确认的，或是仅按照债权人申报的本金数额确认的。

◆◆ 【管理人操作指引】

《企业破产法》及其司法解释均未能对临时表决权给予明确的指引,现根据我们实践中对临时表决权的运用,提出如下操作建议:

(1)在第一次债权人会议召开前如有待确认债权的,管理人可以向法院书面提交提请确认临时表决权的报告。在涉及重整草案、和解协议等程序时,可建议法院组织听证会事先确认临时表决权。

(2)临时表决权的确定应当以效率、公平及统一标准为前提,对相同顺位、相同性质的债权,确认其临时表决权应当适用相同的标准,不应区分对待。

◆◆ 【法规链接】

《北京市高级人民法院企业破产案件审理规程》

186.(临时债权额的确定)债权尚未确定的债权人,可以申请人民法院为其行使表决权而临时确定其债权额。

《北京破产法庭破产重整案件办理规范(试行)》

第一百零六条 对特定财产享有担保权的债权人,经评估等方式能够判断其优先受偿权利不能完全受偿的,债权人可以就剩余债权金额在其他组别表决。

表决前担保财产价值是否足以清偿担保债权暂不确定的,除人民法院能够为其在其他组别行使表决权而临时确定债权额的以外,该债权人只得以全部债权额在有担保债权组表决。

《上海市高级人民法院破产审判工作规范指引(2021)》

129.临时债权额的赋予

对于附条件或者附期限的债权、诉讼或仲裁未决的债权,债权虽未确定,但债权人申报后可以列席债权人会议,并由人民法院确定其临时债权额。人民法院不能确定的,该债权人不得行使表决权。

江苏省高级人民法院民事审判第二庭《破产案件审理指南(修订版)》

第八条第一款 临时债权额的赋予。企业破产法第五十九条第二款规定,债权尚未确定的债权人,除人民法院能够为其行使表决权而临时确定债权额的外,不得行使表决权。实践中,对于债权尚未确定的债权人,管理人可以申请人民法院为其行使表决权而临时确定债权额。

《四川省高级人民法院关于审理破产案件若干问题的解答》

第五部分第三问　在召开债权人会议前,人民法院如何为债权尚未确定的债权人临时确认债权额,以便于其行使表决权?

答:在召开债权人会议前,为保障适格债权人的参会权、表决权,针对已经提交债权申报材料,但债权尚未确定的债权人,可以自己申请或通过管理人申请人民法院为其行使表决权而临时确定其债权额。管理人应根据债权申报资料及前期审查的基本情况向人民法院提出确定临时债权额的意见,同时说明相关事实和理由。必要时,人民法院可要求管理人作出合理解释,也可以通知异议双方到庭陈述并举证,经过听证程序后,临时确认债权的数额,并作出决定,以临时确认的数额为这些债权参与行使表决权的数额。

《成都市中级人民法院破产案件管理人工作规范(试行)》

第五十八条　债权人申报债权属于企业破产法第五十九条规定的尚未确定的债权的,由管理人负责提请本院确定其临时债权额。

第三节　债权人会议的权利与职责

一、核查债权

核查债权是现行《企业破产法》规定的债权人会议的首要职权。一般而言,管理人需要将接收申报的债权汇编成册,列明管理人初步审查结果。而后提交给债权人会议进行核查。债权人会议核查债权应当对债权人的主体身份、债权的数额和有无财产担保进行核查。实务中,大多以第一次债权人会议为界,在这之前申报的债权,由债权人会议进行核查,如设置了债权人委员会的,在此之后申报的债权,债权人会议可委托债权人委员会核查。

二、申请法院更换管理人

要求更换管理人的主体应当为债权人会议,单个的债权人无权提起该项请求。例如,在(2018)新 01 民初 299 号民事裁定书中,乌鲁木齐市中级人民法院认为,《企业破产法》第二十二条赋予了债权人通过债权人会议对破产管理人职务行为予以监督权,如债权人会议认为破产管理人不能依法、公正执行职务或者有其他不能胜任职务情形的,可以申请人民法院予以更换。但债权人个人无权直接干涉破产管理人行使职务行为。

三、审查管理人的费用和报酬

管理人作为破产清算程序的执行人员,其行为的出发点应当是全体债权人利益,对于管理人报酬的确定应当经过债权人会议的最终确认。同时,因为破产费用的顺位远高于一般债权,而破产费用的多少直接影响着债权人可受偿的数额,所以对于破产清算过程中产生的破产费用及共益债务,管理人应当形成专项报告经债权人会议核查。

四、监督管理人

债权人会议是全体债权人参加破产程序、行使权利的自治机构。依据"委托说",破产管理人实际上是受全体债权人委托执行对破产企业的清算工作,其应当将全体债权人利益放在第一位。实践中,管理人的工作履职与债权人信息之间有着较为明显的信息不对称,如果债权人会议不能监督管理人工作的开展,由于管理人责任的存在,实际上可能导致管理人行为背离初衷。可以将债权人会议的监督权理解为债权人会议的核心权利。

五、选任和更换债权人委员会成员

根据《企业破产法》及相关司法实践可以得出,债权人委员会是债权人会议的常设机构,由债权人会议决定设立,债权人会议可以选任债权人委员会的成员。二者是产生与被产生、监督与被监督的关系。依据《企业破产法》第六十八条的规定,债权人会议可以将其拥有的职权委托给债权人委员会行使。

六、通过重整计划与和解协议

破产清算程序最终是走向宣告破产还是和解,或是重整成功,都直接影响着全体债权人利益的实现。其中进行和解或重整最直观的表现是对可供分配财产进行"量"上的改变。此时必须要经过债权人会议的表决通过。

七、通过破产程序相关方案

《企业破产法》第六十一条第一款明确列出了债权人会议通过债务人财产的管理方案、通过破产财产的变价方案及通过破产财产的分配方案。债务人财产管理、变价方案是指管理人接管债务人企业后,对于接收的现金、银行存款及实物资产的管理以及后续的变价方案,因为涉及财产价值的转变,需要经过债权人会议的通过。作为债权人关注的核心,分配方案需要给予债权人表决权利,并给予异议的权利。

八、其他职权

对于《企业破产法》第六十一条第一款第(十一)项规定的兜底职权,相关司法解释也没有作出具体的设定。之所以有兜底职权的表述,或许是因为破产清算过程中纷繁复杂的情形导致管理人在具体工作中将面临各种选择,此时将这些事项交由债权人会议确定实际上也是在保护全体债权人的利益。根据我们的实务经验,认为可以将"其他职权"总结如下:

(1)是否以书面或非现场会议代替现场会议;

(2)是否放弃对破产企业账册的专项审计;

(3)是否放弃追收债务人财产、放弃追收债权、放弃相应资产等事项。

【法规链接】

《企业破产法》

第六十一条 债权人会议行使下列职权:

(一)核查债权;

(二)申请人民法院更换管理人,审查管理人的费用和报酬;

(三)监督管理人;

(四)选任和更换债权人委员会成员;

(五)决定继续或者停止债务人的营业;

(六)通过重整计划;

(七)通过和解协议;

(八)通过债务人财产的管理方案;

（九）通过破产财产的变价方案；

（十）通过破产财产的分配方案；

（十一）人民法院认为应当由债权人会议行使的其他职权。

债权人会议应当对所议事项的决议作成会议记录。

>>> **延伸问题：特殊的破产清算程序——没有债权人会议的破产清算该如何进行？**

解答：囿于法律无法囊括实务中发生的一切情况，在我们办理相关破产清算案件时，存在一种没有债权人会议的情形。A企业因欠付职工债权，由法院执行转破产后，管理人依法接管该企业，在做债务人尽职调查时未能发现除职工外的其他已知债权人，在公告期确定的第一次债权人会议即将召开时，管理人没有接到任何债权申报，导致第一次债权人会议无法举行。后在请示法院后，将管理人履职报告及资产、负债调查情况单方面汇报给法院。

第六章 破产费用、共益债务及破产财产的分配

不同于破产债权,破产费用及共益债务是进入破产程序后才发生的,是管理人在履行职务过程中为了实现全体债权人的利益而产生的。其可以理解为债权利益实现的费用。因此,《企业破产法》将破产费用和共益债务确定为可以从债务人财产中即时清偿(优先)的范围。

由于进入破产程序后产生债权的原因、主体、法律关系千差万别,确定破产费用和共益债务的范围实际上也是管理人本身应当面对的重要工作。

第一节 破产费用

破产费用,是指破产程序进行过程中,为了破产程序的顺利进行,随时支付的管理、处分破产财产的费用。依据《企业破产法》可以明确的是,破产费用发生在人民法院受理破产申请之后,对于进入破产程序前的债权应当依据破产债权的规则进行确认。

破产程序是一个动态程序,在管理人履行相应职责或债务人继续经营过程中,不可避免地将发生一定费用的支出,区分破产费用的范围、受偿原则有利于管理人依法履职以及保护债权人利益。

依据《企业破产法》第四十一条的规定,破产费用包含以下内容:

一、破产案件诉讼的费用

依据《诉讼费用交纳办法》第六条和第十四条的规定,当事人应当向人民法院交纳的诉讼费用包括:案件受理费;申请费;证人、鉴定人、翻译人员、理算人员在人民法院指定日期出庭发生的交通费、住宿费、生活费和误工补贴。破

产案件依据破产财产总额计算，按照财产案件受理费标准减半交纳，但是，最高不超过 30 万元。

二、管理、变价和分配债务人财产的费用

1. 管理债务人财产所产生的费用

在接收到实物资产的情况下，因其处置需要经过一定流程，无法在第一时间变现，故管理人可能产生管理的费用，如车辆停放，动产储存、搬运，安保等费用支出。

2. 变价费用

对于实物资产，需要先通过变现的方式归集资金，再向债权人进行分配。因为《企业破产法》及其相关司法解释、相关规定都对资产变价行为作出了特殊要求，如评估、拍卖、纳税，其间均可能产生费用，此时可将其归类至变价费用。

3. 分配债务人财产的费用

最常见的是通过银行账户转账时产生的手续费。同时在债权人无法按照规定时间领取分配款项时，可能会产生相应的提存费用。

三、管理人执行职务的费用、报酬和聘用工作人员的费用

法律及司法解释并没有对执行职务费用作出十分详细的规定，实践操作中对执行职务费用也存在一定程度的争议，特别是对于管理人执行职务费用发生的合理性。各地法院为减少可能发生的争议，相继出台过较为详细的操作说明。

例如，《重庆市第五中级人民法院管理人执行职务费用的管理办法（试行）》包括以下内容：

"（一）管理人租用办公场地产生的费用。包括管理人租用办公场地所产生的租赁费、水电费、物管费等费用，凭发票等有效票据据实报销。

"（二）管理人执行职务产生的办公费用。包括召开债权人会议、债权人委员会或协调推进会等会议的会议费；购置文具、财务用品等办公用品以及耗材的费用；印刷费；邮政资费；通信费（手机通信费按每人每月 100 元包干使用，报销人数不得超过管理人向本院报备的工作人员人数 30%）；刻制印

章费;其他办公费用等。管理人执行职务所产生的办公费用凭发票等有效票据据实报销。

"(三)管理人执行职务产生的差旅费。包括城市间往返交通费;伙食补助费;住宿费;出差地交通费等。

"(四)管理人执行职务产生的其他必要费用。"

又如,《杭州市管理人协会破产管理人互助资金管理和使用办法》在描述管理人从事破产案件的费用时指出,"为破产案件工作所需要租赁的办公场所、通知债权人的邮寄费用、通信费用、办公用品、档案保管费用等。该等费用,应当有明细及有效凭证作为依据"。

再如,杭州市富阳区人民法院在其发布的《杭州市富阳区人民法院破产案件实务操作指引》中规定,管理人执行职务费用支付标准如下:

"(一)外出差旅费用(本院辖区以外),包括交通费、伙食费、住宿费、停车费,凭发票结算。交通费、伙食费、住宿费参照国家公务出差标准确定。

"(二)本院辖区内产生的交通费,按下列标准报销:

"1.破产受理后的三个月内,债权人数在八十人以下的,凭发票在每案每月一千元以内报销;债权人数在八十(含本数)至一百五十人的,凭发票在每案每月一千二百元限额内报销;债权人数在一百五十人(含本数)以上的,凭发票在每案每月一千五百元以内报销;

"2.破产受理后的三个月至六个月,债权人数在八十人以下的,凭发票在每案每月五百元以内报销;债权人数在八十(含本数)至一百五十人的,凭发票在每案每月六百元限额内报销;债权人数在一百五十人(含本数)以上的,凭发票在每案每月八百元以内报销;

"3.破产受理六个月后至管理人职务执行完毕之日止,产生的交通费统一报销金额不超过五百元。

"(三)杭州本地区产生的伙食费住宿费不予报销。

"(四)管理人员上下班交通费包括过境费不列入本指引的支付费用。

"(五)管理人通信费,按下列标准报销:

"1.固定申报电话费可以实报实销至管理人职务执行完毕之日;

"2.允许配备一部用于债权申报、咨询的移动通信电话,费用可以实报实销至管理人职务执行完毕之日;

"3.在破产受理后六个月内,其他工作人员的通信费标准如下:债权人数在八十人以下的,凭发票在每案每月三百元限额内报销;债权人数在八十(含本数)至一百五十人的,凭发票在每案每月五百元限额内报销;债权人数在一百五十人(含本数)以上的,凭发票在每案每月八百元限额内报销;六个月以后的其他人员的通信费不予报销。

"(六)其他合理费用由本院依法审核确定。"

从上述各地区的规定可以看出,管理人执行职务费用的产生及具体数额需要结合各地不同的经济支出标准确定,无法绝对地设置统一的标准。富阳区人民法院在列举执行职务费用的同时设置了上限,事实上,这也是防止管理人执行职务时产生过度费用。

四、关于破产费用产生的要求

关于破产费用的产生,管理人应当秉承高效、利益最大化的原则进行处理。例如,河南省高级人民法院在 2020 年 8 月 28 日曾印发《关于审理企业破产案件破产成本管理的指引》,其中对管理、变价和分配债务人财产的费用的产生做了原则性的规定:

"1.管理人接受人民法院指定后,应勤勉履职,积极推进破产程序,采取合理的管理措施,防止因拖延增加管理费用。

"2.管理人接收债务人财产后,应首先选择债务人的经营场所或债务人提供的场所作为办公场所。债务人经营场所不适宜办公或无法提供办公场所的,管理人应选择自己的经营场所作为办公场所。管理人认为确有必要另行租用办公场所的,应向人民法院提交书面申请,由人民法院批准后方可实施。

"3.对于破产企业原则上应鼓励资产整体转让,避免零散出售造成费用成本增加,价值贬值。

"4.对于债务人有对外投资的,管理人应当及时书面通知被投资企业,并及时收取分红。

"5.对债务人的鲜活、易腐、易损等不易保管的财产,或者不及时变现,价值将严重贬损的财产,或者保管费用较高的财产,管理人应在报请人民法院同意后及时变价并提存变价款。

"6.管理人清理债务人财产需要委托审计机构时,应当通过公开竞聘的方式确定;在同等条件下,把报酬报价作为确定机构的主要因素。

"7.为节约成本,减少开支,对债务人财产的评估,鼓励进行网络询价或定向询价。

"8.破产财产处置应以网络拍卖为优先,坚持价值最大化原则,兼顾处置效率,最大限度提升财产变现溢价率。

"9.管理人为债权人利益需要提起诉讼或对正在进行的诉讼提起上诉的,涉及诉讼费用数额巨大的,应召开债权人会议进行表决。管理人应向债权人会议说明案件情况及风险,并做好记录,表决程序依据《中华人民共和国企业破产法》第六十四条的规定进行,管理人依据债权人会议的最终表决结果行使职权。"

可以看出,上述规定始终围绕着利益最大化的原则,但因实务中,破产企业的情况各有不同,管理人应当以原则为基础,结合个案情形具体处理,如资产打包还是分开拍卖的问题,需要结合实际情况处理。

第二节　共益债务

共益债务,是指人民法院受理破产申请后,为了全体债权人的共同利益以及破产程序顺利进行而发生的债务。依据《企业破产法》第四十二条的规定,共益债务基本涵盖如下情形:

一、因管理人或者债务人请求对方当事人履行双方均未履行完毕的合同所产生的债务

这里均未履行的合同是指在破产申请受理前即存在的合同关系。以买卖合同为例,若该份买卖合同成立于破产申请受理前,且债权债务双方都未履行义务而此时买方被宣告破产,管理人有权决定解除或者继续履行。当选择继续履行合同时,卖方因需要继续履行合同的供货义务而产生的对应债权应当认定为共益债权,即对于债务人而言,此时负担的债务为共益债务。

将继续履行合同产生的债务界定为共益债务主要基于如下因素:首先,从管理人决定继续履行合同的角度而言,意味着继续履行合同能够为全体债权人带来更大的利益。其次,该规则能够减少履约风险,鼓励相对人配合继续履行合同。进入破产清算程序后,多意味着债权人无法实现债权的百分之百清偿,此时,将相对人履行合同的对价作为共益债务随时清偿,实际上保证了相对人的利益,也可促使他继续履行合同。

二、债务人财产受无因管理所产生的债务

无因管理是指没有法定的或约定的义务,为避免他人利益受损失,自愿管理他人事务或为他人提供服务的行为。无因管理人在管理过程中所产生的必要费用有权要求被管理人偿还,因此形成的债权称为无因管理之债。无因管理的出发点及落脚点均在于债务人利益的最大化,从而使得全体债权人受益。但需要说明的是,无因管理之债应当发生在破产程序进行期间,是为了全体债权人利益而进行的管理。

三、因债务人不当得利所产生的债务

不当得利是指没有合法根据,使他人受到损失而自己获得了利益。不当得利的认定需要符合以下要件:①一方获得利益;②他方受到损失;③获得利益和受损失之间有因果关系;④没有任何法定或约定的依据。不当得利事实发生后,得利人有义务返还不当利益,其形成的请求权为债权,因此称不当得利之债。需要说明的是,作为共益债务的不当得利之债应当是发生在进入破产程序之后的,如果在这之前发生的,不当得利债权人应当依照《企业破产法》的规定向管理人申报债权。

四、为债务人继续营业而应支付的劳动报酬和社会保险费用以及由此产生的其他债务

破产程序开始后,债务人是否继续营业,由管理人决定。因为继续经营的目的是实现全体债权人利益的最大化,因此在继续营业期间,企业产生的劳动报酬和社会保险费用应当作为共益债务随时清偿。当然,继续经营期间发生的其他合理债务也应当作为共益债务,如为继续经营而产生的借款、货款等。

五、管理人或者相关人员执行职务致人损害所产生的债务

《破产法司法解释(二)》第三十三条进一步明确了管理人职务行为应当限定在"故意"或"重大过失"的情况下,此时造成的损失应当列入共益债务,由债务人财产清偿。如果债务人财产不足以弥补损失,则权利人可以向管理人提出损害赔偿请求。可以认为,管理人在履行职务过程中,即便存在故意或者重

大过失致他人财产损失,也只是承担补充赔偿责任。

需要说明的是,债务人财产无论是否能够足额清偿该部分损失,共益债务的产生都会直接导致可供债权人分配利益的减少。债权人可能基于管理人过错责任,要求就相应损失进行赔偿。

六、债务人财产致人损害所产生的债务

此处要求是债务人财产致人损害,而非债务人的有关人员,当然如果是债务人的有关人员履行职务时的损害应当按照债务人自身侵权处理,同时产生的侵权之债应当由债务人承担,债务人财产致人损害应当包括人身伤害和财产损失,若在法律规定范围内,还应包括精神损害赔偿。

第三节　破产财产的分配

破产财产的分配,又称破产财产清偿,是指管理人将依法归集起来的债务人财产或破产财产通过变价方案进行变卖,并将所取得的金钱依照《企业破产法》规定的相关清偿顺序,按照对应的比例,给相关债权人支付以实现其债权的过程。应当认为,破产财产的分配是债权人参与破产程序的终极目的,也是破产程序的核心程序。相较于追收、处置资产的过程,债权人更为关心破产财产的实际分配。需要说明的是,《企业破产法》区分了债务人财产和破产财产两个概念,但由于在实践中,财产分配并不必然发生于宣告破产之后,就实际操作而言,也存在对债务人财产进行分配的情形,为便于理解,本节统一称为破产财产。

从破产财产分配的不同阶段出发,破产财产的分配可以划分为阶段性分配和最终的分配。

阶段性分配是指在破产程序进行过程中,因具有可分配资金或实现破产财产的变现而获得资金时,依据分配方案对债权人所进行的阶段性的、非最终的分配。实践中阶段性分配对于债权人、管理人均是有益处的,对于债权人而言,及时进行分配可以保障债权人的期待利益;对于管理人而言,及时进行破产财产分配一定程度上可以促使债权人配合破产程序的进程。

最终的分配是指管理人在将所有破产财产处置后除预留的分配款外对债

权人做的最后分配。需要说明的是,根据《企业破产法》第一百零七条,在宣告破产前企业的资产被称为债务人财产,当被宣告后,债务人财产称为破产财产。在整个《企业破产法》中,破产企业的资产分配都为"破产财产的分配",可以明确,管理人的分配工作是在宣告破产后才进行的。因此,当企业被宣告破产后,管理人的工作重点也将集中于破产财产的分配上。

参加破产程序的债权人关注的核心在于能否尽早地实现破产财产的分配以及实际可分配的比例。但管理人关注的往往是案件办理的质量,与债权人关注的点不一致。事实上,这是速度与质量的博弈。过分追求尽早地分配破产财产,就程序上而言,一则容易导致债权确认时间比较仓促,二则无法保障补充申报债权人的利益。

一、破产财产分配的原则

破产财产分配作为破产程序的重要一环,其应当遵循以下基本原则。

(一)顺位法定原则

破产财产的分配顺位是以确认债权顺位为前提的,破产债权的顺位受到《企业破产法》的严格限制,为此,进行破产财产分配时应当严格依据《企业破产法》规定的顺位进行。同时要明确的是,由于《企业破产法》施行至今未进行过修订,实务中为贯彻公平理念,最高人民法院以会议纪要、司法解释或判例的形式确立了"新"的债权顺位,如消费型购房者的债权、劣后债权等。

(二)公平分配原则

《企业破产法》第一百一十三条第二款规定:"破产财产不足以清偿同一顺序的清偿要求的,按照比例分配。"《企业破产法》根据债权顺位区分了接受分配的顺序后,而对属于同一顺位的债权,则明确应当按照比例进行分配,以显示公平。

二、破产财产分配的顺序

依据现行《企业破产法》及相关司法解释,破产财产的分配具体如下:

首先,是破产费用和共益债权,其中破产费用优先。破产费用还包括法院裁定受理破产申请前债务人尚未支付的公司强制清算费用、未终结的执行程序中产生的评估费、公告费、保管费等执行费用,可以参照《企业破产法》关于破产费用的规定,由债务人财产随时清偿。

然后,按照以下顺序进行分配:①破产人所欠职工的工资和医疗、伤残补助、抚恤费用,所欠的应当划入职工个人账户的基本养老保险、基本医疗保险费用,以及法律、行政法规规定应当支付给职工的补偿金。第三方垫付的职工债权,按垫付的职工债权性质清偿。拖欠的住房公积金,也按职工工资性质清偿。②破产人欠缴的除前项规定以外的社会保险费用和破产人所欠税款。对欠薪保障基金垫付的职工债权,按照这个顺序来。③普通破产债权。

对法律没有明确规定清偿顺序的债权,人民法院可以按照人身损害赔偿债权优先于财产性债权、私法债权优先于公法债权、补偿性债权优先于惩罚性债权的原则合理确定清偿顺序。

依据法律规定及司法实践形成的对债权顺位的认识,破产财产的分配顺序基本如图 6-1 所示:

图 6-1　破产财产的分配顺序

◆◇ 【法规链接】

《企业破产法》

第一百一十三条　破产财产在优先清偿破产费用和共益债务后,依照下列顺序清偿:

(一)破产人所欠职工的工资和医疗、伤残补助、抚恤费用,所欠的应当划入职工个人账户的基本养老保险、基本医疗保险费用,以及法律、行政法规规定应当支付给职工的补偿金;

(二)破产人欠缴的除前项规定以外的社会保险费用和破产人所欠税款;

(三)普通破产债权。

破产财产不足以清偿同一顺序的清偿要求的,按照比例分配。

破产企业的董事、监事和高级管理人员的工资按照该企业职工的平均工资计算。

《破产法司法解释(三)》

第一条　人民法院裁定受理破产申请的,此前债务人尚未支付的公司强制清算费用、未终结的执行程序中产生的评估费、公告费、保管费等执行费用,可以参照企业破产法关于破产费用的规定,由债务人财产随时清偿。

此前债务人尚未支付的案件受理费、执行申请费,可以作为破产债权清偿。

《破产审判纪要》

27.企业破产与职工权益保护。破产程序中要依法妥善处理劳动关系,推动完善职工欠薪保障机制,依法保护职工生存权。由第三方垫付的职工债权,原则上按照垫付的职工债权性质进行清偿;由欠薪保障基金垫付的,应按照企业破产法第一百一十三条第一款第二项的顺序清偿。债务人欠缴的住房公积金,按照债务人拖欠的职工工资性质清偿。

28.破产债权的清偿原则和顺序。对于法律没有明确规定清偿顺序的债权,人民法院可以按照人身损害赔偿债权优先于财产性债权、私法债权优先于公法债权、补偿性债权优先于惩罚性债权的原则合理确定清偿顺序。因债务人侵权行为造成的人身损害赔偿,可以参照企业破产法第一百一十三条第一款第一项规定的顺序清偿,但其中涉及的惩罚性赔偿除外。破产财产依照企业破产法第一百一十三条规定的顺序清偿后仍有剩余的,可依次用于清偿破产受理前产生的民事惩罚性赔偿金、行政罚款、刑事罚金等惩罚性债权。

延伸问题：同一债权是否区分先后清偿的款项性质？

解答：2021 年 8 月，最高人民法院院长信箱对该问题做了一个关于《破产分配中本金与利息清偿顺序疑问》的回复，见图 6-2。

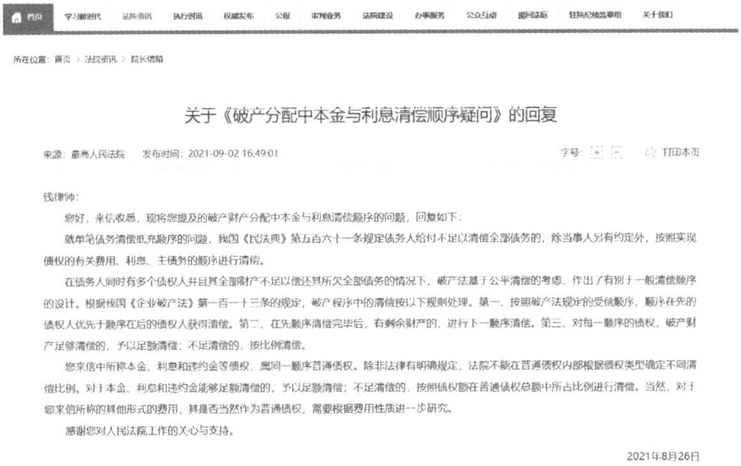

首页 学习新时代 法院资讯 执行资讯 权威发布 公报 审判业务 法院建设 办事服务 公众互动 巡回法庭 驻院纪检监察组 关于我们

所在位置：首页 > 法院资讯 > 院长信箱

关于《破产分配中本金与利息清偿顺序疑问》的回复

来源：最高人民法院　发布时间：2021-09-02 16:49:01　字号：[+] [-]　打印本页

钱律帅：

您好，来信收悉，现将您提及的破产财产分配中本金与利息清偿顺序的问题，回复如下：

就单笔债务清偿抵充顺序的问题，我国《民法典》第五百六十一条规定债务人给付不足以清偿全部债务的，除当事人另有约定外，按照实现债权的有关费用、利息、主债务的顺序进行清偿。

在债务人同时有多个债权人并且其全部财产不足以偿还其所欠全部债务的情况下，破产法基于公平清偿的考虑，作出了有别于一般清偿顺序的设计。根据我国《企业破产法》第一百一十三条的规定，破产程序中的清偿按以下规则处理。第一、按照破产法规定的受偿顺序，顺序在先的债权人优先于顺序在后的债权人获得清偿。第二、在先顺序清偿完毕后，有剩余财产的，进行下一顺序清偿。第三、对每一顺序的债权，破产财产足够清偿的，予以足额清偿；不足清偿的，按比例清偿。

您来信中所称本金、利息和违约金等债权，属同一顺序普通债权。除非法律有明确规定，法院不能在普通债权内部根据债权类型确定不同清偿比例。对于本金、利息和违约金能够足额清偿的，予以足额清偿；不足清偿的，按照债权额在普通债权总额中所占比例进行清偿。当然，对于您来信所称的其他形式的费用，其是否当然作为普通债权，需要根据费用性质进一步研究。

感谢您对人民法院工作的关心与支持。

2021年8月26日

图 6-2　关于《破产分配中本金与利息清偿顺序疑问》的回复

最高人民法院对该问题的态度是明确的，即在破产程序中没有法律规定的情况下，对于同属于同一个普通债权的本金、利息和违约金，不能足额清偿时，需要按照债权额在普通债权总额中所占比例进行清偿，法院不能再划分普通债权的内部属性。

但一个值得注意的问题是，《中华人民共和国个人所得税法》（简称《个人所得税法》）第二条规定，对于“利息、股息、红利所得”应当征收个人所得税，同时第九条明确个人所得税以支付所得的单位或者个人为扣缴义务人。简言之，如果普通债权人系因为借款产生了本金及利息的普通债权，在进行破产财产分配时，若不区分实际清偿的利息部分，破产企业将无法履行实际扣缴义务。上述回复中，最高人民法院虽然引用了《民法典》第五百六十一条的规定，但是下文即指出《企业破产法》基于公平清偿的考虑，作出了有别于一般清偿顺序的设计，显然并没有直接明确是否仍旧适用《民法典》的该项规定。

对于该问题，实务中甚至存在在破产财产分配过程中，破产企业突然遭税务稽查，发现债权人（借款人）补缴的税费远超出实际可清偿的财产的情况。加之各地开展的税务司法协作,如不能明确上述问题,对于债权人个人所得税的征收将产生影响。

三、破产财产分配的方案

破产财产分配方案,是指管理人依据法律规定制定并经债权人会议通过的按照破产债权的顺位、范围明确针对破产财产分配方式、时间、具体措施、程序的方案。不同于前述破产财产分配顺位,破产财产分配方案着重于分配的程序性事项。事实上,能否提供高效的破产财产分配方案对于管理人而言往往是至关重要的,根据一般破产程序的推进,实施破产财产分配方案一般需要执行以下步骤。

(一)拟订破产财产分配方案

在进入正式分配前,管理人应当拟订破产财产分配方案以供债权人会议审核,因是对破产财产分配的具体实施,其原则上应当包括如下内容:

(1)参加破产财产分配的债权人名称或者姓名、住所;

(2)参加破产财产分配的债权额;

(3)可供分配的破产财产数额;

(4)破产财产分配的顺序、比例及数额;

(5)实施破产财产分配的方法。

因破产财产的处置或变价存在不确定性,为最大限度地实现债权人的利益,《企业破产法》规定破产财产的分配应当以货币分配方式进行。但是,债权人会议另有决议的除外。实务中,可在破产财产分配方案中明确固定资产、存货等未能变价的动产直接以折抵债权人债权数额。同时管理人按照破产财产分配方案实施多次分配的,应当公告本次分配的财产额和债权额。

另外,就实践操作而言,因为召开第一次债权人会议时往往未能形成对债务人财产或债权人数额的调查及认定,所以提交第一次债权人会议表决的破产财产分配方案仅是原则性的,如前述破产财产分配的数额及参与分配的破产债权额均无法确定。因此就管理人而言,除提交第一次债权人会议的破产财产分配方案外,后续一般会另行制作破产财产分配的具体执行方案。

(二)通过破产财产分配方案

破产财产分配方案的生效需要经过法定程序,《企业破产法》第一百一十五条明确指出,破产财产分配方案需要经过债权人会议表决通过后,再由管理人将方案提请人民法院裁定认可。

就程序上而言,二者是破产财产分配方案生效的必备条件。

首先,破产财产分配方案需要通过债权人会议的表决,表决规则依据《企业破产法》第六十四条确定,即由出席会议的有表决权的债权人过半数通过,并且其所代表的债权额占无财产担保债权总额的二分之一以上。需注意,《企业破产法》明确担保债权人未放弃优先受偿权利的,对于破产财产分配方案是不享有表决权的。

其次,破产财产分配方案如未能按照上述表决规则通过的,管理人可以再次提请债权人会议进行二次表决,如二次表决未通过的,管理人可提请人民法院对方案进行裁定通过。法院裁定通过后,应当另行通知债权人通过的事项。

最后,如果破产财产分配方案是依据债权人会议表决通过的,此时该方案还并不具备可执行性,在正式实施该方案前,仍旧需要人民法院裁定认可该方案。

法院裁定通过或认可破产财产分配方案实际上是在发挥法院的监督作用,法院对管理人拟订的破产财产分配方案应当进行实质性审查,即确认该方案是否符合法律规定,同时有无存在损害债权人利益的情形。对于破产财产分配方案,债权人同样享有监督权利,依据《企业破产法》第六十四条的规定,债权人认为债权人会议的决议违反法律规定,损害其利益的,可以自债权人会议作出决议之日起十五日内,请求人民法院裁定撤销该决议,责令债权人会议依法重新作出决议。

(三)执行破产财产分配方案

1.破产财产分配公告

依据《企业破产法》第一百一十六条的规定,管理人实际执行破产财产分配的,应当对每次的分配情况进行公告。不论是阶段性分配还是最终的分配,管理人均应当公告本次可供分配的财产数额、债权人的债权数额、每个债权人实际可分配数额、分配方式、管理人的联系方式等。如果是最终的分配,还应当就破产财产的提存情况进行公告。

具体而言,管理人应及时拟定破产财产分配方案,提交债权人会议讨论和表决。债权人会议应当将所议事项的决议形成会议记录。债权人会议通过破产财产分配方案后,由管理人将该方案提请人民法院裁定认可。人民法院裁定认可的破产财产分配方案,应该通过全国企业破产重整案件信息网进行公开。

当然,如果分配方案经债权人会议二次表决仍未通过的,由法院作出裁定,法院可以在债权人会议上宣布或者另行通知债权人。

2. 破产财产的提存

破产财产的提存是指债权人因法定原因无法按照破产财产分配方案接受清偿时,管理人根据法定程序将破产财产依法提存。

破产财产的提存及效果可分为以下三种情况:

(1)附生效条件或解除条件的债权。

对于附生效条件或者解除条件的债权,管理人应当将其分配额提存。在最后分配公告日,生效条件未成就或者解除条件成就的,应当分配给其他债权人;在最后分配公告日,生效条件成就或者解除条件未成就的,应当交付给债权人。

(2)债权人未受领分配财产的。

债权人未受领的破产财产分配额,管理人应当提存。债权人自最后分配公告之日起满二个月仍不领取的,视为放弃受领分配的权利,管理人或者人民法院应当将提存的分配额分配给其他债权人。

(3)诉讼或者仲裁未决的债权。

对于诉讼或者仲裁未决的债权,管理人应当将其分配额提存。自破产程序终结之日起满二年仍不能受领分配的,人民法院应当将提存的分配额分配给其他债权人。

四、破产财产的追加分配

破产财产追加分配是指企业法律主体资格已经消灭,破产程序终结,管理人已经履职完毕后,在法定期限内发现仍旧有可供分配的财产,此时债权人可以请求人民法院按照破产财产分配方案进行追加分配。破产财产的追加分配实际上是一种救济措施,旨在最大化地实现债权人的利益,一定程度上也是为了防止债务人恶意逃避债务的行为出现。

依据《企业破产法》第一百二十三条的规定,追加分配破产财产需要满足以下条件:

1. 期限条件

破产程序终结之日起二年内提出。

2. 情形条件

破产程序终结必须是基于以下情形:

(1)债务人财产不足以清偿破产费用的;

(2)破产人无财产可供分配的;

(3)最后的破产财产分配已经完结的;

之所以仅设置以上情形,是因为破产程序终结的前置情形并不完全一致,如当破产企业已经不符合资不抵债情形时,债权完全可能是百分之百受偿,届时也将不存在追加分配的问题。

3. 启动主体

应当由债权人向法院提出,此时破产程序已经终结,管理人履职已经结束,受理主体应当为人民法院。

4. 追加分配的财产

追加分配的破产财产应当是在破产财产最后分配后出现并被追回的可供分配的财产。

可供分配的财产,根据《企业破产法》第一百二十三条的规定,一般为以下几种:

①人民法院受理破产申请前一年内,属于可撤销情形的财产;②债务人六个月内的偏颇性清偿行为;③债务人的无效行为;④债务人的董事、监事和高级管理人员利用职权从企业获取的非正常收入和侵占的企业财产;⑤其他可供清偿的财产。

❖❖ 【法规链接】

《企业破产法》

第一百一十四条　破产财产的分配应当以货币分配方式进行。但是,债权人会议另有决议的除外。

第一百一十五条　管理人应当及时拟订破产财产分配方案,提交债权人会议讨论。

破产财产分配方案应当载明下列事项:

(一)参加破产财产分配的债权人名称或者姓名、住所;

(二)参加破产财产分配的债权额;

(三)可供分配的破产财产数额;

(四)破产财产分配的顺序、比例及数额;

(五)实施破产财产分配的方法。

债权人会议通过破产财产分配方案后,由管理人将该方案提请人民法院裁定认可。

第一百一十六条　破产财产分配方案经人民法院裁定认可后,由管理人执行。

管理人按照破产财产分配方案实施多次分配的,应当公告本次分配的财产额和债权额。管理人实施最后分配的,应当在公告中指明,并载明本法第一百一十七条第二款规定的事项。

第一百一十七条　对于附生效条件或者解除条件的债权,管理人应当将其分配额提存。

管理人依照前款规定提存的分配额,在最后分配公告日,生效条件未成就或者解除条件成就的,应当分配给其他债权人;在最后分配公告日,生效条件成就或者解除条件未成就的,应当交付给债权人。

第一百一十八条　债权人未受领的破产财产分配额,管理人应当提存。债权人自最后分配公告之日起满二个月仍不领取的,视为放弃受领分配的权利,管理人或者人民法院应当将提存的分配额分配给其他债权人。

第一百一十九条　破产财产分配时,对于诉讼或者仲裁未决的债权,管理人应当将其分配额提存。自破产程序终结之日起满二年仍不能受领分配的,人民法院应当将提存的分配额分配给其他债权人。

五、有关破产财产分配的其他问题

(一)第一次债权人会议中有关具体分配数额的问题

《企业破产法》第一百一十五条规定的破产财产分配方案应当载明事项包括可供分配的破产财产数额及破产财产分配的顺序、比例及数额。在管理人制作第一次债权人会议资料时,因为资产及债权审核工作尚未完成,无法形成具体的分配数额。实务中,管理人往往根据法院裁定认可的原则性分配方案制作具体的分配执行方案,其依据在于原则性分配方案虽没有明确的分配数额,但是已经设置了具体的分配方式,管理人后续制作的具体执行方案本质上是执行债权人会议决议通过的方案。这一工作,属于债权人会议监督管理人范畴,属于债权人委员会监督破产财产分配的职权。原则上,具体的分配执行方案不需要债权人会议再行表决,也不需要债权人委员会表决。

(二)管理人依据分配方案制作了具体执行方案的公告和告知问题

《企业破产法》第一百一十六条规定,管理人按照破产财产分配方案实施多次分配的,应当依法公告本次分配的财产额、债权额。管理人实施最后分配的,应当在公告中指明,并载明《企业破产法》第一百一十七条第二款规定的事项。

(三)计算债权人的具体分配金额应当注意的事项

在制作具体分配方案的时候,除管理人报酬、破产费用以及优先债权外,可用于普通债权人分配的总金额,除以普通债权人的[确认债权金额＋预留的尚待确认的债权人的申报数额(如有)],可得出此次分配的比例;用这个比例(小数点后可能有很多位),乘以每位普通债权人的债权额,所得分配额保留两位小数点,则可以分配完总金额。

需要注意,在具体分配执行方案陈述此次分配比例的时候,保留小数点两位。

(四)破产程序中关于要求债权人开具相应发票的问题

1. 能否要求债权人全额开具发票

对于破产企业的债权人来说,如果破产企业无法"复活",其债权实现受制于破产财产的多少,因清偿比例的存在,百分之百的债权回收已成为不可能,此时,如果要求债权人向债务人开具发票,应当按照何种金额开具? 依据为何?

《财政部　国家税务总局关于全面推开营业税改征增值税试点的通知》附件1规定:"纳税人发生应税行为并收讫销售款项或者取得索取销售款项凭据的当天;先开具发票的,为开具发票的当天;收讫销售款项,是指纳税人销售服务、无形资产、不动产过程中或者完成后收到款项。取得索取销售款项凭据的当天,是指书面合同确定的付款日期;未签订书面合同或者书面合同未确定付款日期的,为服务、无形资产转让完成的当天或者不动产权属变更的当天。纳税人提供建筑服务、租赁服务采取预收款方式的,其纳税义务发生时间为收到预收款的当天。"

就增值税的流转原理而言,应税服务发生的同时即产生了增值税纳税义务的客观前提,且作为流转的环节,不能以实际收款作为开票依据,否则会造成增值税流转链条的断裂。同时,在破产清偿中,应税服务、发票、货币"三流"本应一致,但由于破产的事实及法律的存在致使债权人最后确认收入仅是按照清偿比例获得的分配款项的确认,而实际收入的变化是基于法定原因产生的。因此,以实际认定的债权金额要求债权人向管理人开具发票是具备法理基础的。

实际操作的困难在于,如果要求债权人按照认定的债权金额开具发票,则结果是债权人最终收到的款项远少于发票开具的金额,直接造成开具全额的增值税专用发票后产生的税款将超过以实际收到款项为计税依据的税款。这也是多数债权人不愿意开具的原因。同时,如果取得全额发票,破产企业取得的进项税额也将超过以实际支付款项为计税依据产生的进项税额。简言之,破产企业可以抵扣更多的增值税,对此部分得利的性质是否符合《企业破产法》的精神有待考究。

2.货款类债权如何开具发票

对于货款类债权,应当具体分析债权的组成内容,可能包括货物、服务的对价(本金部分)、违约金、利息等。应当针对具体内容具体分析。

《中华人民共和国增值税暂行条例》(简称《增值税条例》)第六条规定,销售额为纳税人发生应税销售行为收取的全部价款和价外费用,但是不包括收取的销项税额,《中华人民共和国增值税暂行条例实施细则》第十二条规定,条例第六条第一款所称价外费用,包括价外向购买方收取的手续费、补贴、基金、集资费、返还利润、奖励费、违约金、滞纳金、延期付款利息、赔偿金、代收款项、代垫款项、包装费、包装物租金、储备费、优质费、运输装卸费以及其他各种性质的价外收费。

从上述规定可见,对于本金、延期付款利息及违约金部分应当要求债权人开具发票。对于其中的违约金,《中华人民共和国发票管理办法》(简称《发票管理办法》)第十九条,销售商品、提供服务以及从事其他经营活动的单位和个人,对外发生经营业务收取款项,收款方应当向付款方开具发票;《中华人民共和国发票管理办法实施细则》第二十六条规定,未发生经营业务一律不准开具发票。合同未履行时收取违约方的违约金,由于未发生《发票管理办法》中规定的销售商品、提供服务等经营行为,不应开具发票,此时无法向债权人要求开具发票。合同已经履行,购买方因延迟付款等原因,按合同约定向销售方支付一定金额的违约金,这种情况下的违约金,属于《增值税暂行条例》和《营业税改征增值税试点实施办法》规定的价外费用。

由于破产程序平衡利益的需求,要求对方开具违约金部分的发票可能产生一定程度的利益倾斜,因此部分税务机关存在仅要求债权人开具收据的情况。

第七章　宣告破产、破产程序的终结及终结后的工作

第一节　宣告破产的条件

人民法院宣告债务人破产的情形包括以下几种：

(1)债务人被申请破产,且债务人具备本法规定的破产原因,即《企业破产法》第二条规定的条件,债务人不能清偿到期债务,并且资产不足以清偿全部债务或者明显缺乏清偿能力。

(2)债务人进入了破产重整程序,但在重整期间出现了法定事由,而由人民法院宣告债务人破产。这些法定事由包括:①债务人的经营状况和财产状况继续恶化,缺乏挽救的可能性;②债务人有欺诈、恶意减少企业财产或者其他显著不利于债权人的行为;③由于债务人的行为致使管理人无法执行职务。

(3)债务人进入了破产重整程序,但是债务人或者管理人未能在法定期限内提出重整计划草案。按照法律规定,债务人或者管理人提出重整计划草案的时间,是人民法院裁定许可重整之日起六个月内,经申请并有正当理由这一期限可以延长三个月;债务人或者管理人未能在上述期限内提出重整计划草案的,人民法院应当裁定终止重整程序,并宣告债务人破产。

(4)重整计划未获通过,并且人民法院没有强制批准重整计划。按照法律规定,参加重整计划草案表决的各表决组均通过重整计划草案,重整计划即为通过;同时,如果部分表决组未通过重整计划草案,但重整计划草案符合法定条件,人民法院可以根据债务人或者管理人的申请强制批准重整计划草案。如果上述条件均未满足,人民法院就应当宣告债务人破产。

(5)债务人不能执行或者不执行重整计划,人民法院经利害关系人申请,裁定终止重整计划的执行,并宣告债务人破产。

（6）和解协议草案经债权人会议表决没有通过或者债权人会议通过的和解协议未获得法院认可的，人民法院宣告债务人破产。

（7）和解协议是因为债务人的欺诈或者其他不法行为而成立的，该协议无效，人民法院应当宣告债务人破产。

（8）债务人不按或者不能按和解协议规定的条件清偿债务，人民法院根据和解债权人的申请宣告债务人破产。

◆ 【参考案例】

江苏省江阴市人民法院（2020）苏 0281 破 20 号民事裁定书（节选）

本院认为：《中华人民共和国企业破产法》第二条第一款规定破产清算的界限是"企业法人不能清偿到期债务，并且资产不足以清偿全部债务或明显缺乏清偿能力"。荣海公司符合上述法律规定的破产条件。

浙江省瑞安市人民法院（2018）浙 0381 破 193 号之六民事裁定书（节选）

本院认为：经管理人审查，债务人目前可供清偿的资产仅有 38199.3 元，债务人、债权人确认无争议债权 2062822.66 元，该公司已明显资不抵债，符合破产条件。

无锡市锡山区人民法院（2018）苏 0205 破 3 号之一民事裁定书（节选）

本院认为：玖立公司的债务总额大于资产总额，不能满足清偿债务之需，符合"不能清偿到期债务，并且资产不足以清偿全部债务"的破产条件。另，审计机构因无法获取充分、适当的审计证据以为发表审计意见提供基础，审计机构对玖立公司的资产负债表不发表审计意见情形亦可佐证玖立公司缺乏清偿能力。

浙江省高级人民法院（2015）浙破（预）终字第 2 号民事裁定书（节选）

本院认为：1. 根据企业破产法第二条第一款的规定，判断债务人是否存在破产原因有两个并列的标准：一是债务人不能清偿到期债务并且资产不足以清偿全部债务，二是债务人不能清偿到期债务并且明显缺乏清偿能力。《最高人民法院关于适用〈中华人民共和国企业破产法〉若干问题的规定（一）》第二条、第三条、第四条分别对破产原因中"不能清偿到期债务""资产不足以清偿全部债务"和"明显缺乏清偿能力"的认定标准作出了解释，人民法院应严格依照法律、司法解释的要求审查受理企业破产申请，不应在法律、司法解释之外设置其他企业破产案件受理条件。2. 在审查债务人重整申请时，人民法院可以对涉及债务人的重整可行性的相关事实进行适当的调查,防止因案件受理后重整程序的过度拖延导致债权人、债务人和其他利害关系人的损失扩大和司法资源的不必要耗费。但是,如债务人已经具备破产原因,受理重整申请法院对于重整可能性的初步判断,以及部分债权人对债务人申请的反对态度,不是不予受理破产申请法定的理由。人民法院可以结合案件的相关背景情况,先行裁定受理重整申请,并在债务人进入破产程序后,通过债权人会议表决意见等适当方式,对是否继续债务人的重整进程作出合理判断。经审查,确不适宜继续推进重整进程的,人民法院应依照企业破产法第七十八条等规定,将债务人企业转入清算程序或径行宣告债务人企业破产。

山东省东营市垦利区人民法院(2019)鲁0505破2号民事裁定书(节选)

本院认为,山东屯安实业有限公司重整案经管理人发布招募投资人公告,但没有投资人报名参与重整投资,该公司经营状况继续恶化,缺乏挽救的可能性,继续重整无实际意义,应予终止。山东屯安实业有限公司不能清偿到期债务,且资产不足以清偿全部债务,具备破产清算原因。依照《中华人民共和国企业破产法》第七十八条、《最高人民法院关于适用〈中华人民共和国企业破产法〉若干问题的规定(一)》第一条第一款之规定,裁定如下:一、终止山东屯安实业有限公司重整程序;二、宣告山东屯安实业有限公司破产。

山东省威海市文登区人民法院(2018)鲁1003破1-3号民事裁定书(节选)

2019年2月29日,威海金岸房地产开发有限公司与威海候鸟度假村酒店有限公司合并重整召开第二次债权人会议,对管理人提交的《重整计划草案》进行分组表决,除优先债权组外,税款债权组、普通债权组、职工债权组、出资人组均已表决通过《重整计划草案》。经管理人与有财产担保优先债权表决组再次磋商,仍未能表决通过《重整计划草案》。依照《中华人民共和国企业破产法》第八十八条之规定,裁定如下:

一、终止威海金岸房地产开发有限公司、威海候鸟度假村酒店有限公司合并重整程序;

二、宣告威海金岸房地产开发有限公司、威海候鸟度假村酒店有限公司合并破产。

重庆市江津区人民法院(2020)渝0116破申4号民事裁定书(节选)

本院认为,北汽特公司已资不抵债,在重整计划执行期间不能执行重整计划,管理人请求终止重整计划的执行,并宣告破产,符合法律规定,应予支持。

浙江省庆元县人民法院(2020)浙1126破申2号民事裁定书(节选)

本院认为:债务人万欣公司不履行和解协议,债权人有权向本院请求裁定终止和解协议的执行,并宣告债务人破产,申请人的申请符合法律规定。依照《中华人民共和国企业破产法》第一百零四条第一款之规定,裁定如下:一、终止浙江万欣印业有限公司和解协议的执行;二、宣告浙江万欣印业有限公司破产。

◈ 【法规链接】

《企业破产法》

第七十八条 在重整期间,有下列情形之一的,经管理人或者利害关系人请求,人民法院应当裁定终止重整程序,并宣告债务人破产:

(一)债务人的经营状况和财产状况继续恶化,缺乏挽救的可能性;

(二)债务人有欺诈、恶意减少债务人财产或者其他显著不利于债权人的行为;

(三)由于债务人的行为致使管理人无法执行职务。

第八十八条 重整计划草案未获得通过且未依照本法第八十七条的规定获得批准,或者已通过的重整计划未获得批准的,人民法院应当裁定终止重整程序,并宣告债务人破产。

第九十九条 和解协议草案经债权人会议表决未获得通过,或者已经债权人会议通过的和解协议未获得人民法院认可的,人民法院应当裁定终止和解程序,并宣告债务人破产。

第一百零三条 因债务人的欺诈或者其他违法行为而成立的和解协议,人民法院应当裁定无效,并宣告债务人破产。

有前款规定情形的,和解债权人因执行和解协议所受的清偿,在其他债权人所受清偿同等比例的范围内,不予返还。

第一百零四条 债务人不能执行或者不执行和解协议的,人民法院经和解债权人请求,应当裁定终止和解协议的执行,并宣告债务人破产。

人民法院裁定终止和解协议执行的,和解债权人在和解协议中作出的债权调整的承诺失去效力。和解债权人因执行和解协议所受的清偿仍然有效,和解债权未受清偿的部分作为破产债权。

前款规定的债权人,只有在其他债权人同自己所受的清偿达到同一比例时,才能继续接受分配。

有本条第一款规定情形的,为和解协议的执行提供的担保继续有效。

第一百零七条　人民法院依照本法规定宣告债务人破产的,应当自裁定作出之日起五日内送达债务人和管理人,自裁定作出之日起十日内通知已知债权人,并予以公告。

债务人被宣告破产后,债务人称为破产人,债务人财产称为破产财产,人民法院受理破产申请时对债务人享有的债权称为破产债权。

《最高人民法院关于适用〈中华人民共和国企业破产法〉若干问题的规定(一)》

第二条　下列情形同时存在的,人民法院应当认定债务人不能清偿到期债务:

(一)债权债务关系依法成立;

(二)债务履行期限已经届满;

(三)债务人未完全清偿债务。

第三条　债务人的资产负债表,或者审计报告、资产评估报告等显示其全部资产不足以偿付全部负债的,人民法院应当认定债务人资产不足以清偿全部债务,但有相反证据足以证明债务人资产能够偿付全部负债的除外。

第四条　债务人账面资产虽大于负债,但存在下列情形之一的,人民法院应当认定其明显缺乏清偿能力:

(一)因资金严重不足或者财产不能变现等原因,无法清偿债务;

(二)法定代表人下落不明且无其他人员负责管理财产,无法清偿债务;

(三)经人民法院强制执行,无法清偿债务;

(四)长期亏损且经营扭亏困难,无法清偿债务;

(五)导致债务人丧失清偿能力的其他情形。

第二节　破产程序终结的条件及提起

破产程序终结是指能够引起破产程序终结的法律事实。整体程序的终结原因各异,但其核心在于继续推进破产程序不会导致权利、义务的产生。依据现行《企业破产法》的规定,我国终结破产程序的情形可以列举为如下情形。

1.债务人财产不足以清偿破产费用

破产费用应当从债务人财产中优先清偿,其原因在于破产费用是破产程序性费用的支出,当连程序性费用都无法支付时,再推进破产程序只会增加人力、物力的消耗,且不会对债权人产生实质性的结果。《企业破产法》第四十三条明确指出,债务人财产不足以清偿破产费用的,管理人应当提请人民法院终结破产程序。人民法院应当自收到请求之日起十五日内裁定终结破产程序,并予以公告。但在实际操作中,该种情形往往发生在宣告破产前,如果是债务人自行提出破产申请的,当债务人财产不足以支付破产费用时,原则上管理人在申请宣告破产时即以破产财产不足以支付破产费用为由申请终结破产程序;如果是债权人提出申请的,当债务人财产不足以支付破产费用时,管理人可询问债权人是否存在垫付费用的意愿,否则管理人应当申请终结破产程序。

综上,该条款应当适用的情形是管理人在破产宣告前已经查明债务人财产不足以清偿破产费用。

2.破产人无财产可供分配

依据《企业破产法》第一百二十条,当发现破产人无财产可供分配的,管理人应当请求法院裁定终结破产程序。应当明确,与前述第一种情形相比,该理由必须发生在宣告破产后。依据《企业破产法》的概念,债务人只有在被宣告破产后才能称为"破产人"。破产人无财产的原因在实务中较为复杂,比如原本可追回的财产因客观原因毁损、灭失,又如可追收第三人的主体资格消灭且无继受主体,再如基于第三人行使取回权导致的破产企业无可供分配财产。与无法清偿破产费用一致,在没有可供分配财产时,破产程序就没有继续进行下去的必要,管理人应当请求法院裁定终结破产程序。

3.最后分配完结

依据《企业破产法》第一百二十条,当破产财产分配完毕,并向人民法院提交破产财产分配报告后,管理人即可申请法院终结破产程序。这也是实务中较为常见的终结破产程序的情形。对于破产程序而言,破产财产的分配是破产程序进行的主要目的,也是债权人参与破产程序的核心利益所在。当破产财产已经分配完毕后,破产程序的直接目的也已经实现,此时管理人应当向法院申请破产程序终结。

4. 债务人与全体债权人就债权债务的处理自行达成协议的

依据《企业破产法》第一百零五条的规定,人民法院受理破产申请后,债务人与全体债权人就债权债务的处理自行达成协议的,可以请求人民法院裁定认可,并终结破产程序。需要说明的是,该种情形不同于破产和解的结案方式,破产和解方案适用双重表决机制,无须全体债权人同意。该条款的本质是全体债权人与债务人就涉案债权债务的还款、数额等达成一致的,若再推进破产程序将失去意义。从实质上而言,《企业破产法》属于公法,其原因在于企业存在"资不抵债"情形,因私法债权引起了公法程序,但由于全体债权人对债务人的债权已经达成一致意见,便从公法转为私法。

5. 债权人的债权获得足够担保或已经全部清偿完毕的

依据《企业破产法》第一百零八条的规定,在宣告破产前,第三人为债务人提供足额担保或者为债务人清偿全部到期债务的,或者债务人已清偿全部到期债务的,法院应当裁定终结破产程序。该条规定实质上是"破产宣告阻却"条款,《企业破产法》明确规定的破产原因是"企业法人不能清偿到期债务,并且资产不足以清偿全部债务"或者"企业法人不能清偿到期债务,并且明显缺乏清偿能力"。但是当债务人不符合上述情形时,也就不存在被宣告破产的前置条件,破产程序应当终结。

以上 5 种终结破产程序的情形中,第 1、4、5 三种情形是适用于宣告破产前的,当宣告破产后即不再适用,第 2、3 种情形适用于宣告破产后。

◆◆◆ 【参考案例】

广东省高级人民法院(2020)粤破终 38 号民事裁定书(节选)

原审法院根据时利公司的申请,于 2018 年 11 月 1 日裁定受理外经总公司破产清算一案,并指定广东晟晨律师事务所担任外经总公司管理人(下称管理人)。在该案审理过程中,仅有时利公司一位债权人向管理人申报了债权,申报债权总额共计 6585841.74 元,原审法院已裁定确认该无争议债权。后外经总公司和时利公司就相互间债权债务的处理自行达成了《破产和解协议》,原审法院经审查后对该和解协议予以认可,并于 2019 年 5 月 20 日作出(2018)粤 01 破 99-3 号民事裁定,认可该和解协议,并终结外经总公司破产程序。

原审法院认为,关于瑞安公司对外经总公司的债权人身份,有已发生法律效力的相关裁判文书证实,原审法院予以确认。根据《企业破产法》第一百条规定:"经人民法院裁定认可的和解协议,对债务人和全体和解债权人均有约束力。和解债权人是指人民法院受理破产申请时对债务人享有无财产担保债权的人。和解债权人未依照本法规定申报债权的,在和解协议执行期间不得行使权利;在和解协议执行完毕后,可以按照和解协议规定的清偿条件行使权利。"外经总公司曾于 2018 年 11 月 1 日被原审法院裁定进入破产清算程序。2019 年 5 月 20 日,原审法院裁定认可该案所涉的和解协议,并终结外经总公司破产程序。本案中,瑞安公司对外经总公司享有的债权发生于 2018 年 11 月 1 日前,但其并未在外经总公司破产清算(和解)一案中申报债权。依据上述法律规定,瑞安公司可以按照该案和解协议规定的清偿条件向外经总公司主张行使相关的权利。自 2019 年 5 月 20 日至今,瑞安公司未对外经总公司产生新的债权,在外经总公司未发生新的破产事由的情形下,现瑞安公司申请再次对外经总公司进行破产清算的理由不能成立,原审法院不予支持。

············

本院认为,本案审理的焦点问题是外经总公司与时利公司达成的《破产和解协议》对瑞安公司是否有约束力。

《企业破产法》第一百条规定:"经人民法院裁定认可的和解协议,对债务人和全体和解债权人均有约束力。和解债权人是指人民法院受理破产申请时对债务人享有无财产担保债权的人。和解债权人未依照本法规定申报债权的,在和解协议执行期间不得行使权利;在和解协议执行完毕后,可以按照和解协议规定的清偿条件行使权利。"本案中,原审法院于 2018 年 11 月 1 日裁定外经总公司进入破产清算程序。在此期间,外经总公司与唯一申报了债权的债权人时利公司达成《破产和解协议》。原审法院经审核后裁定认可该和解协议,并裁定终结破产程序。依照上述法律规定,上述破产和解协议的效力对债务人和全体和解债权人均有约束力,其效力也及于未申报债权的债权人。因此,本案所涉的和解协议对未申报债权的瑞安公司也有约束力。依照上述法律规定,瑞安公司应当按照上述和解协议规定的清偿条件向外经总公司行使相关权利,但在和解协议执行期间不得行使权利。根据上述《破产和解协议》约定的内容,时利公司申报的债权总额为 6585841.74 元,外经总公司向时利公司支付 850000 元用于清偿债务。可见,外经总公司是 12.9%(850000 元

÷6585841.74元×100％)的比例向债权人清偿债务。该清偿条件应当对所有债权人包括未申报债权的债权人都有约束力。故瑞安公司可以按照上述的清偿比例向外经总公司主张权利,但瑞安公司申请外经总公司再次破产清算,缺乏法律依据。原审裁定认定事实清楚,适用法律正确,所作处理并无不当,本院予以支持。

◆◆ 【法规链接】

《企业破产法》

第一百零五条　人民法院受理破产申请后,债务人与全体债权人就债权债务的处理自行达成协议的,可以请求人民法院裁定认可,并终结破产程序。

第一百零八条　破产宣告前,有下列情形之一的,人民法院应当裁定终结破产程序,并予以公告:

(一)第三人为债务人提供足额担保或者为债务人清偿全部到期债务的;

(二)债务人已清偿全部到期债务的。

第一百二十条　破产人无财产可供分配的,管理人应当请求人民法院裁定终结破产程序。

管理人在最后分配完结后,应当及时向人民法院提交破产财产分配报告,并提请人民法院裁定终结破产程序。

人民法院应当自收到管理人终结破产程序的请求之日起十五日内作出是否终结破产程序的裁定。裁定终结的,应当予以公告。

《最高人民法院关于审理企业破产案件确定管理人报酬的规定》

第十二条　管理人报酬从债务人财产中优先支付。

债务人财产不足以支付管理人报酬和管理人执行职务费用的,管理人应当提请人民法院终结破产程序。但债权人、管理人、债务人的出资人或者其他利害关系人愿意垫付上述报酬和费用的,破产程序可以继续进行。

上述垫付款项作为破产费用从债务人财产中向垫付人随时清偿。

《最高人民法院关于审理企业破产案件若干问题的规定》

第九十一条　破产费用可随时支付,破产财产不足以支付破产费用的,人民法院根据清算组的申请裁定终结破产程序。

《杭州市中级人民法院破产清算案件管理人工作规范(试行)》

第六十四条　债务人无财产或财产不足以清偿破产费用且无利害关系人

垫付费用或者垫付的费用仍不足以支付破产费用的,管理人应当提请本院裁定宣告债务人破产并终结破产程序。

债务人财产足以清偿破产费用,管理人应当提请宣告债务人破产;经清算债务人确无财产可供分配的,管理人应当提请本院裁定终结破产程序。

管理人在破产财产最后分配完结后,应当向本院提交破产财产分配情况报告和清算工作报告,并提请本院裁定终结破产程序。

第三节　破产企业的注销

现行《企业破产法》规定,破产程序终结之日起,管理人应当向原登记机关办理注销登记。一般而言,该注销指企业登记的注销,但应当注意,根据《中华人民共和国税收征收管理法实施细则》的规定,在办理企业注销登记前应当先申报办理注销税务登记。

就破产法律关系的特殊性而言,企业无法脱逃出税务的监管,从其"生"到"死",全程都有着税务的身影。事实上在进入税务注销这一流程前,管理人就应当着手处理破产企业的相关税务问题。税务注销涉及对企业先前税务问题的清理,2021 年 12 月 28 日,国家市场监督管理总局、国家税务总局等五部门发布《企业注销指引(2021 年修订)》对企业税务注销事项即作出了明确的规定。

当管理人向税务部门申请办理税务注销时,税务机关需要对破产企业进行税务注销预检,检查申请注销的破产企业是否存在未办结事项。同时需要根据不同的情况采取不同措施。

(1)未办理过涉税事宜的纳税人,主动到税务部门办理清税的,税务部门可根据纳税人提供的营业执照即时出具清税文书。

(2)符合容缺即时办理条件的纳税人,在办理税务注销时,资料齐全的,税务部门即时出具清税文书;若资料不齐,可在作出承诺后,税务部门即时出具清税文书。纳税人应按承诺的时限补齐资料并办结相关事项。具体容缺条件是:

①办理过涉税事宜但未领用发票(含代开发票)、无欠税(滞纳金)及罚款的纳税人,主动到税务部门办理清税的;

②未处于税务检查状态、无欠税（滞纳金）及罚款、已缴销增值税专用发票及税控设备，且符合下列情形之一的纳税人：

a.纳税信用级别为 A 级和 B 级的纳税人；

b.控股母公司纳税信用级别为 A 级的 M 级纳税人；

c.省级人民政府引进人才或经省级以上行业协会等机构认定的行业领军人才等创办的企业；

d.未纳入纳税信用级别评价的定期定额个体工商户；

e.未达到增值税纳税起征点的纳税人。

（3）不符合承诺制容缺即时办理条件的（或虽符合承诺制容缺即时办理条件但纳税人不愿意承诺的），税务部门向纳税人出具《税务事项通知书》（告知未结事项），纳税人先行办理完毕各项未结事项后，方可申请办理税务注销。

（4）经人民法院裁定宣告破产的企业，管理人持人民法院终结破产程序裁定书申请税务注销的，税务部门即时出具清税文书。

（5）纳税人办理税务注销前，无须向税务机关提出终止"委托扣款协议书"申请。税务机关办结税务注销后，委托扣款协议自动终止。

《企业注销指引》也对企业税务注销时存在未办结的税务事项的情况进行了规定。对于破产企业而言，绝大多数因处于资不抵债情况无法实现债权的百分之百清偿。在税务机关债权按顺位清偿的情况下，金税系统中始终可能会有"欠税"信息。具体来说，即使税收债权优先清偿完毕，但滞纳金债权因属于普通债权也无法实现清偿，而且实务中，企业在临界破产期间经常处于无人管理的失控状态，导致税务逾期申报，为此税务机关可能作出税务行政处罚，该笔费用应当为劣后债权，也无法清偿。

上述债权应当依据《企业破产法》规定的顺位进行清偿，但由于金税系统暂时无法辨别这些债权的清偿不能，导致系统中无法正常执行税务注销程序。虽然《国家税务总局关于深化"放管服"改革 更大力度推进优化税务注销办理程序工作的通知》中规定，"经人民法院裁定宣告破产的纳税人，持人民法院终结破产程序裁定书向税务机关申请税务注销的，税务机关即时出具清税文书，按照有关规定核销'死欠'"，但进而引发的问题是，税务机关申报的债权是否均可以核销？《欠缴税金核算管理暂行办法》第二条规定："本办法所称的欠缴税金是指税务机关负责征收的应缴未缴的各项收入，包括呆账税金、往年陈欠、本年新欠、未到限缴日期的未缴税款、缓征税款和应缴未缴滞纳金。"根据该条款,可核销的为税款本金及滞纳金。笔者在办理破产案件过程中,曾遇到因企业逾期纳税申报导致行政罚款,税务机关回复不属于可核销的范围,导致金税系统始终无法执行注销程序的情况。

另外,2022 年 1 月起,各地金税系统开通了社保费征管模块,这就意味着,无法完全清偿社保费的话,可能导致无法进行税务注销。

以上问题的症结在于系统执行的机械性及税收行政罚款、社保费核销问题。这些问题的解决不仅有赖于税务系统运行能力的提升,更需要明确的规则指引。否则将导致企业的"破而未死"。各地相关部门在破产实务中也注意到了这些情形,并就推进破产程序不断完善相应的机制,例如,浙江省发展改革委等 17 部门印发的《浙江省关于推动和保障管理人在破产程序中依法履职进一步优化营商环境的实施意见》第 13、第 14 条明确指出,"税务、海关等部门在破产清算程序(包括破产清算、重整、和解)中依法受偿破产企业欠缴的税款本金、滞纳金(包括因欠缴社保费用产生的滞纳金)、罚款后,应当按照人民法院裁定认可的财产分配方案中确定的受偿比例,办理欠缴税款本金、滞纳金、罚款的入库,并依法核销未受偿的税款本金、滞纳金、罚款""经人民法院裁定宣告破产的企业,管理人持人民法院终结破产清算程序裁定书申请税务注销的,税务部门即时出具清税文书,按照有关规定核销'死欠',不得违反规定要求额外提供证明文件,或以税款未获全部清偿为由拒绝办理"。

【法规链接】

《企业破产法》

第一百二十一条　管理人应当自破产程序终结之日起十日内,持人民法院终结破产程序的裁定,向破产人的原登记机关办理注销登记。

《中华人民共和国税收征收管理法实施细则》

第十五条　纳税人发生解散、破产、撤销以及其他情形,依法终止纳税义务的,应当在向工商行政管理机关或者其他机关办理注销登记前,持有关证件向原税务登记机关申报办理注销税务登记。

纳税人因住所、经营地点变动,涉及改变税务登记机关的,应当在向工商行政管理机关或者其他机关申请办理变更或者注销登记前或者住所、经营地点变动前,向原税务登记机关申报办理注销税务登记,并在 30 日内向迁达地税务机关申报办理税务登记。

纳税人被工商行政管理机关吊销营业执照或者被其他机关予以撤销登记的,应当自营业执照被吊销或者被撤销登记之日起 15 日内,向原税务登记机关申报办理注销税务登记。

《国家税务总局关于深化"放管服"改革 更大力度推进优化税务注销办理程序工作的通知》

一、进一步扩大即办范围

(一)符合《通知》第一条第一项规定情形,即未办理过涉税事宜的纳税人,主动到税务机关办理清税的,税务机关可根据纳税人提供的营业执照即时出具清税文书。

(二)符合《通知》第一条第二项规定情形,即办理过涉税事宜但未领用发票、无欠税(滞纳金)及罚款的纳税人,主动到税务机关办理清税,资料齐全的,税务机关即时出具清税文书;资料不齐的,可采取"承诺制"容缺办理,在其作出承诺后,即时出具清税文书。

(三)经人民法院裁定宣告破产的纳税人,持人民法院终结破产程序裁定书向税务机关申请税务注销的,税务机关即时出具清税文书,按照有关规定核销"死欠"。

《国家税务总局浙江省税务局关于支持破产便利化行动有关措施的通知》

五、推进破产清算终结后的税务注销便利化

管理人在向市场监督管理部门申请企业注销登记前应当持破产终结裁定书向税务部门办结税务注销手续。对于税务机关依法参与破产程序,税收债权未获完全清偿但已被法院宣告破产并依法终结破产清算程序的纳税人,管理人持人民法院终结破产程序裁定书申请税务注销的,税务机关应当按照有关规定核销死欠后,即时予以税务注销。

《关于全面推进企业简易注销登记改革的指导意见》

二、规范简易注销行为,为企业提供便捷高效的市场退出服务

(一)明确适用范围,尊重企业自主权。

贯彻加快转变政府职能和简政放权改革要求,充分尊重企业自主权和自治权,对领取营业执照后未开展经营活动(以下称未开业)、申请注销登记前未发生债权债务或已将债权债务清算完结(以下称无债权债务)的有限责任公司、非公司企业法人、个人独资企业、合伙企业,由其自主选择适用一般注销程序或简易注销程序。

企业有下列情形之一的,不适用简易注销程序:涉及国家规定实施准入特别管理措施的外商投资企业;被列入企业经营异常名录或严重违法失信企业名单的;存在股权(投资权益)被冻结、出质或动产抵押等情形;有正在被立案调查或采取行政强制、司法协助、被予以行政处罚等情形的;企业所属的非法人分支机构未办理注销登记的;曾被终止简易注销程序的;法律、行政法规或者国务院决定规定在注销登记前需经批准的;不适用企业简易注销登记的其他情形。

人民法院裁定强制清算或裁定宣告破产的,有关企业清算组、企业管理人可持人民法院终结强制清算程序的裁定或终结破产程序的裁定,向被强制清算人或破产人的原登记机关申请办理简易注销登记。

(二)简化登记程序,提高登记效率。

企业申请简易注销登记应当先通过国家企业信用信息公示系统《简易注销公告》专栏主动向社会公告拟申请简易注销登记及全体投资人承诺等信息(强制清算终结和破产程序终结的企业除外),公告期为45日。登记机关应当同时通过国家企业信用信息公示系统将企业拟申请简易注销登记的相关信息推送至同级税务、人力资源和社会保障等部门,涉及外商投资企业的还要推送至同级商务主管部门。公告期内,有关利害关系人及相关政府部门可以通过国家企业信用信息公示系统《简易注销公告》专栏"异议留言"功能提出异议并简要陈述理由。公告期满后,企业方可向企业登记机关提出简易注销登记申请。

简化企业需要提交的申请材料。将全体投资人作出解散的决议(决定)、成立清算组、经其确认的清算报告等文书合并简化为全体投资人签署的包含全体投资人决定企业解散注销、组织并完成清算工作等内容的《全体投资人承诺书》(见附件)。企业在申请简易注销登记时只需要提交《申请书》《指定代表或者共同委托代理人授权委托书》《全体投资人承诺书》(强制清算终结的企业提交人民法院终结强制清算程序的裁定,破产程序终结的企业提交人民法院终结破产程序的裁定)、营业执照正、副本即可,不再提交清算报告、投资人决议、清税证明、清算组备案证明、刊登公告的报纸样张等材料[企业登记申请文书规范和企业登记提交材料规范(2015年版)已相应修订]。

登记机关在收到申请后,应当对申请材料进行形式审查,也可利用国家企业信用信息公示系统对申请简易注销登记企业进行检索检查,对于不适用简易注销登记限制条件的申请,书面(电子或其他方式)告知申请人不符合简易注销条件;对于公告期内被提出异议的企业,登记机关应当在 3 个工作日内依法作出不予简易注销登记的决定;对于公告期内未被提出异议的企业,登记机关应当在 3 个工作日内依法作出准予简易注销登记的决定。

(三)明晰各方责任,保护合法权利。

企业应当对其公告的拟申请简易注销登记和全体投资人承诺、向登记机关提交材料的真实性、合法性负责。《全体投资人承诺书》是实施监督管理的依据。企业在简易注销登记中隐瞒真实情况、弄虚作假的,登记机关可以依法作出撤销注销登记等处理,在恢复企业主体资格的同时将该企业列入严重违法失信企业名单,并通过国家企业信用信息公示系统公示,有关利害关系人可以通过民事诉讼主张其相应权利。

对恶意利用企业简易注销程序逃避债务或侵害他人合法权利的,有关利害关系人可以通过民事诉讼,向投资人主张其相应民事责任,投资人违反法律、法规规定,构成犯罪的,依法追究刑事责任。

◆◆ 【管理人操作指引】

管理人注销企业,先注销税务登记,再注销企业登记,最后注销社会保险登记。

第八章 管理人责任纠纷

第一节 管理人责任纠纷概述

管理人是在破产案件受理后为厘清破产企业的债权债务,由《企业破产法》赋予职权,受法院及全体债权人监督的组织机构或个人。原则上管理人是以全体债权人利益作为履职的出发点的,但因为主体的独立性,为避免管理人因未能勤勉尽责导致债权人利益受损,《企业破产法》及相关规定也专门明确了管理人的相关责任。

就管理人的概念而言,存在广义和狭义之分。狭义的管理人仅履行破产清算程序中的职责,而现行《企业破产法》适用的是广义上的管理人概念,要求管理人除履行破产清算的职责外,还应当就企业的重整及和解执行相应的职务。管理人能否勤勉、忠实地履行法律、法规要求其尽到的职责,很大程度上直接影响着单个乃至全体债权人利益的实现。因此,基于"权责相统一"的原则,《企业破产法》在赋予管理人权利的同时,明确了管理人应当负有勤勉尽责、忠实执行职务的义务,而且为保障义务履行的程度,更是规定了管理人违反义务应承担的责任。

根据《企业破产法》及相关法律、法规,管理人的责任形式包括民事责任、刑事责任和司法行政责任。因民事案由将破产中管理人责任单独列出,本节仅讨论民事责任范畴的管理人责任纠纷,即管理人违反勤勉忠实义务不当履行职责的行为,给债权人、债务人或者第三人造成损失时,受害人要求管理人承担民事赔偿责任所引发的纠纷。

第二节　管理人责任纠纷内涵

管理人责任以管理人违反勤勉尽责和忠实义务为基础和前提,同时以管理人自身财产作为责任财产。

需要说明的是,《企业破产法》第四十二条明确规定,因管理人正当执行职务行为致人损害所产生的债务,或者履行因管理债务人财产所签订的合同时发生的违约责任,属于共益债务的范畴,由债务人财产随时清偿。注意,该项规定并非不属于管理人责任纠纷的范畴,其与管理人责任纠纷的区别在于:

(1)其责任承担是以债务人财产为责任财产;

(2)适用该项规定的前提是管理人正当履职,即管理人不存在违反勤勉忠实义务。

同时,管理人工作人员如果非因履行职务发生的损害、侵权行为,因与管理人身份无关,同样不属于管理人责任纠纷的范畴,应按照具体的侵权行为性质认定。

虽然《企业破产法》未明确规定管理人责任纠纷的管辖法院,但根据《最高人民法院关于破产清算组在履行职责过程中违约或侵权等民事纠纷案件诉讼管辖问题的批复》之指示,该类纠纷案件应由受理破产案件的法院管辖。

第三节　相对人的请求权依据

《企业破产法》第一百三十条规定:"管理人未依照本法规定勤勉尽责,忠实执行职务的,人民法院可以依法处以罚款;给债权人、债务人或者第三人造成损失的,依法承担赔偿责任。"

《最高人民法院关于审理企业破产案件指定管理人的规定》第三十九条规定:"管理人申请辞去职务未获人民法院许可,但仍坚持辞职并不再履行管理人职责,或者人民法院决定更换管理人后,原管理人拒不向新任管理人移交相关事务,人民法院可以根据企业破产法第一百三十条的规定和具体情况,决定对管理人罚款。对社会中介机构为管理人的罚款 5 万元至 20 万元人民币,对个人为管理人的罚款 1 万元至 5 万元人民币。

"管理人有前款规定行为或者无正当理由拒绝人民法院指定的,编制管理人名册的人民法院可以决定停止其担任管理人一年至三年,或者将其从管理人名册中除名。"

《破产法司法解释(二)》第九条规定:"管理人依据企业破产法第三十一条和第三十二条的规定提起诉讼,请求撤销涉及债务人财产的相关行为并由相对人返还债务人财产的,人民法院应予支持。

"管理人因过错未依法行使撤销权导致债务人财产不当减损,债权人提起诉讼主张管理人对其损失承担相应赔偿责任的,人民法院应予支持。"

《破产法司法解释(二)》第三十三条规定:"管理人或者相关人员在执行职务过程中,因故意或者重大过失不当转让他人财产或者造成他人财产毁损、灭失,导致他人损害产生的债务作为共益债务,由债务人财产随时清偿不足弥补损失,权利人向管理人或者相关人员主张承担补充赔偿责任的,人民法院应予支持。

"上述债务作为共益债务由债务人财产随时清偿后,债权人以管理人或者相关人员执行职务不当导致债务人财产减少给其造成损失为由提起诉讼,主张管理人或者相关人员承担相应赔偿责任的,人民法院应予支持。"

第四节　管理人责任纠纷的核心要点

根据实务中存在的管理人责任纠纷,我们结合既有的司法案例,将常见的管理人责任纠纷核心要点归纳如下。

(一)程序性要点

1. 判断是否属于管理人责任的界限及管辖法院

如前所述,管理人责任的判断应当以管理人违反勤勉忠实义务为使用前提,如果不属于管理人履职范围内事项,则不能以管理人责任纠纷案由来判断,除实体行为上的判断外,同时也应当注意程序上的时间节点。广东省高级人民法院在(2020)粤民辖终 250 号民事裁定书中指出,债权人在破产清算程序终结后才提起诉讼,本案并不存在与破产清算案件相协调的必要,故本案不属于《企业破产法》第二十一条规定的破产衍生诉讼。

2. 不能以债权人委员会名义起诉管理人责任纠纷

《企业破产法》第六十八条明确了债权人委员会的职权,也明确了对于管理人不接受债权人委员会监督时的救济途径,即债权人委员会有权就监督事项请求人民法院作出决定。应当认为《企业破产法》赋予了债权人委员会不同于一般民事主体的救济途径。同时,由于其组织机构的临时性,债权人委员会作为单独的诉讼主体尚存在争议。为此,江苏省高级人民法院在(2018)苏民申 2427 号民事裁定书中指出,债权人委员会所诉事项的实质是对法院指定的破产企业清算组的履职行为不满,应当向审理该破产案件的审判组织反映。其所诉事项不属于人民法院民事诉讼的受案范围,依法应当不予受理。

3. 破产企业股东能否起诉管理人的责任纠纷

企业进入破产程序并不意味着一定会被宣告破产,当发生不再满足破产条件的情形时,自然也将退出破产程序。而作为债务人的股东,对于进入破产程序的企业是否能够主张管理人责任纠纷的核心要点在于其对债务人是否仍旧具有利益。应当认为,破产企业股东的权利理论上包含剩余财产分配请求权,即当全体债权人、劣后债权得到清偿后,其仍旧能够主张剩余财产的分配。

但是江西省赣州市中级人民法院在(2020)赣 07 民初 82 号民事判决书中对这一理论权利的适用从现实利益分配的角度予以了否定,即从实际情况来看,企业进入破产程序的前提为"企业法人不能清偿到期债务,并且资产不足以清偿全部债务或者明显缺乏清偿能力的",进入破产程序的企业往往是不会在清偿完普通破产债权之后还有剩余财产可供股东分配的,前述"剩余财产分配请求权"仅仅存在理论上的可能性,实践中并不能以此种理论上的可能性来确定破产财产的减损会对股东造成损失,亦即股东是否存在损失处于不确定状态,股东应不能属于《企业破产法》第一百三十条规定的"第三人"。由此,股东应不具备管理人责任纠纷的诉讼主体资格。

4. 管理人责任纠纷的本质是侵权责任纠纷

管理人责任是由于管理人未能尽到勤勉尽责的义务,导致债权人产生利益损失而引发的,江苏省常州市中级人民法院在(2020)苏 04 民终 412 号民事判决书中阐明,管理人责任纠纷本质上属于侵权责任纠纷。侵权责任的构成要件一般包括具有侵权行为、存在实际损害后果、侵权行为与损害后果之间存在因果关系等。因此,对于管理人责任的认定应当看其是否具备有关侵权的构成要件。

5.主张管理人责任的举证责任在原告

如前所述,主张管理人责任纠纷时应当符合一般侵权责任的构成要求,同时需要符合基本的举证原则。一般而言,原告需要举证损害事实客观存在以及侵权行为与损害事实存在因果关系。对于行为违法性一般无须原告举证,若管理人能够证明其行为是合法的,行为的违法性也就随之否定。安徽省阜阳市中级人民法院在(2019)皖 12 民终 5302 号民事判决书中认为,原告未能提供证据证明破产管理人违反了《企业破产法》第一百三十条的规定,没有做到勤勉尽责、忠实执行职务,故原审法院依法驳回原告的诉讼请求并无不当。

(二)实体性要点

1.管理人在处置资产时勤勉尽责的具体要求

首先需要明确,管理人处置资产的行为与管理人实施的其他执行职务的行为并无区别,如果管理人在处置资产过程中未勤勉尽责、忠实执行职务,给债权人造成损失,债权人仍有权主张赔偿。破产财产的处置因直接牵涉债权人利益的实现,因此也是债权人最为敏感的事项,在此过程中如未能做到公开、透明,极易导致债权人主张管理人责任,在实务中因此发生纠纷的案例比比皆是。

山东省高级人民法院在(2020)鲁民终 2803 号民事判决书中为管理人资产处置的勤勉尽责提供了较为明确的思路。首先,根据《企业破产法》第二十五条的规定,管理人有管理和处分债务人财产的职责。所以,为推进债务人破产工作的有序及时进行,保障债权人包括抵押权人的利益最大化,被上诉人负有对第三人财产管理、处分的职责。其次,被上诉人在处置本案所涉抵押机器设备的过程中不存在过错。被上诉人已将破产财产变价方案交由第一次债权人会议审议通过,且将机器设备公开拍卖处置的事项告知了上诉人,最终经被上诉人申请,由济宁市中级人民法院委托济宁天和拍卖有限公司对机器设备及办公用品进行了公开拍卖。

2.债权人可就管理人未能提起破产撤销权诉讼主张管理人责任纠纷

根据《破产法司法解释(二)》第九条的规定,管理人因过错未依法行使撤销权导致债务人财产不当减损,债权人提起诉讼主张管理人对其损失承担相应赔偿责任,人民法院应予以支持。同时,《破产法司法解释(二)》第十三条规定,管理人未及时行使破产撤销权的,债权人可以依据《民法典》第五百三十八条、第五百三十九条等规定提起诉讼,请求撤销债务人的不当行为并将因此追回的财产归入债务人财产。因此,在管理人未及时行使破产撤销权时,债权人可以提起代表诉讼,请求人民法院予以撤销。

3.债权人可就管理人未能严格履行破产清算程序中的披露义务主张管理人责任纠纷

《企业破产法》未对"勤勉尽责"作出明确的解释,实际上其含义也无法被明确完整地全部列举。管理人履职贯穿破产清算程序始终,不仅包括狭义的破产清算,还包括在重整及和解程序中的一切履职行为。其中重整程序往往涉及部分债权人利益的放弃,此时较为容易引发管理人责任纠纷。例如,在(2020)浙 01 民终 6876 号一案中,部分债权人认为管理人未能就重整过程中的全部事项履行披露义务。

4.因不予查阅能否起诉管理人责任

《破产法司法解释(三)》第十条第一款之规定:"单个债权人有权查阅债务人财产状况报告、债权人会议决议、债权人委员会决议、管理人监督报告等参与破产程序所必需的债务人财务和经营信息资料。管理人无正当理由不予提供的,债权人可以请求人民法院作出决定;人民法院应当在五日内作出决定。"据此,应当认为司法解释为管理人拒绝债权人查阅的行为提供了其他的救济途径,此时债权人可以请求法院作出决定,而无法就单个案件予以起诉。实务中,甘肃省高级人民法院在(2019)甘民终 650 号民事裁定书中进行了再次阐明。

◆◆ 【参考案例】

1.管理人责任纠纷的界限及管辖法院

广东省高级人民法院(2020)粤民辖终 250 号民事裁定书(节选)

《中华人民共和国企业破产法》第二十一条规定:"人民法院受理破产申请后,有关债务人的民事诉讼,只能向受理破产申请的人民法院提起。"原审法院已于 2020 年 6 月 3 日以(2020)粤 20 破 40 号之二民事裁定确定终结中山市超联电子厂破产清算程序,而本案立案时间为 2020 年 7 月 16 日,因此,雄胜商行在中山市超联电子厂破产清算程序终结后才提起本案诉讼,本案并不存在与中山市超联电子厂破产清算案件相协调的必要,故本案不属于《中华人民共和国企业破产法》第二十一条规定的破产衍生诉讼。本案在性质上属于侵权责任纠纷,应适用《中华人民共和国民事诉讼法》第二十八条"因侵权行为提起的诉讼,由侵权行为地或者被告住所地人民法院管辖"的规定确定管辖。金丰华律师事务所的住所地在中山市东区,本案争议标的为 10 万元,因此,本案应由中山市第一中级人民法院管辖。管辖法院的确定不应以第三人作为管辖连接点,原审法院以雄胜商行将中山市超联电子厂列为第三人,故本案属于与该厂有关的民事诉讼,从而确定对本案具有管辖权缺乏法律依据,应予纠正。金丰华律师主张本案应当移送中山市第一人民法院管辖的上诉请求成立,本院依法予以支持。

2. 债委会不具备起诉管理人履职不当的资格

江苏省高级人民法院(2018)苏民申 2427 号民事裁定书(节选)

2016 年 10 月 21 日,债权人委员会以苏州福井装饰用品有限公司清算组未能适当履职,侵犯了广大债权人的合法权益为由诉至一审法院。请求法院:1. 撤销薛永芳任组长的苏州福井装饰用品有限公司清算组;2. 依法指定苏州福井装饰用品有限公司破产管理人;3. 对以薛永芳任组长的苏州福井装饰用品有限公司清算组成员涉嫌侵犯债权人权益的行为依法予以查处。

本院认为,《中华人民共和国民事诉讼法》第一百一十九条第四项规定,起诉必须属于人民法院受理民事诉讼的范围。本案中,债权人委员会所诉事项的实质是对法院指定的破产企业清算组的履职行为不满,应当向审理该破产案件的审判组织反映。其所诉事项不属于人民法院民事诉讼的受案范围,依法应当不予受理。一、二审法院裁定对其起诉不予受理并无不当,应予维持。债权人委员会的再审申请不属于《中华人民共和国民事诉讼法》第二百条规定的再审事由。

3. 实务操作中,破产企业股东不能起诉管理人的管理人责任纠纷

江西省赣州市中级人民法院(2020)赣 07 民初 82 号民事判决书(节选)

本案的争议焦点可概括为:股东可否作为《企业破产法》第一百三十条的第三人提起管理人责任纠纷诉讼。本院认为,《企业破产法》第一百三十条规

定管理人赔偿责任的立法目的在于保护那些对破产财产保全和增值享有法律上的利害关系的主体,股东是否可包括在第三人的范围内需要判断其是否与破产财产具有利害关系,亦即,破产财产的减损是否会造成股东损失。根据《企业破产法》第一百一十三条规定,破产财产的分配顺序为:1.破产费用和共益债务;2.破产人所欠职工的工资和医疗、伤残补助、抚恤费用,所欠的应当划入职工个人账户的基本养老保险、基本医疗保险费用,以及法律、行政法规规定应当支付给职工的补偿金;3.破产人欠缴的除前项规定以外的社会保险费用和破产人所欠税款;4.普通破产债权。从理论上而言,股东享有破产公司的剩余财产分配请求权,其清偿顺序在普通破产债权之后,故此股东应与破产财产具有法律上的利害关系。但从实际情况来看,企业进入破产程序的前提为"企业法人不能清偿到期债务,并且资产不足以清偿全部债务或者明显缺乏清偿能力的",进入破产程序的企业往往是不会在清偿完普通破产债权之后还有剩余财产可供股东分配的,前述"剩余财产分配请求权"仅仅是存在于理论上的可能性,实践中并不能以此种理论可能性来确定破产财产的减损会对股东造成损失,亦即股东是否存在损失处于不确定的状态,股东应不能属于《企业破产法》第一百三十条规定的"第三人"。由此,股东应不具备管理人责任纠纷的诉讼主体资格。

4. 管理人责任的本质是侵权责任

江苏省常州市中级人民法院(2020)苏 04 民终 412 号民事判决书(节选)

管理人责任纠纷,其本质上属于侵权责任纠纷。而侵权责任的构成要件一般包括具有侵权行为,存在实际损害后果,侵权行为与损害后果之间存在因果关系等。本案中,恒元公司主张华光公司破产管理人赔偿损失 1700 万元缺乏事实依据,理由如下:首先,从华光公司破产管理人是否具有侵权行为的角度看,恒元公司的主张为管理人在执行职务中存在不当行为,即作出续建银河湾明苑 27 号楼的相关决定对其造成了侵害。经审核华光公司第一次债权人会议工作报告,破产管理人在第一次债权人会议召开之前,已向一审法院提出工程续建即继续经营的申请,符合《企业破产法》第二十六条的规定。而且,华光公司的债权人类型主要包括被拆迁人、消费购房人、建设工程债权及担保债权人等,尤其是需要复工续建及继续履行商品房买卖合同或履行建设施工合同的 27、28、29 号商业高层住宅涉及被拆迁人、消费购房人,35 号商业楼业主涉及购房业主,10—13号、15—19号涉及底层别墅业主共计1127户,该部分债权人申报债权总金额约8.2亿元。涉及人数众多、债权金额巨大,特别是被拆迁人、消费购房人明确要求交付商品房,其诉求直接与大多数债权人的生存权保护有关,基于维护社会秩序稳定等公共利益的需要,管理人决定续建前述在建工程等执行职务行为难于认定为侵权行为。其次,从华光公司破产管理人是否存在实际损害后果角度看,恒元公司的主张为管理人将破产财产拍卖所得价款部分用于27号楼续建费用,其预测已丧失了实现抵押权的可能性。一方面,因房地产企业破产案件债权人类型的特殊性,一般会涉及消费购房债权人、被拆迁人的利益保护问题。而依照破产法、合同法及相关司法解释、批复的规定,房地产企业破产债权的清偿顺位为:破产费用及公益债务、支付全部或大部分购房款的消费购房债权、建设工程债权、物权担保债权、劳动债权、税收债权、普通债权。被拆迁人利益出于社会公共利益保护等因素的考量,也应赋予其相应债权优先性,作为第一顺位保护。本案涉及的债权人类型众多,管理人为继续经营而使用、支配破产财产,目的在于各类债权的最终实现。如因前述清偿顺位的规定,而导致抵押债权不能实现,并不足以认定为存在侵权事实。另一方面,恒元公司根据自己理解的计算方式预测可能存在1700万元的损失,也无法认定存在实际损害后果。最后、基于前述理由,在不足以认定管理人具有侵权行为、存在实际损害后果的前提下,无须对两者是否存在因果关系作出评判。

5. 主张管理人责任的举证责任在原告

安徽省阜阳市中级人民法院(2019)皖12民终5302号民事判决书(节选)

张华未能提供证据证明中泰破产公司在担任破产管理人期间违反《破产法》第一百三十条的规定,没有做到勤勉尽责,忠实执行职务,故原审法院依法驳回了张华的诉讼请求并无不当。

6. 债权人可以对管理人的财产处置行为提起诉讼

最高人民法院(2019)最高法民再198号民事裁定书(节选)

关于债权人能否对管理人的财产处置行为提起诉讼的问题。《最高人民法院关于适用〈中华人民共和国破产法〉若干问题的规定(三)》第十五条的规定,并未否定债权人针对管理人处置资产不当提起赔偿的权利。管理人处置资产的行为与管理人实施的其他执行职务的行为并无区别,若管理人在处置资产过程中未勤勉尽责、忠实执行职务,给债权人造成损失,债权人仍有权主张赔偿。破产管理人虽扮演"法定受托人"的角色,但仍需对其行为过失承担责任。《企业破产法》为了制约管理人的权利,保护债权人利益,赋予债权人对管理人重大财产处分行为的监督权和赔偿请求权,这两项权利互为补充,兼顾了破产程序效率与公正两个方面的价值追求。基于效率方面的考虑,债权人仅享有有限的监督权,且只能通过债权人会议和债权人委员会行使。债权人委员会虽有要求管理人纠正的权利,但并无最终决定权和实施权。而赋予债权人在财产处置后的赔偿请求权,则可以在不影响破产程序推进的情况下,追究管理人在财产处分过程中的故意或过失行为责任,实现公正的价值目标。鸿元公司管理人主张债权人无权通过外部救济途径提起本案诉讼的理由不成立。

7. 管理人在处置资产时的勤勉尽责表现需要考虑披露及合法性

山东省高级人民法院(2020)鲁民终 2803 号民事判决书(节选)

本案被上诉人已基本尽到了勤勉义务,在处理案涉抵押机器设备、房屋过程中并不存在过错。主要理由如下:首先,根据《中华人民共和国企业破产法》第二十五条的规定,管理人有管理和处分债务人财产的职责。所以,为推进债务人破产工作的有序及时进行,保障债权人包括抵押权人的利益最大化,被上诉人负有对第三人财产管理、处分的职责。其次,被上诉人在处置本案所涉抵押机器设备的过程中不存在过错。被上诉人已将破产财产变价方案交由第一次债权人会议审议通过,且将机器设备公开拍卖处置的事项告知了上诉人,最终经被上诉人申请,由济宁市中级人民法院委托济宁天和拍卖有限公司对机器设备及办公用品进行了公开拍卖。2015 年 2 月 13 日上诉人与被上诉人签订的《协议》进一步明确"2014 年 10 月,济宁市中级人民法院依法组织拍卖济宁印刷公司的设备,拍卖所得价款为 24.5 万元",《协议》签订后被上诉人将拍卖设备所得款项中的 20 万元支付给了上诉人。以上可以看出,被上诉人在处置本案所涉抵押机器设备过程中并不存在违法之外,上诉人对机器设备的拍卖是知晓并认可的。上诉人现虽不认可本案所涉抵押机器设备已全部拍卖,但未提供证据证实。

8. 管理人的决定未经债权人会议表决形成决议即自行决定拍卖存在履职瑕疵

无锡市中级人民法院（2020）苏 02 民终 3112 号民事判决书（节选）

本院认为，首先，苏亚金诚无锡分所的破产管理工作确有不当。苏亚金诚无锡分所作为崇华公司管理人在执行破产财产变价方案、进行第三次拍卖时，买受人盈昱公司未按约付款。对此，已有担保债权人安恒公司提出应当没收盈昱公司的保证金、重新拍卖，该主张有一定依据，苏亚金诚无锡分所认为重新拍卖不利于保护全体债权人利益、不同意重新拍卖，不应自行作出决定，而是应当将是否重新拍卖这一问题提交债权人会议作出决议，再按债权人会议决议执行。苏亚金诚无锡分所虽征求了债权人意见，但并未形成决议。在此情况下，苏亚金诚无锡分所直接决定不重新拍卖，不符合《中华人民共和国企业破产法》第六十一条的精神，存在一定的履职瑕疵。

其次，现有证据不能证明苏亚金诚无锡分所给安恒公司造成了损失。本案所涉破产财产第二次拍卖底价约 7800 万元，第三次拍卖底价约 5600 万元，最终成交价为 7640 万元，差价约 2200 万元，已接近第二次拍卖底价，而且最后一次拍卖时虽有三家报名并缴纳保证金，但其中安恒公司未出价，实际参与竞价的仅有盈昱公司与另一家竞买人，如重新拍卖，盈昱公司不能再次参拍，拍卖价格确有可能不高于 6840 万元（即最后一次拍卖成交价 7640 万元减去保证金 800 万元）。在此情况下，虽然苏亚金诚无锡分所所作决定存有程序瑕疵，但尚不能认定苏亚金诚无锡分所的决定给债权人造成了损失。何况，盈昱公司也承担了拍卖款逾期付款利息（按照人民银行同期贷款利率上浮 30% 计算）及逾期付款期间发生的保安费、保险费和水费等，即赔偿了债权人的利息损失和破产费用损失。

9. 资产处置中，已约定包税条款，管理人未进行纳税申报导致滞纳金产生难以界定管理人失职

广东省深圳市中级人民法院（2019）粤 03 民终 15647 号民事判决书（节选）

法院认为：第一，根据已查明的事实，保安公司分别于 2017 年 1 月 18 日取得税收征管机关出具的营业税、城市维护建设税、印花税、教育费附加等税项及其滞纳金的完税证明，于 2017 年 4 月 19 日取得税收征管机关出具的土地增值税及其滞纳金的完税证明。双方均确认上述税款及滞纳金由粤核公司实际缴纳,可以认定粤核公司承担了税款滞纳金损失。

第二,《中华人民共和国税收征收管理法》第三十二条规定,纳税人未按照规定期限缴纳税款的,扣缴义务人未按照规定期限解缴税款的,税务机关除责令限期缴纳外,从滞纳税款之日起,按日加收滞纳税款万分之五的滞纳金。根据该规定,粤核公司所承担的税款滞纳金是纳税人逾期缴纳税款导致的。2015年10月13日粤核公司与深圳市土地房产交易中心签署的《拍卖成交确认书》约定"过户时所产生的转让双方的一切税、费(包括但不限于所得税、土地增值税、营业税及其附加、印花税、契税等)、应补地价、土地使用费均由买受人承担。上述一切税、费、应补地价、土地使用费的具体金额应由买受人自行向相关主管部门咨询",依据该约定,保安公司应缴纳的涉案税款由粤核公司承担。虽然保安公司和粤核公司并未就税款缴纳事宜作出明确约定,但依据常理,承担税款的粤核公司应负责向税务机关缴纳税款,对此粤核公司也无异议。故粤核公司所承担的滞纳金应是其自身逾期缴纳税款导致的。

第三,粤核公司主张保安公司管理人未及时进行纳税申报导致其逾期缴纳税款,本院认为,我国税收征收管理法要求纳税人应在纳税期限内进行纳税申报,但纳税申报是以缴纳税款为目的,在缴纳税款的同时进行纳税申报。纳税申报并不意味着完成纳税义务,有无完成纳税义务取决于有无实际缴纳税款。本案中粤核公司负责缴纳税款,其应主动提出纳税需求,保安公司才有义务协助办理纳税申报。粤核公司无证据证明其在应纳税期间向税务机关或保安公司管理人提出过纳税需求,亦无证据证明其向保安公司管理人要求纳税申报而遭到拒绝并导致其无法缴纳税款,故粤核公司逾期缴纳税款是其自身原因所导致,与保安公司管理人的纳税申报无因果关系。

综上,保安公司管理人并未违反勤勉义务,粤核公司所称的侵权行为不能成立,其应自行承担税款滞纳金。

10. 管理人未提起撤销权诉讼的管理人责任判断

台州市中级人民法院(2019)浙10民终831号民事判决书(节选)

关于争议焦点二,在管理人责任纠纷案件中,管理人承担民事责任需具备以下条件:一、管理人在履职过程中存在侵权行为;二、该侵权行为对债权人造成损失;三、侵权行为与损失存在因果关系。本案明权律师事务所在担任管理人期间未提起涉案撤销权主要系对该两个案件是否需要行使撤销权存在不同认识,并非因故意或过失行为,并且目前温岭燃气公司的破产程序并未终结,债权人仍可就是否需要行使上述撤销权向现管理人提出,则目前尚未造成实有的损害后果,故上诉人所提供的证据均不足以证明明权律师事务所在担任温岭燃气公司管理人期间因未行使涉案撤销权而造成不可弥补损失的事实,则对于上诉人所主张的损失诉请依法不予支持。

11. 重整计划中的管理人披露义务

杭州市中级人民法院(2020)浙 01 民终 6876 号民事判决书(节选)

本案中,久恒公司认为君和投资公司与网签债权人签订《协议书》与重整计划具有关联性,影响到重整计划的选择和方向,《协议书》约定的价款应当认定为债务人财产,金道律所作为管理人未向债权人会议、人民法院披露和报告签订《协议书》等行为,违反了勤勉尽责、忠实执行职务的要求,损害了久恒公司的权利。就此争议,本院认为,第一,从协议内容看,君和投资公司系《协议书》的签订主体及付款主体,金孚洋房产公司及其管理人金道律所并非该协议的当事人。故久恒公司主张《协议书》内容应纳入金孚洋房产公司的重整计划草案,缺乏事实和法律依据。第二,君和投资公司按照《协议书》的约定向网签债权人支付的款项并不属于金孚洋房产公司所有,久恒公司主张该款项系破产财产缺乏事实依据,君和投资公司自行处分自身财产的行为与金孚洋房产公司的偏颇性个别清偿缺乏关联性。第三,根据重整计划,久恒公司的债权已按 10% 的比例受偿,久恒公司主张其利益受损,但未提供充分有效的证据予以证明。综上,久恒公司关于金道律所未勤勉尽责,未忠实执行职务,导致其利益受损的上诉主张,缺乏事实和法律依据,本院不予支持。

12. 不予查阅能否起诉管理人责任

甘肃省高级人民法院(2019)甘民终 650 号民事裁定书(节选)

本院认为,根据邮储银行嘉峪关分行的诉讼请求,其前三项诉讼请求所涉事项均由嘉峪关市中级人民法院确认并通知兴盛公司管理人执行,对于破产程序中级人民法院已经确认并通知执行的事项《中华人民共和国企业破产法》并未规定可以提起诉讼。关于邮储银行嘉峪关分行的第五项诉讼请求,依照《最高人民法院关于适用〈中华人民共和国企业破产法〉若干问题的规定(三)》第十条第一款"单个债权人有权查阅债务人财产状况报告、债权人会议决议、债权人委员会决议、管理人监督报告等参与破产程序所必需的债务人财务和经营信息资料。管理人无正当理由不予提供的,债权人可以请求人民法院作出决定;人民法院应当在五日内作出决定"之规定,邮储银行嘉峪关分行的该项诉讼请求亦不属于可以提起民事诉讼的范围。

13. 管理人未能取得企业会计账簿及财务凭证即提请宣告、终结程序难以界定为失职

台州市椒江区人民法院（2020）浙 1002 民初 4089 号民事裁定书（节选）

在审理台州商汇担保有限公司对台州市椒江美滋滋水产有限公司的破产清算一案中,通知台州市椒江美滋滋水产有限公司及其股东在指定期限内向本院提交财务状况说明、债务清册、债权清册、有关财务会计报告以及职工工资的支付和社会保险费用的缴纳情况,并告知逾期不提交的法律后果。但台州市椒江美滋滋水产有限公司及其股东在期限届满后未向本院提交相关资料及资产状况说明。经管理人调查未发现台州市椒江美滋滋水产有限公司有任何财产。综上,因台州市椒江美滋滋水产有限公司不能清偿到期债务,其股东未提交财务账册等重要文件,且不能支付破产费用,故无法对台州市椒江美滋滋水产有限公司进行破产清算,故裁定宣告台州市椒江美滋滋水产有限公司破产;终结台州市椒江美滋滋水产有限公司破产程序。原告于本案中的请求事项,本应当于破产程序中由人民法院查明相关事实,对责任一方作出相应处理,不能就上述请求提起诉讼。

拓展阅读

破产临界期土地增值税清算异化与纠偏

——兼议破产管理人的税务工作

刘效权　　连逸夫

摘　要:因企业处于破产临界期无法充分行使权利,土地增值税清算程序出现主体权利义务失衡、清算制度失效、救济途径难以实现的情形。为此,寻找税法、破产法两种属性法律的理念契合点,回溯土地增值税清算的量能课税本意及企业破产法的"特区"效力边界。在企业进入破产程序后,破产管理人代位行使对破产企业的土地增值税清算救济、允许再清算程序的核定征收等权利,同时兼顾行政复议及新的退税申请,为实现量能课税及保护全体债权人利益寻找合理性土壤。

关键词:破产临界期;土地增值税;清算程序;管理人

一、一起土地增值税清算实例引发的思考

G 公司因资不抵债且不能清偿到期债务于 2020 年 7 月 29 日被法院裁定受理对它的破产申请。2020 年 5 月,因债权人申请,G 公司名下的国有土地使用权及地上在建工程被法院进行司法拍卖[拍卖公告载明"交易双方按照税法规定各自缴纳相应的税(费)"],并于 5 月 19 日被 J 公司拍得。

G 公司在破产前已停止正常经营活动,实际经营场地处于无人管理的状态,其相关公章、账册均由 G 公司的母公司 Y 公司管理人保管(Y 公司先于 G 公司进入破产清算程序)。J 公司在拍得该土地使用权后因经营需要急于办理

土地使用权变更登记手续,遂于 2020 年 7 月 11 日委派工作人员陈某前往 Y 公司管理人处取得办理本次缴税、变更登记的授权委托书。

办理土地增值税清算过程中,税务机关未能向 G 公司履行清算权利告知义务;G 公司处于破产临界期,实际无法提供相关建设工程成本发票;J 公司与陈某没有要求 Y 公司管理人提供相关成本发票等多种原因致使该次土地增值税清算中未能扣除部分成本,最终导致土地增值税税负过高。

该次土地增值税清算因破产临界期①的特殊时点使得存在着程序异化的现象。详言之,企业处于破产临界期,破产所需的客观条件正是在此期间形成或已然成就的。因《企业破产法》将"不能清偿到期债务,并且资产不足以清偿全部债务或者明显缺乏清偿能力的"作为破产申请受理的条件,对于实际资不抵债的企业而言,经营异常往往伴随着客观事由而发生,企业在进入破产前具备客观履行不能的状态,法律赋予的权利与义务的实现处于实然的困难中。

清算过程的实质在于对课税要素中计税依据的还原——实现量能课税。纳税义务人(仅指狭义的纳税义务人)土地增值税实体税收利益的实现取决于程序权利的充分行使。本次土地增值税清算过程中,破产临界期的现实阶段,使得权利处于低效行使甚至无法行使的状态,已然出现了法定的"因客观原因无法行使"的状态,此时继续推进清算程序出现了角色缺位的现象。

二、两种属性法律——税法、破产法的价值契合

因破产临界期企业的土地增值税清算牵涉着税法、破产法不同领域的法律,如果法规则、法理念无法形成衔接,则应然与实然的冲突在所难免。课税特区理论的提出为破产程序中税收债权的优先性、强制性设置边界提供了一定的理论基础,如在破产实践中税收债权选择一定限度的让位、税收债权与担保债权孰先孰后的问题等。

与前述情景相区别的是,破产临界期所发生课税要素具备的事实存在于破产前,此时是否还能依据课税特区理论进行衡量,尚待进一步论证。因特殊的时点、特定的行为使得税法与破产法再一次发生了触碰,显然,为证明正当

---

① "破产临界期"非既成的法律概念,《企业破产法》第三十二条设定了企业在破产六个月内出现偏颇性清偿行为可撤销的制度,设定六个月的本意在于企业进入破产前虽然尚处于"自愿原则"的许可阶段,但此时企业已然出现破产迹象,如果继续允许随意处置财产或权利,将影响后续集体债权人的利益。

性的结果无法逃脱对不同属性法律交集时所需平衡的利益进行再次厘清。为此,需要从税法与破产法二者的理念、规则中抽丝剥茧,寻找正当性的内涵。

(一)土地增值税清算的税法本意

土地增值税开征所产生的直接作用在于增强国家对房地产开发、交易行为的宏观调控能力。也正因为有宏观调控,"法治与正当程序原则"成为其不可回避的原则。"国家治理现代化的核心是全面依法治国"[①],"遵奉法治和正当程序原则,是维护市场在资源配置中的决定性作用、防止权力因素扭曲市场规律的必然要求"[②]。如需继续发挥土地增值税的调控功能,回溯正当程序是不可或缺的部分。

1. 制度之意:课税要素的证明过程

有别于其他税种,土地增值税的税收客体为"转让国有土地使用权、地上的建筑物及其附着物"的行为。正因所指向的对象为土地、地上建筑物,其具有体量大、金额巨的特点,所涉单次税款数额往往较大。因房地产、土地的开发涉及的项目冗杂、类目冗繁,税基确认的繁杂程度高于一般税种,故其清算的程序性要求相对较高。对于土地增值税的最终税额而言,清算过程本质上是土地增值税计税依据的确定过程——税法对税收之债存在后,用以确定纳税义务人所承担应纳税额的具体依据,是税收客体于量上的具体化。相比于税收客体假设所得的确定,计税依据显示出强大的严谨性,收入、扣除项目均是确定所得必不可少的内容。从过程与结论的关系看,计税依据制度的设计才是确定所得范围的最终依据。正因如此,确定大额的土地增值税,保障计税依据确定过程的正当性成了关键。

计税依据确定过程的正当性无法超脱税法的基础法律关系。单个的纳税义务人与征税主体间无法直接适用宪法层面的税收债权债务关系。由于具体征税机关与具体征税人员之间构成的行政性税款征收委托代理关系[③],具体征税机关与具体纳税义务人之间仍应归属于行政性税收法律关系。权益保障原则在行政法体系中属于一项主导性或基础性的首位基本原则[④],它应当成为具

---

① 张文显,《法治与国家治理现代化》,《中国法学》2014 年第 4 期。

② 刘红臻,《宏观经济治理的经济法之道》,《当代法学》2021 年第 2 期。

③ 王惠,《"税收债务关系说"之否定》,《南昌大学学报(人文社会科学)》2015 年第 2 期。

④ 周佑勇,《行政法总则中基本原则体系的立法构建》,《社会科学文摘》2021 年第 2 期。

体征税行为的出发点。事实上,2009 年国家税务总局发布的《关于纳税人权利与义务的公告》(以下简称《公告》)已经明确了纳税人在履行纳税义务过程中享有的 14 种权利①。权利行使的饱和度直接影响着程序推进的正当性。

2.文本之意:清算的法律依据

我国现行有效的有关土地增值税清算程序及内容的法规除《增值税暂行条例》及《增值税暂行条例实施细则》外,还有 5 部主要规范性文件,具体如表 1 所示。

表 1　清算的法律依据

文件名称	发布时间	效力层级	效力情况	主要内容
《关于房地产开发企业土地增值税清算管理有关问题的通知》	2006 年 12 月 28 日	税收规范性文件	有效	在《增值税暂行条例》及《增值税暂行条例实施细则》的基础上进一步对清算单位、清算条件、收入项确认、扣除项确认及核定征收等作出了明确规定
《土地增值税清算鉴证业务准则》	2007 年 12 月 31 日	税收规范性文件	有效	对土地增值税鉴证的法律定义进行了阐述,并对中间机构承办清算鉴证业务的条件、鉴证的对象等内容进行了原则性规定
《土地增值税清算管理规程》	2009 年 5 月 12 日	税收规范性文件	有效	对土地增值税清算的法律定义进行了阐述,同时对房地产开发企业与税务机关作出了一些义务性与原则性的规定
《关于土地增值税清算有关问题的通知》	2010 年 5 月 19 日	税收规范性文件	有效	明确了对转让房地产项目中收入的确定以及房地产开发企业在未依法支付质量保证金等应向相关部门交纳的费用及税金的情况下,扣除项目应如何计算及对房地产开发企业清算后应补缴的土地增值税加收滞纳金的规则
《关于房地产开发企业土地增值税清算涉及企业所得税退税有关问题的公告》	2016 年 12 月 9 日	税收规范性文件	有效	明确了企业所得税汇算清缴出现亏损且有其他后续开发项目时,该亏损可以结转的规则

---

① 具体为知情权、保密权、税收监督权、纳税申报方式选择权、申请延期申报权、申请延期缴纳税款权、申请退还多缴税款权、依法享受税收优惠权、委托税务代理权、陈述与申辩权、对未出示税务检查证和税务检查通知书的拒绝检查权、税收法律救济权、依法要求听证的权利、索取有关税收凭证的权利。

对现行有关土地增值税的主要法规进行梳理后,可以确认土地增值税清算具有以下特质:(1)土地增值税清算法律关系主体的特定性。土地增值税清算属于计算与结清土地、房地产开发项目应纳土地增值税税款的行为。(2)土地增值税清算的条件性。只有在符合法定情形的条件下才需对其进行清算。(3)土地增值税清算行为的双重性。土地增值税清算在形式上表现为土地增值税清算法律关系主体计算并结清应纳土地增值税税额的结算行为,在实质上则表现为土地、房产转让方缴清其土地、房地产项目应纳土地增值税税款的纳税行为。[①]

(二)破产"特区"的适用边界

概念并不充当结论的角色,而是为结论的探讨限制范围,法律概念尤其如此。破产法律效果的出现自当以符合破产法律适用的条件为前提。不论破产法所处法律部门为何,一个不争的事实是,破产法规制的客观对象显然是已处于异常状态的企业。无论税法与破产法所属的法律位阶或是法律部门究竟是否相对应,统属于法体系是无法推翻的既有现实,"特别法优于普通法"作为法律体系解释的一般范式[②],使得破产所产生的法律结果享有优先性具有一定的证成条件,这也是课税特区理论溯源。

需要注意的是,前述 G 公司的土地增值税课税要素的事实均发生在进入破产程序前,此时适用特区规则的条件尚未成就。在法院确定受理破产申请后,能否再溯及既定事实,此时不得不从《企业破产法》已有规则中寻找蛛丝马迹。

1. 偏颇性行为的可撤销制度

在论述《企业破产法》第三十二条确立的撤销制度时,多以受清偿的债权人的优势地位为切入点,进而引申"公平清偿"理念。如果暂且搁置债权人的不平等受偿这一结果要求,"六个月"的时间要件是无法回避的,仅从平衡各债权人利益的角度出发显然无法解释"六个月"的形成时间。在台湾地区,偏颇性清偿的可撤销也被称为"危殆行为之否认"[③]。从语义表述看,此种描述似乎

① 宋子发,《土地增值税清算税收筹划及清算技巧》,《金融经济》2018 年第 24 期。
② 王建东、陈林林,《法理学》,浙江大学出版社 2008 年版。
③ 尹栋,《论我国偏颇性清偿撤销制度的例外规定》,《湖北经济学院学报(人文社会科学版)》2021 年第 3 期。

可以解释为何为破产前六个月,在撤销效力所能触及的时间段内——"破产前六个月"也意味着破产所需的要件的客观事实正在形成或已然形成。前述案例中,G公司在破产前已经处于无人经营、看管的状态,正常经营能力受限,法律赋予的权利或义务履行能力已处于真空状态。"限制行为能力人"甚至是"无民事行为能力人"已经成就,如果要求其积极行使权利,也是强按牛头。因为无法充分行使自己的权利导致保障性程序的效力进入停滞状态。

《企业破产法》偏颇性行为的可撤销制度一定程度上也是考虑到了企业的非理性状态,因为撤销破产前六个月的行为以"使债务人财产受益"作为阻却事由,从理性市场主体角度看,权利行使充分致使企业受益则该行为不属于可撤销的范围。对该权利能力的界定显然无法仅局限于民事权利能力,而是指企业作为法律主体行使法律权利的能力。进入破产程序后,《企业破产法》的"特区"效力将溯及原法律事实已经形成的阶段可能,且从根基角度而言,该原理与G公司破产临界期的行为具有一定的契合性。

2.宣告破产后重整的司法实践

企业被宣告破产后能否转重整程序是学界及司法实务界争议较多的问题,虽然2018年最高人民法院发布的《破产审判纪要》中明确了破产宣告的转换限制,但事实上在司法实务中存在着另一种做法。2000年深圳市中级人民法院裁定受理了对深圳大世界公司的破产清算。在裁定宣告公司破产后,因涉及其他法院执行,企业主体资格迟迟未注销。然经过数年时间,公司所持有的不动产因房产市场的巨变,价值增长幅度明显,众多债权人提出企业重整方案。深圳市中级人民法院于2016年6月裁定中止破产宣告裁定,深圳大世界公司转入重整程序。

虽然深圳大世界公司破产清算横跨了《企业破产法》的新旧法,但由宣告破产转入重整本质上是对危困企业的救济,作为市场主体退出机制而言,其更是实现了市场良性发展的根本目的。[1] 事实上,在《破产审判纪要》的起草过程中,存在着允许企业被宣告破产后在符合一定条件下进行重整的声音。[2] 就已有实践而言,破产的特区效力存在着回溯的可能。

就《企业破产法》制度及实施效果而言,其不仅可以溯及企业进入破产程

---

[1] 徐根才,《破产法实践指南》,法律出版社2016年版,第162页。

[2] 刘宁,《宣告破产后转重整的合法性分析》,《政法论坛》2019年第5期。

序前的行为,更有存在程序回复的可能,可见对于破产临界期的行为效力适用,存在着制度土壤。

三、破产临界期土地增值税清算异化具象

(一)清算主体的权利义务失衡

依据从属关系来看,在税收法律关系中,税收主体可以分为享有征税权的主体和依法应向国家缴纳税款的主体(即纳税主体)。[①] 具体到土地增值税清算流程中,直接参与的主体有征税机关、纳税义务人。在 G 公司土地增值税清算中还有一个特殊的主体,即 J 公司及陈某——实际办理土地增值税清算的主体。

从法定主体关系上看,G 公司土地增值税清算中,G 公司是实际纳税义务人,但由于 G 公司已经停止了实际经营,职能部门已经无法正常运行,J 公司在拍得本次土地使用权后急于办理土地变更登记手续,并委派工作人员陈某前往 Y 公司管理人处取得办理本次缴税、变更登记的授权委托书后实际参与办理土地增值税清算程序。如果认可 Y 公司管理人出具授权委托书的行为构成 G 公司与 J 公司的委托关系,从外部效力角度看,应当承认 J 公司及陈某的行为系 G 公司本身的行为。但在本次清算程序中,行使权利的主体所代表的立场却存在着冲突——作为 G 公司办理土地增值税清算流程的 J 公司是本次土地拍卖的买受人,其代为办理的出发点在于对国有土地使用权的确认,而承认其受托人身份,应当具备的"忠实"义务无法避免。此时,效率与质量已然发生冲突——J 公司追求高效办结手续,G 公司追求其权益得到维护。简言之,G 公司"委托"了一名无法"忠实"于其的受托人办理相关清算事宜。因权利行使的非"饱和性"致使权益受损,如果仍旧承认委托链条产生的当事人行为效果,将造成"罪责不符"的现实。[②]

[①] 翟帅,《税收法律关系的再认知》,《山西财经大学学报》2014 年第 A1 期。

[②] 有观点认为,此时 J 公司可以认定是无因管理行为,因为 G 公司与 J 公司间无约定及法定的义务前提,J 公司代 G 公司履行税法中的清算义务,属于无因管理。因为无因管理不排斥为自己的利益这一主观事实,所以客观上确实为他人管理即可。由于本文以委托关系成立为前提,因此不对上述观点进行展开,事实上《税收征收管理法》第二十五条、第二十七条规定了纳税义务人不能按期办理纳税申报等的,可以申请延期申报,因"法不强人所难",从 G 公司已无实际经营且土地是被强制拍卖这一行为上看,未按时清算的责任并不必然发生。

(二)清算程序的制度失效

土地增值税清算程序因是对计税依据的还原,程序选择及推进直接影响最终的纳税人的税收负担,如果不能拥有符合程序正义的设置,最后会影响单个税收公平的实现。G公司破产清算中程序罅漏主要体现在扣除项的确认方面。

《土地增值税清算管理规程》(以下简称《规程》)在第二十一条中确立了审核扣除项目"凭据扣除""实际发生""分类扣除""归属项目""分摊成本""税法优先"等六个原则。其中,第一个原则"凭据扣除",是指在土地增值税确认成本扣除项时,其实际发生的支出应当取得但未取得合法凭据的不得扣除。就语义解释角度来说,可以认定土地增值税的扣除项确认应是"实际发生且取得合法凭证"的。此种模式是对既成事件附条件的确认,且有先后逻辑顺序,即"已发生"是确认成本项的根本标准,不应将合法凭证作为已发生的确认条件。若存在发生可能或在未来必然发生的事件,即使有合法凭证也不应该认定其成本发生的事实。从该逻辑出发,不能以文本的顺位作为确定规则解读的标准,这也是体系解释存在的前提。

一个值得注意的问题是,依据《最高人民法院关于人民法院民事执行中拍卖、变卖财产的规定》第四条的规定,对于拟拍卖的财产,法院应当委托相关机构对财产价值进行评估,尤其是国有土地使用权及在建工程,因为无论是从体量还是从交易额看,其都不应成为司法拍卖时不予以评估的例外。破产临界期企业的事实已经发生,企业无法提供凭证的情况下税务机关能否依据评估报告中确认的成本项进行税基确认也是值得讨论的。

(三)救济途径的立场阻却

在G公司破产清算案中,因管理人的介入,发现了土地增值税清算过程存在的缺漏。在与各债权人协商确定后,实现有关在建工程成本发票的回收,并在能够向税务机关提供相应发票后主动沟通原清算程序所确定的税负并非本次处置土地使用权及在建工程实际应承担的税负。税务机关对本次清算的合法性及合理性给予了明确回复:首先,在原清算程序进行过程中,因是司法拍卖,税务机关理应配合;其次,税务机关已通知实际办理土地增值税的人员应提交相关成本依据;最后,由于清算程序已经完成,对于本次土地交易而言已经完成了缴纳税款的前置程序,不应重新清算。

且不论税务机关所述的理由是否成立,从既有现实可知,由于土地增值税清算程序完结,再次清算存在着客观的阻力——税务机关在该次清算中扮演着裁决者与相对人的角色,因"墨菲定律"使得税务机关的解释立场无不遵循着"国库主义"①路线。但税务机关的解释立场是天然的,无法成为排斥理由的证成因素,事实上,"我们所持的相对主义立场不承认任何绝对的东西"②,因此当然地也不能成为否定其依据的理由。

四、破产临界期企业土地增值税清算纠偏——管理人税务工作的开展

在厘清土地增值税的税法本意及《企业破产法》"特区"效力的延展性后,管理人对破产临界期企业土地增值税清算的纠偏首先要立足于《企业破产法》赋予的职责范围,以债权人利益为出发点,证成税法规则,以此完成《企业破产法》赋予的职责。

(一)管理人的清算代位

允许破产管理人的"代位"权利是启动对前述清算程序的救济的重要途径,《企业破产法》第二十五条明确了管理人的职责,由于立法用语的限制,无法归结一切可能发生的现实,对于能否代替进入破产企业对土地增值税清算行为进行救济,现行法律未有明确规定。此时需要从管理人对债务人财产的管理职责与对于土地增值税清算程序两个方面论及。

一方面,对于债务人财产的定义限制在破产申请受理时③,已经收缴国库的土地增值税因存在不确定性,仅就积极的财产角度,无法将其解释为管理人可以管理、处置的财产。然就《企业破产法》对管理人的定位而言,追收债务人合法利益本就属于管理人的重要职责之一,《企业破产法》第三十四条明确指

---

① 目前业界对于"国库主义"虽未有统一解释,但较为一致地认为,其在很大程度上确定了一切税务活动的立场,如叶金育在以税法解释为例证时指出,"解释机关自觉、不自觉地将国库收入作为优先事项予以考虑,为了国库收入,较少或根本不考虑纳税人利益"。详见叶金育《税法解释中纳税主义研究》。

② [美]格兰特·吉尔莫,《契约的死亡》,曹士兵、姚建宗、吴巍译,中国法制出版社 2005 年版,第 130 页。

③ 《企业破产法》第三十条规定:"破产申请受理时属于债务人的全部财产,以及破产申请受理后至破产程序终结前债务人取得的财产,为债务人财产。"

出,对属于特定情形下的被支出的债务人财产,管理人应当追回,其中包括"放弃债权"。从法益解释的立场,此种放弃不应先定位为债务人主动、积极的放弃,而是因客观的未实现导致全体债权人受损的"放弃"。

另一方面,行政过程"蕴含了公众基于正当程序要求而参与到行政权力运行过程中的权利,其中的陈述权和申辩权是行政参与的核心内容"①。虽然该次权利的行使障碍来源于竞合原因,但《中华人民共和国行政复议法》(简称《行政复议法》)、《中华人民共和国行政诉讼法》(简称《行政诉讼法》)均明确了"因不可抗力或者其他正当理由"或"其他特殊情况"情况下,权利人客观状态无法行使权利时程序"中断"的事由。因此,在破产临界期,作为行政相对人的纳税义务人陷入客观不能时清算程序基于程序正当的要求为其预留相关的行政结果张力显然是正当的。如果将缺失权利人参与的清算程序作为缴纳税款的过程依据,行政结论将会失去"正当"的内涵。正因如此,允许可以充分行使权利的破产管理人代位实质上也是实现行政程序合理性的重要方式。

(二)核定征收的启动

该次土地增值税清算过程中采用"凭票"确认计税依据的方式,并未采取核定征收的方式。对于破产临界期企业的行为,采用核定征收土地增值税的方式有利于避免企业因无法提供有效凭证导致程序瑕疵,也有利于进入破产程序后债权人利益的保护。管理人需要尽可能还原已发生的清算过程,以确定清算程序的合法性及结论的量能性。

1.核定的制度来源

《税收征收管理法》第三十五条、《财政部 国家税务总局关于土地增值税若干问题的通知》和《国家税务总局关于加强土地增值税征管工作的通知》共同确立了税务机关可核定征收的条件及权限,虽未对 G 公司的情形作出明确的规定,但《财政部 国家税务总局关于土地增值税若干问题的通知》对转让旧房及建筑物难以取得评估价或是购房发票时,赋予了税务机关可以采取核定征收的权力。《国家税务总局关于加强土地增值税征管工作的通知》进一步明确了核定征收率原则上不得低于 5%。该政策的出台本意在于当实践中除转

---

① 周佑勇,《司法判决对正当程序原则的发展》,《中国法学》2019 年第 3 期。

让工业、营业用房外的其他用房难以取得相应发票时减轻纳税人的量能负担。这与前述案例中实际成本已发生但无法提供实际凭证的原因一致,也与国家税务总局关于个人取得房屋拍卖收入征收个人所得税问题的批复中个人取得房屋拍卖收入时无法提供准确的房屋原值凭证时统一按照收入全额的3%计算缴纳个人所得税的原理相同。

2. 核定的实践机遇

在破产实践中,各地已然发现因司法拍卖产生的土地转让行为中不能完全取得全部的扣除凭证常有发生。因现行土地增值税实行四级超率累进税率,如果无法实现对扣除项的净还原,则直接后果就是所承担的税负过重[①],特别对于破产企业而言,若因此负担过重的税负,直接影响债权的实际清偿比例。这与解决纠纷、平稳社会的《企业破产法》理念相背驰。在税务实践中,有部分税务人员认为部分房地产开发企业破产时已经不具备提供完整的成本资料、收入凭证的可能,难以确定转让收入或扣除项目金额,按规定可以核定征收。但在采取核定征收前需要在实际测算增值率后,再决定按照国税发〔2006〕187号的规定,按不低于预征率的征收率核定征收土地增值税,即考虑此时的核定征收率后,再进行确定。

待破产临界期企业进入破产程序后,管理人对于未能采取核定征收方式进行计税的土地增值税进行清算,应当汇总土地增值税清算过程中的课税要素,特别是对计税依据的认定——收入项与成本项的确认。需要注意,管理人获取的清算材料可能本就不齐全,应尽可能从清算相关人处获取清算材料,其中税务机关作为清算的启动与结论认定机关,其认定该次土地增值税实际税负的文件应当作为土地增值税的最终计税依据,管理人应尽可能对该部分材料做实质调查。不同于一般行政相对人身份,管理人作为破产企业的接管组织,其同时接受法院的指导与监督,对于税务资料的调取,管理人需要尽可能获取法院的协助。

（三）进入破产的救济模式

就破产临界期企业土地增值税清算的程序性要素及结果而言,可能存在多方面的问题,对于已处于经营异常的企业,难以苛求其对自身权利的绝对保

---

① 详见宁海县人民法院《关于司法拍卖中土地增值税征收的建议》(甬宁法建〔2017〕3号)。

护,清算程序的异化产生的救济选择因诉求而定。在 G 公司土地增值税清算中,具体表现在以下几个方面。

1. 程序性权利保护的救济

依据《公告》第一条、第十条、第十二条,纳税人依法享有知情权、陈述与申辩权、税收法律救济权。同时依据《规程》第十一条及第三十二条,税务机关在土地增值税清算过程中应当履行启动及审核结果的通知义务。当然就税务机关而言,面对处于破产临界期的 G 公司,其无法有效通知 G 公司确属客观事实,但这无法成为不履行通知义务的原因,因为这是行政法定原则保护行政相对人的利益要求。

《行政诉讼法》第四十四条及《税收征收管理法》第八十八条为纳税人启动司法救济程序设置了"纳税前置"及"复议前置"的"双重前置"①。对土地增值税税基的确认争议属于"应纳税额"争议,应当以复议作为诉讼的前置程序。税务机关应当履行清算通知义务,并且于审核结束后书面告知纳税人,以此维护纳税人的知情权等权利。在本次土地拍卖中,G 公司系法定的纳税义务人,税务机关应当依法、全面地履行告知义务,但其在土地增值税清算过程中并未向 G 公司告知清算过程与清算完毕后的权利及救济途径,剥夺了 G 公司陈述和申辩的权利。虽然 J 公司有授权书,但这一委托并不能排斥税务机关履行上述相关告知义务。

该次 G 公司管理人启动税务复议受到了行政复议期限的裹挟,即超过了"知道税务机关作出具体行政行为之日起 60 日内",虽然《税务行政复议规则》确定了"依法应当向申请人送达法律文书而未送达的,视为该申请人不知道该具体行政行为"的规则,但此时启动税务行政复议充满着盖然性。

从《企业破产法》角度来看,管理人作为接管企业的清算组织,无法成为代表企业"绝对"利益的代理人,事实上管理人履职的根本目的在于维护《企业破产法》中的公平利益及尽可能地保障全体债权人的合法利益,对程序性权利的救济目的在于实现对清算合法性的否认,进而实现对企业实体利益的维护。从这个意义上而言,此时享有税收优先权的税务机关也是《企业破产法》中全体债权人的一员。因此,采用行政复议后的结论以及税务机关在该次救济中

---

① 杨伟东,《复议前置抑或自由选择——我国行政复议与行政诉讼关系的处理》,《行政法学研究》2012 年第 2 期。

所取得的实际清偿利益,都将会对全体债权人产生影响。管理人应当评估启动该种救济途径的身份定位。

2.实体性权利保护的救济

《税收征收管理法》第五十一条规定了错征、多征时的退税依据,规定"纳税人超过应纳税额缴纳的税款,税务机关发现后应当立即退还",其主旨是本着税收公平、公正等基本原则,赋予税务机关在面对客观上确应予以退税的情形时,不以程序要素限制而运用行政自由裁量权加以甄别和判断的权利。具体到本次土地增值税清算缴纳中,税务机关明知 G 公司已停止经营活动,处于无人管理的状态,现公司进入破产程序,有管理人接管且能够提供先前"在建工程"发票的情况下①,应遵循税收法定、量能课税、行政合法等基本原则,综合考虑本次土地增值税税负的具体情况,对此时已经进入破产程序且有管理人接管的 G 公司的退税申请予以全面、客观的评价和考量并作出实质性判定,切实解决在企业经营异常无法依法清算的情况下,如何最大限度保护行政相对人合法权益的问题,而不宜将"清算程序已经完成"作为阻却纳税人实体权利的理由。事实上,即使税务机关向破产临界期企业履行了相关的告知义务,仍应当考虑受通知人的实际情况,通过程序"优惠"实现对其实体性权利的保护。因为相较于程序正义,其产生的根本原因在于对实体正义的追求。

《行政复议法》第九条"因不可抗力或者其他正当理由"本质是承认行政相对人存在的"事实不能",从而保护其实体权利不因对程序要求的苛求而导致受损。回顾前述案例,如果苛以更为严格的义务,将使行政执法缺乏合理性和必要性,让行政相对人或公众质疑行政执法的可信度,降低执法公信力。

在实体结果不利,尤其是全体债权人利益因"偏颇"清算受损时,提请土地增值税的再清算是管理人的重要工作之一。与直接否定原清算行为的行政复议或行政诉讼相比,提出退税申请更具有缓和性。虽然《企业破产法》未出现有关基本原则的表述,但提升破产程序效率确实是《企业破产法》的重要目标②,管理人如径直选择启动行政复议,难免会使得破产程序期限延长,对于急于分

---

① 如前所述,在无法提供有效凭证票据时,申请对土地增值税的核定征收也是实现量能课税的方式之一。但相较于核定征收,在能够提供全部有效凭证的情况下,凭证征收更符合对计税依据的还原。

② 贺小荣、葛洪涛、郁琳,《破产清算、关联企业破产以及执行与破产衔接的规范与完善——〈全国法院破产审判工作会议纪要〉的理解与适用(下)》,《人民司法》2018 年第 16 期。

配财产的债权人而言,也是一种时间成本的增加。

综上所述,因《企业破产法》对既成的法律事实适用存在一定程度的溯及力,从保护全体债权人利益及行政程序正义的角度来看,破产管理人的"代位"清算权利(职责)应当被确认;在对破产企业进行再清算时允许"核定征收"的模式更符合量能课税原则,也更加接近破产企业无法完全提供凭证的现况;管理人在选择救济途径时不能将自身定位为破产企业的代理人,应当综合考虑救济目的及效率因素,综合评估后选择最优项。

五、结语

《中共中央关于全面深化改革若干重大问题的决定》中提出,"健全优胜劣汰市场化退出机制,完善企业破产制度"。市场化退出机制的建立需要各配套制度的协调,随着破产制度的推进,税法无法形成有效衔接的问题也逐渐暴露出来。或基于立法、或基于法律执行,不论何种情况,对破产管理人的税务工作都提出了迫切的要求。从管理人实务中出现的具体案例出发,探究管理人对破产临界期存在的土地增值税清算问题的处理,进而分析管理人的工作思路,本意在于为管理人推进税务工作提供思路范式。依据《企业破产法》明晰管理人的职责定位,熟悉税法规则及原理,寻找具备可操作性的保护债权人利益方式是管理人在开展税务工作中应当确立的立场。

破产程序中税收债权优先性的省察与再造[①]

连逸夫

摘　要:税收债权所具有的"公益性"在破产程序中时常与私法之债产生冲突。由于《企业破产法》对税收债权仅停留在概念认可的阶段,致使在破产程序中税收债权与担保债权孰先孰后,纳税担保是否拥有可撤销性质以及"新生税收债权"的定位等问题均未得到解决。当下亟须以根植于税收债权的"税收债务关系理论"以及破产程序的"公平清理债权债务"理念为立场,厘定税收

---

① 本文受 2018 年浙江工商大学研究生科研创新基金项目"破产程序中税收债权实现路径的研究"计划资助(项目编号:17020070035)。

债权于破产程序中的性质及定位。依据内外部因素的省察可知,税收债权不具有优先于担保物权的合理性;纳税担保具备可撤销因素;新生税收债权符合破产费用或共益债务的内涵。

关键词:税收债权;税收债务关系;公平清理;优先性

一、破产程序中税收债权与私法债权的争持

(一)税收债权与担保债权的清偿顺位之争

依据现行《企业破产法》第一百零九条与第一百一十三条的规定,在破产程序中,担保债权人对于债务人的特定财产可不受破产程序的约束,主张优先受偿。现行《税收征收管理法》第四十五条明确指出,税收债权对于担保债权的优先性应区分对待。在税收债权之后设定的抵押、质押或留置债权,应在税收债权之后受偿;在税收债权发生之前设定的抵押、质押或留置债权,应优先于税收债权受偿。破产程序与收税征管程序的涵摄范围只是在某一节点的重合,但这一节点却是匪夷所思的——于破产程序中适用《税收征收管理法》第四十五条规定。假定税收债权的金额大于担保债权担保物的变现金额,便会出现以担保物变现金额为限的税收债权优先于破产费用、共益债务和职工债权清偿;而超过部分则依据《企业破产法》第一百一十三条劣后于破产费用、共益债务和职工债权清偿,此时在破产程序中相同性质的税收债权被技术性地划分为了优先债权与劣后债权。

此情形带来的直接影响有二:一是在税收债权金额大于或者等于担保物变现金额时,担保债权人享有的"别除权"形同虚设,从而严重影响债权的可预期性;二是担保债权人设定的担保债权使得税务部门成了最大受益者,直接损害担保制度的功能。税收债权于破产程序中的顺位一直存在着较大争议,时常表现出"国库主义"与"人本主义"的冲突。

(二)纳税担保行为的可撤销之争

《企业破产法》第三十一条与第三十二条共同明确了破产撤销权,如果债务人在受理破产申请一年内,对先前未提供财产担保的债务提供了担保,此时破产管理人可以请求法院撤销这一行为。为了确保税收之债的实现,2005年国家税务总局通过的《纳税担保试行办法》以及现行《税收征收管理法》均明确

了纳税担保行为,税务机关在责令限期缴纳应纳税款期限内发现纳税人有明显的转移、隐匿其财产或者应纳税的收入的迹象的,税务机关可以责令纳税人提供纳税担保。《税收征收管理法》第四十条明确规定,如果纳税担保人没有在约定的时限内缴纳所欠税款的,税务机关拥有对相关财产强制执行的权力。因为无须司法程序的审查,本质上是在拒不提供纳税担保时赋予了税务机关自决执行的权力。

既然管理人可以申请撤销债务人在破产申请前一年内所设立的担保,那么对于债务人在破产申请前一年内设立的纳税担保,破产管理人能否行使其破产撤销权呢?实务界与理论界存在着不同的声音。赞成观点认为,缴纳税款是法定义务,履行约定的合同也是符合获得法律认可的义务,并不能因为纳税担保保障的是税收债权就具有独特性。[1] 反对观点认为,对于纳税担保的设立可不经债务人的同意,便不存在债务人恶意减损财产的情形,因而纳税担保行为不受破产撤销权的规制。[2]

(三)新生税收债权的性质模糊

在进入破产程序后仍会出现产生税收的情形,因为这部分税收债权在破产申请受理之后才形成,所以被称为"新生税收债权"。我国关于新生税收债权的规定主要存在于司法机关与税务机关的批复和回复中,最早出现在 2002 年最高人民法院对河南省高级人民法院的答复中:因为破产企业自身财产已经不多,并且还有其他债权需要偿还,清偿率比较低,对于破产企业在剩余财产变现过程中所产生的税款能否免于缴纳的问题,应当由清算组与税务机关沟通和协调。在征得税务机关同意时,因财产变现而产生的税款可以减免征收;然税务机关如不同意减免征收时,所产生的税款应当与企业未进入破产程序时所产生的税款一同处于第三顺位进行清偿。由于规则尚未统一,致使实践中存在着另一种操作方式。2007 年江苏省地方税务局于苏地税函[2007]340 号批复中明确,企业在破产清算期间如果存在转让资产的情形,必须依法缴纳各项税收,这项税收不同于企业在进入破产程序之前所形成的税收欠款,应作为破产费用来处理。可见,对于新生税收债权的定位尚未得到解决。

---

[1]　熊伟、王宗涛,《中国税收优先权制度的存废之辩》,《法学评论》2013 年第 2 期。
[2]　王欣新、尹正友,《破产法论坛:第一辑》,法律出版社 2008 年版,第 156 页。

二、破产程序中税收债权优先性的省察依据

破产程序中的税收债权是对破产债权人与债务人（即纳税人）的直接作用,程序上表现为国家（即税务机关）的债权人化,实体上表现为公权力与私权利的竞合。在不同视域下,单一的处理原则难以形成公平的解决方式。从行政权视角出发,税务机关作为国家征税权的执行部门,其执法行为更多的是基于行政服从、稽征经济原则的支配,终会以私权利服从公权力为结局,从而致使私权利的利益协调机制难以体现。从单一的私权利视角出发,将税收债权绝对私法化,不利于国家税收的实现,甚至存在借破产名义,行逃税之实的情况。因此,兼顾内外部双重因素的考量显得极为重要。对于此时的演算问题,于内部是指税收债权领域的"税收债务关系理论",于外部则指破产领域内含的"公平清理债权债务理念"。

(一)内部视角省察依据——"税收债务关系理论"

税收债权于破产程序中的种种不协调直观地反映了公权力与私权利的博弈,抑或说公法之债与私法之债的竞合。我们亟须站在"税收债务关系理论"的立场上省察这一制度。当下"税收债务关系理论"的核心观点认为,"当对某一具体的税收法律关系加以定性时,应当根据其内容、所涉及的主体以及其所处国家税收活动过程的不同阶段,来界定处于特定情形下特定的税收法律关系的性质;当需要对抽象的作为整体的税收法律关系进行定性时,可以认为其性质是税收债权债务关系"[①]。

税法中存在着"借用"概念——一种已被适用于其他法律领域,且已固定了意义与范围,税法基于事实表述的需要而予以借用的概念。[②] 然概念的作用不在于下结论,而是限定法律讨论的事实范围。"债"源起于民事法律,民法中债就发生的原因可以分为基于民事行为的债与基于法律规定的债,主体法律地位的平等是其本质属性。正是基于对"债"的借用,"税收债务关系理论"在征税主体与纳税主体之间形成了相互付出与给予的对等关系。霍布斯将这种对等关系进行了具体化:"主权者向人民征收的税不过是公家给予保卫平民各

---

① 周刚至,《也论税收债权债务关系》,《税务研究》2010 年第 2 期。

② ［日］金子宏,《日本税法原理》,刘多田、杨建津、郑林根译,中国财政经济出版社 1989 年版,第 72 页。

安生业的带甲者的薪饷。"债所形成的请求权使得国家可以向人民请求支付税款,相对应地人民成了纳税的义务主体。但是仅就"债"的私法含义难以解决国家具有的征税权力这一事实,其原因在于"税收债务关系理论"并非绝对的私法化,而是在特定情形下去界定税收法律关系的性质,在具体的征管领域层面征纳税的形式仍表现为国家行政权力的使用。

无论是"税收债务关系理论"还是广义上比例原则的要求,行政权力行使的边界不得损害目的的实现。税收的"取之于民,用之于民"使得税收公益性不能过分强调抽象的公益,工具"越位"的结果即是公益性目的的损害。在破产程序中,要求对税务机关所具有的自决权力进行限制,这是"税收债务关系理论"中国家权力为债权债务实现的工具的本质要求。

(二)外部视角省察依据——"公平清理债权债务理念"

"税收债务关系理论"仅是以税法为切入点的立论标准,并不等于完全充分的标准。以外部视角为切入点,是促成法律体系兼容性的重要手段,因此以公平与效率两大原则为出发点的外部制度省察仍是必不可少的。

公平清理债权债务,保护债权人和债务人的合法权益是《企业破产法》的立法宗旨。现行《企业破产法》第一百一十三条承认了税收债权,但仅停留在概念互认阶段,并未实现规则互认。概念无法直接为行为做规则指引,破产领域的特殊性使得立足于"保障国家税收收入"的《税收征收管理法》在此时显得格格不入。破产程序的开始相当于债务人进入"紧急状态"。"紧急状态"的出现使得多数一般性法律规范失去了适用土壤,以《企业破产法》第十九条为例,企业在进入破产程序后,债务人财产的保全措施应解除,执行程序应中止。这是为了保证企业在市场主体退出环节的有序进行而做的让利。市场的优胜劣汰要求企业债务人适时地退出,《企业破产法》不仅为退出设置了程序性要素,在一定程度上也提供了退出的良好环境。作为市场主体退出领域的特别法,如果在破产程序中不制止原有规则的干预,对于企业债务人的退出将可能造成恶劣的影响,与之带来的很有可能是虽然原有市场主体资格消灭,但法律关系尚未终结。

三、破产程序中税收债权优先性再造

(一)税收债权与担保债权的清偿顺位厘定

税收债权优先于担保债权主要是基于税收债权拥有的公益性是"不可任意放弃的"[①]。"税收债务关系理论"将税收债权的公益性限定在国家征纳税的具体过程中。具体表现在税务机关所拥有的远超于一般债权主体的"请求权"实现方式。因为此时征纳税关系中仅表现出了征税主体与纳税主体的互动,公益性成了行政优先的原因。然而在破产程序中,第三方主体的介入使得税收债权的公益性变得拘谨。原因在于公益性不能违背自身存在的根基。此时税务机关行使"请求权"应当充分地将自己置于第三方主体的公平较量中,必须确保税收债权与担保债权在破产程序中的平等性。

"税收债务关系理论"要求此时税收债权不具备凌驾于一般债权的特权,应当依据一般的公平理念进行清理。《企业破产法》的"公平清理"于微观层面表现为破产财产清偿顺序的选择。破产程序中设置的别除权制度是基于物权效力优先于债权效力的一般原理,但同时应当注意物权优先原则存在例外情形,如买卖不破租赁、建设工程价款的优先受偿等。对于税收债权能否适用此类情形需要依据除外情形的合理性进行推断。依据现有规定可知,物权优先性的除外情形需符合法定条件,即法律的事先规定,并且此类规定的合理性基础在于法律对事实不平等的矫正作用。抛开行政优先权的因素,在实践中,以税务机关为代表的国家,其所占有的资源是远大于一般债权人的,如注销程序中的税务要求,已经使得其具有超越一般债权人的优势地位。假定税收债权优先于担保物权,于破产清偿顺序上将出现逻辑错误,因为税收债权在优先于担保物权时,必然也优先于劳动债权,那结果将是法律保护"弱者"的正义观受到挑战。

可见,税收债权不具备优先于物权的合理性。根据物权优先于债权的一般原理,在破产程序中,担保物权应优先于税收债权得到清偿。

(二)纳税担保行为的可撤销性考量

反对纳税担保可撤销的主要论据有三:一是企业债务人不具备主观的恶意,其处分财产的行为并非基于损害债权人利益的目的;二是为未缴纳的税款

[①] 田学伟、徐阳光,《论破产程序中的税收债权》,《政治与法律》2008 年第 9 期。

提供担保本质上是有利于债权利益的;三是税收之债来源于法律义务,提供担保也是法律义务,法定义务是不能随意撤销的。

在回答纳税担保能否被撤销前,应当明确破产撤销权的行使条件。根据《企业破产法》第三十一条与第三十二条可知,破产撤销权的行为需符合三个客观要件:第一,债务人须在债权成立后实施了特定行为;第二,债务人的行为必然会使得其财产减少;第三,债务人的特定行为会损害其他债权人的利益。三者的逻辑路径为:特定行为→财产减损→债权人利益损失。现行《企业破产法》未明确规定破产撤销权的主观要件,但在司法实践中,基于善意相对人的利益保护,债务人的主观恶意是债务撤销的考量因素。论据一因此并不能成立,原因在于破产撤销权的法定构成要件并不以主观恶意为必备要件。换言之,主观上是否恶意仅是影响因素,并非撤销权行使的阻却事由。论据二认为纳税担保停止了税款滞纳金与罚金的计算,实质上是保护企业债务人的财产流失,因此是有利于债权人的。此种观点有待商榷,纳税担保是对非税财产的处分,从量上看企业财产就存在着减少的风险,并且对于税款滞纳金与罚金的性质在实践中一直有较大争议,《国家税务总局关于税收优先权包括滞纳金问题的批复》认为税款滞纳金属于税收优先权的范围,但《最高人民法院关于审理企业破产案件若干问题的规定》明确滞纳金不属于破产债权。仅以司法机关的立场分析,由于滞纳金的劣后性质不会对破产债权人产生影响,因此直接认为纳税担保阻止了企业债务人损失的扩大是有失偏颇的。依据"税收债务关系理论"与"公平清理理念",论据三的推断过于武断,税收债权债务的对等性要求国家以债权人的身份行使请求权,税收保障措施更是相对的。此种观点不区分本源的纳税义务与为保障税收实现的强制措施,而是仅以法定义务为由,将仅作为保障措施的纳税担保等同于具有公益性的纳税义务,存在将异质性事物进行类型化的嫌疑。

在满足破产撤销权行为条件之时,纳税担保应当属于撤销权行使的范围,因为此时处于课税特区的纳税担保已经丧失了一般纳税担保所具有的行政优先性。在破产程序中并不能因为保障税收实现而赋予纳税担保特殊性,以至于债权人地位不对等,这是"公平清理"的要求,也是税收债权债务对等性在涉及众多主体时的制度要求。应当注意,允许撤销纳税担保并不等于此时税收债权的绝对平等,撤销纳税担保本质上是对债权实现的保障措施的对等处理,并未改变税收债权具有公益性这一核心内容,即清偿税款并不属于撤销权的行使范围。原因在于税款的清偿是债权人受益的情形,公益性使得破产清偿顺位上税款优先于一般债权。一般而言,无论是否撤销税收均不会对债权人产生有利影响,并且对纳税行为行使撤销权从根本上来说是在将税收债权绝对私法化处理,违背了"税收债务关系理论"纳税义务履行的国家行政关系。

(三)"新生税收债权"的优先性确立

重庆市第一中级人民法院曾在(2006)渝一中民破字第 495-16 号判决中认定:对管理人处理破产财产产生的费用不应认定为共益债务,与破产费用共同处于第一顺位受偿。应当依据税收债权自身性质将之劣于劳动债权、优先于普通债权受偿。更有谓之是"公共政策"的裁量①。此种观点是经不起推敲的。如果"公共政策"能够成为公法之债对私法之债让位的理由,那么公法之债的"公益性"将无任何现实意义,纳税者的利益也将无法得到保护。"税收债务关系理论"虽然放低了公法之债的姿态,却未给出公法之债劣后于私法之债的理由。可见,以法益解释为出发点,《企业破产法》第一百一十三条中规定的税收债权是在进入破产程序之前,税务机关已申报的债权,并不包括新生税收债权。

新生税收债权的性质确认应当回归《企业破产法》对于破产程序中产生的相关债权的定位。《企业破产法》确认了破产费用以及共益债务的性质及受偿规则,破产费用与共益债务在破产财产中具有优先受偿的地位,原因在于二者以维护债权人的共同利益为出发点。在不考虑别除权的情形下,《企业破产法》赋予了此部分债权优先受偿的地位,这是市场规律以及公平理念运用的结果。"按劳分配"的制度保证了破产管理人或第三人在破产程序中的积极性,确保了破产程序的顺利进行。根据产生的原因不同,破产程序中将此时产生的债权区分为破产费用与共益债务:破产费用是基于破产债权人的共同利益于破产程序中以破产财产为限额所支付的费用;共益债务是在破产程序中基于债务人与债权人的共同利益而负担的债务。可见,新生税款符合破产费用及共益债务的内涵。破产程序中产生税款的缘由在于为了破产程序的正常进行而付出对价,并不因为税收债权的"公益性"而存在特殊性,应当依据其产生的原因而分为破产费用或是共益债务。

---

① 曾娜,《公共政策在法院审判中的适用》,《法治研究》2012 年第 9 期。

四、结语

从"税收债务关系理论"的发展来看,税收债权的优先性正逐步呈现弱化的趋势。在破产程序中,适当限制税收债权的优先性,既是对相关制度的协调,也是对税法理论发展的回应。税收债权与担保债权、破产撤销权的制度再造,需要不断结合我国市场经济的国情,选择最适宜本土的模式,进而促进税法与相关领域法律的衔接,进一步推动税法理论与税收法律的前进。

高级管理人员职工债权调整之既判力阻断的审思

——劳动分层保护理论的切入

刘效权　连逸夫

摘　要:持有生效法律文书的董事、监事、高级管理人员的职工债权依据《企业破产法》进行平均工资的调整在实践中长期遭受损害既判力的质疑。为此,对既判力进行正本溯源,可发现仅就债权性质进行调整无涉于既判力。管理人的调整权力除来源于《企业破产法》的授权外,更是对劳动分层保护理论的践行。管理人在审核拥有生效法律文书的高级管理人员的职工债权时,应当依法调整,避免陷入法律文本主义,对超出部分的债权应通知其依法申报。同时将其任职期间的行为对企业破产的影响力作为判断例外的标准。

关键词:董监高;职工债权;既判力;劳动分层保护理论

现行《企业破产法》第一百一十三条第三款明确规定,破产企业的董事、监事、高级管理人员[①]的工资应当以破产企业的平均工资进行确认。《破产法司法解释(三)》第七条明确,对于拥有生效法律文书确认的债权,管理人应当确认。前者是高级管理人员对企业破产所负责任致使立法对其保护程度退化,

---

① 因《公司法》第二百一十六条的原因,学理上对高级管理人员的范围是否包含董事、监事尚存争议。出于文义需要,在未做特别说明时,本文中"高级管理人员"泛指董事、监事及《公司法》第二百一十六条确定的高级管理人员。

而后者则是为维护"司法统一"强调对生效裁判的确认。二者在破产程序中发生了"竞合",且该竞合产生的冲突在司法实务中比比皆是。

一、高级管理人员职工债权调整的既判力"阻断"

2008 年 6 月,广东省茂名市中级人民法院受理茂名万商腈纶有限公司(以下简称"万商公司")的破产申请。张某系万商公司原总裁,向管理人申报 3318348 元债权,同时提供(2006)茂中法民一初字第 6 号民事判决书主张为优先债权。该份判决书判令万商公司应向张某支付工资 1610583.33 元,经济补偿金 166666.67 元,额外经济补偿金 83333.33 元,代通知金 166666.67 元,违约金 1200000 元。2012 年 10 月 22 日,管理人向张某送达了《职工债权确认通知书》,确认张某属于第一清偿顺序的债权为 12381.12 元,普通破产债权为 1488093 元,其余的债权没有确认。管理人认为张某于 2003 年 8 月 4 日至 2004 年 7 月 29 日期间在万商公司工作,任总裁职务,系万商公司高级管理人员,根据《企业破产法》的规定,张某的职工债权应该按照企业职工的平均工资计算。

后张某不服提起诉讼,该案经历一审、二审,两级法院均确认张某的债权已经生效法律文书确认,最终认为张某属于职工债权的部分均应当确认为优先债权,不得调整。

最高人民法院在蔡萌、茂名万商腈纶有限公司破产债权确认纠纷再审审查与审判监督[详见(2017)最高法民申 1554 号民事裁定书]中直指两案不同之处在于,张某"债权在受理该破产申请前已为生效判决所确认",而本案蔡某主张的债权在"受理破产申请以及被宣告破产前并无生效裁决予以确认",故"不存在同案不同判的情形"。由此发现,张某案中,生效法律文书成了阻断管理人调整其职工债权的原因。但该部分说理能否成为支持其不得调整的理由,仍需回归既判力本身进行确认,而非既有的事实。

二、既判力:不真正地阻断事由

(一)民事既判力的溯源

作为概念的民事既判力研究,似乎尚处于框架性阶段[①],同时现行《民事诉

[①] 张卫平,《既判力相对性原则:根据、例外与制度化》,《法学研究》2015 年第 1 期。

讼法》第五十六条在既判力尚未采取立法化的当下确立第三人撤销之诉,甚至可能"推导出我国不存在判决效力相对性的约束"①。然无须争论的事实是,《民事诉讼法》第一百二十四条及《民诉法司法解释》第二百四十七条均蕴含了对司法既判力的建构。如是,无论所属何种法域的《企业破产法》理应遵守法的安定性下的基本要求。为此,《破产法司法解释(三)》明确,对于"生效法律文书"确立的债权,管理人除通过审判监督程序否定其效力外,无权自行否认。需要说明的是,《破产法司法解释(三)》确定的必须"坚守"的法律文书范围主动扩张到了仲裁裁决书及公证文书。虽然传统民事既判力讨论的范围限定在司法程序中,但从法律整体的稳定性角度出发,既判力显然可以嫁接至仲裁程序中②。

(二)既判力冲突的假象

1. 实践假象

前述(2017)最高法民申 1554 号民事裁定书为"统一裁判尺度",正面回应了相同情形下已被生效裁判确定的职工债权的"特殊性",但是一言蔽之的说理使得"生效的法律文书"成了张某案获得支持的唯一理由。回归张某案,广东省高级人民法院在(2015)粤高法民终字第 52 号民事判决书中已经阐明张某工资无须调整的原因——"张某的工资债权金额已经生效判决确认,而张某从总裁职位离职时距离万商公司被裁定破产已有 2 年之久,其后任已另有两人"。此处对生效判决的描述更具有宣誓性的意味,旨在维护既判力下的司法权威。而对于张某任职期限的描述才是说明真正的理由。其裁判逻辑在于,张某的职工债权发生于万商公司破产前 2 年,其债权形成后公司先后经历了两任总裁,实质上已极大地削弱了其身为高级管理人员对公司经营不善的作用力,如果再苛求其对企业的破产承担责任,将会有"株连"的嫌疑。

2. 问题假象

持有生效法律文书的企业高级管理人员的职工债权是否需要按照《企业破产法》第一百一十三条进行调整的根源在于一个未经论证的"假设前提"存在:"对生效法律文书的确认"与"债权确认"的同质性。"对生效法律文书的确

---

① 张卫平,《中国民事诉讼法立法四十年》,《法学》2018 年第 7 期。
② 高薇,《论诉讼与仲裁关系中的既判力问题》,《法学家》2010 年第 6 期。

认"包含对经过法定程序确认的债权标的、数额、履行的强制性要求,因是规范性法律映射在具体个案上的结果,其代表着文书双方当事人及裁决机关对文书确定内容的不可变更性;而"债权确认"则是在进入破产程序后,管理人对债权人享有对破产企业拥有债权的数额、性质进行确认后,依据《企业破产法》公平理念确定程序性权利、清偿顺位的一个前置性程序。

从二者形成的时间来看,一般而言,生效法律文书的发生先于债权确认[①],特别是在进入破产前取得生效法律文书的情况下,其所依据的客观事实仅为诉争事实,且无涉于企业是否处于破产程序中,并不会对其属于何种破产债权进行确认。可以明确的是,二者的具体区别在于是否能对债权人的破产程序性权利进行确认。

综上可知,"对生效法律文书的确认"与"债权确认"并不具有同质性,二者的争持点并不存在,高级管理人员的工资调整不会成为否定生效法律文书的理由。同时,《破产法司法解释(三)》第六条明确指出,对持有生效法律文书的债权人,管理人依旧需要审查其是否超过执行时效,司法实务中,淮安市中级人民法院在(2020)苏 08 民终 1718 号判决书已经明确管理人有权将已超过强制执行期间的生效裁判不作为认定债权的依据。如果不承认《企业破产法》中对生效法律文书的调整权力,上述规则显然也存在突破既判力的可能。

三、劳动分层保护:职工债权调整的事理

《企业破产法》在保护职工债权优先性的同时,旗帜鲜明地确定了企业高级管理人员职工债权的"劣后性"。从主观目的的角度解释,企业高级管理人员"是破产企业经营困难陷入破产的责任人"[②]。企业进入破产程序,公司高级管理人员有着不可推卸的责任,这源于公司高管身份的二重属性,即劳动属性与控制属性。需要说明的是,确定二重属性的前提以劳动关系存在为前提,毕竟随着现在企业模式的多样化,劳资关系中出现了第三方主体"职业经理人"的存在[③]。

---

① 债权人对所确认债权存在异议而提起破产债权确认纠纷诉讼时,债权确认工作发生于生效法律文书形成之前,但是就债权确认的最终结果而言,因为生效法律文书尚未形成,所以债权确认结果也处于不确定状态。

② 本书编写组,《〈中华人民共和国企业破产法〉释义》,南海出版公司 2006 年版,第 293 页。

③ 金琳,《杭州资本:市场化选聘职业经理人》,《上海国资》2021 年第 4 期。

企业高级管理人员对企业的控制力，无不影响着企业的命脉，一定程度上，职工债权的产生无法剥离出其经营"失误"的理由，2006 年《企业破产法（修订草案）》中甚至有"破产企业的董事、监事、高级管理人员的工资不予清偿"的表述。事实上，在国外立法中这也是有例可循的，加拿大破产法第 140 条明确规定：高级管理人员的职工债权属于劣后于普通债权清偿的债权①。

（一）劳动分层保护理论的切入

企业高级管理人员的劣后保护实则是劳动分层保护理论的缩影。"任何国家的劳动关系都具有强资本、弱劳工的特点"②。为此，"对于高级管理人员等这一类的强势劳动者进行一定的限制，以缩小贫富差距，减少倾斜性保护的制度供给"③具备了天然的正当性。《企业破产法》《劳动法》同属于公法领域，其社会矫正以"公权力"的直接干预为表现形式，当前供给侧结构性改革和优化营商环境使得二者在企业高级管理人员的职工债权上相互结合。劳动分层保护理论强调"去强""扶弱"，尤其重视职工在企业模式中所处的地位及对企业的控制力，主张不同层次劳动者受到的立法保护不应"一视同仁"。

分层保护来源于朴素的"正义秩序观"，一种致力于"将平等落实在人际关系中摒弃利益补偿式的功利主义正义观"④。劳动分层保护理论的类型化存在不同的声音。例如，首次在我国提出"劳动分层理论"的董保华认为，"职业经理人"不属于《劳动法》调整的范畴，下一层次即是技术人员⑤；叶小兰认为，经理人员等高级管理人员具有"资方"与"劳方"的双重属性⑥；曹静主张层级区分存在双重标准，如首层的职位及收入两个标准⑦。无论是何种类型化模式，对于《企业破产法》而言，其均为高级管理人员的职工债权调整了一个基本范式，即高级管理人员与其他职工的"工资"在破产程序中应当区别对待。

① 陈政，《破产债权清偿顺序问题研究——以权利冲突及其解决为视角》，西南政法大学 2014 年博士学位论文。

② 董保华，《和谐劳动关系的思辨》，《上海师范大学学报（哲学社会科学版）》2007 年第 2 期。

③ 谢增毅，《公司高管的劳动者身份判定及其法律规则》，《法学》2016 年第 7 期。

④ ［美］涛慕思·博格，《康德、罗尔斯与全球正义》，徐向东译，上海译文出版社 2010 年版，第 417 页。

⑤ 董保华，《和谐劳动关系的思辨》，《上海师范大学学报（哲学社会科学版）》2007 年第 2 期。

⑥ 叶小兰，《论我国劳动者分层保护的疏失与完善》，《江苏社会科学》2020 年第 6 期。

⑦ 曹静，《论劳动者分层保护的法律规制与模式重构》，《中国劳动》2015 年第 2 期。

(二)《企业破产法》职工债权调整的迥殊

劳动分层保护理论为《企业破产法》中职工债权的范围筛选提供了理论依据,因不属于《劳动法》领域,《企业破产法》无法直接移植其具体的制度模式。最为明显的区别在于,《劳动法》中的劳动分层保护理论强调因身份属性的不同拥有相对应的权利和义务。在《企业破产法》中,职工债权优先性的本源命题是生存权高于其他一切权利,但在《企业破产法》利益平衡的宗旨下,其本就与企业、普通债权人,甚至是劣后债权人之间形成了利益取舍关系。2006年《企业破产法(修订草案)》未直接采取高级管理人员职工债权劣后的原因在于其承认高级管理人员的劳动属性。实际上,纯"资方"的高级管理人员当然不具有职工债权的属性,因其劳动关系的缺失,多是归于普通债权。从保障生存权的角度而言,现行《企业破产法》当然得承认高级管理人员拥有的基本生存保障。实际上,这也是考虑了我国目前的企业模式中,"集权"思想下企业高级管理人员对企业的实际掌控能力而作出的选择。

四、高级管理人员职工债权调整的抉择

(一)管理人径行调整的正当性

司法实践中,对于持有生效法律文书的高级管理人员职工债权的确认似乎已经有较为统一的认识。在(2018)鲁1002民初7174号民事判决书中,威海市环翠区人民法院认为,原生效裁判仅是对债权数额的确认,不涉及债权性质的认定,而进入破产程序后,债权性质及清偿顺位应当按照《企业破产法》的规定进行。(2019)苏08民终3916号民事判决书中则指出,依据特别法优于一般法的原理,应当优先适用《企业破产法》予以调整职工债权。(2020)苏08民终1718号民事判决书中同样支持了管理人的调整。不同于上述裁判的是,(2020)皖02民终961号民事判决书中参照《公司法》第二百一十六条认定其属于高级管理人员——胡某系公司工程部经理,且综合年薪达60万元,远超出公司其他普通职工的收入。该认定标准与劳动分层保护理论中的层级认定标准不谋而合。

依据前文分析,对生效裁判文书确认的高级管理人员职工债权,此时不论是管理人、职工债权均应受《企业破产法》的调整,管理人应当依据《企业破产法》的规定对该部分职工债权进行调整。因在破产程序中若仅确认拥有优先

权部分的债权数额,既判力的"阻断"的理由并不成立。但是应当注意,对职工债权的认定需要依附生效法律文书确认的债权性质。简言之,生效法律文书确认的债权不属于"工资"性质时,无法确认其职工债权的优先性。反之,管理人应当就属于"工资"范围内的债权确认优先性,进而适用《企业破产法》第一百一十三条进行平均工资调整,这也是遵从既判力的基本要求。

(二)超出平均工资部分的债权处理

《破产法司法解释(二)》第二十四条要求对企业高级管理人员在返还取得的非正常性收入后形成的债权作为普通债权处理,但对于管理人依据企业平均工资调整而超出的债权部分未做明确规定。事实上,就当然解释而言,《破产法司法解释(二)》对于有被"追回"这一特殊情形的高级管理人员的职工债权可认定为普通债权,"举重以明轻"的思路下,正常情形下的高级管理人员的职工债权当然也应当属于普通债权。同时,就文义解释而言,经调整后超出的债权部分仅被否认了债权的优先性,并未否认其债权存在的事实。在现行破产债权的体例下,无法归类于优先债权或劣后债权的情况下,应当承认其普通债权的性质,即企业高级管理人员的优先债权应当依据企业平均工资进行调整,而超出部分划入普通债权依法由债权人进行申报认定。

为此,对于调整后的高级管理人员职工债权,管理人应当就超出部分通知其申报债权。

(三)职工债权调整的时间范围

高级管理人员的职工债权是否必然依据《企业破产法》进行调整,实际上关涉着《企业破产法》第一百一十三条的立法意图。在回溯其客观目的时,有必要熟稔其文义构成——"破产企业的董事、监事和高级管理人员的工资按照该企业职工的平均工资计算"。

从语义构成角度来说,"破产企业的""董事、监事和高级管理人员"限定了本条规则适用的主体范围。但是这一规则存在两种理解:一是"破产企业"强调企业进入破产的状态,如果纠缠于时间点,将会发现在进入破产程序前已离职的企业高级管理人员将不属于本条调整的范围。(2015)粤高法民终字第52号案件中,张某指出,"该款的规定只应适用于破产时尚在现职的董事、监事和高级管理人员",对于已经离职的不得适用本条进行调整。对此,法院虽未直接回应,但在最终裁判时似乎也认可了该逻辑。二是《企业破产法》中出现了三处"破产企业"的表述(第六条、第一百一十二条、第一百一十三条),且《企业破产法》第一百零七条阐述了"破产人"的概念。"破产企业"虽是法律概念,但在目前的三条规则中难以作为限定条件进行分析,如果强调破产企业的时间节点,将导致《企业破产法》第六条中经营管理人员的责任难以追究。同时,实务中存在的一个现象是,企业处于危殆期间时,职工可能已离职。若主张破产申请受理前产生的债权,显然《企业破产法》第一百一十三条中"破产人所欠"职工债权也将不成立。

应当认为,观点二不拘泥于法律文本,从立法意图看,本条强调的实际上仅是"董事、监事和高级管理人员"这一特定的身份主体,而非债权产生的时间顺序。而且,如果承认观点一将可能导致企业高级管理人员在企业进入破产程序前解除劳动关系,从而规避平均工资的调整。这显然与"劳动分层保护理论"背道而驰。

(四)高级管理人员职工债权调整的破例

前述论证否决了高级管理人员在持有生效法律文书情形下不受调整的正当性及时间理由,但"一个完整的规则必须能包括所有的例外"[①],毕竟原则的冲突在法律的秩序里早已数见不鲜。但突破的条件或者说突破的界限确实是一个值得探讨的话题。职工债权的优先性基于生存权的优先性,但当承认高级管理人员远超出于一般职工水平的职工债权时,显然,不再是以生存权为论证基础。《企业破产法》第一百一十三条第三款的调整根源在于企业高级管理人员对于企业陷入破产有着不可推卸的责任,应当为其经营不善的行为承担责任。换言之,如果企业高级管理人员对企业破产未产生作用力,甚至其决策等行为是有利于企业经营的,则承认其欠薪属于职工债权的逻辑也将成立。需要说明的是,如果再以生存权否定企业高级管理人员超出平均工资的部分将难以成立,原因在于工资对应的是职工的体力或智力劳动所产生的价值。如果一味强调生存权,则职工的职工债权均应当以平均工资来计算,这显然是对职工付出的漠视,将陷入"平均主义"。

综上,管理人在核查企业高级管理人员的职工债权是否需要调整时应重

---

① 林来梵、张卓明,《论法律原则的司法适用——从规范性法学方法论角度的一个分析》,《中国法学》2006年第2期。

点关注其经营决策对企业破产产生的影响力。当然,这样的标准缺乏可操作性。为此,可以确立管理人以调整工资为原则,例外情形为企业高级管理人员能够证明其任职期间的行为对公司破产不产生影响。例如,职工担任企业高级管理人员的时间先于企业破产前且任期仅 1 个月等。前文张某案中,张某的任期虽长,但先于破产前 2 年且后续有两任总裁。

五、结语

《企业破产法》牵涉着各方利益的平衡,既成判决、高级管理人员的职工债权实质上关涉司法机关、普通职工、企业高管等多方在破产程序中所享有"利益"的实现。《企业破产法》自 2006 年通过以来,已施行 18 年,狭义的法律层面并未有过修订,有的多是以司法解释、答复等文件的形式进行修复。已被生效法律文书确认的企业高级管理人员的职工债权问题源于实践中相关案例的发生和对理论的思考,横亘《企业破产法》与《劳动法》两个领域,探究该问题旨在为《企业破产法》的顶层设计中关于职工制度的重构方面提供理论支持,以期在众多利益中实现职工利益的平衡。

未届出资期限转让股权之出资责任迷思

——商法理念的解题

刘效权　连逸夫

摘　要:未届出资期限即转让股权,受让人已成为公司合法股东的情况下,前手股东是否承担责任在实务中存在泾渭分明的观点。为此,梳理司法案例的论证逻辑,回溯出资责任的民法、商法理论基础,可以发现,区别于民法、商法的理念,公司出资责任的分配在商法理论中寻找事理更具有契合性。以资本充实、股东资格确认、商事效率原则为基础,承认出资责任的转让,设定"恶意"转让时前手股东的连带责任更符合商事交易的效率原则,具体以资本非真实、谨慎义务失效、规避出资责任为适用情形。

关键词:未届出资期限;股权转让;股东责任;商法原则

法律滞后性的特征在社会发展进程中总有众目具瞻的时候。单个法律领域的演进时常能够产生促使法律体系进化的作用。随着"营商环境就是生产力""持续优化我国的营商环境"等理念不断深化,最高人民法院以司法解释、强化市场主体退出机制的方式不断推动着破产程序的常态化①。但在《企业破产法》实施过程中,法的原理、目的似乎发生了一种难以调和的矛盾,其中就包括债权人公平清偿理念和股东期限利益的龃龉。

一、"许某勤案"的引入

"上诉人许某勤、常州市通舜机械制造有限公司、周某茹与被上诉人青岛铸鑫机械有限公司加工合同纠纷案"被最高人民法院民二庭选入 2020 年全国法院十大商事案例之一。该案的裁判要旨在于股东未届出资期限时转让公司股权,若转让时已符合出资加速到期条件,转让股东应当就出资不足对公司债务承担连带责任。值得注意的是,在论证连带责任的法律依据时,除《公司法》外,法院依据契约理论,引入了《合同法》。其裁判逻辑在于,在注册资本认缴制度下,股东出资义务实际上是基于股东与公司之间的合意形成的一种附期限的义务。同时因为《公司法》并不以公司同意作为股权转让的生效要件,所以前手股东的股权转让相较于公司而言,实际上是第三人代为履行的合同。依据《合同法》第六十五条,当第三人(现任股东)不履行或履行不符合约定时,债权人(公司)可向债务人(前手股东)主张违约责任(要求履行出资)。

且不论以上证成过程的合理性,就其视角及结论而言,直接保护了相对人的利益,即实现了在资本充实原则基础下的债权人利益保护。但抛开案件事实的个性,进而却引发一个问题,以上裁判逻辑是否有普适性?需要说明的是,该案并非发生在破产程序中,与破产程序的衔接并没有得到证明,但可以确认的是,就债权人(相对人)的利益保护来说,二者是一致的。事实上,追收未缴出资纠纷这一案由的请求权基础仍旧来源于《公司法》的基础性规定。②

---

① 黄钰钦,《最高法:进一步发挥破产在优化营商环境中积极作用》,中国新闻网,https://baijia-hao.baidu.com/s? id=1629238861071576575&wfr=spider&for=pc。

② 本书编写组,《〈中华人民共和国企业破产法〉释义及实用指南》,中国民主法制出版社 2012 年版,第 106 页。

二、未届出资期限转让股权的实务分歧

"未履行或者未全面履行出资义务即转让股权",案由限定为"追收未缴出资纠纷"[①]检索近三年追收未缴出资纠纷案,就法院是否要求股东承担责任梳理以下三种观点。

(一)承认前手股东的出资责任转移

囿于法律语言的模糊性,就《最高人民法院关于适用〈中华人民共和国公司法〉若干问题的规定(三)》[简称《公司法司法解释(三)》]第十八条中对于"未履行或者未全面履行出资义务即转让股权"的理解,或基于民事法律的"法律保留"的要求,实务中一种解读为,在出资义务尚未到期的情况下转让股权,不属于出资期限届满而不履行出资义务的情形,已转让股权的股东不应再对公司承担出资责任。[参见(2017)浙 04 民终 1929 号民事判决书]股权转让后,前手股东的出资义务随股东权利也一并转移给受让人,受让人(现有股东)应当依照章程或法定的期限完成出资的义务。[参见(2021)粤 06 民终 11444号民事判决书]

受《九民纪要》第六条的影响,由于明确了股东享有的期限利益,在出资期限尚未届满时,股东无须就出资承担实际的义务。也因为"目前尚无法律、司法解释对股东因出资期限尚未届满而未缴纳出资就转让股权时由谁承担出资责任进行明确规定"[②],实务中,对于《公司法司法解释(三)》第十八条的解读也相对"保守"。

(二)前手股东受限于实际出资而承担责任

或是出于利益平衡的需要,实务中对《公司法司法解释(三)》第十八条存在一种更为开放的理解。即现股东尚未履行出资义务,公司发起人虽已转让股权,但没有承担出资义务,管理人可以要求前手股东在公司欠付的债务金额范围内要求对前手股东承担连带责任。[参见(2021)闽 08 民终 1445 号民事判决书]其极为有力的论据为《公司法》于 2014 年将注册资本制度由实缴制变

---

① 为便于对样本的选取,笔者检索时将案例选取集中在破产程序中发生的"追收未缴出资纠纷"案由中,但不限于。

② 杨临萍:《当前商事审判工作中的若干具体问题》,《人民司法(应用)》2016 年第 4 期。

更为认缴制。这一变更的主要目的在于减轻投资者的投资压力,进而鼓励创业,激发市场活力。但同时应防止公司发起者通过认缴期限制度,滥用期限利益,以此达到逃避出资义务的目的。使用期限利益逃避责任的行为最终损害的是公司及公司债权人的利益。[参见(2020)冀民终 475 号民事判决书]从法律解释的角度看,这种理解更加强调立法的社会效益,从立法目的的角度看,填补法律文本的局限性导致了其他未被考虑的争议。

事实上,这也是文义解释与当然解释的一种结果。文义优先原则是法律体系建构的优先原则,"第一层次是规范选择的法律至上及解释方法的文义优先"①。文义解释始终是探求、建构法律概念本质要素的首要途径。《公司法司法解释(三)》第十八条不论是从字面含义还是从上下文的体系建构来说,均未区分出资期限届满和出资期限未届满的情形。如果在裁判中任意添设未有之条件,极易引发司法的越位。因此,该种观点主张'未出资或未全面履行出资义务'应理解为不仅仅包括到期的履行违约行为,也包括尚未到期的未出资行为"②。

(三)有限度地承认前手股东的期限利益

部分司法案例中出现了脱胎于《公司法》的裁判路径。其核心是在《公司法》的前提下承认认缴制度下的期限利益,即原则上股东转让股权后不再承担出资责任,但设置了个案下的例外。同样是《九民纪要》第六条,其在承认期限利益的同时,设置了两种明确的例外:①公司作为被执行人,已具备破产原因,但未申请破产;②债务发生后,股东延长出资期限的。也正是这两个例外,为实务中对出资期限利益的保护撕开了一个口子,出资期限利益否定成了一种主流考察标准。

但对于出资期限利益的例外具体如何证成却不具备可复制的模式,如笔者参与办理的一起追收未缴出资纠纷案中,通过梳理公司的整体经营过程,复原前手股权转让股权的时点发现,公司进入破产程序后的绝大部分债权的法律事实均形成于前手股东转让前,且在前手股东转让股权后公司停止了实际经营活动。在这其中,特别需要说明的是,股权的受让人系两家缺乏实际经营的公司,且最终目标公司与受让人形成了交叉持股的模式,在该模式中未能发

---

① 陈金钊,《体系思维及体系解释的四重境界》,《国家检察官学院学报》2020 年第 4 期。

② 梁上上,《未出资股东对公司债权人的补充赔偿责任》,《中外法学》2015 年第 3 期。

现任何一个可追索的自然人。

出于对上述事实的认定,法院最终确认前手股东存在恶意逃避出资义务的行为,援引《中华人民共和国侵权责任法》第八条之规定,要求前手股东承担现任股东出资义务的连带责任。

三、股东出资责任的溯源

司法实践中出现的前手股东在转让股权后承担出资责任的原因并不能整齐划一,或是基于对《公司法司法解释(三)》的理解,或是基于合同法律关系,抑或是基于侵权法律关系[参见(2021)浙 01 民初 1821 号民事判决书]。

需要说明的是,2013 年前《公司法》的出资责任并非认缴制度,而《公司法司法解释(三)》系 2010 年通过的。因此,当时《公司法司法解释(三)》第十八条中的"知道或者应当知道"实际上并不需要考虑未届出资期限而未实缴的情形。对于《公司法司法解释(三)》第十八条的规定,多数学者认为债权人的请求权基础是代位权。[①] 因此,现行《公司法》对出资责任的判断,也多是承袭了先前的路径,就是从民法视域剖析现状。同时,实务中与学理上均发现,"期限利益"的阻却更多的是来源于商事制度的设计,为此有人试图从商法视域角度进行解读。

(一)民法视域下的出资责任

1. 代位权的适用

《民法典》第五百三十五条在承袭《合同法》第七十三条规定的同时,进一步升级了代位权的构成要件:(1)债权系合法有效的债权,并明确其客体包含债权的从权利;(2)不再强调债务人对次债务人的债权是否已到期;(3)将债权人行使代位权的前提修改为"影响到期债权的实现";(4)仍旧要求债务人怠于行使债权。事实上,在《合同法》中,代位权强调到期要件,如果认缴期限未届满,显然不具有适用代位权的空间。但目前《民法典》已经明确代位权行使前提不以到期为前提,这也是考虑到实践中存在大量债务人与次债务人恶意串通,逃避对债权人的义务履行。在此之前,无论是《九民纪要》第六条还是学理

---

① 梁昕,《认缴制下出资未届期的股权转让责任承担研究》,《辽宁公安司法管理干部学院学报》2020 年第 1 期。

声音,都试图通过诚信原则延伸出当公司无法清偿到期债务时,股东的出资义务也视为到期的结论①。虽然伴有"因循守旧"的批评,但不乏是一种解法。

在《民法典》施行的当下,到期要件的删除,似乎成了前手股东出资责任承担强有力的论据。

2. 股权转让的合同本质

前述"许某勤案"中,法院另辟蹊径地将股东与公司之间的出资责任划归于《合同法》的调整范围,并详细陈述了以下论证逻辑:股东的出资约定本质是股东与公司之间的契约,契约应当遵循《合同法》的约束。但是基于公司的组织特性,当然地受到《公司法》的制约,在商法的主体框架下,不能适用的《合同法》部分应当剔除。

事实上,股东与公司的出资责任约定在《合同法》的领域适用已有论证过程,出资责任则是股东与公司对出资问题《合同法》上的约定,"股东资格与股权权属是有排他性质的身份权和财产权",二者并非冲突关系②。当然,反对之声也是简明扼要地指出,股东出资的契约属于一种组织性的契约③,并非纯粹的交易性契约,其本质在于对公司控制者机会主义的限制,并不必然地适用《合同法》,如同合伙企业中合作协议一般。

(二)商法视域下的出资责任

1. 资本充实责任的规制

多数情况下,资本充实责任似乎成了前手股东承担出资责任的重要理由,但解析资本充实责任后可发现,其本质并非对前手股东设置的专用依据。资本充实责任是一种管理性强制性规定④,其本质在于对公司财产的根本性保护。也正是基于此,对于前手股东及现任股东间的股权转让行为,除非受让人能够举证自己不属于"知道或应当知道"的范畴,作为拟制的公司人格,其当然地认可受让股东的出资义务,要求受让股东承担出资义务。毕竟,前手股东与

---

① 梁昕,《认缴制下出资未届期的股权转让责任承担研究》,《辽宁公安司法管理干部学院学报》2020 年第 1 期。

② 彭真明,《论资本认缴制下的股东出资责任——兼评"上海香通公司诉昊跃公司等股权转让纠纷案"》,《法商研究》2018 年第 6 期。

③ 梁昕,《认缴制下出资未届期的股权转让责任承担研究》,《辽宁公安司法管理干部学院学报》2020 年第 1 期。

④ 刘斌,《瑕疵出资股权转让合同中受让人的风险识别与权利救济》,《法治研究》2022 年第 1 期。

受让股东的财产能力并不会阻却法律上股东身份的否认。而且,多数情况下,资本充实责任更多的是强调发起人的责任承担,对此在《公司法司法解释(三)》第十三条第三款中可见一斑。

2.《公司法司法解释(三)》的严格解释

暂且将是否在出资期限届满缴纳出资区分为瑕疵出资与未届期出资,在严格解释的立场下,应当严格按照基本法律解释方法适用法律,"不宜为了寻求法律根据而对《公司法司法解释(三)》第十八条进行任意续造"①。二者的本质区别在于,在出资期限届满后未出资的,属于出资违约;而在出资期限未届满时的"未出资"实际上是基于"约定"或法定的事由的抗辩。虽然现行《公司法》生效后,未对《公司法司法解释(三)》第十八条进行任何修改,但就立法本意而言,该种严格解释似乎更符合立法用意。因此,《公司法司法解释(三)》不具有直接适用未届出资期限即转让股权的合理因素。让出资期限"加速到期"必须是基于某种已经被法定化的请求权。

3.商法的优先原则——效率原则

前手股东出资责任的分歧更多的是源于对不同利益的保护。事实上,强调前手股东的出资责任本质在于对第三人的保护——可能更多的是基于对债权人利益的保护。基于民法根深蒂固的理念,寻求利益平衡似乎是一种常态。民法对结果的不公平容忍度低,而商法对不公平的容忍度相对较高,在许多制度设计中更是直接牺牲了当事人之间的公平②。二者在价值的选取上更是出现了明显的分歧:"民法的首要价值是公平",而"商法的首要价值是效率"③。民法的公平性在商法中并不必然地致使商事交易的回溯。

正是注意到了商法与民法在价值、原则上的区别,《企业破产法》在平衡利益的同时,以"效率"为出发点,对债权人赋予了更高的注意义务——"公司债权人在与公司进行交易时有机会在审查公司股东出资时间等信用信息的基础上综合考察是否与公司进行交易,债权人决定交易即应受股东出资时间的约束"。[参见(2019)最高法民终 230 号民事判决书]

---

① 张曦,《关于抽逃出资后股权转让适用〈公司法解释三〉第 18 条的实证研究》,《法律适用》2022年第 2 期。

② 童列春,《商法基础理论体系研究》,法律出版社 2014 年版,第 42 页。

③ 童列春,《商法基础理论体系研究》,法律出版社 2014 年版,第 43—44 页。

四、前手股东出资责任承担的构思——基于对商事理念的回溯

正是因为在狭义的法律层面未能对未届出资期限的股东转让股权的责任作出详尽的规定,导致实务中或学理上对该问题的争议层出不穷。就司法实践而言,个案的判决总有着大量的异同点。但也正因为区别的存在,个案的说理似乎并不能为责任的分配寻找到一个绝对化的理由。实质上,区别于民法的理念,公司出资责任的分配在商法理论中寻找事理更具有契合性。详言之,资本充实、股东资格的确认、商事效率原则更能回答以上问题。

(一)承认出资义务的位移

1. 资本充实的还原

法律界有一句谚语:"无财产即无人格。"对于拟制人格的公司而言,其本质关乎的是财产,而非股东本身。为此,主张前手股东承担责任的根源在于"资本充实责任"的理由似乎并不成立。毕竟,公司在意的是资本的真实,而非出资者的"人格"。否则将导致人身属性成为受让股东的阻却原因。事实上,强调前手股东承担出资责任的意图似乎是让前手股东更能够实现"出资"义务。应当明确,现行《公司法》从未将股东的财产数量作为成为股东的理由。

2. 股权转让的应然

股东资格的转让是商事交易的常态,就现行《公司法》而言,股权转让、记载于股东名册、完成企业登记后,受让股东可以无争议地成为公司的股东。此时已然成为股东的受让人当然地享有股东权利,承担股东义务,当然地包含资本充实的要求。如果此时不承认出资义务的转让,将产生一种被法理不容的现实:享有权利,却承担着不完全的出资义务(或是不承担出资义务)。

3. 商事交易的内涵

就已有的司法案例而言,法院似乎更倾向于保护债权人的债权利益,而忽视该债权利益获取的前置要求——谨慎义务。商事关系是资本运作的关系,而效率是经济增长的关键因素。[①] 在效率原则首位的情况下,商事谨慎义务是

---

① [美]道格拉斯·诺斯、罗伯特·托马斯,《西方世界的兴起》,厉以平、蔡磊译,华夏出版社2009年版,第4页。

各方均应当遵守的,特别是对责任的发生,其更强调市场风险下的各自负担。对于债权人而言,商事动机可能并非法律规制的范围,但交易对象的选取往往决定着商事风险发生的概率。为此,如果一味地强调债权保护,实质上将导致债权人谨慎义务并不会产生任何实质影响,其结果无疑是法律为未履行义务的人负责。

综上,前手股东转让股权时应当承担出资义务的一并转移,而且对于出资义务原则上应当由受让股东自行承担。

(二)"恶意"转让的责任阻却

不同于《民法典》对于债务转让的规定,股东转让股权(出资义务)并不要求获取债权人的同意。也正是因为这种组织运作的方式,使得债权人为实现自身的权利而完全可能陷入机会主义中。因此,有必要规避"恶意"风险的产生。为此,2021年《公司法(修订草案)》第八十九条设置了如下规则:"股东转让已认缴出资但未届缴资期限的股权的,由受让人承担缴纳该出资的义务""股东未按期缴纳出资或者作为出资的非货币财产的实际价额显著低于所认缴的出资额,即转让股权的,受让人知道或者应当知道存在上述情形的,在出资不足的范围内与该股东承担连带责任"。

可以明确的是,最新的《公司法(修订草案)》注意到了前手股东恶意行为,并明确列举了两个,即已届出资期限即转让与资本不真实的两种情形。但需要说明的是,除了资本不真实,已届出资期限转让不属于"恶意"转让的讨论范围,因为此时前手股东属于典型的"违法转让"。

除以上的资本不真实外,应当考虑债权人履行谨慎义务的可能性。如果债权人在进行商事交易前根据一些公开途径获取的信息均为前手股东仍旧为股东,在商事风险发生时却已然成为现任股东,那么债权人的谨慎义务并不能有效阻却风险的发生,法律应当为其留出保护的空间,即此种情形前手股东仍旧应当承担连带责任。

如前所述,笔者参与"恶意"转让的典型案例中,前手股东转让股权并非出于正常的商业交易目的,而为了规避出资义务,且受让股东不具备任何清偿能力,此时需要承认前手股东在出资义务中的连带责任。因为此时不论是债权人的谨慎义务还是股东的出资义务都已然陷入一种失效状态。

五、结语

未届出资期限即转让股权的出资义务承担,未能在法律中寻找到明确的指引。特别是在破产程序中,追收未缴出资纠纷比比皆是,不论是裁判依据或是论证思路,都无法明确一种绝对适用的裁量路径。时逢《公司法(修订草案)》出台,其第八十九条已然注意到该问题的立法意义,结合当下的"恶意"常态,进一步明确股东出资责任的认定以及前手股东责任的性质能够进一步明确商主体、商行为的活动边界,从而促进营商环境的持续优化。

管理人文书样式

第一部分　管理人制度及相关文书

破产清算期间会议议事规则和例会制度

第一条　为加强管理人团队成员之间的沟通交流,提高工作效率,更好地履行管理人职责,维护破产清算债务人和全体债权人的合法权益,特制定本制度。

第二条　管理人团队成员例会(以下简称"例会")每周召开一次,原则上定于周四下午召开。如有特殊情况需要更改召开时间或需要召开临时会议的,由负责人另行通知。

第三条　原则上全体团队成员均必须参加每周例会,确有合理理由需要缺席的,应当提前向负责人请假。

缺席人员应当在例会后及时(原则上不超过2个工作日内)学习例会会议记录,并向其他出席例会成员了解例会内容。

第四条　例会须有三名以上团队成员出席(含负责人)方可召开。

第五条　例会由负责人主持。

第六条　例会按照以下步骤进行:

1. 团队成员依次汇报上周工作情况、遇到的疑难问题及下一周的工作设想;

2. 团队成员讨论疑难问题,确定处理方案;

3. 例会主持人具体统筹安排下一周的工作。

第七条　例会指定专人负责记录例会内容,并形成书面的会议记录。会议记录由全体出席人员签字;缺席人员也应在学习例会记录后签名予以确认。

第八条　例会会议记录应妥善保存,在破产清算程序终结后装订成册,与其他破产清算文件一并归档保存。

第九条　本制度由管理人团队起草和解释,适用于××有限公司破产清算期间,自 20××年××月××日起施行。管理人有权根据破产清算期间的实际情况予以调整和修改。

××有限公司管理人

20××年××月××日

破产清算期间财务收支管理制度

第一条　为了维护破产清算债务人(以下简称"公司"或"债务人")和全体债权人的合法权益,避免债务人财产风险,确保管理人工作有序进行,特制定本制度。

第二条　公司原法定代表人及原财务人员,必须保管好公司的财务账册及原始凭证。公司的财务账册及原始凭证等资料移交给管理人后,应由管理人指定专人(档案专员,由管理人根据接管具体情况确定)负责保管。

第三条　公司原财务主管及工作人员应主动配合管理人的工作。

第四条　公司的日常开支和其他必要开支,由管理人决定,管理人团队负责人是破产事务财务工作第一责任人。

第五条　管理人团队负责人可指定相关工作人员在法院认可的银行开具管理人账户,并负责保管管理人账户及相应转账密码等。管理人终止执行职务时,应及时到银行办理管理人账户销户手续。管理人账户是公司唯一的财务账户,公司所有的财务收支必须通过该账户进行。

第六条　事务所财务应配合管理人,将债务人的银行存款、其他款项划入管理人账户,并将清收所得款项及时存入管理人账户;接受管理人团队因依法履行职责所产生费用的报销,并针对管理人账户建立流水账。

第七条　公司在清算期间的日常财务支出包括:

1.员工工资、社会养老金和医疗保险费;

2.应当缴纳税金;

3.正常经营必须支出的水电费等必要费用;

4.其他必须支出的费用。

上述支出由经办人填表、签字,报管理人团队负责人批准后支付。必要时报人民法院备批。

第八条　公司日常财务支出以外的费用,未经管理人许可,一律不得支出。

第九条　为处理以下事项而发生的费用,其支出应事先征得管理人团队负责人的书面同意:

1.清点、保管公司的财产;

2.核查、追收公司债权;

3.为企业利益而进行必要的经管理人许可的经营活动;

4.管理人许可的其他工作。

第十条　管理人履行职责时的必要开支由管理人本着合法、必要、节俭的原则决定支出,由使用人填写报销单并向管理人团队负责人提交相应的财务凭证原件及复印件,待负责人审批后将审批面单复印件提交财务具体经办人,财务具体经办人在收到使用人提交的财务凭证复印件以及审批面单复印件后,根据上述材料支出相应费用并记入流水账,支出后财务凭证原件由负责人安排专人进行保管,法院审查未能通过的费用,由使用人自行承担。

第十一条　本制度由管理人团队起草和解释,适用于××有限公司破产清算期间,自20××年××月××日起施行。管理人有权根据破产清算期间的实际情况予以调整和修改。

××有限公司管理人

20××年××月××日

破产清算期间证照和印章管理制度

（适用于债务人的证照和印章使用）

第一条　为确保破产清算期间破产清算债务人(以下简称"公司"或"债务人")印章、证照使用的规范性、严肃性和安全性,特制定本办法。

第二条　公司原有印章、证照在破产清算期间应当移交管理人保管,使用时须按本办法规定经管理人团队负责人批准。

公司原有印章是指公司申请启用的印章,包括但不限于公章、法定代表人名章、财务专用章、合同专用章、发票专用章等一切印章。

公司证照指经政府职能部门核发给公司的证明企业合法经营的有效证件,包括但不限于营业执照、施工许可证、建设用地规划许可证、建设工程规划许可证、知识产权权利证书、不动产权属证书等一切证照。

第三条　破产清算期间,管理人指定专人保管已经移交的公司印章、证照,保管人员对印章、证照的管理和使用向管理人团队负责人负责。

第四条　因工作需要,印章、证照保管人员发生更换时,须对《用印(证照)登记簿》和用印存档材料进行交接。

第五条　原则上,债务人的印章一概不得使用,若因特殊情况不得不使用的,必须采用签批登记办法。印章和证照使用前,申请使用人需在《用印(证照)登记簿》上登记,并经相关签批人员签批后,再向印章(证照)保管人员申请用章(证照)。

第六条　《用印(证照)登记簿》的内容包括申请时间、用印文件名称、文件用途、印章名称、使用人签字、负责人审批意见、印章(证照)保管人员签字。

第七条　印章使用时由印章保管人员根据《用印(证照)登记簿》上载明的情况对用印文件予以核对,经核对无误的,印章保管人员在《用印(证照)登记簿》上签字,在用印文件上加盖公司印章,留存用印文件副本或复印件。

证照使用时由证照保管人员对《用印(证照)登记簿》上载明的情况予以核对,经核对无误的,证照保管人在《用印(证照)登记簿》上签字,提供复印件并在复印件上注明提供时间和用途。

第八条　对用印的文件,应注意落款单位必须与印章一致。用印位置恰当,要"骑年盖月",字组端正,图形清晰。多页的文件除在落款处盖章外,还必须加盖骑缝章,骑缝章必须覆盖文件的所有页边。

第九条　已盖印章的文件未使用或不能使用时,必须交回印章保管人员销毁登记。

第十条　印章、证照原则上不得带出管理人办公地点,确因工作需要将印章、证照外带使用的,申请使用人应事先在《用印(证照)登记簿》上登记,并填写《印章(证照)移交单》和《保管使用责任书》〔若印章(证照)保管人员陪同,则无须填写〕,经相关签批人员批准后方可带出使用,但需有管理人团队其他成员专人全程陪同。

外带使用完毕后,申请使用人应当立即向印章(证照)保管人员办理移交手续。

第十一条　本制度由管理人团队起草和解释,适用于××有限公司破产清算期间,自20××年××月××日起施行。管理人有权根据破产清算期间的实际情况予以调整和修改。

××有限公司

20××年××月××日

破产企业破产清算期间印章管理和使用办法

（适用于管理人印章使用）

第一条　为确保管理人印章使用的规范性、严肃性和安全性，保障破产清算债务人和全体债权人的合法权益，促进管理人工作的顺利开展，特制定本办法。

第二条　管理人在清算管理期间启用管理人印章，包括管理人公章、管理人财务专用章、管理人负责人名章各一枚，用于履行管理人职责。

第三条　管理人公章、管理人财务专用章和管理人负责人名章启用后，应立即将上述印章移交给事务所指定的印章保管人员，并签署《印章移交单》和《印章保管使用责任书》。

印章保管人员具体负责管理人公章、管理人财务专用章的管理和使用工作，印章保管人员对上述印章的管理和使用向管理人负责人负责。管理人负责人名章由负责人自行保管。

印章刻制人员在移交上述印章时，应当立即制作《管理人印章印模留存件》，并报送给人民法院。

第四条　因工作需要，印章保管人员发生更换时，须对事务所办公审批系统的登录口令（登录名和密码）和用印存档材料进行交接。

第五条　印章的使用采取签批登记办法。使用前，申请使用人需在事务所办公审批系统提交相关用印申请和登记，并经负责人签批后，再向印章保管人员申请用章。

第六条　事务所办公审批系统的用印申请内容包括申请时间、用印文件名称、文件用途、文件份数、印章名称、用印人、相关签批人员审批意见。

第七条　印章的使用由印章保管人员对用印文件在事务所办公审批系统中用印申请上载明的签署情况予以核对，经核对无误的，印章保管人员在用印文件上加盖公司印章，并在系统标注"已用印"，留存用印文件副本或复印件。

第八条　对用印的文件，应注意落款单位必须与印章一致。用印位置恰当，要"骑年盖月"，字组端正，图形清晰。多页的文件除在落款处盖章外，还必须加盖骑缝章，骑缝章必须覆盖文件的所有页边。

第九条　已盖印章的文件未使用或不能使用时，必须交回印章保管人员销毁登记。

第十条　印章原则上不得带出管理人办公地点，确因工作需要将印章外带使用的,申请使用人应事先在事务所办公审批系统提交相关用印申请并登记,填写《印章移交单》和《保管使用责任书》(若印章保管人员陪同,则无须填写),经相关签批人员批准后方可带出使用,但需有管理人团队其他成员专人全程陪同。

外带使用完毕后,申请使用人应当立即向印章保管人员办理移交手续。

第十一条 债务人经法院裁定破产、管理人终止执行职务后 5 个工作日内,应办理销毁并将相关证明材料提交法院备案。

第十二条 本办法由管理人团队起草和解释,适用于××有限公司清算期间,自 20××年××月××日起施行。管理人有权根据破产清算期间的实际情况予以调整和修改。

××有限公司管理人

20××年××月××日

破产企业破产清算期间档案管理制度

第一章 总 则

第一条 为加强管理人对破产清算案件档案的管理,充分利用和保护破产清算案件承办操作过程中接收和形成的各种文件资料,制定本制度。

第二条 本制度所指的档案是指破产企业(以下简称"公司"或"债务人")破产过程中形成的文件资料以及证照、人事档案、未执行完毕合同、财务资料等由管理人接管的资料,也包括管理人在管理过程中形成的各类资料,如调查材料、债权人申报材料、相关诉讼材料、各类委托合同、审计/评估报告等。

第三条 管理人成员、管理人聘用的工作人员以及公司留守人员有保护档案的义务。上述人员如持有本制度规定的档案资料,必须按照本制度及时向管理人移交,任何人不得占有、处分、藏匿。

第二章 档案管理机构

第四条 管理人指定专人(下称"档案专员")负责档案的接收、收集、整理、保管和使用等各项工作。档案专员应当在负责人的指导下,实施并协助其他业务组共同做好档案的整理、归档工作。

第五条 档案专员应当忠于职守、遵守纪律,并具备一定的专业知识。

第三章 档案管理

第六条 各业务组应于每周五之前汇总本周形成的文件资料,并向档案专员移送。

文件资料移送归档时,档案专员应当检查文件是否为原件、正文及附件是否完整。

档案专员对各业务组移送的材料应进行甄别,对确与破产清算无关的文件或不应当随案归档的文件,应退回业务经办部门或告知其处理办法。

第七条 凡是归档的文件材料,均应当按其不同特征组卷,保持文件材料的内在联系并区分各自不同的保存价值。文件分类、归档应符合以下要求:

1.立卷时,要求将文件的正文与附件、印件与定稿、请示与批复等统一立卷,不得分散。

2.在进行卷内文件排列时,要合理安排文件的先后顺序,原则上应当按时间先后排列。对于同一事项的相关文件,应统一、集中排列。

第八条 档案专员应当安排专用文件袋保存档案。

第九条 各业务经办部门因清算工作需要申请调阅档案时,应当填写"档案调阅登记簿"。档案专员核查"档案调阅登记簿"填写完整、无误后,方可将档案交与调阅人员。

外单位人员需要调阅管理人档案时,除按照第一款规定填写"档案调阅登记簿"外,还应当提交经管理人负责人签批的书面申请。档案专员在核查无误后,方可将档案交与调阅人。

调阅人如现场查阅相关档案,可以不用填写"档案调阅登记簿"。

第十条 档案归还时,经档案专员核查无误并于"档案调阅登记簿"填写归还日期及签章确认后,档案即行归档。"档案调阅登记簿"及书面申请材料由档案专员留存备查。

第四章 责 任

第十一条 有下列行为之一的,由管理人对档案主管人员或其他直接责任人员依法给予内部处分;构成犯罪的,移送司法机关追究刑事责任:

1.损毁、丢失重要档案的;

2.擅自提供、抄录、公布、销毁档案的;

3.涂改、伪造档案的;

4.明知所保存的档案面临危险而不采取措施,造成档案损失的;

5.档案工作人员玩忽职守,造成档案损失的。

第五章　附　则

第十二条　本办法由管理人团队起草和解释,适用于××有限公司清算期间,自20××年××月××日起施行。管理人有权根据破产清算期间的实际情况予以调整和修改。

××有限公司管理人

20××年××月××日

破产企业破产清算期间保密制度

第一条　为了维持清算企业在清算期间的稳定经营,避免资产风险,维护广大债权人的合法权益,制定本制度。

第二条　本制度所指的保密是指破产企业(以下简称"公司"或"债务人")破产清算期间的全部保密工作。

第三条　管理人全体成员、相关辅助人员都有保守公司秘密的义务。

第四条　管理人保密工作,实行既确保保密又便利工作的方针。

第五条　管理人保守公司秘密的范围包括但不限于以下事项:

1.管理人知悉的有关公司的财务情况;

2.有关公司的合同、协议、意见书、主要会议记录等;

3.有关公司职员的人事档案、工资、劳务性收入及资料;

4.债权人和债权人相关信息及资料;

5.管理人知悉的其他应当保密的事项。

第六条　属于破产清算相关秘密的文件、资料和其他物品的制作、收发、传送、使用、复制、摘抄、保存和销毁,由管理人委托专人执行;采取电脑技术存取、处理、传递的资料,由管理人委托专人负责保密。

第七条　对外交往合作中需要提供公司秘密事项的,应当事先经管理人负责人批准。

第八条　本办法由管理人团队起草和解释,适用于××有限公司清算期间,自20××年××月××日起施行。管理人有权根据破产清算期间的实际情况予以调整和修改。

××有限公司管理人

20××年××月××日

破产企业破产清算期间财产管理和保护制度

第一条　为了维持破产清算企业在破产清算期间的稳定经营,避免资产风险,维护广大债权人的合法权益,制定本制度。

第二条　本制度所指的财产是指××有限公司(以下简称"公司"或"债务人")流动资产、固定资产、低值易耗品及其他财产。

公司应妥善保管其占有和管理的财产,由管理人接管时,应向管理人办理移交手续,移交后公司财产的管理及保护由管理人负责。

管理人可根据实际情况将需要由原占有人员继续保管使用的财产、资料等,委托给原占有人员继续妥善保管使用,并要求原占有人员出具相关承诺书。

1.流动资产是指周转周期为一年内的资产,如公司的库存现金、应收账款、预付账款等。

2.固定资产是指单位价值在 2000 元人民币以上,使用年限在两年以上的资产,或价值不及 2000 元人民币,但公司要求按固定资产来管理的财产。按使用用途及存放地点等,可分为办公固定资产、运输工具、专用设备及其他设备。

3.低值易耗品是指单位价值在 1000 元人民币以内,使用年限不超过一年,或使用过程中易损耗的财产。如办公用品、电脑耗材、通信耗材等。

第三条　固定资产采购应按以下步骤进行。

1.管理人需要采购固定资产时,应先由采购人填写《固定资产请购单》,经管理人负责人审批,并报人民法院备案或批准,再办理采购。任何未经批准,擅自采购固定资产的,由当事人自行承担一切费用。

2.固定资产由管理人统一验收、管理。不合格的固定资产坚决拒收,并由经手人负责进行退回或调换。

3.管理人验收合格后,应在发票上签名并注明实收数量。同时填写《固定资产验收入库单》,第一联由管理人保存,第二联由报销人员在报销时与发票一起交管理人财务相关人员。

第四条　低值易耗品采购按照以下规定执行。

1.低值易耗品由各使用人在合理范围内进行控制,其中办公用品由管理人统一采购、保管,管理人成员可相应申请领用。

2.电脑、通信耗材,适用固定资产采购办法。

第五条　公司的存货是指其持有以备出售的产成品或商品、处在生产过程中的在产品、在生产过程或提供劳务过程中耗用的材料或物料及相关低值易耗品,公司存货的管理应根据公司存货管理制度进行。

第六条　管理人每日应对现金进行盘点,具体盘点工作由现金保管人员进行,由管理人中另一名成员监盘,如有盘点差异,应查找差异原因,确定原因并记录于现金盘点表。

第七条　管理人应每季度对固定资产进行盘点,盘点结束后,应对盘点结果进行记录,如有盘点差异,应对差异原因进行查找。

第八条　管理人应每季度对存货进行盘点,盘点结束后,应对盘点结果进行记录,如有盘点差异,应对差异原因进行查找。

第九条　其他财产如低值易耗品等,应参考存货或者固定资产盘点制度,由管理人指派专人进行保管及盘点。

第十条　公司的库存现金应保管在保险箱内,钥匙由管理人指派专人保管,库存现金应经过审批流程后再收取或者支用,如有毁损丢失,则由保管人负责。

第十一条　公司的存货等流动资产位于公司项目现场,为保护该等财产,管理人可以根据实际情况外聘安保人员,聘请安保人员的费用列入管理人相关工作人员费用。

第十二条　固定资产盘点发现丢失、损坏的,应查找原因,追究相关责任人责任,无法确认原因,由保管人员按账面价值赔偿。

第十三条　本制度由管理人团队起草和解释,适用于××有限公司破产清算期间,自20××年××月××日起施行。管理人有权根据清算期间的实际情况予以调整和修改。清算引入战略投资人投资等项目资金后,另行制订财产管理和保护制度。

××有限公司管理人

20××年××月××日

破产企业破产清算期间管理工作规程

第一章　总　则

第一条　为指导管理人承办企业破产清算、重整、和解业务,规范管理人执业行为,保障管理人依法履行职责,充分发挥管理人在企业破产清算、重整、和解实务中的专业能力,根据《企业破产法》等法律法规的规定,制定本工作规程。

第二条　管理人应当忠实勤勉、谨慎合理、积极高效地履行职责,主要以下法定职责:

(一)接管债务人的财产、印章和账簿、文书等资料;

(二)调查债务人财产状况,制作财产状况报告;

(三)决定债务人的内部管理事务;

(四)决定债务人的日常开支和其他必要开支;

(五)在第一次债权人会议召开之前,决定继续或者停止债务人的营业;

(六)管理和处分债务人的财产;

(七)代表债务人参加诉讼、仲裁或者其他法律程序;

(八)提议召开债权人会议;

(九)人民法院认为管理人应当履行的其他职责。

第三条　管理人应当及时向法院报告工作,并实行周报制度、重大事项报告制度、阶段性工作报告制度。

第二章　破产清算管理人业务操作流程
第一节　接受指定后的准备工作

第四条　根据案件的难易程度、规模大小和特点选定管理人团队成员,并将负责人及其他成员名单报法院备案。

第五条　管理人团队实行组长负责制,由组长负责组织、安排、协调管理人团队的工作。管理人团队成员应服从组长的领导,相互配合开展工作。

第六条　管理人应当根据法院要求接收案件相关材料、通知债务人的有关人员、确定接管时间。因债务人及债务人的有关人员下落不明无法接管或无法及时接管的,应当向法院报告。

第七条　管理人应当根据法院要求制定工作计划和工作制度,并报法院备案。工作制度包括工作规程、会议议事规则、财务收支管理制度、证照和印章管理制度、档案管理制度、保密制度等。

第八条　管理人应当根据案件需要制订突发事件应急预案,并及时向法院报告突发事件情况。

第九条　管理人应当根据法院要求,持受理破产申请裁定书、指定管理人决定书,如有需要还应当持刻制印章函等法律文书到公安机关指定的印章店刻制管理人印章。管理人印章包括管理人公章、财务章、负责人名章。印章交法院封样备案后启用,管理人印章的使用应当符合证照和印章管理制度的规定,由专人负责保管,经批准登记后方可使用。对盖章材料应留存原件或复印件。

第十条 管理人应当根据法院要求,持受理破产申请裁定书、指定管理人决定书、开设管理人账户函、管理人公章向银行申请开立管理人账户。债务人属无产可破情形的,管理人可视情况决定是否开设管理人账户。管理人应当将债务人的存款划入管理人账户集中统一管理,不能自行划转的可以申请法院扣划。

第十一条 管理人应当严格执行财务收支管理制度,所有开支必须按制度批准后从管理人账户列支,大额支出应当经法院审核批准。

第二节 接 管

第十二条 管理人应根据实际掌握的债务人情况,制定接管方案,确定参与接管工作人员的分工,明确工作职责、时间安排;安排相应人员、车辆,使团队成员各司其职、相互协同,做好交接准备工作。

接管债务人财产前,管理人应当向债务人职工通知或公告接管债务人财产的相关事宜,让企业员工和企业外部的有关人员知晓企业接管的有关事项;召集债务人的有关人员召开交接工作会议,做好交接工作安排(如有必要)。

第十三条 管理人应当接管的债务人财产、证照、印章、账簿、文书等资料包括:

(一)现金、银行存款、有价证券、债权债务清册、存货、流动资产、固定资产、在建工程、对外投资、无形资产等财产及相关凭证;

(二)公章、财务专用章、合同专用章、发票专用章、海关报关章、职能部门章、各分支机构章、电子印章、法定代表人名章等印章;

(三)总账、明细账、台账、日记账等账簿及全部会计凭证、重要空白凭证;

(四)批准设立文件、营业执照及各类资质证书、公司章程、合同、协议、会议记录、人事档案、管理系统授权密码等资料;

(五)有关债务人的诉讼、仲裁、执行案件的材料;

(六)债务人的其他重要资料;

(七)债务人占有和管理的其他人的财产。

第十四条 管理人应当根据法院要求及时制作移交清单、接管笔录,告知债务人的有关人员相关法律责任,接管工作完成后由管理人和债务人的有关人员签名确认,并在债务人营业场所公告有关事项。

第十五条　出现移交人不能交出财产、物品或资料的情况,应该在移交手续中记明,并要求法定代表人及有关人员作出书面说明或提供有关证据、线索,以明确责任和利于管理人向有关方追索。

第十六条　债务人设有分支机构的,管理人应按照以上接管步骤和项目等相关内容安排人员同时进行接管。

第十七条　债务人有对外投资的,管理人应根据投资的情况,采取措施对该投资股权或其他权益进行接管,对于债务人因该投资而外派的董事、监事及其他高管人员,应纳入管理范围,必要时可依法进行更换。

第十八条　接管后管理人和债务人的相关人员根据分工负责保管好各自实际控制的相关内容。

管理人将接收债务人情况及时形成接管报告,并附上有关材料,及时向人民法院和债权人会议汇报。

第三节　对债务人进行全面调查

第十九条　管理人应当对下列事项进行调查:

(一)债务人的营业状况;

(二)债务人的资产状况;

(三)债务人的债权债务情况;

(四)债务人职工安置情况,职工工资、经济补偿金支付情况及社会保险费用的缴纳情况;

(五)债务人出资人的出资情况;

(六)债务人是否存在《企业破产法》第三十一条、第三十二条或第三十三条规定的行为;

(七)债务人的董事、监事、高级管理人员是否存在利用职权获取非正常收入或者利用职务侵占债务人财产的行为;

(八)债务人未履行完毕的合同情况;

(九)有关债务人的未审结诉讼、仲裁以及未执行完毕的案件情况;

(十)有关债务人的其他情况。

管理人可以申请法院出具调查令要求有关机构或个人协助调查上述事项。

管理人原则上应当在第一次债权人会议召开之前完成上述调查事项,如确实无法完成的,应当向法院报告,说明理由并汇报后续的调查计划。

第二十条　管理人首先通过现场勘查、债务人提供的信息和资料直接了解债务人情况,在债务人不能或不愿提供的情况下,可通过以下途径调查情况:

(一)到人民法院调阅案卷,通过案卷了解债务人的基本情况,主要包括财产状况说明、债权债务清册、财务会计报告和职工基本情况。

(二)到企业登记机关查询债务人设立登记及变更情况。

(三)到房产、土地、车辆登记部门查询债务人财产登记情况,关注是否有抵押、查封等情况。

(四)调查债务人的有关人员,了解其经营、资产、人员、关联关系、法律纠纷及存在的矛盾等情况。

(五)查阅债务人财务、人事等方面的档案资料。

(六)到涉及的法院查询债务人涉诉、执行、查封等情况。

(七)到债务人开户银行查询其资金往来情况。

(八)其他可以查询债务人情况的途径及方法。

第二十一条　管理人可以要求债务人的有关人员协助调查债务人的相关情况,管理人调查询问有关人员时应当有两名调查人员在场并制作调查笔录,调查人员和被询问人员应当在笔录上签字确认。

第二十二条　开展调查工作,应认真审核、比对相关资料。如果发现相关资料存在矛盾或者不相符,应要求债务人的相关人员予以核实,或再次进行调查,以保证调查的准确性。管理人完成调查工作后应当制作关于债务人的调查报告,主要包括下列内容:

(一)债务人的基本情况及历史沿革。

1.债务人设立登记信息:设立时间、住所地、注册资本、法定代表人、经营范围等基本情况,相关变更情况。

2.股东、出资、占比及变更情况。

3.特许经营及特别审批事项的审批文书等资料。

4.其他登记信息。

(二)债务人的组织结构及关联企业架构。

(三)债务人的财产状况。

1.股东出资:调查出资人名册、出资协议、公司章程、验资报告及实际出资情况、非货币财产出资的批准文件、财产权属证明文件、权属变更登记文件、历次资本变动情况及相应的验资报告。

2.货币资金:库存现金、银行存款及其他货币资金。

3.应收债权:债权的形成原因、形成时间,具体债权内容,证据材料,债务人的债务人实际状况,债权催收情况,债权是否涉及诉讼或仲裁,是否已过诉讼时效,已诉讼或仲裁的债权的履行期限等。

4.存货:存货的存放地点、数量、状态、性质及相关凭证。

5.设备、车辆:设备权属,债务人有关海关免税的设备情况。

6.不动产:土地使用权、房屋所有权、在建工程的立项文件、相关许可、工程进度、施工状况及相关技术资料。

7.对外投资:各种投资证券、全资企业、参股企业等资产情况。

8.分支机构财产:无法人资格的分公司、无法人资格的工厂、办事处等分支机构的资产情况。

9.无形资产:专利权、商标权、著作权、许可或特许经营权情况。

10.低值易耗品:需关注所有资产的抵押、质押等担保情况以及被查封、执行情况。

(四)债务人的应付债务。

债务数额、债权人及其联系方式、形成时间、形成原因、证据材料、有无担保、诉讼时效等问题。

(五)企业经营状况。

1.正在经营的业务情况。

2.重大合同及履行情况。包括但不限于债务人所签订的下列合同及其履行情况:重要的购销、租赁、担保、许可、服务、借款、保险等合同,企业合并、分立、联合、重组、收购、承包合同,与知识产权有关的合同。

(六)企业所涉及的重大法律纠纷、诉讼、仲裁及行政处罚情况。

(七)企业董事、监事和高级管理人员的情况。

债务人的董事、监事和高级管理人员等有无利用职权从企业获取非正当收入和侵占企业财产的情况,有无其他违反忠实义务、勤勉义务,致使所在企业破产的行为。

(八)可撤销、无效行为的情况。

债务人是否存在《企业破产法》第三十一至三十三条规定的行为。

第四节　管理人的管理工作

第二十三条　对债务人财产的管理工作按以下规定执行。

（一）申请解除对债务人财产的查封保全措施、中止执行程序。

（二）清收债权：通知债务人清偿债务，必要时向法院提起诉讼。

（三）追回企业财产。

1. 通知持有债务人财产者返还财产，必要时向法院提起诉讼。

2. 取回质物、留置物：管理人对于债务人被他人占有的质物、留置物，可以对质物、留置物进行评估或在取得债权人会议同意的前提下，与债权人协商以质物、留置物抵偿债务，或者以清偿债务、提供债权人接受的担保的方式，取回质物、留置物。

3. 向法院申请撤销债务人及其高管的违法行为，追回相关财产。

4. 追缴债务人股东未缴或抽逃的出资。

5. 追回债务人股东或高管非法取得或侵占的企业财产。

（四）债务人的财产权属关系存在争议或者尚未确定的，管理人应当依法确权或者明确。

（五）债务人的财产闲置并具备对外出租条件的，经人民法院许可或者债权人会议同意，管理人可以对外出租。

（六）债务人的财产易损、易腐、价值明显减少、不适合保管或者保管费用较高的，管理人应当依法及时变卖。

（七）对于债务人因出资拥有的股份资产，管理人应当及时通知被投资企业，并依法行使出资人权利。将外投资形成的股权及其收益应当按照财产管理方案、变价方案进行管理和处分。将该投资权益的出售、转让所得列入破产财产。投资价值为负值的，管理人可以经法院许可放弃管理。

（八）债务人的财产权利如未依法登记或及时行使将丧失的，管理人应当及时予以登记或者行使。

（九）债务人的财产需要办理保险的，管理人应当给予办理必要的保险手续。

（十）审查他人财产取回权。

（十一）审查债权债务抵销权。

（十二）管理其他财产。

1. 债务人设立的分支机构和没有法人资格的全资机构的财产，应当一并纳入破产程序进行清理。对于债务人的有法人资格的全资企业，如果财产能清偿债务,可通过一般清算程序处理,清算后的剩余财产列入债务人财产。对于经营较好的全资企业,可采取整体转让的方式,转让所得价款列入债务人财产。

2.债务人作为委托人设立信托的财产,如果受理破产申请时,债务人不是唯一的受益人,则债务人作为信托受益人之一享有的受益权,属于债务人财产;如果债务人是唯一的受益人的,则信托终止,信托财产纳入债务人财产。

3.债务人在境外的财产,由管理人予以管理、收回。

4.债务人依照法律规定取得代位求偿权的,依该代位求偿权享有的债务属于债务人财产。

5.债务人与他人共有的物权、债权、知识产权等财产,能够分割的,应当在破产清算中予以分割,分割所得属于债务人财产;不能分割的,应当将其应得部分转让,转让所得属于债务财产。

6.债务人作为融资租赁的承租人占有的租赁物,不属于债务人财产。融资租赁合同规定租赁期间届满租赁物归承租人所有的,管理人可以根据租赁物的现有价值、欠付租金等具体情况,决定支付欠付的租金,取得租赁物的所有权,或者要求出租人返还租赁物价值与欠付租金的部分差额。

(十三)委托财务审计和资产评估。

管理人需根据债务人的实际情况确定是否委托进行财务审计、资产评估;若确需委托专业机构的,则应先行向法院汇报并在征求法院意见后确定相应的机构。

委托专业机构应当签署书面委托合同,并明确委托目的、范围、报酬、期限等事项。

第二十四条　对经营行为(业务)的管理应按以下规定执行。

(一)决定是否停止债务人的经营,需报告法院或债权人会议、债权人委员会同意。

如果债务人继续经营有利于提高债务人财产价值及债权人清偿比例的,则应当允许继续经营;如果债务人停止经营有利于提高债务人财产价值及债权人清偿比例的,则应当要求债务人停止经营。

(二)决定解除或者继续履行均未履行的完毕的合同,通知相对方。

管理人判断债务人解除或者继续履行均未履行完毕合同的标准是:如果继续履行有利于提高债务人财产价值及债权人清偿比例的,则应当决定继续履行;如果解除有利于提高债务人财产价值及债权人清偿比例的,则应当决定解除。

管理人认为有必要继续履行合同的,应当向人民法院或债权人委员会报告合同的签订、履行及有必要继续履行的相关情况。经许可继续履行的,管理人应当作出继续履行合同的决定;不许可继续履行的,管理人应当作出解除合同的决定。

(三)代表债务人参加诉讼、仲裁等活动。

接受指定后可先通知相关法院中止诉讼、仲裁活动,待管理人接管后再继续审理。

第五节　职工债权调查测算公示工作

第二十五条　职工信息调查应包括以下内容。

(一)职工人数、职工参加工作时间以及在企业连续工作时间,职工工资、职务、职位的基本情况,企业高级管理人员的基本情况。

(二)不在岗职工(包括下岗、退养、劳务派遣、培训、借调、停薪留职或以其他任何形式分流的)的基本情况。

(三)企业与职工、工会签订的劳动合同和集体合同文本。

(四)企业工会组织的情况。

(五)企业是否存在拖欠职工工资、集资款或欠缴社会保险及住房公积金的情况。

(六)职工工伤及职业病情况。

(七)企业离退人员待遇及管理情况。

(八)精简下放、抚恤人员情况。

在宣告破产前,管理人应当对经管理人聘用的留守人员以外的企业职工计发生活费。生活费标准不应低于当地最低生活保障标准。

(九)制定职工安置方案。

(十)职工债权公示。

(十一)异议债权确认。

第六节　申报、审查、确认债权,编制债权表

第二十六条　申报债权应按以下规则进行。

(一)申报债权范围如下:

1.破产申请受理前成立的无财产担保的债权。

2.破产申请受理前成立的有财产担保的债权。

3.未到期的债权。

4.附利息的债权。

5.附生效条件或附解除条件的债权。

6.附始期债权。

7.诉讼、仲裁未决的债权。

8.债务人的保证人和其他连带债务人，因代替债务人清偿债务取得的求偿权。

9.债务人的保证人和其他连带债务人，尚未代替债务人清偿债务取得的将来求偿权，但债权人已经向管理人申报全部债权人的除外。

10.解除双方均未履行完毕的合同后形成的损害赔偿请求权。

11.因委托合同产生的债权。

12.票据追索权。

13.税款债权。

14.其他合法的请求权。

（二）通知已知债权人申报债权，告知逾期申报的后果。

通知可以附带债权申报表、委托书、申报须知等文书文本。

（三）申报债权登记，填写申报材料登记表。

管理人在接受申报债权登记时，应当注意以下问题：

1.连带债权人可以由其中一人代表全体连带债权人申报债权，也可以共同申报债权。

2.债务人的保证人或者其他连带债务人已经代替债务人清偿全部或者部分债务的，可以就其对债务人已清偿部分的求偿权向管理人申报债权。

3.债务人的保证人或者其他连带债务人尚未代替债务人清偿债务的，可以就其对债务人尚未清偿部分的将来求偿权向管理人申报债权。但是，债权人已经向管理人申报全部债权的除外。

4.债务人是连带债务人时，债权人可以向管理人申报债权。债务人和其他连带债务人都被人民法院裁定受理破产申请的，债权人可以分别向债务人和其他连带债务人的管理人申报其全部债权。

5.债务人是委托合同的委托人，受托人在人民法院受理破产申请后，不知债务人破产事实而继续处理委托事务的，受托人可以就其继续处理事务所产生的请求权向管理人申报债权。法律另有规定的除外。

6.在委托合同约定受托人在人民法院受理破产申请后仍须继续处理委托事务的情形下,即使受托人知道债务人破产事实,受托人在管理人或者债务人解除合同前依据委托合同约定继续处理委托事务的,受托人可以就其继续处理事务所产生的请求权向管理人申报债权。

7.在停止处理委托事务将损害债务人利益的情形下,无论受托人是否知道债务人破产事实,受托人在管理人或者债务人要求其停止处理委托事务之前为债务人利益而继续处理事务所产生的请求权,管理人可以将其作为共益债务清偿。

8.债权人应如实填写债权申报表,并由债权人签字或盖章。

9.债权人应提交债权人的主体资格文件,包括个人身份证明或企业法人营业执照等。

(1)债权人为法人的,要求其提交营业执照原件,管理人核对后留存经加盖公章的营业执照复印件。

(2)债权人为自然人的,要求其提交合法有效的身份证明,管理人核对原件后留存复印件。

10.债权人委托他人申报债权的,应提交委托人签字盖章的授权委托书及受托人的身份证明。

11.债权人申报债权时应提交相关申报材料,管理人应就债权人提交的申报文件是否完整和齐备做审查。如申报文件不完整或者有缺陷,管理人应当及时告知申报人,要求其对申报文件或证据材料进行补正。

12.管理人在接受债权人提交的申报文件时,应要求债权人或受托人在其提交的证据材料复印件上签章确认,并由管理人就复印件与原件逐一进行核对。

13.管理人接受债权申报后应进行申报债权登记,登记造册制作《申报债权登记表》。

14.债权人申报债权时应如实填写债权申报文件清单,注明提交资料的名称、数量等,并应签字或盖章。

15.债权人提出要求取得债权申报回执时,管理人应当出具。

16.管理人在受理债权申报后应及时归档成册,债权申报文件由管理人保存,并供利害关系人查阅。

17.债权人申报债权时应填写联系方式及地址确定书,以便日后管理人与债权人联系。

(四)审查债权人申报的证据材料。

1.债权成立的证据。

2.债权的具体数额(含应得利息)。

3.有无担保。

4.是否超过诉讼时效。

5.债权人合法有效的身份证明。

6.代理申报债权的,应当提供委托人的委托书、代理人的有效身份证明。

(五)对申报资料不齐的,通知补充申报。

第二十七条 债权登记造册应按如下规则进行。

(一)债权人基本情况:企业名称或个人姓名,企业法定代表人或负责人的姓名、职务、住所、联系方式。

(二)代理人姓名、身份证号、联系电话及代理事项。

(三)债权人开户银行。

(四)债权形成事实。

(五)申报债权数额,包括原始债权、孳息债权、违约金、诉讼费等项目数额。

(六)债权到期日。

(七)有无财产担保,是否为连带债权,有无连带债务人。

(八)是否为求偿权或将来求偿权,是否附有条件和期限。

(九)债权存在的证据。

(十)申报时间以及其他必要的事项。

第二十八条 债权审查应按如下规则进行。

(一)制定债权审查原则。

(二)对申报的债权与债务人账册记载进行核对。

(三)制作债权审查意见。

1.债权人主体是否适格。

2.债权效力。

3.债权数额。

4.债权性质。

(四)将债权审查确认意见与债权人进行核对,有异议的再次审查核对。

（五）制作债权审查确认表。

（六）补充申报债权和调整债权。

1.债权人在人民法院公告的债权申报期限内没有申报债权的，可以在破产财产最后分配前向管理人补充申报债权。管理人接收补充申报债权材料后，应当登记造册，并经审查后编制补充债权表。

2.管理人在第一次债权人会议后发现债权表中记载的债权有差错并需要调整的，应当对该债权进行调整，并编制相应的调整债权表。

（七）债权人和债务人对补充债权表和调整债权表中记载的债权无异议的，管理人应当提请人民法院确认。

（八）债务人或债权人对补充债权表和调整债权表中记载的债权有异议的，可以向受理破产申请的人民法院提起诉讼。债务人或债权人对补充债权表和调整债权表中记载的债权有异议，但在合理期间内没有向人民法院起诉的，管理人应当将异议情况和未起诉情况报告人民法院并提请人民法院裁定确认。

（九）债权人补充申报债权的，应当承担因审查和确认补充申报债权的费用。

（十）管理人编制的补充债权表和调整债权表，由管理人保存，利害关系人可以查阅。

（十一）形成债权申报登记审查工作报告。

第七节　第一次债权人会议和后续债权人会议

第二十九条　会前准备工作相关规定如下。

（一）拟定债权人会议工作预案。

包括成员分工、时间安排、会议议程、会场布置、后勤工作等方面。

（二）成立会务组，具体负责会议的筹备工作。

（三）与债权人进行会前的沟通，确保会议方案的通过。

与债权人的沟通主要从债权数额的确认、会议主要议题以及会议相关方案的表决等事项着手。

（四）选定会场。

会场的选择要结合到会人数、会议内容等综合因素进行考虑，会场的附属照明、卫生、音响等设施必须保证齐备。会场最好能让法院同意安排在人民法院的审判庭。

（五）会前15天通知已知的债权人。

通知债权人会议的时间、地点以及参会需要携带的证件和文书,主要是为了确定到会人数,确保会议能够有效进行。

(六)会前通知债务人的法定代表人、财务负责人、上级主管部门、股东代表、职工和工会代表、审计评估人员等到会。

(七)准备会议相关材料,主要包括以下材料:

1.会议签到表。

2.债权确认表。

3.管理人执行职务工作报告。

4.《财产管理方案》。

5.《财产变价方案》。

6.会议议程。

7.会议纪律。

8.表决票。

9.债权人会议主席发言稿。

10.出席会议人数统计表。

11.表决统计表。

(八)与法院进行会前的沟通和对接。

(九)布置会场。

1.准备会议物资。

会议条幅(或显示屏)、插排、电脑、投影仪、矿泉水、文件袋(含纸笔)、胸牌、座牌、编号牌等。

2.进行会场布置。

要考虑到照明、卫生、音响等设施的准备;债权人的座次安排,可以结合债权人的不同类型进行分片布置,比如说有担保的债权人和普通债权人可以分开入座,这样也便于表决结果的收集和统计。

第三十条 会议入场相关规定如下。

(一)会议签到。

会议签到可根据债权人的人数多少以及债权的性质,划分为不同组别进行签到,比如可以分为自然人组和单位组,也可分为担保债权组和普通债权组等。分组后不仅会避免债权人挤兑的现象,提高工作效率,也会避免因秩序杂乱引起的不必要失误。

（二）入座引导。

（三）出席会议人数统计。

包括人数统计和债权额统计。统计后报债权人会议予以公布。

第三十一条　会议议程及内容相关规定如下。

（一）宣布会场纪律。

（二）法官宣读破产申请受理裁定、指定管理人决定书等文书,指定债权人会议主席。

（三）管理人做阶段工作汇报。

（四）核查债权。

（五）确定管理人报酬标准。

（六）管理人宣读《财产管理方案》《财产变价方案》。

（七）债权人对方案进行表决。

（八）表决结果统计。

（九）公布表决结果,会议结束。

第三十二条　会后事项相关规定如下。

（一）对有异议债权进行进一步审查。

（二）申请法院裁定确认无异议债权。

（三）经债权人会议表决未通过《财产管理方案》《财产变价方案》,申请法院裁定确认。

（四）对债权人会议工作进行总结。

第三十三条　后续债权人会议相关规定如下。

（一）第一次债权人会议召开后的债权人会议可在下列情况下召开。

1.人民法院或者债权人会议主席认为必要时召开。

2.管理人认为需要召开的。

3.在占无财产担保债权总额的1/4以上的债权人要求时召开。

（二）召集债权人会议应当做好以下准备工作。

1.拟定债权人会议议程。

2.向所有债权人发出通知,告知开会时间、开会地点、会议讨论内容。

3.必要时可邀请债务人的上级主管部门派员列席会议。

4.通知债务人的法定代表人、财务人员列席会议,解答债权人的有关咨询。

5.需要提前准备的其他工作。

第八节　财产变价

第三十四条　招商、洽谈相关规定如下。

（一）制作招商广告，准备招商方案，通过网站、产权交易平台、同行业推介等形式进行预招商。

（二）与意向方进行前期洽谈，了解市场行情及受让意向。

（三）根据洽谈情况签订受让意向协议。

第三十五条　执行变价方案，委托拍卖或变卖资产相关规定如下。

（一）委托拍卖机构，签订委托拍卖协议。

（二）向拍卖机构提出资产拍卖特别说明事项、优先购买权、瑕疵免责说明等。

第三十六条　拍卖成交，收取拍卖价款，打入管理人指定账户。

（一）注意拍卖保证金尽量协调打入管理人账户。

（二）财产变价工作总结。

第三十七条　拍卖资产移交、变更登记相关规定如下。

（一）过户税费需提前约定由哪方承担，能申请减免的在拍卖前申请政府部门批准。

（二）拍卖成交价款到位后，按协议约定向买受方移交不动产及车辆的产权证书等，移交其他动产。协助买受方办理过户所需手续。

第九节　破产财产分配

第三十八条　制作《破产财产分配方案》，方案中应包括以下内容。

（一）破产财产总额及其种类、数额。

（二）应优先拨付的破产费用和公益债务的总额及各项具体数额。

（三）本次可供分配的破产财产数额。

（四）各受偿顺序的债权总额、清偿比例及受偿数额。

（五）分配方式。

（六）追加分配说明。

第三十九条　召开债权人会议表决《破产财产分配方案》。

（一）申请法院、债权人会议主席召开债权人会议。

（二）提前 15 日通知债权人开会，进行会前沟通。

（三）召开债权人会议表决《破产财产分配方案》（会议程序参照第一次债权人会议相关工作进行准备），一次表决未通过的，可进行二次表决，准备两份表决票。

（四）会议表决通过后，申请法院裁定确认《破产财产分配方案》。

（五）经两次表决未通过的，申请法院强制裁定确认《破产财产分配方案》。

第四十条　债权分配相关规定如下。

（一）向法院申请实施分配，发布分配公告。

（二）公告、通知债权人分配时间、方式，领款地址等，要求债权人提供账户名称、银行账号、身份证复印件等材料。

（三）发放债权。

通过网银或存单形式发放债权，债权人凭有效证件领取分配款，单位债权人应提交收据，个人债权人应签字按印。

（四）提存未领取债权额。

（五）总结破产财产分配执行工作并形成报告，向法院提交。

制作破产财产分配登记表，有关款项发放的凭据、收据等均应装订入卷，待分配工作结束后向法院移交。

第十节　终结程序

第四十一条　债务人财产不足以清偿破产费用或无财产可供分配的，管理人应当提请人民法院裁定提前终结破产程序。

第四十二条　破产财产分配完结后，向人民法院申请终结破产程序。

第四十三条　破产清算程序终结后，由管理人持人民法院的裁定书、指定管理人的决定书、破产终结裁定书和相关文件先到税务主管部门办理税务注销手续，再到企业登记机关办理企业注销登记手续。

第四十四条　破产清算工作完成后，管理人应在 10 日内办理注销银行账户的手续，并以书面形式提请人民法院解散管理人，交回管理人公章，在清算期间形成的账册、文书、资料等也一并交回人民法院。

将接管的破产企业档案材料移交股东、主管部门或委托档案馆进行保管。

第四十五条　向法院申请终结管理人职务。

第四十六条　归档、总结相关规定如下。

（一）从管理人工作接手时起就应随时整理已完成事项的卷宗材料。

（二）卷宗可按程序类、财务类、法务类、资产处置类、职工安置类分别装订。

（三）总结案件整体工作，突出亮点、创新之处，便于交流学习。

第十一节　其他

第四十七条　本工作规程由管理人团队起草和解释,适用于××有限公司破产清算期间,自20××年××月××日起施行。管理人有权根据破产清算期间的实际情况予以调整和修改。

××有限公司管理人

20××年××月××日

××有限公司管理人团队组建方案

××人民法院于20××年××月××日裁定受理××有限公司破产清算,并于20××年××月××日指定××事务所担任管理人。

本管理人接受指定后,依据《企业破产法》之规定,决定指派以下律师组成管理人团队,负责本案的管理人工作,具体名单及分工见附件。

特此报告。

××有限公司管理人

20××年××月××日

管理人联系方式:

联系人:

联系电话:

联系地址:

附件：

（一）团队成员基本信息

姓名	执业证号	职务	执业经历/曾参与案件
		管理人团队负责人	
		成员	
		成员	
		辅助人员	
		辅助人员	

（二）具体工作组组成

1.综合管理组

负责人：

成员：

2.债权申报与审查组

负责人：

成员：

3.劳资协调组

负责人：

成员：

4.资产管理组

负责人：

成员：

5.诉讼仲裁组

负责人：

成员：

6.应收款核查与催收组

负责人：

成员：

7.财务审计组

负责人：

成员：

具体分组情况可根据案件实际进展情况进行适当调整,以保障案件顺利推进为原则,在资深律师作为工作组负责人的基础上,结合案情需要实行人员的合理分配,实现人员配备的优化组合。

××有限公司管理人工作方案

××人民法院于20××年××月××日裁定受理××有限公司破产清算,并于20××年××月××日指定××事务所担任管理人。

本管理人接受指定后,为保证在人民法院的监督和指导下,忠实执行职务,切实履行管理人职责,有序、高效地开展各项工作,依据《中华人民共和国企业破产法》之规定,制订工作计划,具体安排如下表所示。

编号	日期	工作内容
1	20××—××—××	去法院接收××有限公司破产案件材料
2	20××—××—××	联系××有限公司法定代表人,要求尽快向管理人办理移交手续; 去法院调取部分诉讼案卷
3	20××—××—××	制订管理人工作计划、工作制度等; 刻制管理人印章
4	20××—××—××	管理人印章报法院备案; 管理人工作制度、工作计划等用印; 法院公告定稿后联系人民法院登报刊登
5	20××—××—××	准备接管债务人财产、证照、印章等
6	20××—××—××	通知××有限公司已知债权人申报债权
7	20××—××—××	人民法院登报刊登债权申报公告,债权申报期限为收到通知之日起三十日,公告之日起一个月
8	20××—××—××	债权登记期满,完成第一次债权人会议相关准备工作
9	20××—××—××	第一次债权人会议

××有限公司管理人

20××年××月××日

第二部分　接管债务人相关文书

××有限公司破产清算材料接管清单

材料接管清单			
序号	名称	数量	备注
财务相关资料			
1	记账凭证	本	
2	征税/扣税单证汇总	本	
3	财务报表	本	
4	企业会计报表	本	
5	国/地税纳税申报表	本	
6	所得税汇算清缴报告	本	
7	发票领用簿	本	
8	增值税专用发票	份	
9	税控盘	个	
其他重要资料			
10	公司登记基本情况	页	
11	变更登记情况	页	
12	股权转让协议	页	
13	股东决议	页	
14	公司章程	页	
15	银行U盾	个	
16	变更银行结算账户申请书及相关材料	页	

备注:材料由管理人代为保管。

交接人:

接收人:

其他见证人员:

移交日期:20××年××月××日

××有限公司印章移交清单（一）

项目	数量	备注
××有限公司公章	1	

章样：

移交前 | 移交后

移交人：　　　　　　　　　　　　　接收人：

日　期：　　　　　　　　　　　　　日　期：

××有限公司印章移交清单(二)

项目	数量	备注
××有限公司财务专用章	1	

章样:

移交前   移交后

移交人: 接收人:

日期: 日期:

××有限公司印章移交清单(三)

项目	数量	备注
××有限公司合同专用章	1	

章样:

移交前   移交后

移交人: 接收人:

日期: 日期:

××有限公司印章移交清单（四）

项目	数量	备注
××有限公司法定代表人名章	1	

章样：

移交前   移交后

移交人：   接收人：

日期：   日期：

××有限公司印章移交清单（五）

项目	数量	备注
××有限公司发票专用章	1	

章样：

移交前   移交后

移交人：   接收人：

日期：   日期：

××有限公司印章移交清单（六）

项目	数量	备注
××有限公司技术专用章	1	

章样：

移交前	移交后

移交人：

日期：

接收人：

日期：

××有限公司破产清算案件接管笔录

询问时间：<u>20××</u> 年 <u>××</u> 月 <u>××</u> 日

地点：

询问人：

被询问人：

记录人：

【以下为询问内容】

问：您好！我们是××有限公司管理人，依据《企业破产法》的相关规定，在法院、债权人会议以及债权人委员会的指导和监督下开展工作，现因工作需要向您了解有关情况，希望您能给予配合！以下我们所问问题请您如实回答，如因您虚假陈述或隐瞒相关信息产生了法律责任，将由您本人依法承担。

答：好的。

问：请介绍一下您的身份，如具体在公司担任何种职务，并简单介绍您的工作内容。

答：

问：管理人先前与您沟通，要求交接公司的全部材料，您今天是否已经带来？您具体要向管理人交接哪些材料？

答：

问：公司注册资本是多少？股东是谁？上述人员是否实际出资？公司是否变更过股权？有的话变更情况请说明一下。

答：

问：公司地址在哪里？公司有哪些资产？（不动产、设备、车辆、库存、知识产权）有无自己的土地和房产？公司名下的资产、土地、房产有无抵押情况？抵押权人都是谁？

答：

问：公司的经营范围是什么？请介绍一下经营情况。公司何时开始经营的？又是何时出现危机的？有无关联企业？关联企业有无财务互挂现象？

答：

问：是什么原因导致公司资不抵债的？

答：

问：公司基本户开在哪里？什么时候开立的？有没有变更过？开户许可证是否还在？

答：

问：目前公司账户上的存款情况如何？财务方面的情况谁了解？财务凭证、网银U盾等由谁负责保管？电子税务局账号和密码是什么？公司在哪些银行开过户？

答：

问：公司的所有资金往来是否都打入公司账户？财务账册是否有入账？在用其他账户时有无与个人资金混用的情况？

答：

问：公司目前的债务规模怎样？

答：

问：有没有公司债权人的名单？有的话，请提供一下债权人名单及联系方式。

答：

问：公司有无对外应收款项或借款协议？谁了解这些情况？相关材料由谁保管？

答：

问：公司有无对外担保？是否有给个人做的担保？是否真实代偿过？代偿金额及债务人有哪些？

答：

问：您和公司的资金往来情况请说明一下。如果您认为自己对公司享有债权，可以依法向管理人进行申请，您是否清楚？

答：

问：公司合同方面的工作由谁负责？合同相关资料由谁保管？存放在哪儿？

答：

问：公司现有无在岗员工？离职员工有没有办理离职手续？相关情况有无书面材料？请说明一下公司职工社保缴纳情况。

答：

问：公司的纳税情况如何？是否有拖欠税款？欠费金额是多少？

答：_____。

问：根据《企业破产法》第十六条的规定，人民法院受理破产申请后，债务人对个别债权人的债务清偿无效。因此，请说明在法院受理债务人破产清算一案后，债务人是否对个别债权人进行过债务清偿。

答：_____。

问：根据《企业破产法》第三十一条的规定，人民法院受理破产申请前一年内，涉及债务人财产的下列行为，管理人有权请求人民法院予以撤销：（一）无偿转让财产的；（二）以明显不合理的价格进行交易的；（三）对没有财产担保的债务提供财产担保的；（四）对未到期的债务提前清偿的；（五）放弃债权的。请说明债务人在法院受理债务人破产清算一案后，是否有上述行为。

答：_____。

问：根据《企业破产法》第三十二条的规定，人民法院受理破产申请前六个月内，债务人有不能清偿到期债务，并且资产不足以清偿全部债务或者明显缺乏清偿能力的情形，仍对个别债权人进行清偿的，管理人有权请求人民法院予以撤销，但是，个别清偿使债务人财产受益的除外。请说明债务人在法院受理债务人破产清算一案后，是否有上述行为。

答：_____。

问：根据《企业破产法》第三十三条的规定，涉及债务人财产的下列行为无效：（一）为逃避债务而隐匿、转移财产的；（二）虚构债务或者承认不真实的债务的。请说明债务人在法院受理债务人破产清算一案后，是否有上述行为。

答：_____。

问：根据《企业破产法》第一百二十五条的规定，企业董事、监事或者高级管理人员违反忠实义务、勤勉义务，致使所在企业破产的，依法承担民事责任。请说明债务人的董事、监事和高级管理人员是否存在利用职权获取非正常收入或者侵占债务人财产等违反忠实、勤勉义务，致使债务人破产的行为。

答：_____。

问：公司有没有未审结诉讼、仲裁以及未执行的案件？

答：_____。

问：还有没有其他信息可以提供？

答：_____。

问：请您留一下联系方式（手机以及邮寄信息等）。

答：＿＿＿＿＿＿＿＿＿＿＿＿＿＿＿＿＿＿＿＿＿＿＿＿＿＿＿＿。

问：根据《企业破产法》第一百二十六条、第一百二十七条、第一百二十八条、第一百二十九条和第一百三十一条的规定，有义务列席债权人会议的债务人的有关人员，经人民法院传唤，无正当理由拒不列席债权人会议的，人民法院可以拘传，并依法处以罚款；债务人的有关人员违反《企业破产法》的规定，拒不陈述、回答，或者作虚假陈述、回答的，人民法院可以处以罚款；债务人违反《企业破产法》的规定，拒不向人民法院提交或者提交不真实的财产状况说明、债务清册、债权清册、有关财务会计报告以及职工工资的支付情况和社会保险费用的缴纳情况的，人民法院可以对直接责任人员依法处以罚款；债务人违反《企业破产法》的规定，拒不向管理人移交财产、印章和账簿、文书等资料的，或者伪造、销毁有关财产证据材料而使财产状况不明的，人民法院可以对直接责任人员依法处以罚款；债务人有《企业破产法》第三十一条、第三十二条、第三十三条规定的行为，损害债权人利益的，债务人的法定代表人和其他直接责任人员依法承担赔偿责任；债务人的有关人员违反《企业破产法》的规定，擅自离开住所地的，人民法院可以予以训诫、拘留，可以依法并处罚款；违反《企业破产法》的规定，构成犯罪的，依法追究刑事责任。以上法律责任我已告知您，您是否清楚？

答：清楚。

问：如果没有其他需要补充的情况，请核对笔录后在每页签字确认。

答：好的，本人确认本人以上的陈述属实，如有虚假，本人愿意依法承担相应的法律责任。

以上笔录我仔细看过，与我陈述相符。

告知书

××有限公司股东、法定代表人、董事、监事、总经理、财务负责人：

20××年××月××日，××人民法院根据债权人××的申请，依法裁定受理××有限公司（以下简称"××公司"）破产清算一案，并于20××年××月××日指定××律师事务所为管理人。

现根据《企业破产法》的有关规定，对管理人的法定职责和××公司有关人员的法定义务及责任，告知如下：

(一)管理人的法定职责

《中华人民共和国企业破产法》第二十五条规定,管理人履行下列职责:

1.接管债务人的财产、印章和账簿、文书等资料;

2.调查债务人财产状况,制作财产状况报告;

3.决定债务人的内部管理事务;

4.决定债务人的日常开支和其他必要开支;

5.在第一次债权人会议召开之前,决定继续或者停止债务人的营业;

6.管理和处分债务人的财产;

7.代表债务人参加诉讼、仲裁或者其他法律程序;

8.提议召开债权人会议;

9.人民法院认为管理人应当履行的其他职责。

《中华人民共和国企业破产法》对管理人的职责另有规定的,适用其规定。

(二)××公司有关人员的法定义务及责任

1.自人民法院受理破产申请的裁定送达债务人之日起至破产程序终结之日,债务人的有关人员承担下列义务:

(1)妥善保管其占有和管理的财产、印章和账簿、文书等资料;

(2)根据人民法院、管理人的要求进行工作,并如实回答询问;

(3)列席债权人会议并如实回答债权人的询问;

(4)未经人民法院许可,不得离开住所地;

(5)不得新任其他企业的董事、监事、高级管理人员。

前款所称有关人员,是指企业的法定代表人;经人民法院决定,可以包括企业的财务管理人员和其他经营管理人员。

2.人民法院受理破产申请后,债务人对个别债权人的债务清偿无效。

3.人民法院受理破产申请后,债务人的债务人或者财产持有人应当向管理人清偿债务或者交付财产。

4.有义务列席债权人会议的债务人的有关人员,经人民法院传唤,无正当理由拒不列席债权人会议的,人民法院可以拘传,并依法处以罚款。

5.债务人的有关人员违反《企业破产法》规定,拒不陈述、回答,或者作虚假陈述、回答的,人民法院可以依法处以罚款。

6.债务人违反《企业破产法》规定,拒不向人民法院提交或者提交不真实的财产状况说明、债务清册、债权清册、有关财务会计报告以及职工工资的支付情况和社会保险费用的缴纳情况的,人民法院可以对直接责任人员依法处以罚款。

7.债务人违反《企业破产法》规定,拒不向管理人移交财产、印章和账簿、文书等资料的,或者伪造、销毁有关财产证据材料而使财产状况不明的,人民法院可以对直接责任人员依法处以罚款。

8.债务人的有关人员违反《企业破产法》规定,擅自离开住所地的,人民法院可以予以训诫、拘留,可以依法并处罚款。

9.违反《企业破产法》规定,构成犯罪的,依法追究刑事责任。

特此告知。

××有限公司管理人

20××年××月××日

联系地址:

联系人:

××有限公司接管报告

(20××)××破××号

××人民法院:

20××年××月××日,因××有限公司不能清偿到期债务且明显缺乏清偿能力,贵院出具(20××)浙××破××号民事裁定书,裁定受理××(债权人)对××有限公司的破产清算申请,并于20××年××月××日指定××事务所担任××有限公司管理人(以下简称"管理人")。根据《企业破产法》等法律法规的规定,管理人于20××年××月××日开展对××有限公司(以下简称"××公司")的接管工作。

管理人与××公司法定代表人及员工××取得联系后,通知其妥善保管公司材料,并按指定时间、地点配合管理人进行接管。20××年××月××日,××公司法定代表人及员工××前往管理人处配合接管工作。现将本次接管工作的有关情况报告如下:

（一）财产的接管

管理人已接管××公司的以下财产：

‥‥‥‥‥‥

（二）证照的接管

管理人已接管××公司的以下证照：

‥‥‥‥‥‥

（三）对印章的接管

管理人已接管××公司的以下印章：公章 1 枚，财务专用章 1 枚，法定代表人名章 1 枚，发票专用章 1 枚。

（四）对财务资料的接管

(1)管理人已接管××公司的以下记账凭证：

‥‥‥‥‥‥

(2)管理人已接管××公司的以下财务报表：

‥‥‥‥‥‥

(3)管理人已接管××公司的以下其他财务资料：

‥‥‥‥‥‥

（五）对文书资料的接管

管理人已接管××公司的以下文书资料：

‥‥‥‥‥‥

以上为管理人于 20××年××月××的接管情况。

特此报告。

××有限公司管理人

20××年××月××日

第三部分　归集资产相关文书

关于请求人民法院中止执行程序的申请书

（20××）××破××号

××人民法院：

　　××年××月××日,贵院出具(20××)××破××号民事裁定书,裁定受理××集团有限公司(以下简称"××公司")破产清算案,并于××年××月××日作出(20××)××破××号决定书,指定××担任管理人。

　　根据管理人掌握的材料,贵院已受理××有限公司对××公司申请强制执行一案,案号为(20××)××执××号,相关内容如下：1.冻结、划拨被执行人××公司银行存款人民币××元,不足部分查封、扣押其相应价值的财产；2.冻结被执行人××公司对××公司享有的未到期债权,以××元为限(截至20××年××月××日)。

　　根据《企业破产法》第十九条之规定,人民法院受理破产申请后,有关债务人财产的执行程序应当中止,有关债务人财产的保全措施应当解除。但贵院尚未中止、解除对××公司的执行、保全。

　　现管理人特此致函,恳请贵院裁定中止对××公司的执行程序,同时解除对××公司财产的保全措施。

此致

　　××人民法院

××有限公司管理人

20××年××月××日

　　××有限公司管理人

　　联系地址：××

　　联系方式：××律师,×××××××××××

　　附：(均略)

　　1.民事裁定书；

　　2.民事决定书；

　　3.协助执行通知书(如有)。

通知函

××有限公司：

  ××市××区人民法院于20××年××月××日作出(20××)××破××号民事裁定，受理××集团有限公司的破产清算申请，于20××年××月××日作出(20××)××破××号决定书，指定××事务所担任管理人。

  根据审计机构审计结果，发现贵司尚欠××集团有限公司款项××元。根据《企业破产法》第十七条之规定，请贵司于接到本通知之日起十五日内，向管理人清偿所欠债务。债务清偿款应汇入：(管理人账号信息)。

  若贵司对本通知书列明的债务持有异议，可在接到本通知书之日起七日内向管理人书面提出，并附相关证据，以便管理人核对查实。若贵司对债务金额存在部分争议，则仍需立即支付无异议部分的款项。为使××集团有限公司的债权债务得到妥善处理，保障破产清算程序依法有序进行，管理人敬请贵司给予配合，按时付款。

  若贵司未按上述指令付款或者提出书面异议，管理人为维护债权人利益，将不得不针对贵司采取进一步法律措施，为避免不必要的诉累和损失的扩大，请贵司慎重考虑。

  特此通知。

××有限公司管理人

20××年××月××日

管理人联系地址：××××××

联系人：××律师

联系电话：××××××××××

第四部分　债权申报相关文书

债权申报须知

20××年××月××日,××人民法院在执行以××有限公司(以下简称"××公司"或"债务人")为被执行人的案件过程中发现该公司不能清偿到期债务,且资产不足以清偿债务,经申请执行人××同意,将该案移送破产清算审查。经审查,××人民法院认为××公司不能清偿到期债务且资产不足以清偿债务,于20××年××月××日作出(20××)××破申××号民事裁定书,裁定受理了××公司破产清算一案,并于20××年××月××日作出(20××)××破××号决定书,指定××事务所担任××公司管理人(以下简称"管理人")。为明确债权人及利害关系人在债权申报阶段之权利义务,特告知以下内容:

一、××公司债权申报公告已于20××年××月××日在全国企业破产重整案件信息网公告,**为保障债权人的合法权益,债权人应当在××人民法院规定的申报期限内(自公告之日起至20××年××月××日)完成债权申报。**

在人民法院确定的债权申报期限内,债权人未申报债权的,可以在破产财产最后分配前补充申报;但是,此前已进行的分配,不再对其补充分配。审查和确认补充申报债权的费用,按照《人民法院诉讼费用交纳办法》第三章规定的标准,由补充申报人承担。

二、根据《企业破产法》的规定,人民法院受理破产申请时对债务人享有债权的债权人,均有权向管理人申报债权。

债权人在申报债权时应当注意以下事项:

1.未到期的债权,在破产申请受理时视为债权到期。

2.附利息的债权,自破产申请受理时起停止计息。

3.附条件、附期限的债权和诉讼、仲裁未决的债权,债权人可以申报。

4.债权人申报债权时,应当书面说明债权的数额和有无财产担保情况,并提交有关证据;申报的债权是连带债权的,应当说明。

5.连带债权人可以由其中一人代表全体连带债权人申报债权,也可以共同申报债权。

6.债务人的保证人或者其他连带债务人已经代替债务人清偿债务的,可就其对债务人的求偿权申报债权。

7.债务人的保证人或者其他连带债务人尚未代替债务人清偿债务的,以其对债务人的将来求偿权申报债权。但债权人已经向管理人申报全部债权的除外。

8.保证人被裁定进入破产程序的,债权人有权申报其对保证人的保证债权。

9.债务人、保证人均被裁定进入破产程序的,债权人有权向债务人、保证人分别申报债权。

10.连带债务人数人被裁定适用《企业破产法》规定的程序的,其债权人有权就全部债权分别在各破产案件中申报债权。

11.管理人或者债务人依照《企业破产法》规定解除合同的,对方当事人以因合同解除所产生的损害赔偿请求权申报债权。

12.债务人是委托合同的委托人,被裁定适用《企业破产法》规定的程序,受托人不知该事实,继续处理委托事务的,受托人以由此产生的请求权申报债权。

13.债务人是票据的出票人,被裁定适用《企业破产法》规定的程序,该票据的付款人继续付款或者承兑的,付款人以由此产生的请求权申报债权。

14.下列债权不属于破产债权。

(1)行政、司法机关对破产企业的罚款、罚金以及其他有关费用;

(2)破产申请受理后,债务人欠缴款项产生的滞纳金,包括债务人未履行生效法律文书应当加倍支付的迟延利息和劳动保险金的滞纳金;

(3)破产宣告后的债务利息;

(4)债权人参加破产程序所支出的费用;

(5)破产企业的股权、股票持有人在股权、股票上的权利;

(6)破产财产分配开始后向清算组申报的债权;

(7)超过诉讼时效的债权;

(8)债务人开办单位对债务人未收取的管理费、承包费。

15.法律规定其他可以申报的债权,债权人应当予以申报。

三、根据《企业破产法》规定,未申报或逾期申报债权的法律后果主要包括以下内容。

1.债权人未申报债权,不得依照《企业破产法》规定的程序行使权利。债权申报人未申报债权,将丧失《企业破产法》规定的债权申报人参与破产程序的所有程序性权利,包括参加债权申报人会议权利、表决权、异议权、接受分配财产权利等。

2.债权人未按期申报,已分配的财产不对其补充分配。即使在破产财产最后分配前补充申报,此前已进行的分配仍不再补充分配,且债权人还应该承担因审查、确认补充债权产生的相关费用。

3.如果债务人进入重整程序,债权人未按期申报债权,则在重整计划执行期间债权人不得行使任何要求偿债的权利。在重整计划执行完毕后,债权人可以按照重整计划规定的同类债权的清偿条件行使权利。

4.如果债务人进入破产和解程序,债权人未按期申报债权,则在和解协议计划执行期间债权人不得行使权利;债权人在和解协议执行完毕后,可以按照和解协议规定的清偿条件行使权利。

四、申报人应当如实、详细填写《债权申报表》以及提供完整、合法、真实和有效的申报材料。申报债权应提供如下材料(一式两份)。

1.《债权申报表》《债权计算清单》《债权申报文件清单》《送达地址确认书》《承诺与保证》。

2.债权人现行合法有效的营业执照复印件(加盖公章)、法定代表人身份证明(原件)、法定代表人身份证复印件(签字确认);债权人为自然人的,应提供个人身份证复印件(签字确认);委托代理人申报的,需提交代理人授权委托书(原件)及代理人身份证复印件(签字确认),委托代理人是律师的还应提交律师事务所的指派函及律师执业证复印件。

3.证明债权事实的相关证据材料。申报人应当以与证据原件核对无误的复印件申报,证据材料应当附证据清单。(进入司法程序或仲裁程序的,同时提交司法部门或仲裁机构出具的相关法律文书及相关法律文书的生效证明)

五、填写表格需注意的问题。

1.申报债权的金额:申报债权的金额必须确定(针对××公司,同一法人、组织或个人只能申报一个债权总额),外币必须转换成人民币计值,汇率以中国人民银行20××年××月××日授权公布的银行间外汇市场人民币汇率中间价为准(并请提交银行出具的汇率证明)。

2.利息债权:附利息的债权自破产申请受理时起停止计息。

3.债权形成的事实和理由:简要陈述该债权的形成经过,另外对已开票金额和未开票金额应填写清楚;若涉及合同关系则该合同是否已经履行完毕要填写清楚。

六、现场申报的,申报人应当严格遵守申报秩序,服从管理人工作人员的安排,有序申报,**并务必携带债权申报证据原件以便与管理人核对。现场申报地址:_____,联系电话:_____。现场申报具体时间为自公告之日起至 20××年××月××日,工作日上午 9:30—11:30,下午 13:00—16:30。**

七、选择邮寄申报的,则请邮寄至××公司管理人,地址:_____,邮政编码:_____,联系人:_____。请在邮寄单上注明"××公司债权申报字样",并保留邮件寄送底单。

选择邮寄申报的,申报材料中的债权证明材料仅需提供复印件,原件由债权人自行妥善保管。管理人在收到申报材料之后,如需核对原件的,将另行通知申报人提供证据原件。债权人未能在管理人确定的时间内提供证据原件的,申报的债权管理人不予确认。

八、第一次债权人会议将于 20××年××月××日××时××分在×× 人民法院第××法庭召开。

九、特别提示。

1.本须知只是针对申报债权时注意事项及风险告知的特别提示,文本中加粗部分请债权人予以合理关注。本须知不视为出具给债权人的法律意见。

2.债权人应在必要时考虑在法律、财务等专业人士的协助下申报债权。

3.债权人虚假申报债权或者提供虚假申报文件,损害其他债权人利益的,管理人将依法移送人民法院或公安机关,追究其法律责任。

××公司管理人

20××年××月××日

附:

1.债权申报表;

2.债权计算清单;

3.债权申报文件清单;

4.送达地址确认书;

5.法定代表人身份证明;

6.授权委托书;

7.承诺与保证。

附件 1

债权申报表①

债权申报编号(管理人填写)【   】

<table>
<tr><td rowspan="7">债权人
信息</td><td colspan="2">名称/姓名</td><td colspan="4"></td></tr>
<tr><td colspan="2">法定代表人</td><td></td><td rowspan="2">联系</td><td colspan="2"></td></tr>
<tr><td colspan="2">受托人</td><td></td><td colspan="2"></td></tr>
<tr><td colspan="2">送达地址</td><td colspan="4"></td></tr>
<tr><td rowspan="3">指定
收款
账户</td><td>户　名</td><td colspan="4"></td></tr>
<tr><td>开户行</td><td colspan="4"></td></tr>
<tr><td>账　号</td><td colspan="4"></td></tr>
<tr><td rowspan="7">债权
情况②</td><td colspan="2">债权金额</td><td colspan="4"></td></tr>
<tr><td rowspan="2">债权
构成</td><td>本金</td><td colspan="2"></td><td>其他1:</td><td></td></tr>
<tr><td>利息③</td><td colspan="2"></td><td>其他2:</td><td></td></tr>
<tr><td colspan="2">有无财产担保及金额</td><td colspan="2">□有　□无</td><td>担保金额</td><td></td></tr>
<tr><td colspan="2">共同债务人</td><td colspan="4"></td></tr>
<tr><td>有无裁
判文书</td><td>□有
□无</td><td>是否
生效</td><td>□有
□无</td><td>是否申
请执行</td><td>□有
□无</td></tr>
<tr><td colspan="7">债权形成的事实和理由</td></tr>
</table>

债权形成 的事实和 理由	

声明	本单位/人保证上述信息真实、准确、完整、有效,同意管理人按上述通信方式联系或送达文书,同意按上述账户汇款。 　　若上述信息发生变更,本单位/人将以书面方式告知管理人。否则,由此产生的法律后果,由本单位/人自行承担。 　　如主张优先债权,请一并说明理由并提供依据。

申报人(签名或盖章):　　　　　　　　　　　　　　申报日期:　　年　　月　　日

---

①　提交材料的纸张规格应为 A4 纸,书写均应使用黑碳素墨水,或直接打印。

②　债权由多笔组成的,请在债权计算清单中列明。

③　利息计算截止日为 20××年××月××日。

附件 2

债权计算清单

（填写本金、利息、违约金及其他金额的具体计算过程）

债权人（受托人）：

年　　月　　日

注：债权金额构成中，若有利息、违约金、赔偿金等，应列明计算过程并进行说明，否则可能导致相关金额无法确认。

附件 3

债权申报文件清单

债权人：

	申报债权文件目录		份数	页数	复印件与原件是否一致
1	□债权申报表　□送达地址确认书				
2	□单位	□营业执照复印件　□法定代表人身份证明　□法定代表人身份证复印件　□授权委托书　□代理人身份证明（上述文件须加盖公章）			
	□个人	□身份证复印件 □授权委托书（如有） □代理人身份证明			
3					
4					
5					

提交人声明：本次提交的所有申报债权文件与原件相一致，不存在变造、伪造等情形，否则愿意承担由此产生的法律责任。

签收人声明：本次申报债权文件中的证据材料只收取复印件，原件由申报人自行保管。文件的签收并不代表签收人对其申报债权以及提交文件资料真实性、合法性及关联性的确认。

提交人（签字或盖章）：＿＿＿＿＿＿＿　　签收人（签字）：＿＿＿＿＿＿＿

提交时间：＿＿＿＿＿＿＿＿＿＿＿　　　签收时间：＿＿＿＿＿＿＿＿

附件 4

××公司破产清算送达地址确认书

申报人名称		债权申报编号	
管理人对申报人填写送达地址确认书的告知事项	1.为便于申报人及时收到管理人各项文书,保证破产程序顺利进行,申报人应当如实提供确切的送达地址; 2.送达地址适用于各个破产程序,包括破产清算、和解、重整,以及同期与破产事务相关的其他事项; 3.破产期间如果送达地址有变更,应当及时告知管理人变更后的送达地址; 4.如果提供的地址不确切,或不及时告知变更后的地址,使破产相关文书无法送达或未及时送达的,将文书、材料等退回之日视为送达之日,申报人应承担由此引起的一切法律后果。		
申报人提供的送达地址	收件人		
	送达地址		
	邮政编码		
	联系电话		
申报人对送达地址的确认	我已经阅读管理人对申报人填写送达地址确认书的告知事项,并保证上述送达地址是准确、有效的,同意管理人按上述通信方式联系或送达文书。 申报人签名、盖章或捺指印: 年　　月　　日		

注:1.本样式仅供××公司破产清算案件使用;
　　2.申报人填写本表前,应当仔细阅读表中告知栏内管理人对申报人填写送达地址确认书的书面告知;
　　3.本表中申报人的送达地址应当由申报人自己或者申报人的代理人填写;
　　4.申报人的电话号码应当包括办公电话、住宅电话和移动电话。

附件 5

法定代表人身份证明

××公司管理人：

_____现在我单位担任_____职务，系我单

位法定代表人/负责人。

特此证明。

单位名称（盖章）：

年　　　月　　　日

附：居民身份证复印件一份。（略）

附件 6

授权委托书

委托人：＿＿＿＿＿＿＿＿＿＿＿＿＿＿＿＿＿＿＿＿＿

联系方式：＿＿＿＿＿＿＿＿＿＿＿＿＿＿＿＿＿＿

通信地址：＿＿＿＿＿＿＿＿＿＿＿＿＿＿＿＿＿＿

代理人：＿＿＿＿＿＿＿＿＿＿＿＿＿＿＿＿＿＿＿

联系方式：＿＿＿＿＿＿＿＿＿＿＿＿＿＿＿＿＿＿

通信地址：＿＿＿＿＿＿＿＿＿＿＿＿＿＿＿＿＿＿

在××公司破产清算一案中，兹委托＿＿＿＿＿＿＿＿＿＿＿担任本人（本单位）的代理人，代为处理××公司破产清算案相关事务。

代理权限如下：

1.代为申报债权、与管理人核对债权（代为承认、变更、放弃债权）；

2.代为回答询问；

3.代为签署、签收各项文书；

4.代为出席债权人会议，行使异议权和表决权；

5.代为行使债权人的其他权利，代为履行债权人的其他义务。

代理期限：

委托日起至破产案件终结之日止。

委托人（签字或盖章）：

法定代表人（签字）：

代理人（签字或盖章）：

年　　月　　日

附件7

承诺与保证

致：××公司管理人

本单位/人就本次债权申报承诺并保证：

一、本单位/人向管理人提供的所有文件及申报的金额均是真实、完整、合法和有效的，所有提交的复印件与其原件一致。

二、本单位/人向管理人提供的文件均由相关当事方合法授权、签署和递交；所有文件上的签字、印章均是真实的。

二、本单位/人向管理人所作出的有关事实和金额的阐述、声明、保证（无论是书面还是口头作出的）均为真实、准确和可靠的。

若因本单位/人上述承诺和保证不符所造成的不利影响和损失，本单位/人愿意承担相应法律责任及全部不利后果。

承诺人（签名或盖章）：

年　　　月　　　日

职工债权核查单

　　××人民法院于20××年××月××日裁定受理××有限公司的破产申请,管理人依照《企业破产法》《劳动合同法》的相关规定,对除管理人已在_____公布的职工债权外的其他职工债权进行进一步核查,请您如实填写下列事项:

（以下由××有限公司职工填写）

　　姓名:_____(身份证号_____)

　　一、本人原为××有限公司职工,本人确认:

　　1.××有限公司对本人____(据实填"有"或"无")欠薪,欠薪共计_____元人民币。(如有欠薪的,对欠薪月份、金额情况进行说明)

_____

_____

　　2.入职时间:_____年____月____日。

　　3.离职时间:_____年____月____日。

　　4.离职原因为____(A.个人原因辞职;B.与公司协商一致辞职;C.其他原因:_____。)

　　二、本人确认,××有限公司与本人之间_____(据实填"有"或"无")其他债权债务纠纷;若有债权,本人将依照管理人公告的内容依法进行债权申报。

　　三、本人确认上述填写内容属实,如有虚假,本人愿意依法承担相应的法律责任。

职工(签名):

年　　　月　　　日

申报债权审查单

债权编号	S1	债权人	
法定代表人		联系电话	
受托人		联系电话	
确认送达地址			

债权基本情况

申报金额		组成情况	本金：　　元；违约金：　　元		
主债务人		抵押情况	无	质押情况 无	保证情况 无
基本情况概述					

证据材料审查

证据组分类	具体证据材料	数量	材料内容	备注	可证事实
1.主体材料	企业法人营业执照（副本）	1		主体适格	
	法定代表人身份证明	1			
2.债权情况					

审核意见

会计审查	
审计初审意见 （依据账面 情况）	
初审意见	初审结果:确认本金：　　元；违约金：　　元;合计　　元。 【依据】 初审人：
复审意见	
最终结果确认	

举证通知书

××：

20××年××月××日，××人民法院根据债权人××有限公司的申请，裁定受理××有限公司破产清算一案，并于20××年××月××日指定××事务所担任管理人。

您向管理人申报债权××元，其中本金××元、利息××元，均为现金出借。现请补充提供相关事实材料，如出借当时有足够的经济能力，出借的资金来源，出借人在借款发生前后的银行明细、收入凭证等材料以佐证出借事实确实存在。

以上借款××公司为担保人，根据《公司法》第十六条的规定：公司向其他企业投资或者为他人提供担保，依照公司章程的规定，由董事会或者股东会、股东大会决议；公司章程对投资或者担保的总额及单项投资或者担保的数额有限额规定的，不得超过规定的限额。公司为公司股东或者实际控制人提供担保的，必须经股东会或者股东大会决议。现请你方补充相关的股东会决议。如果无法提供相关股东会决议，那么根据《最高人民法院关于适用〈中华人民共和国民法典〉有关担保制度的解释》第十七条，主合同有效而第三人提供的担保合同无效，人民法院应当区分不同情形确定担保人的赔偿责任：债权人与担保人均有过错的，担保人承担的赔偿责任不应超过债务人不能清偿部分的二分之一。

请您自收到本通知后及时收集整理证据材料，并于20××年××月××日前向管理人提供补充证据材料。如因特殊情况暂无法提供的，需在上述期限内书面说明不能提供的原因，并在该原因消灭后七日内向管理人提供。逾期未提供补充证据材料也未说明原因的，视为您放弃举证权利，应当承担举证不能的不利后果，管理人将依法审核债权。

特此通知。

××有限公司管理人

20××年××月××日

第五部分　债权人会议相关文书

确定临时表决权申请书

××人民法院：

　　20××年××月××日，因××有限公司不能清偿到期债务且明显缺乏清偿能力，贵院出具(20××)××破××号民事裁定书，裁定受理对××有限公司的破产清算申请，并于20××年××月××日指定××事务所担任××有限公司管理人(以下简称"管理人")。

　　截至20××年××月××日，管理人共计接待申报债权人××户，申报金额共计××元。截至20××年××月××日，管理人已初步确认债权××户××笔，初步确认债权金额××元，均为普通债权。其余××户尚需进一步补充证据材料意见再作确认。

　　根据《企业破产法》的相关规定结合债权人提交的债权申报材料，管理人向贵院建议如下：

　　1.对管理人审核确认的债权金额没有异议的债权人，按照《债权表》中记载的管理人确认的债权金额行使表决权；

　　2.对管理人审核确认的债权金额有异议的债权人，根据贵院在会前对管理人审核情况的审查，仍然按照《债权表》中记载的管理人确认的债权金额临时确定债权数额并行使表决权；

　　3.对××户待确认的债权，以其申报的债权本金金额作为临时确定债权金额，并给予相应表决权(具体见所附《债权表》中待确认债权)。

　　特此申请！

申请人：××有限公司管理人

20××年××月××日

附：《债权表》。

附件：

债权表

（截至 20××年××月××日）

（单位：人民币元）

一、初步确认债权

普通债权

序号	债权编号	债权人	申报金额	确认金额	备注
1					
2					
合计					/

二、待确认债权

序号	债权编号	债权人	申报金额	申报本金金额	备注
1					
2					
合计					/

××有限公司破产清算案第一次债权人会议
表决票收发情况清点结果的报告

本次会议发出表决票＿＿＿＿＿＿张，收回表决票＿＿＿＿＿＿张。

××有限公司管理人

20××年××月××日

发放人和回收人（签名）：

××有限公司破产清算案第一次债权人会议
到会人数报告

（开会时）

本次债权人会议应到债权人为××户，截至20××年××月××日××时××分，出席本次债权人会议的债权人共计_____户，所代表的债权额占无财产担保债权总额的比例为_____％。

××有限公司管理人

20××年××月××日

统计人（签名）：

××有限公司破产清算案第一次债权人会议
到会人数报告

（正式表决前）

本次债权人会议应到债权人为××户,截至20××年××月××日××时××分,出席本次债权人会议的债权人共计_____户,所代表的债权额占无财产担保债权总额的比例为_____％。

××有限公司管理人

20××年××月××日

统计人（签名）：

××有限公司破产清算案第一次债权人会议
各表决事项表决结果

一、债权人会议对《债务人财产管理及变价方案》的表决结果：

_____人赞成,赞成人数占出席会议人数的比例为_____%,赞成人数所代表的债权额占无财产担保债权总额的比例为____%,_____

_____。

二、债权人会议对《破产财产分配方案》的表决结果：

_____人赞成,赞成人数占出席会议人数的比例为_____%,赞成人数所代表的债权额占无财产担保债权总额的比例为____%,_____

_____。

三、债权人会议对《债权人会议非现场表决方案》的表决结果：

_____人赞成,赞成人数占出席会议人数的比例为_____%,赞成人数所代表的债权额占无财产担保债权总额的比例为____%,_____

_____。

唱票人：

计票人：

监票人：

××有限公司管理人

20××年××月××日

关于推荐债权人会议主席候选人的报告

××人民法院：

20××年××月××日，因××有限公司不能清偿到期债务且明显缺乏清偿能力，贵院出具(20××)××破××号民事裁定书，裁定受理对××有限公司的破产清算申请，并于20××年××月××日指定××事务所担任××有限公司管理人(以下简称"管理人")。

管理人接受指定以来，在法院的指导、监督下，履行管理人职责。××有限公司第一次债权人会议定于20××年××月××日召开，管理人经过与各债权人沟通，并综合考虑组织协调能力、参会时间、社会公信力等因素，推荐__
____为债权人会议主席候选人。

债权人会议主席候选人情况简介如下：

名称：

法定代表人：

初步确认债权金额：

代理人：

联系方式：

债权性质：

特此报告。

××有限公司管理人

20××年××月××日

债权异议表

债权人：_____　　　　债权编号：_____

本人对债权审核结果有异议。
特此提出申请！

异议人盖章签名：_____
年　　月　　日

异议主要事实和理由：

备注：债权人应以书面形式向管理人提出异议申请并提供相关证据材料。

××有限公司破产清算第一次债权人会议签到表

（20××年××月××日）

序号	债权人名称/姓名	参会人员/代理人姓名	参会人员签名	签到时间	联系电话	邮箱	备注
1							
2							
3							
4							

××有限公司破产清算第一次债权人会议
表决票

债权人：

债权编号:J1

请债权人在表决前仔细阅读《××有限公司破产清算案第一次债权人会议会议资料》中《第一次债权人会议表决须知》相关内容。表决时,同意的请在表决意见栏"同意"的下方空格内画"√";不同意的请在表决意见栏"不同意"下方空格内画"√"。

序号	表决事项	表决意见	
		同意	不同意
1	《债务人财产管理及变价方案》		
2	《破产财产分配方案》		
3	《债权人会议非现场表决方案》		

债权人
授权代表(签名)：
　　年　　月　　日

××有限公司破产清算案件
关于书面核查债权的通知

(20××)××破××号

各位债权人：

20××年××月××日，××人民法院根据债权人××的申请，作出(20××)××破××号民事裁定书，裁定受理了××有限公司破产清算一案，并于同日指定××事务所担任××有限公司管理人（以下简称"管理人"），开展破产清算工作。

根据《企业破产法》第五十七条、第五十八条的规定，管理人的职责之一为接受债权申报、登记造册，并经审查后以债权表的形式提交债权人会议核查。管理人接受指定后，依法履行前述职责，在20××年××月××日召开第一次债权人会议时依法向债权人提交了《债权申报和审查情况报告》以及《债权表》（以下合称"一债会债权表"）。20××年××月××日，管理人向债权人寄送了《书面核查债权表》。

自前次寄送《书面核查债权表》后，管理人继续开展债权审查工作。对待确认的债权，管理人已经陆续完成剩余部分的审查工作，特呈报各位债权人进行书面核查（详见附件《第二次书面核查债权表》），以便尽快提交××人民法院对各方均无异议的债权进行裁定确认，对一债会债权表及《书面核查债权表》已经初步确认的债权，此次不再重复通知。

若债权人对《第二次书面核查债权表》所载债权存在异议，请在收到本通知之日起十五个工作日内通过填写《异议表》的方式向管理人书面提出异议，并说明理由与依据，要求更正。未在上述期限内提出书面异议的，视为无异议，管理人将据此提请××人民法院裁定确认。

对于债权人在上述期间内提出的书面异议，管理人将在收到《异议表》后尽快给予复核，如果管理人认为异议成立，那么管理人将对《第二次书面核查债权表》作相应修改，并再次提交各位债权人核查。

若债权人对管理人的回复意见仍有异议，债权人应就所提出的异议在收到复核通知之日起十五日内依法向××法院提起诉讼，否则视为接受管理人的最终审查意见。

管理人将对其他待确认债权,以及后续申报的债权,继续开展债权审查工作。

特此通知。

××有限公司管理人

20××年××月××日

联系人:

联系电话:

联系地址:

附:《第二次书面核查债权表》。(略)

第六部分　管理人报送法院的相关文书

××有限公司管理人每周工作情况报告

（20××）××破××号

20××年××月××日—20××年××月××日

××人民法院：

20××年××月××日,贵院受理了××有限公司破产清算一案,并指定××事务所担任××有限公司管理人(以下简称"管理人")。根据法院要求,特将本周工作情况报告如下:

一、债权申报与审查

截至本报告出具之日,管理人共计收到债权申报××户××笔,申报总金额为人民币××元,目前初步确认债权××户××笔,初步确认债权金额××元,并以此为基础编制了《债权表》。

二、资产管理处置

截至本报告出具之日,管理人将目前已知且能接收到的资产已归集到管理人账户中,目前管理人账户中共有款项××元,后续管理人将根据案件进展情况进行分配。

三、债务人监督情况(略)

四、应收款核查(略)

五、审计(略)

六、债权人会议(略)

以上为管理人20××年××月××日—20××年××月××日的工作情况,特此报告。

××有限公司管理人

20××年××月××日

关于提请人民法院许可债务人继续经营的报告

（20××）××破××号

××人民法院：

贵院于20××年××月××日出具（20××）××破××号民事裁定书，受理××有限公司（以下简称"××公司"）的破产清算申请，于20××年××月××日作出（20××）××破××号决定书，指定××事务所担任管理人。现管理人就拟决定××公司部分业务继续经营做如下报告：

……（债务人目前经营情况）

鉴于××公司已进入破产清算程序，当前归集资金有限，管理人认为，继续经营有利于推进破产程序的正常进行及维护债权人利益。管理人拟决定继续经营债务人上述业务，现根据《企业破产法》第二十六条之规定，请贵院予以批准。

特此报告。

××有限公司管理人

20××年××月××日

××有限公司破产清算案件
关于裁定确认破产财产分配方案的申请

（20××）××破××号

××人民法院：

　　20××年××月××日，贵院（20××）××破××号民事裁定书，裁定受理了××有限公司破产清算一案，并于20××年××月××日作出（2020）××破××号决定书，指定××事务所担任××有限公司管理人（以下简称"管理人"）。

　　20××年××月××日，在贵院的主持下召开了第一次债权人会议，会议通过了管理人制定的《破产财产分配方案》（详见附件）。现管理人向法院申请裁定确认该《破产财产分配方案》。

　　特此申请。

××有限公司管理人
20××年××月××日

附：《破产财产分配方案》。（略）

××有限公司破产清算案件
关于提请人民法院宣告破产的报告

（2020）××破××号

××人民法院：

20××年××月××日，贵院根据××的申请，裁定受理××有限公司（以下简称"××公司"）破产清算一案，并于20××年××月××日指定××事务所担任××有限公司管理人（以下简称"管理人"）。

20××年××月××日，××公司破产清算案第一次债权人会议上各债权人表决通过了关于××公司破产清算案的《债务人财产管理及变价方案》《破产财产分配方案》《债权人会议非现场表决方案》等相关方案。

经管理人调查查明，截至20××年××月××日，××公司经调查确认的资产总额为××元，具体包含银行存款归集××元及拍卖商标所得××元。负债总额为××元，具体包含经公示的职工债权××元及经裁定确认的普通债权××元。债务人净资产总额为××元。

管理人认为××公司已不能清偿到期债务，明显缺乏清偿能力，并且不存在重整、和解的情况，符合《企业破产法》规定的破产宣告的情形，故管理人特向贵院申请宣告××公司破产。

特此报告。

××有限公司管理人
20××年××月××日

××有限公司管理人
关于提请人民法院裁定终结破产程序的报告

(20××)××破××号

××人民法院：

　　20××年××月××日，贵院出具(20××)××破××号民事裁定书，裁定受理了××有限公司破产清算一案，并于20××年××月××日作出(20××)××破××号决定书，指定××事务所担任××有限公司管理人（以下简称"管理人"）。

　　经管理人申请，贵院于20××年××月××日出具(20××)××破××号之二民事裁定书，裁定宣告××有限公司破产，并裁定认可《破产财产分配方案》。

　　现《破产财产分配方案》已基本执行完毕，最后分配已基本分配完毕。根据《企业破产法》第一百二十条第二款之规定，管理人提请贵院裁定终结××有限公司的破产程序。

　　特此申请。

××有限公司管理人
20××年××月××日

附：

1.破产费用和共益债务清偿报告；

2.破产人财产状况报告。

附件 1

××有限公司管理人
破产费用和共益债务清偿报告

(20××)××破××号

××人民法院：

本管理人接受指定后，接管了××有限公司的财产，依法履行了相应职责。依据××有限公司第一次债权人会议通过的《债务人财产管理及变价方案》，破产费用据实报销。

经管理人查实，自贵院受理××有限公司破产申请之日起至 20××年××月××日日止，共发生破产费用、共益债务合计人民币××元，其中：

一、破产费用共计人民币××元；

二、共益债务共计人民币××元。

以上内容详见附件。

特此报告。

××有限公司管理人

20××年××月××日

附：《破产费用和共益债务清偿清单》。（略）

附件 2

××有限公司财产状况报告

（2020）××破××号

××人民法院：

　　××有限公司管理人（以下简称"管理人"）接受指定后，按照《企业破产法》之规定，对××有限公司的财产状况进行了调查并与归集，现报告如下：

　　截至本报告出具之日，××有限公司可清偿金额为××元。在此期间，管理人曾通过多种途径追收破产企业财产及对××有限公司资产进行处置。具体如下：

　　1.银行存款：××有限公司银行存款转入××元；

　　2.资产处置：拍卖商标所得××元；

　　3.银行结息：截至20××年××月××日，管理人账户银行结息××元。

　　综上所述，截至本报告出具之日，××有限公司可清偿金额合计为××元。

　　另外，管理人提起了××有限公司与××、××的追收未缴出资纠纷一案，此案已出判决且判决已生效。因破产人股东无可供执行财产，该案已于20××年××月××日终结本次执行。

××有限公司管理人

20××年××月××日